波密年鉴

2023 སྤོ་བོའི་ལོ་རིམ་མེ་ལོང་།

（总第8卷）　　中共波密县委办公室　编

图书在版编目（CIP）数据

波密年鉴．2023 / 中共波密县委办公室编．—北京：方志出版社，2023.9

ISBN 978-7-5144-5823-7

Ⅰ．①波… Ⅱ．①中… Ⅲ．①波密县－2023－年鉴 Ⅳ．①Z527.54

中国国家版本馆 CIP 数据核字（2023）第 196830 号

责任编辑：王海荣
责任校对：张玉霞
责任印制：梅中英
出 版 者：方志出版社
地　　址：北京市朝阳区潘家园东里 9 号（国家方志馆 4 层）
邮　　编：100021
网　　址：http://www.zgfzcb.cn
发　　行：方志出版社图书营销中心（010-67110500）
印　　刷：山东黄氏印务有限公司
开　　本：889 毫米 ×1194 毫米　1/16
印　　张：24.5
字　　数：627 千字
版　　次：2023 年 9 月第 1 版
印　　次：2023 年 9 月第 1 次印刷
定　　价：350.00 元

编辑说明

一、《波密年鉴（2023）》以马克思列宁主义、毛泽东思想、邓小平理论、“三个代表”重要思想、科学发展观、习近平新时代中国特色社会主义思想为指导，坚持辩证唯物主义和历史唯物主义的立场、观点和方法，始终坚持“实事求是、质量第一、存史资政、服务大众”的办鉴宗旨，全面、系统、翔实地记述波密县2022年度政治、经济、文化、社会等各项事业的基本情况，为社会各界与国内外人士了解和研究当今波密县提供资料。

二、《波密年鉴（2023）》采用条目体，分类编辑法。以类目、分目、条目为主要框架结构，条目为主要记事单元。

三、《波密年鉴（2023）》设特载、大事记、县情概览、中国共产党波密县委员会、波密县人民代表大会、波密县人民政府、中国人民政治协商会议波密县委员会、中国共产党波密县纪律检查委员会　波密县监察委员会、对口支援、群众团体、法治、军事、经济管理、农业和农村建设、工业和信息化、商贸流通、文化·旅游、城建·环保、应急救援、交通·通信·邮政、银行　保险、教育·体育、卫生健康、社会事务、乡镇概况、荣誉、附录，共27个类目。

四、《波密年鉴（2023）》为方便读者检索资料，卷首有详细目录，卷内有书眉，卷末有索引，全书查阅信息可由目录、书眉、索引获得。

五、《波密年鉴（2023）》所使用资料、图片均由各撰稿单位提供，并经主要负责人审核。部分资料由编辑部收集，主要数据和统计资料由波密县统计局提供，部分数据由各相关部门提供。由于统计口径等原因，相关资料部分的个别数据与统计资料不一致的，以统计资料为准。部分数据因四舍五入的原因，存在与分项合计不等的情况。

六、《波密年鉴（2023）》数字用法、标点符号用法分别采用国家标准《出版物上数字用法》（GB/T15835—2011）、《标点符号用法》（GB/T15834—2011），计量单位采用国家技术监督局1993年12月发布的《量和单位》系列国家标准。

数字波密·2022

- 总面积：16763.09 平方千米
- 常住人口：4.1 万人
- 地区生产总值：37.17 亿元
- 第一产业增加值：3.14 亿元
- 粮食作物播种面积：5157.44 公顷
- 粮食总产量：24057.23 吨
- 第二产业增加值：14.4 亿元
- 工业增加值：5100 万元
- 第三产业增加值：19.63 亿元
- 三次产业比例：8:39:53
- 社会消费品零售总额：35105 万元
- 接待游客：127.95 万人次
- 旅游相关收入：76204.56 万元
- 公路总里程：1093 千米
- 发电量：7232 万千瓦时
- 城镇居民人均可支配收入：43433 元
- 农村居民人均可支配收入：25165 元

工作调研

4月7日，全国人大农委副主任龙庄伟一行到波密县开展巩固拓展脱贫攻坚成果同乡村振兴有效衔接情况专题调研

5月8日，自治区党委常委、自治区政府常务副主席肖友才调研米堆冰川景区发展情况，县委副书记、县长杨力参加调研

6月19日，自治区人大常委会副主任马升昌一行在波密县开展《中华人民共和国国家安全法》执法检查和《西藏自治区人大常委会关于加强新时代检察机关公益诉讼工作的决定（草案）》立法调研

3月16日，自治区人民政府副主席孟晓林（右二）查看波密县中学办学条件

3月26日，市委书记赦刘全（左三）到波密县倾多镇调研产业发展情况

2月23日，林芝市人大常委会副主任欧珠多吉到玉许乡慰问驻村工作队

重要活动

4月10日，拉萨、林芝、那曲联合同步直播《高原零距离·忆往昔——波密红楼里的历史记忆》宣传活动

4月29日，波密县总工会在波密县礼堂举办“暖心5·1致敬最美劳动者”主题活动

6 月 29 日，波密县农村饮水保障工程通水仪式举行

7 月 1 日，古乡巴卡村开展“我与党旗合个影”活动

5 月 21 日，波密县委作风办联合团县委举办波密县首届“团聚百年 悦跑青春”暨进一步改进作风狠抓落实迷你马拉松比赛

3 月 28 日，波密县税务局工作人员宣传减税降费政策

对口支援

4月6日，市委副书记、常务副市长、广东省第九批援藏工作总领队刘光明一行到八盖乡调研项目建设、乡村振兴等工作

10月15日，市委副书记、常务副市长、广东省第十批援藏工作总领队吴耿淡（左四）到波密县调研产业发展、援藏工作

6 月 30 日，广东省第九批、第十批支援波密县工作组交接工作

4 月 11 日，广州、武汉企业团队集体捐赠波密县教育系统教学物资活动在波密县中学举行

12 月 12 日，波密县举行第二双语幼儿园“粤藏同心　穗波同行　民族团结一家亲”捐赠仪式

4 月 1—2 日，招商引资团队在波密考察交流

波密风光

国家湿地公园——嘎朗湖

中国最美冰川之一——米堆冰川

中国最大海洋性冰川——卡钦冰川

中国最美原始森林之一——岗云杉林

中国最美 318 风景道——波密县精华段

中国最大桃花谷——波堆桃花谷

农牧特色产业

绿色茶叶

茶叶采摘

茶园

5月30日，古乡雪瓦卡村“两委”联合藏芝星农业科技有限公司举行雪域乌龙采摘仪式

西藏金茶树茶叶有限公司的雪域白茶产品

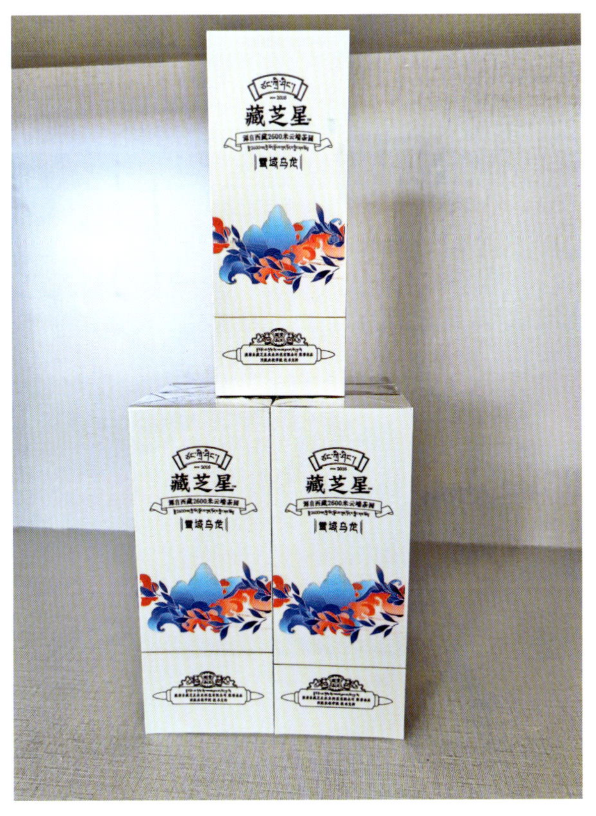

波密县藏芝星茶叶有限公司的雪域乌龙产品

黑色藏香猪

西藏五丰园农牧科技有限公司的藏香猪产品（一）

西藏五丰园农牧科技有限公司的藏香猪产品（二）

藏猪规模化养殖场内景

藏猪规模化养殖场外景

黄色天麻

1月3日，国家巩固拓展脱贫攻坚成果同乡村振兴有效衔接考核评估综合核查组组长严之尧（右三）在波密县扎木镇调研藏天麻产业发展情况

天麻种植基地

扎木镇天麻产业科普种植活动举办

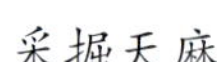

采掘天麻

西藏波密高原藏天麻产业开发有限公司生产的天麻产品

褐色羊肚菌

2022 年，波密县扎木镇东若村羊肚菌种植基地土地租赁费发放仪式举行

羊肚菌种植基地

标准化羊肚菌种植

羊肚菌种植

羊肚菌温室大棚

红色灵芝

灵芝种植

农户查看灵芝种植情况

灵芝盆景

倾多聂赤赞普农牧民专业合作社生产的灵芝产品

目 录

特 载

大事记

县情概览

中国共产党波密县委员会

波密县人民代表大会

波密县人民政府

中国人民政治协商会议波密县委员会

中国共产党波密县纪律检查委员会 波密县监察委员会

对口支援

群众团体

法　治

军　事

经济管理

农业和农村建设

工业和信息化

商贸流通

文化·旅游

城建·环保

应急救援

交通·通信·邮政

银行　保险

教育·体育

卫生健康

社会事务

乡镇概况

荣 誉

附 录

索 引

在中国共产党波密县第十届委员会第三次全体会议上的报告

林芝市政协副主席、波密县委书记 旦增拉姆

（2022 年 12 月 4 日）

各位委员，同志们：

现在，我受县委常委会委托，向全会作工作报告，请全体县委委员、候补委员审议。

即将过去的 2022 年，是党和国家历史上具有里程碑意义的一年、必将载入史册的一年，也是波密知重负重、唯实唯勤，以“干在实处”推动各项事业“走在前列”的一年。在党中央的关心关怀下，在区党委和市委的坚强领导下，面对严峻复杂的外部环境，县委常委会坚持以习近平新时代中国特色社会主义思想为指导，深入贯彻党的十九大和十九届历次全会精神以及中央第七次西藏工作座谈会精神，全面贯彻习近平总书记关于西藏工作的重要论述和新时代党的治藏方略，以迎接、服务、宣传、贯彻党的二十大为主线，聚焦“四件大事”“四个确保”，聚力“四个创建”“四个走在前列”，团结带领全县各族干部群众，统筹抓好疫情防控和经济社会发展，统筹发展与安全，各项工作取得了新成绩、掀开了新篇章。

一、深刻领悟党的二十大精神，坚持转作风、夯根基，党的建设持续加强

县委常委会始终深学笃用习近平新时代中国特色社会主义思想，深刻领悟“两个确立”的决定性意义，不断提高政治判断力、政治领悟力、政治执行力，以党的政治建设为统领，全面贯彻落实新时代党的组织路线，着力提升基层党组织政治功能、组织功能。

——*政治建设持续强化*。在学习上有更高的标准、下更大的功夫，把学习习近平总书记重要讲话精神和指示批示精神作为县委工作的“第一议题”和“中心任务”，全年 18 次县委常委会会议和 12 次县委理论学习中心组学习会中列入 53 项学习习近平新时代中国特色社会主义思想议题，率领全县党员干部学习贯彻习近平新时代中国特色社会主义思想和党的十九届六中全会精神不断往

深里走、往实里走、往心里走。对照王君正书记“把林芝建设成为全区改革开放先行区”这一要求，广泛调查研究，征求意见建议，研究制定《波密县2022—2026年度改革开放实施方案》，从6个方面28条具体意见推动改革工作责任落实。坚持把迎接党的二十大胜利召开作为重要政治任务和工作主线，开展《波密这十年》《各乡镇谈十年变化》系列报道，全方位、多角度、立体化展示波密十年发展成就，彰显各族群众喜迎党的二十大、携手奋进新时代的热切期盼。党的二十大召开后，县委第一时间召开常委会（扩大）会议、领导干部大会进行学习宣传贯彻部署，研究制定党的二十大精神实施方案。县委常委会班子成员示范带动全县党员领导干部深入乡镇基层一线作专题辅导报告，全县累计开展各类宣讲600余场次，受教育群众3万余人，迅速掀起了学习宣传贯彻党的二十大精神热潮。

——意识形态工作不断深化。始终把“两个巩固”作为意识形态工作的根本任务，旗帜鲜明坚持党管宣传、党管意识形态、党管媒体，召开波密县2022年宣传思想工作研讨会，安排2022年意识形态工作，制订完善意识形态工作计划，全面扎实推进网络意识形态工作，切实加强党对意识形态工作的全面领导。深入践行社会主义核心价值观，将“学习强国”平台使用作为加强全县党员干部理论学习的重要途径，全县范围内形成自觉学习、深入学习、持续学习的浓厚氛围。2022年4月底完成县融媒体中心挂牌工作，协助拉萨、林芝、那曲三地市宣传思想文化部门在扎木中心县委红楼联合开展《高原零距离·忆往昔——波密红楼里的历史记忆》直播活动。整合融媒体和新时代文明实践资源，实行“双中心”建设，壮大主流宣传思想舆论阵地，网信波密微信公众号、印象·波密抖音号等新媒体建设及作用发挥走在全市前列。

——基层基础扎实有力。严格落实“四个一”整顿措施，坚持“一支部一方案、一问题一对策”，扎实开展8个软弱涣散基层党组织（村级5个、寺管会1个、机关2个）整顿工作。加强村干部队伍管理，加大国家通用语言培训力度，推行村（社区）干部“一学一述一评”，选派52名村主干赴区外轮训，不断提高村干部工作能力。深入开展违规违纪发展党员专项排查，认定违规违纪发展党员170名，清退党员20人，10个乡镇均打造了标准化党员档案室。顺利完成驻村轮换工作，选派第十一批驻村工作队85支265人，摸排梳理出落实五小工程保障方面5大类116个问题，安排县级驻村保障资金61.2万元，确保驻村保障工作落实落细落地。突出整村强化、整乡推进、整县提升，全县16个基层党组织荣获全市“百佳基层党建示范点”称号。持续推进红色品牌创建，打造《毛主席的光辉》诞生地红歌广场、雪瓦卡党建茶旅文化广场等一批红色教育阵地，接待干部群众参访团150余个、2300余人。深入开展“烈士寻亲”活动，累计发布烈士寻亲视频33期，寻找到25位烈士亲属。

——干部队伍过实过硬。准确把握新时期好干部标准和民族地区干部“四个特别”要求，树立“凭能力用干部、以实绩论英雄”的选人用人导向。2022年以来，累计选任干部185人，其中，选任26名政治立场坚定、善于做民族宗教工作的干部到乡镇寺管会及寺庙特派机构工作，将能力素质过硬的干部安排在县直部门和附近乡镇担任领导职务。选派30名优秀年轻干部参加波密县委党校举办的首届中青班，对其中26名干部进行提拔使用。在全市率先启动45名疫情防控一线干部选拔任用工作。按照“重点人才重点培养、紧缺人才超前培养、优秀人才抓紧培养”的工作思路，累计选派126名干部人才到区内外跟岗学习、培训锻炼，并从广州柔性引进9名医疗专家开展医疗援藏服务。同时，配合广东省援藏考核组对波密县7名援藏干部，8名“组团式”医疗援藏人才进行期满考核，顺利完成第九批、第十批援藏干部人才和第一批、第二批医疗人才“组团式”援藏轮换工作。

——作风建设成效突出。扎实开展改进作风、狠抓落实工作，成立县委进一步改进作风狠抓落实工作领导小组，制定印发总体工作方案、任务分解方案，明确任务清单50项，围绕“四查四问”“八个落实”，深入实施“八个专项整治”，对维护稳定、疫情防控、项目建设、会风会纪等情况开展专项督导检查63次，对77家单位、24名干部进行通报提醒，对4名干部存在的作风问题按照问题线索处置。各级领导干部使出“闯”的干劲，树牢“实”的作风，保持“干”的激情，下沉基层解难题、办实事、促发展，开展调研430余次，协调解决问题390余个，围绕群众最关心最直接最现实的利益问题办理民生实事100余件。深入开展自查自纠工作，形成重点工作推进清单和突出问题整改清单，“两个清单”分为9大类185条工作任务，在常态化提醒、销号、督查的基础上实行“红绿灯”动态管理，确保重点工作、突出问题“见底清零”。

——纪律规矩更加严明。严格落实“两个责任”，强化党对反腐败工作的全面领导，运用好监督执纪“四种形态”，一体推进不敢腐、不能腐、不想腐，制定印发《2022年波密县委落实全面从严治党主体责任清单》。紧盯乡村振兴、涉黑涉恶、漠视侵害群众利益、违反中央八项规定精神等方面进行监督执纪问责。2022年以来，共受理问题线索94件，较去年增长235.7%，立案41件，给予党纪政务处分23人，采取留置措施1人，使用“第四种形态”实现零的突破，回访教育受处分人员18人次，以上率下推动干部从“有错”向“有为”转变。高质量开好市委涉粮问题专项巡察反馈意见整改、党史学习教育和以案促改专题民主生活会，用好批评和自我批评有力武器，不断推动党内政治生活政治性和规范性，从严从实推动管党治党工作。突出政治巡察，完成十届县委第一、二轮巡察工作，县委十届第三轮巡察工作正在开展中。

二、牢固树立总体国家安全观，注重抓统筹、谋全局，社会局势和谐稳定

县委常委会始终坚持总体国家安全观，凡事以政治安全考量为先、以政治安全为首、以安全稳定为重，谋长久之策、行固本之举，确保国家安全、社会稳定、人民幸福。

——社会大局全面稳定。紧盯为党的二十大召开营造安全稳定社会环境这一主线，成立县委维稳工作专班，及时制定下发《党的二十大波密县维稳安保工作总体方案》《党的二十大波密县维稳督导工作方案》等方案预案，切实压实维稳责任、落实相关措施。深化拓展“综治＋网格警务”，创新谋划“智慧警务＋网格”机制，开展“百警进千万家”活动，推广辐射“三级和议”源头化解矛盾纠纷隐患模式，由县委政法委统筹，构筑司法便民“服务圈”，打造集化解矛盾纠纷、参与基层社会综合治理、服务乡村振兴，以易贡（通麦）人民法庭为载体的“便民服务大厅”，让“318最美政法风景线”更靓丽。全年受理办结各类信访案件39批（件）67人次，办结率100%。围绕川藏铁路项目建设，加强消防专业救援队伍、铁路建设企业救援队协调联动，整合各类资源建立专常兼备、政企联动、反应灵敏的基层应急救援站2个，成立川藏铁路警务室4个、川藏铁路卫生所4个，主动向项目单位提供应急救援、矛盾纠纷调

解和医疗保障等服务。玉普一级公安检查站严格落实“四必查”，累计检查过往车辆39.9万台次，过往人员124.5万人次。

——民族团结持续巩固。坚持各民族共同团结奋斗、共同繁荣发展，民族团结宣传教育和民族团结进步创建活动深入推进，以民族团结进步创建“九进”活动为载体，因地制宜开展“双语”比赛、“民族团结讲述活动”等一系列富有特色的群众性活动，开展宣讲300余场次，受教育群众6000余人次。注重构建军民鱼水情，以古乡武警爱民小学、古乡巴卡村、扎木镇桑登村、巴琼村、康木村5个军地共建示范点为依托，推进军地协同发展，不断巩固军地共建成果。扎实做好退役军人接收安置工作，建立常态化联系退役军人制度，解决退役军人就业及生活困难问题。

——宗教领域和睦和谐。加大宗教领域安全生产隐患排查力度，不断引导寺庙僧人爱国爱教、潜心修行、遵规守法。

——安全生产局势稳定。加强安全隐患“排查、整改、验收、销号”闭环管理，构建横向到边、纵向到底的应急管理信息报告网络体系，加强对重大突发事件、重要社会动态、紧急灾情的信息预测和预警分析。今年以来，全县开展安全生产检查121次，发现安全生产隐患961处，已完成整改960处，整改率99.9%，经济处罚89.5万余元，约谈企业17家。全县党群联动开展道路应急保通20次（其中318国道保通16次），清理各类塌方8万余方，主动做好滞留车辆和人员的疏通、劝导，并稳妥开展灾后隐患排查清理工作，确保道路安全畅通。

——森林防火措施有力。以强化森林草原防火能力建设为重点，构建县级领导包乡镇、乡镇领导包村、村干部包户、户包沟口山头的森林草原防火网格化管理制度。投入资金515万元，加强森林防基础设施建设，为5个乡镇配发小型消防洒水车。同时，加强巡山护林和入林人员监管，在米堆冰川、岗云杉林、嘎朗湖、玉普木材检查站等重点部位张贴具备数据采集、宣传教育、火情报警、违规举报、紧急求救等功能的“防火码”15张，在318国道沿线建设11个流动人员临时留宿点，无偿提供给朝佛、旅游、施工等需要野外留宿用火人员，避免野外无序用火问题。全年累计发送森林防火宣传短信50余万条。

——食药安全稳定可控。持续推进食品经营示范创建，全县建成餐饮服务食品安全示范店3家，投入60万元保障全县食用农产品农残、兽残快速检测工作全覆盖，累计快检13962批次，不合格47批次，均进行无害化处理；开展食品安全联合检查21次，专项执法检查32次，检查市场主体330家，学校食堂52家次，下架销毁不合格食品400公斤，及时整改隐患问题30处，办结食品案件3起，罚没资金40.74万元，有效保障人民群众“舌尖上的安全”。不断强化“两品一械”监管，开展医疗器械药品监督检查27次，检查涉药单位38家次，检查医疗器械经营、使用单位17家次，药品监管全面规范。

三、坚持“三个赋予一个有利于”，致力谋发展、促长远，经济发展转型升级

县委常委会紧盯“把林芝建设成为全区改革开放先行区”这一目标，完整、准确、全面贯彻新发展理念，聚焦发展不平衡不充分的问题，抓好项目强支撑、发展产业夯基础，实现更高质量、更可持续、更趋平衡的发展。全县国内生产总值完成37.17亿元，可比增长2.53%；全社会固定资产投资完成20.04亿元，同比增长80.9%，增速位列全市第一；农村居民人均可支配收入达到25165元，同比增长5.8%；一般公共财政预算收入1.58亿元，同比增长18.7%，增速位列全市第一。

——文旅融合稳步推进。依托“一轴三线”旅游发展布局，积极完善景区发展功能，认真谋划支撑力强的文旅大项目19个，预计投资2.72亿元。持续推进全县景区创A工作，编制《米堆冰川创建国家AAAAA级景区建设规划》，着手启动岗云杉林国家AAAA级景区创建工作。引进深圳寓墅（科技）有限公司投资1600万元建成波密隐世山居酒店，结合波密嘎朗王朝历史，计划筹备打造波密县文化历史博物馆。充分利用文化元素注入提升文化旅游产品和产业的品质内涵，创新开发《波密红》《西巴斗熊戏》等系列文创产品8类。深化文物保护利用改革，健全完善文物保护利用体制机制，成立全市首个文物保护中心，公布县级文物保护单位6家，开展文物安全执法65次，排查消除文物安全隐患40余处。打造波密县城房车自驾营地，配备完善水、电、网等基础设施，提升自驾体验。持续深化文化文艺创作，不断激发文化活力，创作出《毛主席的光辉》《318上一抹红》《红楼风韵》等一大批优秀文艺作品，不断丰富群众精神文化生活。目前，全县共有酒店（宾馆）134家，家庭旅馆268家。截至11月底，累计接待国内外游客126.35万人次，实现旅游相关收入7.57亿元。

——农牧产业强劲发展。围绕“2+3+1”农牧特色产业发展思路，制定《波密县农牧特色产业中长期发展规划（2022—2030年）》，持续壮大产业规模，延伸产业链条、拓展销售渠道。全县藏猪养殖规模达11.15万头，茶叶可采摘面积达3435亩。同时，结合敖刘全书记在波密调研指示精神，积极探索发展林下种养殖立体复合型生产经营模式，制定《波密县关于加快推进林下经济高质量发展的实施意见》，完成天麻林下种植1740亩，灵芝菌种植520亩（其中林下种植20亩），羊肚菌种植180.2亩（其中林下种植30.06亩）。波密县成功创建为国家级农业现代化示范区和国家现代农业产业园，全年产业园共投资3000万元，实施各类项目11个，已开工项目8个。积极培育新型农业经营主体，今年以来，认定7家县级龙头企业、8家县级合作社，7家市级合作社、5家市级家庭农场，正在申报7家市级龙头企业，2家自治区级龙头企业，3家自治区级合作社，带动农牧民群众增收1500余万元。

——项目建设有效实施。紧扣川藏铁路、波密至然乌支线及318国道枢纽经济轴，大力发展生态旅游、特色农牧产业、清洁能源、商贸物流产业。全力做好川藏铁路配套服务保障工作，完成川藏铁路（波密境内）永久用地征地拆迁1686.59亩，征用临时用地3591.18亩。积极打造“路地共建”平台，健全《波密县川藏铁路建设前期工作协调机制》《波密县川藏铁路建设安全保卫工作机制》等工作机制9项，着力解决项目建设中征地拆迁、环境保护、安全生产、矛盾纠纷、疫情防控等重点问题，全方位保证项目施工进度和质量，带动“项目经济”呈现出更加强劲发展势头。川藏铁路建设以来，累计解决农牧民群众就业5864人次，培养定岗定向技术工人212人、就业154人，西藏籍大学生实现就业39人，累计租用本地工程机械设备1811台，累计实现增收1亿元。加强重点项目推进，全年政府投资项目共计98项，总投资11.04亿元，年内计划完成投资6.67亿元，目前累计完成投资5.28亿元，完成年度计划的79.19%。

——市场体系逐步健全。积极推进波密县全国电子商务进农村建设项目，建成1个县级、10个乡镇级和34个村级服务网点，相关业务已全面铺开，形成优势互补、互惠合作、良性互动的电子商务进农村物流项目两级网络服务体系，全年销售额达92.6万元。2022年全县在建招商引资项目

27 个，累计到位资金 4.6 亿元，完成年度目标 4.5 亿元的 103%。对内全面降低生产成本，通过下调水价、电价、电检费，免除城市卫生费等举措为市场主体降低生产成本。对外积极开拓发展市场，充分利用推介、洽谈等大型活动，帮助企业打响品牌，通过主动搭建各类销售平台，全面打通销售渠道，帮助企业开拓“粤港澳大湾区”等市场。目前，全县共有各类市场主体 5040 户，注册资本（金）62.78 亿元。

四、坚持人与自然共生，着眼强治理、求实效，生态环境持续优化

县委常委会牢固树立“绿水青山就是金山银山、冰天雪地也是金山银山”的理念，坚持生态优先、绿色发展，生态文明建设从注重保护向主动作为转变。

——生态保护全面加强。加快推进国土空间生态修复编制和国土空间规划“两证一书”办理，初步完成“三区三线”划定工作。4 月 20 日，波密县被命名为“西藏自治区生态文明建设示范县”荣誉称号，扎木镇等 8 个乡（镇）被命名为西藏自治区生态文明建设示范乡镇、扎木镇扎木村等 63 个行政村被命名为西藏自治区生态文明建设示范村居，生态文明建设示范乡镇创建率达到 80%。11 月 18 日，波密县获得“国家第六批生态文明建设示范区”荣誉称号。统筹山水林田湖草沙冰一体化保护和系统治理，充分利用“河（湖）长 + 检察长 + 警长”机制，有效遏制非法采砂行为。全面推行环境执法“双随机、一公开”制度，严格落实监督执法正面清单，全年开展执法检查 228 次，下发整改通知书 63 份。成立波密县生态环境保护督察工作领导小组专班，全面开展第二轮中央环保督察迎检和整改工作，建立健全反馈问题整改及“回头看”机制，中央环保督察组转办的 9 件案件，现已办结 7 件，阶段办结 2 件。

——生态效益持续释放。严守生态安全底线、红线和高压线，继续坚持“三高”企业和项目零审批、零引进。正确处理保护生态和富民利民的关系，找准与波密相适宜的经济发展模式、价值转换路径、生产生活方式，兑现森林生态效益补偿资金 3122.19 万元。大力推进市容精细化管理，分区域、分路段采用“定岗、定人、定时、定则”管理模式，城市管理由粗放式向精细化转变，县域内环境面貌焕然一新。扎实推进国家森林城市创建工作，组织开展创森知识竞答、知识问卷调查活动，持续加强创森宣传力度，印发宣传资料 3500 余份。全县环境空气质量达到Ⅱ级标准、达标天数比例为 100%，帕隆藏布国控断面水质和卓龙沟饮用水源地水质达Ⅱ类水质标准，水质达标率为 100%。

五、坚持在发展中保障和改善民生，倾力谋福祉、添活力，社会事业稳步发展

县委常委会坚持以人民为中心的发展思想，抓住人民群众最关心、最直接、最现实的利益问题，千方百计补齐民生短板，以实际行动让全县人民生活得更加安全、更有品质、更加幸福。

——疫情防控成果显著。疫情发生以来，我们坚定不移贯彻落实党中央决策部署和区党委、市委工作要求，坚持人民至上、生命至上，坚持“外防输入、内防反弹”总策略和“动态清零”总方针不犹豫不动摇，统揽全局、果断决策，及时成立县疫情防控前线指挥部，全面启动应急响应机制，派出 21 名县级领导下沉乡镇、深入一线实地包保指导疫情防控工作，组建 3 个督导组开展全方位督导检查，处理党员干部 10 人。紧盯“外防输入”，科学合理设置国道 318 通麦、米堆 2 个疫情防控检查站，实行 24 小时工作制，牢牢守住林芝市东大门。紧盯“内防反弹”，推动基层社

会治理机制与疫情防控深度融合。有力维护了人民群众生命安全和身体健康。健全物资储备机制，投入5892万元用于疫情防控工作，广州援藏工作组积极筹措约150万元的抗疫物资，协同5名医疗专家到波密抗疫，持续加大米面油、肉蛋奶等生活必需品储备力度，市场供应稳定充足。用心用情做好215名滞留自驾游客服务保障，有序组织游客和群众“点对点”返程，确保疫情防控期间人员流动有序。加快复工复产进度，及时制定《波密县统筹推进疫情防控和经济社会发展工作方案》《波密县加快恢复经济行动方案》，采取9名领导包保56个重点项目、7名领导包保23个重点企业等措施，及时协调解决各行业企业各在建项目的复工复产人员到岗、生产资料、物料运输、防疫保障等方面的困难问题，全力推动川藏铁路、川配路电、乡村振兴等项目建设。成功应对疫情后，于10月和11月分三批开展“助企惠民·乐购波密”促消费活动，共计发放商超、餐饮、家具家电等类型电子消费券价值约147万元，拉动消费550万元。

此外，在疫情防控中，4100余名党员干部冲锋在第一线、战斗在最前沿，用实际行动让党旗在防控一线高高飘扬；26名医护人员白衣执甲、闻令而行，星夜驰援拉萨，用实际行动展现使命担当；我们用16天率先在全区实现社会面动态“清零”，12名阳性人员经救治顺利出院，最大限度保护了人民生命安全和身体健康，疫情防控工作走在全市前列。

回首全县战疫过程，异常紧张，也非常艰辛，这其中有党员干部的冲锋陷阵，有白衣天使的坚持奋战，有公安民警的日夜坚守，有志愿者的无私奉献，有新闻记者的深入一线，但更多的是勤劳质朴波密儿女的理解、支持、参与和包容。这充分体现了波密群众识大体、顾大局的责任担当和奉献精神，这才是我们这座城市最大的力量源泉，也是我们无惧任何大战大考的信心和底气！

——乡村振兴全面推进。扎实做好巩固拓展脱贫攻坚成果同乡村振兴有效衔接工作，强化常态化监测帮扶，确定“三类人”重点监测对象57户223人，制定“一户一策”帮扶措施658条，消除“三类人”15户59人；整合产业收益资金59.6万元，为全县112户298名三岩搬迁群众及“三类人”以人均2000元的标准进行生产生活扶持。完成县域内84个建制村“一村一策”编制、市级审查备案等工作，确定重点帮扶村32个、巩固提升村31个、示范先行村21个，形成项目清单需求573个，总投资13.4亿元，已纳入乡村振兴“十四五”项目库项目120个，总投资8.72亿元。启动2023年乡村振兴项目前期工作，计划实施2023年乡村振兴项目38个，估算投资3.3亿元，正在开展项目可行性研究、工程勘察设计等前期工作。波密县农村供水保障工程建设项目完工投入使用，直接增加供水覆盖人口约7000人，供水规模从每天3000立方米提升至10000立方米，充分满足波密县发展需求。

——教育事业不断发展。投入县级财政资金的25%、3316.25万元用于教育事业发展，完成波密县第二小学建设项目前置手续办理和波密县9所附设幼儿园及20所村级幼儿园教学用一体机及相关设备采购工作，持续改善乡镇学校师生生活条件。强化穗波学校学术、经验交流，174名中小学思政教师参加对口帮扶线上教师培训，引进音乐、美术等紧缺专业骨干支教大学生17名，师资力量等教育软实力不断增强，教学质量明显提升。主动做好中小考服务工作，考试顺利圆满完成，2022年小考全国其他地方班上线16人（县小学14人、倾多镇1人、易贡乡1人），中考全国其他地方班上线28人。目前，全县各级各类学校共有43所，在校学生5923人（其中，中学生1278人，小学生3257人，在园幼儿1388人）。

——医疗卫生优质提升。充分发挥“组团式”医疗援藏优势，稳步推进县域紧密型医共体建设，加强家庭医生签约、巡回诊疗工作，组建家庭医生签约团队10个，家庭签约医生247人（含168名村医），对辖区内高血压、糖尿病、精神疾病等慢性病患者以及儿童、孕产妇等重点人群签约率均达100%，开展巡回诊疗20余次，免费发放药品价值12万余元。扎实推进波密县人民医院第二院区建设工作，全县传染病防治和疫情防控能力有效增强，县人民医院创“二甲”工作有序推进。邀请广州市卫健委专家组开展“穗波一家亲 健康光明行”活动，免费筛查白内障患者232人，开展手术108台。积极推进样板乡镇卫生院建设工作，在11所乡镇卫生院建设了广东抵边医疗点，广大农牧民群众在家门就能享受到健康监测服务，卫生服务体系不断完善。

——社会保障日趋完善。在建立11个农牧民转移就业基地的基础上，融合全县84个村级服务站、10个乡镇服务所，形成全县立体保障就业服务体系，农牧民转移就业7345人，完成目标的102%，实现转移就业收入8844.6万元，完成目标的130%；实现城镇新增就业520人，城镇登记失业率控制在2.3%以内。以“政府＋对口援藏＋劳务协作”模式开展区外转移就业，不断扩大高校毕业生就业渠道，打破农牧民就业瓶颈，发布广东相关企业就业岗位320余个，实现区外就业127人。积极做好高校毕业生就业创业优惠政策补贴申报，17名高校毕业生申报一次性创业补贴资金102万元，400名高校毕业生就业率达98%。完善10个乡镇卫生院基本医保、大病保险、医疗救助“一站式一单制”结算服务，直接结算1035人次22.65万元，推行“四零工作法”，提升工作质效。积极推进“党建＋社会救助”试点工作，玉普乡阿西村、倾多镇德吉村、倾多镇栋曲村、多吉乡扩拉村、扎木镇居委会5个村（居）试点救助站新申报低保1户1人，临时救助14户33人，兑现救助资金6.47万元。

各位委员，同志们，即将过去的2022年里，在全县党员干部和各族群众的共同努力下，面对新冠肺炎疫情严重冲击，我们经受住了前所未有的重大考验，我们一步一个脚印，一步一个台阶，各项工作顺利推进，开创了全县经济社会稳定发展的新局面！以上成绩的取得，其根本在于中国共产党的正确领导，在于以习近平同志为核心的党中央举旗定向、掌舵领航，得益于区、市党委、政府的坚强领导和有力关心，离不开广州市的无私援助，饱含着全县各级党政组织和广大党员干部的辛勤汗水，我们也更加深切地感受到，没有中国共产党对各项工作的全面领导，也就没有今天波密所取得的辉煌成绩。此外，这些成绩的取得，也是驻县（中、区、市）直各单位、军警部队、社会各界鼎力支持、共同参与的结果。在此，我谨代表县委常委会，向在座的各位同志，并通过你们向所有关心、支持和参与波密改革发展稳定的各族干部群众和社会各界人士，表示衷心的感谢，并致以崇高的敬意！

在肯定成绩和总结经验的同时，我们也清醒地认识到，县委常委会工作还存在一些问题和不足：受外部环境和疫情影响，经济社会发展速度和资源禀赋还不相称，发展的动力内力能力还不充足；城乡之间发展还不够平衡，民生领域还有不少短板；作为林芝市东大门，反分裂斗争形势依旧严峻，影响社会安全稳定的风险隐患还不同程度存在；少数干部思想还不够解放，抓工作盯劲和韧劲有待进一步强化；形式主义官僚主义问题仍一定程度存在，群众身边的腐败问题和不正之风还时有发生，等等。这些问题，我们必须辩证看待，突出目标导向、问题导向，认真研究谋划，在发展中加以解决。同时，也希望与会同志们对县委常委会工作提出好的意见建议，支持帮助我们把工作做得更好。

同志们，奋进新征程，奋力开新局，唯有忠诚尽职、奋勇争先。让我们更加紧密地团结在以习近平同志为核心的党中央周围，在区党委和市委的坚强领导下，以党的二十大精神为引领，深入贯彻区党委十届三次全会和市委二届三次全会精神，团结带领全县人民，坚守初心、勇担使命，奋力开创社会主义现代化波密新篇章。

政府工作报告

——在波密县第13届人民代表大会第4次会议上

（2023年2月14日）

波密县人民政府县长　杨　力

各位代表：

现在，我代表波密县人民政府向大会报告工作，请予审议，并请各位政协委员和列席人员提出意见。

2022年工作回顾

2022年，极不平凡、极不寻常。一年来，面对错综复杂的外部环境和艰巨繁重的改革发展稳定任务，特别是新冠疫情严重冲击，我们始终坚持以习近平新时代中国特色社会主义思想为指导，在党中央、国务院和区市党委、政府的正确领导及县委的直接领导下，坚持以奋力推进“四个创建”、做到“四个走在前列”为总定位，以新时代波密“六区”建设为抓手，团结带领全县人民奋力拼搏，攻坚克难，笃定实干，在“防疫情、稳经济、惠民生、护生态、防风险、保稳定”的大战大考中，高质高效地完成了全年主要目标任务，经济社会迈上了高质量发展的新台阶。

——逆势而上，跑出经济发展的“加速度”。全县地区生产总值完成37.17亿元，可比增长2.53%，增速领跑全市；全社会固定资产投资完成20.04亿元，同比增长81%，增速位列全市第一；一般公共预算收入完成1.58亿元，同比增长18.7%，增速位列全市第一；社会消费品零售总额完成3.51亿元；农村居民、城镇居民人均可支配收入分别达到25165元、43433元，同比增长5.8%、5.05%。金融机构各项存贷款余额由40.45亿元增加到59.66亿元，经济发展呈现“稳和增同向、质与效并进”的鲜明特征。

——众志成城，打赢疫情防控的“阻击战”。坚持“外防输入、内防反弹”总策略和“动态清零”的总方针不动摇，压紧压实“四方责任”，筑牢交通、农村、网格三道防线，全面抓好重点区域和关键环节防控工作。累计投入5425万元，精准设置疫情管理服务卡点，持续做好人、物、环境同防，建成波密县人民医院第二院区和3个核酸检测PCR实验室，在全区范围内率先实现了社会面动态清零。科学落实常态化疫情防控措施，高效落实人员、物资点对点转运，圆满完成两批次支援拉萨抗击疫情任务。

——统筹施策，夯实高质量发展的“基本盘”。制定《波密县加快经济恢复方案》，持续落实落细减税、减费、减租、减息等各项举措，累计为市场主体减负超过2600万元，提供各类金融支持达6.75亿元，通过发放电子消费券、收购农产品等方式，直接拉动消费550万元。截至2022年底，全县共有各类市场主体5147户，注册资本（金）52.74亿元，同比分别增长32.9%、19%，助力市场主体青山常在、生机盎然。持续服务川藏铁路及其配套（公路和供电）工程等重大项目建设，完成永久用地征地拆迁及临时用地征用4523.2亩。实施重点建设项目98个，完成投资5.28亿元，投资拉动效能持续释放。按照《波密县“十四五”文旅发展计划》，持续加强旅游基础设施和公共服务建设力度，稳步推动G318风景道、岗云杉林、桃花沟等景区、景点配套设施建设，积极推进景区、村庄、民宿一体化建设，自驾文化基地、康养基地、党性教育基地初具雏形。全年累计接待游客达127.86万人次，实现相关收入7.63亿元。坚持“2+3+1”农牧产业发展思路，成功入选国家农业现代化示范区和国家现代农业产业园创建名单，建成茶叶及高原食药用菌加工厂、菌种厂、冷冻库等产业配套设施，积极推进700亩林下科技示范基地建设，完成茶叶采摘3435亩，新增藏猪3.4万头，全县藏猪养殖规模达11.15万头，天麻、灵芝菌、羊肚菌种植面积达到2400余亩，五大农牧特色产业总产值超过1.5亿元，“产销研”一体化农牧特色产业链建设取得实质性进展。

——加压加力，激活改革开放的“强引擎”。 认领政务服务目录清单1031项，完成线上录入办件9722件，办结率100%。完成住房公积金网点延伸，方便群众“家门口”办理。68家单位固定资产首次拥有“电子身份证”。强化预算执行力度，加大资金绩效评价结果运用。纵深推进国资国企改革，5家重点国有企业总体利润同比增长533.57万元，正向增长48倍，历史性扭亏为盈。加大政府采购支持中小企业力度，累计授予中小微企业合同金额达1.96亿元。加大科技赋能，野生天麻良种繁育、灵芝孢子粉智能采集技术应用和生产取得阶段性成果，波密县天麻林下野生抚育科普教育基地入选2021—2025年第一批中国农村专业技术协会科普教育基地。认定7家农牧业产业化经营县级龙头企业。全面启动草原承包经营权登记颁证工作。全面完成农村集体产权制度改革。第十批广州援藏干部人才顺利接过“接力棒”，稳步推进项目、医疗、教育、文化各项援藏工作。积极参加“广博会”等推介活动，助力企业打通销售渠道、打响产品品牌，开拓“粤港澳大湾区”市场，实现了林芝农特产品进入香港市场“零”突破。全县在建招商引资项目27个，到位资金4.6亿元，同比增长103%。

——身入心至，打出保障民生的“组合拳”。 持续巩固脱贫攻坚成果，精准识别“三类人员”监测户12户41人，科学制定“一户一策”帮扶措施78条，消除监测对象2户13人，切实守住返贫致贫底线。扎实推进乡村振兴，完成84个行政村“一村一策”方案编制，实施7个美丽宜居整村推进建设，10个人居环境提升村建设，85个村（居）驻村点实现五项保障工程全覆盖。改善1.8万亩土地灌溉条件，完成耕地质量提升技术示范2.5万亩，农机具普及率提升10%，主要粮食总产量2.41万吨，同比增长7.8%。坚持财政收入的80%用于民生事业，解决各类民生重点事项300余项，新建保障性住房246套，完成农村住房改造48户，完成玉许林琼、易贡通麦44户搬迁安置点建设；实施八盖乡265户群众入户线路改造提升，优化改善康玉乡拉瓦西村等行政村通讯网络条件；新建改建道路总里程62公里；完成河道治理103公里，实施26个村农村人饮提升改善工程；实施6个小区环境提升工程，全面建成波密县农村供水保障工程，完成城乡供水管网改造12.6公里；新开设县城新鲜猪肉售卖供应市场。加快创建国家食品安全示范城市，实现全县农产品快检、抽检全覆盖。妥善处理了原国合联营公司住户等50户群众不动产权历史遗留问题。坚持就业优先，建成波密县公共实训基地，完成职业技能培训2836人，实现城镇新增就业520人，农牧民转移就业7435人，转移就业收入达8844万元，完成年度目标任务的102%、130%。应届高校毕业生就业377名，就业率98%。各类重大项目累计雇佣当地劳动力5814人次，直接带动群众增收1.17亿元。坚持教育优先发展战略，落实教育经费2.59亿元，同比增长14.6%，新增学校供暖面积9.09万平方米，实现全县43所中小学、幼儿园供暖全覆盖。全面提升教学条件，学前三年毛入学率90.83%，中考成绩连续8年名列全市前茅。县、乡、村三级公共文化体系网络基本建成，持续加大公共文化体育场所开放力度，进一步完善非遗名录体系，建成易贡国家地质公园博物馆，成立全市首个县级文物保护研究中心，多吉乡中心小学入选第二批西藏非物质文化遗产进校园示范基地。持续深化县域综合医改，不断优化整合医疗卫生资源,85个村（居）公共卫生委员会实现全覆盖。充分发挥医疗援藏优势，累计筛查先心病患儿474人、妇女宫颈癌和乳腺癌428人，免费医治白内障患者108人，成立波密县微创诊疗中心，多项手术陆续实现“零”突破。医保“一站式一单制”结算系统在10个乡镇落地应用并实际结算。坚持筑牢民生兜底防线，及时为2826名各类救助人员兑现救助资金773.47万元，切实保障困难群众基本生活。

——多措并举，守护生态环境的“生命线”。荣获第六批国家生态文明建设示范区称号，8个乡（镇）、63个行政村分别荣获自治区级生态文明建设示范乡（镇）、村（居）称号。初步完成“三区三线”划定工作，生态红线面积达1.15万平方公里，占国土面积的69%。积极推进国土空间规划，信息平台建设数据库“一张图”基本完成。建成玉普、倾多、通麦生活垃圾无害化处理厂及玉许、倾多污水处理厂，全力推进县城环卫服务、垃圾填埋、污水处理市场化运维。完成县城27个排污口整治工作，在全区率先实施垃圾填埋场HDPE膜覆盖工艺。全面推行“河（湖）长+检察长+警长”机制，推进河道砂石资源统一经营管理，河湖“四乱”问题得到有效治理。全县空气质量达标天数比例保持100%。构建县、乡、村三级林长责任体系，扎实推动国家森林城市创建工作，实施嘎朗国家湿地公园湿地保护与恢复工程，推进11个村庄生态修复工作，积极开展国土绿化行动，完成林木种植940亩，林木覆盖率达34.3%，林木蓄积量达1.21亿立方米。持续落实各类生态补偿资金4692.54万元，更多群众吃上了“生态饭”。中央第二轮生态环境保护督察转办件及反馈问题基本完成整改。

——务实重行，织牢和谐稳定的“安全网”。大力推广“三级和议”矛盾纠纷隐患化解模式，深化拓展“综治+网格警务”工作，创新增设便民服务大厅、法超市，让社会治理更具效率、更有温度。“一标段一警务室”保障川藏铁路波密段建设顺利推进。持续推进常态化扫黑除恶，严打整治违法犯罪，在全市夏季治安打击整治“百日行动”中荣获嘉奖，成功侦破尘封16年的“6·09”命案。稳步实施司法责任制综合配套改革，全面启动“八五”普法工作。抓紧抓实信访工作，受理39批（件）67人次，涉及资金575万元，办结率100%。成功化解矛盾纠纷32起，涉及资金3195.94万元，化解率98%。持续巩固民族团结成果，入选自治区民族团结进步模范县和2022年林芝市民族团结进步模范集体，扎木中心县委红楼入选自治区团结进步教育基地。坚持关心和教育并重、引导和服务并举，持续加强寺庙管理。扎实开展安全生产专项整治三年行动，全面深化“1+4”专项整治，全县安全生产与自然灾害防治总体持续向好。

——宗旨引领，把准为民服务的“方向盘”。

建立完善行政决策机制和重大行政决策程序，建立健全《波密县人民政府工作规则》《波密县人民政府“三重一大”事项集体决策制度》，全面推进“十三五”期间完成的政府投资项目审计全覆盖和“十三五”期间脱贫攻坚专项审计整改工作，坚持政府过紧日子，完成财评审减2608万元。自觉接受人大的法律监督和工作监督、政协的民主监督、监委监察监督、社会舆论监督，认真办好人大代表议案建议47件、政协委员提案76件，办理网民留言46件，办结率100%。积极落实基层减负，深入实施政务公开，主动公开政府信息3284条，行政效能极大提升，人民群众满意度显著提高。

与此同时，工会、共青团、妇联、工商联、外事、双拥共建、退役军人、消防救援、人民武装等工作水平不断提高，民族宗教、气象、档案、残联、文联、科协等工作在服务发展中取得新成绩。

各位代表，风雨征程迎来发展巨变，砥砺奋进赢得春华秋实。回顾过去一年的工作，前进的每一步都不容易，发展的每一件事都值得铭记。最令人振奋的是，党的二十大胜利召开，选举产生了以习近平同志为核心的新一届中央领导集体，描绘了新时代党和国家事业发展宏伟蓝图，指明了前进方向、确立了行动指南，对推进中华民族伟大复兴的进程具有决定性意义！最令人欣慰的是，我们用心用情、齐心协力，兑现了一项又一项民生承诺，办成了一件又一件民生实事，水电路讯网等群众最关心、最期盼的事得到了有效解决，人民生活日益向善、向好、向美！最令人感动的是，面对突如其来的新冠疫情，全县人民众志成城、守望相助，医务人员白衣执甲、逆行出征，用大爱、用勇气、用团结、用坚守，绘就了全民团结抗疫的壮美画卷，我们将永远铭记这份患难与共的人间真情！最令人自豪的是，我们立足新发展阶段，贯彻新发展理念，主动服务和融入新发展格局，充分把握发展的黄金期，狠抓工作落实，发展的优势前所未有，发展的优势越加凸显，一个风清气正、大有可为的波密正扬帆起航！

天道酬勤，力耕不欺。过去一年，我们知难而进，锲而不舍，高质量发展的路子越走越宽。这是党中央、国务院和区党委、政府深切关怀的结果，是市委、市政府和县委坚强领导的结果，是各级人大、政协及广大代表、委员监督支持的结果，是广州人民无私援助的结果，是全县党政军及各族干部群众齐心协力、共同奋斗的结果。在此，我代表县人民政府，向全县各族干部群众，向驻地解放军指战员、武警官兵和政法干警，向广大援藏干部和离退休老同志，向关心、支持波密经济发展社会稳定的各界人士表示衷心的感谢，致以崇高的敬意！

凡是过往，皆为序章。我们要清醒地认识到，波密还是处在“滚石上山、爬坡过坎”的关键阶段，仍旧面对“不进是退，慢进也是退”的发展形势，全县经济社会发展仍然面临着诸多困难和挑战，经济发展内生动力不足，优质税源少，产业链条短，区域发展不充分、不平衡的问题依然存在；民生领域还有不少短板和薄弱环节，安全生产、社会稳定领域的风险隐患不容忽视。少数政府部门和干部服务意识淡薄、执行能力欠缺，作风建设仍需加强。对此，我们将坚持对党、对人民高度负责的态度，坚持问题导向、目标导向、结果导向，以有力有效的行动认真加以解决。

2023年总体要求

今年政府工作的总体要求是：坚持以习近平新时代中国特色社会主义思想为指导，深入贯彻落实党的二十大精神，全面贯彻习近平总书记关于西藏工作的重要论述和新时代党的治藏方略，立足新发展阶段，贯彻新发展理念，主动服务和融入新发展格局，锚定“四件大事”“四个确保”，把改善民生、凝聚人心作为出发点和落脚点，坚持“三个赋予一个有利于”，准确把握区党委“四个创建”“四个走在前列”的目标定位和林芝市“11364”发展战略，继续做好“六稳”“六保”工作，以社会主义现代化新林芝征程中走在全市前列为定位，确保波密新时代“六区”建设取得新的更大成就。

今年经济社会发展的主要预期目标是：地区生产总值增长8.5%以上，全社会固定资产投资增长13%以上，社会消费品零售总额增长11%以上，公共财政预算收入完成9000万元，农村居民人均可支配收入增长11%以上，城镇调查失业率控制在5%以内，居民消费价格总水平涨幅控制在3%以内。

2023年重点任务

围绕上述总体要求和目标任务，在新的一年，我们将抢抓新机遇、迎接新挑战、采取新举措，干在实处、走在前列，勇做高质量发展的排头兵。

（一）坚持迎难而上稳增长，夯实高质量发展新支撑

统筹疫情防控和经济社会发展，落实新阶段疫情防控各项举措。持续贯彻稳经济一揽子政策，积极落实减税降费，梳理盘活沉淀资金，强化预算绩效执行，提高财政资金效益。始终将项目建设作为重点，建立健全项目谋划储备、滚动实施和动态调整机制，以“十四五”规划中期调整为契机，积极争取更多项目纳入中央和区、市投资。全面加强要素保障力度，加大项目前期工作，做到招商项目抓谋划、前期项目抓开工、在建项目抓进度、竣工项目抓投产、投产项目抓效益。持续服务保障川藏铁路及其配套工程等重大项目建设，协调配合新建铁路波密至然乌线建设。积极配合做好波密通用机场建设前期工作。加快推进国道318波密县城过境段改造工作、倾多镇曲西村至昌都洛隆县、S303尼提至康玉宗热段建设。推进实施八盖乡S303岔路至龙普村公路改建工程，完成玉许普热过琼桥、八盖龙普格巴新古桥、松宗栋曲波巴桥、易贡茶场加宗吊桥等改建工程，推进康玉、八盖、易贡3个乡镇的综合运输服务站建设项目。抢抓清洁能源基地建设发展机遇，大力推进易贡藏布、波堆藏布和帕隆藏布流域水能开发，服务配合忠玉、夏曲、波堆水电站扩机增容等水电能源项目建设。完成玉普乡莫如河、八盖藏布、波堆藏布重点河道治理工程，新建卓龙110千伏、倾多35千伏变电站，实施卡达、松宗、玉许、古乡变电站扩容工作，全面提升县域电力供应能力。

（二）坚持纵深推进强产业，培育高质量发展新动能

将发展经济的着力点放在实体经济上，切实发挥生态旅游、特色农牧、清洁能源等重点产业对高质量发展支撑作用。锚定自治区“旅游名县”发展目标，主动融入林芝生态国际旅游区建设，依托全域旅游示范区建设战略平台，以“红+绿+蓝”为路径，以“一心一轴四片区、10镇N村”为发展布局，以文旅融合发展为引领，充分发挥红色资源优势，着力推进易贡党性教育基地建设，全面挖掘318红色文化遗迹。积极打造嘎朗、桃花沟、朗秋冰川AAA景区、岗云杉林AAAA景区，实施米堆景区AAAAA创建规划，重点推进嘎瓦龙景区高质量开发。以松赞集团玉许、古乡民宿建设等招商引资项目为契机，一体推进民宿、景区基础设施、田园风光综合体建设。加快米堆、通麦游客接待中心建设，补齐旅游基础设施短板。全力办好林芝市

"桃花节"波密分会场等2个文化旅游节庆活动，积极打造"云贵川"+"拉萨那曲日喀则"区内外旅游推介双驱动模式，持续推介波密旅游名片。充分发挥扎木、松宗、古乡、易贡旅游区位优势，重点推出一批具有波密特色的旅游题材，建设一批支撑力强的旅游项目，培育一批影响力广的旅游品牌，加快实现"四景区、三基地、一集镇"建设发展目标。紧扣国家级现代化农业产业园和国家级农业现代化示范区建设，以林下经济示范基地建设为着力点，深化"造链、补链、强链、延链"工程，有序推进灵芝菌、天麻、羊肚菌等藏（中）药材林下种植产业上山、入林。稳步推进茶产业、藏猪产业发展，重点实施茶叶加工厂（二期）、猪肉加工厂、生猪屠宰场（A类）建设，全面推进产品研发、加工、销售全链条建设。加大牦牛经济杂交工作力度，完成玉许、玉普雅江雪牛养殖基地建设。探索推进高原冷水鱼养殖项目。依托现有的特色产业基地，积极扶持培育种养大户、农牧民合作社、龙头企业等新型经营主体和服务主体。加大农牧产品及林下资源的"三品一标"申报和知识产权保护。依托重大项目、优势资源，着力引进一批战略性投资、战略性项目、战略性产业落户波密，谋划推进"铁路+"产业建设，加快物流产业园区、液氧储罐充装站、加油站等项目落地见效，延伸工业产业链条。

（三）坚持对标先进优环境，激发高质量发展新活力

通过"有为政府+有效市场"双驱动，加快推进"互联网+政务服务"，做到审批事项应减尽减，实现政务服务事项"应上尽上、全程在线"。健全服务企业常态化工作机制，合理调配用地计划，确保重大项目和重点企业用地应保尽保。启动新一轮国企改革振兴三年行动，以重组整合为抓手，加快推进国有资本布局优化和结构调整，加大审计监督力度，打造国企国资改革波密样板。加强乡村物流产业发展，提升乡（镇）电商服务站硬件水平，延伸供销社辐射范围，稳步推进乡镇商业体系建设。继续发放电子消费券和促销补贴，积极推进规范化"夜市"建设，持续释放消费活力。加大偏远村居的网络基础设施建设力度，稳步推进5G网络建设，逐步实现年内乡（镇）驻地5G全覆盖。深化农业农村改革，完善农村承包地"三权分置"制度，稳慎推进农村宅基地制度改革。加强穗波多维度合作，深化广州波密"区乡对接"帮扶，促进援受两地交往交流交融。鼓励有意愿的群众积极参与抵边搬迁。

（四）坚持多点支撑促统筹，厚植高质量发展新优势

以实现共同富裕为目标，全面推进以城带乡、以乡促城、城乡联动的协调发展，促进城乡统筹高质量发展。持续巩固脱贫攻坚成果，坚持动态监测，完善帮扶措施，防范脱贫人口返贫风险。深入推进"万企兴万村"行动，组织动员和鼓励社会各界力量参与消费扶贫，加大第三次分配调节力度，带动脱贫人口持续增收。坚持农业农村优先发展，以"一村一策"为牵引，实施乡村产业提档升级、乡村建设、乡村治理三大行动。加快建设现代化乡村治理体系，充分发挥村"两委"在引领乡村治理的领头雁作用，加大正向激励、反向倒逼力度，加大村庄治理体系和治理能力建设，完善乡村振兴"治理网"。坚持因地制宜，重点提升打造7个美丽宜居整村推进村、10个巩固提升人居环境整治村，推进7个村天保搬迁群众房屋提升工程，积极推进乡村污水处理、垃圾处理以及户厕改造，全面推进乡村小型垃圾收集点工程，持续提升村容村貌。补齐乡镇公共服务、供电、宽带网络、给排水等短板弱项，抓好"四好农村路”、农田水利、饮水安全、环保等农村基础设施建设，推动公共服务向农村延伸、社会事业向农村覆盖。坚持以创建卫生城市为抓手，高标准加强城市管理，持续推进环境卫生、街景出新等重点工作，持续开展自建房排查整治，加大违建治理力度。坚持城乡基础设施提质扩容和“一核多中心”城镇化布局，加快推进新型城镇化建设，狠抓城乡接合部建设，完善各项市政基础设施，加快推进城镇老旧小区改造、县城供水管网改造、市政道路—滨江东路建设、县城北岸白改黑等项目建设，完善城镇路网、输电线路等基础设施，全面提升城区整体形象，全力推进城市综合体建设，努力加快提高城镇化率。

（五）坚持优质均衡惠民生，共享高质量发展新成果

全面落实稳就业各项政策措施，充分发挥重大项目的带动优势和对口援藏帮扶优势，持续抓好高校毕业生、农村转移劳动力、城镇困难人员就业创业服务工作。以公共实训基地为载体，继续推行农牧民技能订单、菜单、工单“三单式培训”和“以工代训”，继续落实400万元以下的政府投资项目交由有资质的农牧民施工队承建，加大农牧民用工比例，实现农牧民转移就业7200人以上、应届高校毕业生就业率保持在98%以上。完善教育投入保障机制，推进义务教育优质均衡发展和城乡一体化建设。加强师资队伍建设和教育信息化建设，推进波密县第二小学、教师周转房等项目建设，全面提升教育教学水平。配合服务易贡高海拔训练基地建设。保障健身场地，举办体育赛事，高质量推动全民健身与全民健康有机融合。积极推进县人民医院“二甲”创建，着手筹备县藏医院等级创建工作，对接推进血站项目建设，改善卫生基础设施条件，深化县域医疗卫生共同体建设。依托医疗人才“组团式”援藏和柔性人才帮扶，健全完善人才培养长效机制。深入推进全民参保计划，充分发挥医疗救助兜底保障作用。统筹推进“一老一小”服务保障水平，完善日间照料中心功能，完成县城特困人员集中供养服务中心建设，推进乡镇“幸福院”建设，不断健全关爱服务体系，为残疾人、妇女和儿童提供更加贴心、暖心、用心的服务。继续落实落细城乡低保救助工作，加大对低保困难群众、城镇困难职工、失业困难人员、因病生活困难群众的救助力度。发挥基层文化阵地生力军作用，努力创作一批有特色、接地气的文艺作品，积极开展“送文艺”“种文艺”下乡活动，着力提升《波密红》红色舞台剧品质，创作《波央》大型文化产品，力争入选2023年西藏卫视藏历新年晚会。坚持开展新时代文明实践志愿服务活动，推动新时代文明实践活动健康发展。

各位代表，今年，波密县人民政府将继续办好群众急需、普遍受益的民生十件实事：

一是完成倾玉线道路维修，八盖乡卧普村公路、古乡雪瓦卡桥改建，帮助沿线1.3万余名群众改善出行条件。二是完成曲宗藏布下游段通参、达大、帕雄、岗巴流域河道治理，全面保障两岸1300名群众生命财产安全。三是完成波密县帕隆藏布沿岸健走步道建设工程。四是新建扎木镇达兴村、八盖乡塔鲁村、古乡索通村、玉许乡玉沙村、玉许乡第二小学附设幼儿园5所公办村级幼儿园，进一步提高乡村农牧民子女入园率。五是完成残疾人综合服务中心提升改造工程，为全县1569名残疾人员提供更加优质的康复、托养、就业等贴心服务。六是推进县藏医院、人民医院、疾控中心业务用房提标扩能及乡镇卫生院提档升级，持续开展0~18岁先心病患儿筛查活动，有序推进13~14岁在校女生HPV疫苗接种。七是实施县城北岸道路白改黑项目，积极推进波密县老旧小区改造工程，进一步完善城镇基础设施，提高城市居民生活质量。八是全面启动多吉至康玉35千伏输电线路及康玉乡10千伏中低压改造工程。九是建立乡镇、村居医保服务站点，全面构建县、乡、村三级一体化医保经办服务体系。十是实施波密县玉普乡达巴村，松宗镇德巴村、岗巴村、角通村，倾多镇顶仲村，易贡乡贡仲村、通加村天保搬迁群众房屋改扩建工程，全面改善天保搬迁群众住房条件。

（六）坚持一以贯之抓生态，绘就高质量发展新底色

着力创建生态文明高地，巩固提升国家生态文明示范区创建成果，加快完成国土空间规划编制，建立统一的国土空间规划体系，实施地质灾害、生态环境治理项目，统筹推进山水林田湖草沙冰综合治理。加大环境监督执法力度，严格落实“林长制、河（湖）长制”，加快推进国家森林城市创建步伐，持续抓好森林草原防灭火工作，扎实开展造林绿化，完成植树造林300亩以上；实施最严格的水资源管理，确保河湖水质稳定达标。加强农村饮用水源地保护，认真做好水、气、声、土壤监测工作，持续打好水、大气、土壤污染防治攻坚战。牢牢守住耕地红线，坚决遏制耕地“非农化”，规范耕地占补平衡。加快推进林芝市波密片区生态环境监测站建设。力争早日推进碳汇交易。构建新能源汽车友好使用环境，积极推进充电桩建设。持续做好中央第二轮生态环境保护督察转办案件和反馈问题整改落实。

（七）坚持标本兼治固安全，筑牢高质量发展新防线

拧紧安全生产“责任链”。扎实开展安全生产专项整治行动，健全安全风险管控和隐患排查整改机制，压紧压实党政领导责任、部门监管责任、属地管理责任、企业主体责任和岗位行为责任，确保安全生产事故起数和死亡人数大幅下降，织密安全发展“防护网”。严格督促企业强化安全投入、安全培训、基础管理和应急救援，实现重点行业领域全覆盖。启动县域社会治理现代化试点，探索完善社会矛盾纠纷多元预防调处化解综合机制，加快信访工作专业化、法治化、信息化建设。抓好保障农民工工资支付工作，全力维护劳动者特别是农民工合法权益。深化扫黑除恶专项斗争，推动公安大数据融合发展。推进“双随机、一公开”监管常态化，开展校园食品安全守护专项行动，积极争取食药检验检测中心项目落地见效，全面开展食品安全包保责任工作，加大对食品、药品等重点领域实行全主体、全品种、全链条监管。全面落实双拥优抚安置政策，加强退役军人事务管理。

各位代表，没有等出来的精彩，只有干出来的辉煌。政府系统将以开展政府“是什么、干什么、怎么干”学习实践活动为契机，进一步加强自身建设，忠诚担当履职，在奋进新征程中展现新形象、开创新业绩。

增强政治自觉，提高站位“对标干”。坚持把党的政治建设放在首要位置，增强“四个意识”、坚定“四个自信”、做到“两个维护”，不断提高政治判断力、政治领悟力、政治执行力，以“时代呼唤、身披战袍”的使命感，不折不扣贯彻落实党中央国务院、区市党委、政府决策部署，始终做到思想同心、目标同向、行动同步。

增强行动自觉，担当有为“务实干”。增强“昼无为、夜难寐”的紧迫感，践行初心使命，务求实效实绩。要以实干立身，凭实绩说话，身体力行作表率，创先争优树标杆，做就做到最好、干就干到极致、走就走在前列，在实干中提能力、强本领、树形象。

增强法治自觉，严谨有序“依法干”。认真学习贯彻习近平法治思想，建设法治政府，以“行其政令，行其政事”的神圣感，依法行政，依法治理，做到办事依法、遇事找法、解决问题用法、化解矛盾靠法。加强执法监督，规范决策程序，用心用情办理人大代表建议和政协委员提案。

增强纪律自觉，严以律己“廉洁干”。坚决扛起全面从严治党政治责任，加强党风廉政建设，主动接受纪检监察监督，强化审计监督，坚持用制度管权管事管人，切实做到干部清正、政府廉洁。树立过紧日子思想，落实中央八项规定精神，严格控制“三公”经费和一般性支出，持续营造风清气正的工作环境。

增强团结自觉，凝心聚智“合力干”。坚持民主集中制，坚决执行县委决定，带头维护班子团结，加强沟通协调，密切协作配合。坚持群众路线不动摇，广泛听取人大代表、政协委员的意见建议，凝聚集体智慧。以“功成不必在我、功成必定有我”的责任感，汇聚各方力量，团结一致干事业，齐心协力促发展。

各位代表，团结就是力量，实干方能笃行。让我们更加紧密地团结在以习近平同志为核心的党中央周围，在县委的坚强领导下，踔厉奋发，臻于至善，奋力推进新时代波密“六区”建设发展目标，共同谱写波密长治久安和高质量发展新篇章！

名词解释

1. 推进“四个创建”、做到“四个走在前列”：着力创建全国民族团结进步模范区、努力做到民族团结进步走在全国前列；着力创建高原经济高质量发展先行区、努力做到高原经济高质量发展走在全国前列；着力创建国家生态文明高地、努力做到生态文明建设走在全国前列；着力创建国家固边兴边富民行动示范区、努力做到固边兴边富民行动走在全国前列。

2. 新时代波密“六区”建设：和谐稳定示范区、高质量发展先行区、生态文明引领区、强边富边保障区、民族团结模范区、党建引领样板区。

3. 四方责任：疫情防控期间全面落实属地、部门、单位、个人四方责任。

4. “2+3+1”农牧产业发展思路：2 即藏猪产业和茶产业；3 即天麻、灵芝菌和羊肚菌产业；1 即养殖业。

5. 三区三线：根据城镇空间、农业空间、生态空间三种类型的空间，分别对应划定的城镇开发边界、永久基本农田保护红线、生态保护红线三条控制线。

6. 四个意识：政治意识、大局意识、核心意识、看齐意识。

7. 四个自信：中国特色社会主义道路自信、理论自信、制度自信、文化自信。

8. 两个维护：坚决维护习近平总书记党中央的核心、全党的核心地位，坚决维护党中央权威和集中统一领导。

9. 四个确保：确保国家安全和长治久安，确保人民生活水平不断提高，确保生态环境良好，确保边防巩固和边境安全。

10. 三个赋予一个有利于：西藏所有发展都要赋予民族团结进步的意义，都要赋予维护统一、反对分裂的意义，都要赋予改善民生、凝聚人心的意义，都要有利于提升各族群众的获得感、幸福感、安全感。

11. 林芝市 11364 发展思路：以把林芝建设成全区改革开放先行区为引领，重点做强巴宜区 1 个核心增长极，打造川藏铁路发展带、雅江下游发展带、边境沿线发展带 3 个发展带，推动米林、工布江达、波密、朗县、察隅、墨脱 6 个县县城经济组团式发展，在着力创建全国民族团结进步模范区、高原经济高质量发展先行区、国家生态文明高地、国家固边兴边富民行动示范区工作中走在全区前列。

12. 六稳、六保：稳就业、稳金融、稳外贸、稳外资、稳投资、稳预期；保居民就业、保基本民生、保市场主体、保粮食能源安全、保产业链供应链稳定、保基层运转。

13. 一心一轴四片区、10 镇 N 村：一心即以波密县城为旅游集散中心，林芝市次中心；一轴即以国道 318—帕隆藏布—易贡藏布“一河两岸”为旅游发展轴；四片区即藏韵风情文化体验区、冰川集群特种旅游观光区、醉美冰川游览区、易贡—八盖生态康养观光区；“10 镇 N 村”包括五个重点旅游乡镇、五个一般乡镇，N 个美丽乡村。

14. 四景区、三基地、一集镇：实施岗云杉林、波堆桃花谷、朗秋冰川、嘎朗湖景区景点建设，落实自驾文化营地、康养基地、党性教育基地建设，建设波密旅游中心集镇。

15. 三权分置：农村土地集体所有权、农户承包权、土地经营权。

16. 双随机、一公开：监管过程中随机抽取检查对象、随机选派执法检查人员，抽查情况及查处结果及时向社会公开。

大事记

1月

2—3日 2021年度巩固拓展脱贫攻坚成果同乡村振兴有效衔接考核评估综合核查组组长、全国政协委员严之尧到波密县松宗镇栋亚村、扎木镇东若村天麻基地、古乡精品民宿仁青家庭旅馆等地考察调研。自治区副主席坚参，林芝市政协副主席（以下简称为市政协副主席）、县委书记旦增拉姆，县委副书记、县长杨力，县委常委、副县长王勇等参与调研。

4日 波密县召开2022年乡村振兴整村推进规划评审会。县委副书记陈云主持会议。市政协副主席、县委书记旦增拉姆出席会议并讲话。

同日 县人民检察院、县人民法院、县人社局、县公安局、县司法局、县铁路办联合开展送法进工地活动，到中铁二局、中交二公局等各大项目建设工地宣讲法律法规。

5日 县委书记专题会议召开，市政协副主席、县委书记、巡察工作领导小组组长旦增拉姆主持会议。会议听取十届波密县委员会第一轮巡察情况汇报。县委副书记陈云，县委常委、纪委书记、监委主任、巡察工作领导小组常务副组长唐森洪出席。

同日 市生态环境局波密县分局副局长张洪涛到八盖乡、易贡乡开展“回头看”工作，调研问题整改情况和交办案件情况。对乡镇级饮用水水源地划定管理、入河排污口整治和川藏铁路拉月1号隧道进口、3号弃渣场生态环境保护措施落实情况开展执法检查。

6日 波密县乡镇内设机构和事业单位集中揭牌仪式举行。县委副书记陈云主持揭牌仪式，市政协副主席、县委书记旦增拉姆揭牌并致辞，各乡镇主要领导及干部代表50余人参加。

同日 自治区商务厅党组成员、副厅长德吉措姆，电子商务处副处长张金虎，规划财务处副处长厚贵斌，到波密县调研考察电子商务建设和发展、农牧区综合市场建设、物流及冷链储藏和供销合作社发展等情况。

7—8日 自治区生态环境厅党组成员、副厅长李雪到波密县检查调研生态环境工作，市政府副市长中次仁，市生态环境局党组副书记、局长边巴，副县长琼达参与调研。

8日 波密县开展2021年度“自治区、市、县、乡”四级人大代表视察活动。视察全民健身步道项目建设、87套公租房建设、农牧区综合市场建设、乡村振兴示范村建设、天麻种植基地等情况。

10日 县公安局举行“中国人民警察节”庆祝活动。副县长张旋坤，县政协副主席侯国聪、姜治强，以及县公安局退休老干部、民警家属、政法系统和社会各界代表等参加活动。

14日 波密县挂牌成立首个微型应急救援站。

15—16日 县水利局邀请林芝市水利局四级调研员、水保站站长央宗指导波密县桃花沟水土保持生态治理工程相关水土保持工作。

17日 波密县“扫黄打非”办联合相关执法部门开展文化市场专项检查行动。

同日 市政协副主席、县委书记旦增拉姆到汇鑫农贸市场、市场监督管理局农贸市场快检室，督导检查价格监管、民生领域商品物资储备和疫情防控等落实情况，县政协主席尼玛扎西，县委副书记陈云，县政府副县长姜耀参与督导。

18日 县委经济工作会议召开。县委副书记、县长杨力主持会议。市政协副主席、县委书记旦增拉姆出席会议并讲话。会议总结2021年工作，部署2022年经济工作。县领导陈云、王芳、刘志强等出席会议。

19日 波密县松宗乡村振兴馆完工，成为自治区首个镇级乡村振兴馆。

同日 波密县迎接第二轮中央环保督察部署会召开。县领导杨力等出席会议。

20日 政协十届波密县委员会第二次会议召开，市政协副主席、县委书记旦增拉姆，县委副书记、县长杨力，县委常委、县人大常委会主任王芳出席会议。县政协主席尼玛扎西作工作报告，副县长姜治强作《政协第十届波密县委员会常务委员会关于十届一次会议以来提案工作情况报告》。

21日 波密县第十三届人民代表大会第三次会议召开。县委副书记、县长杨力作工作报告。大会主席团常务主席、县人大执行主席旦增拉姆出席会议。县领导杨力等出席会议。

同日 县人民检察院、县公安局、县城市管理局、县交通运输局、县市场监督管理局组成联合检查组，到波密县安达液化气站和雪成液化气站，对瓶装燃气充装、存储、销售、运输、配送等环节安全隐患进行专项检查。

22日 县委进一步改进作风狠抓落实工作部署会议召开，县委副书记陈云主持会议。传达学习自治区党委书记王君正在全区进一步改进作风狠抓落实工作动员部署会上的讲话精神，市委书记敖刘全在全市进一步改进作风狠抓落实工作动员部署会上的讲话精神。市政协副主席、波密县委书记旦增拉姆出席会议并讲话。县领导王芳、何勇、刘志强等出席会议。

24日 波密县2021年乡镇党委书记和县直行业系统党（工）委书记抓基层党建工作述职评议会召开。市政协副主席、县委书记、县委党建工作领导小组组长旦增拉姆出席会议并讲话。

同日 波密县公共租赁住房清查清退整治专项行动启动。清查县域7个公有住房小区（县委大院小区、苹果园小区、老武装部小区、幸福小区、推广站小区、廉租房小区、酒厂小区）住户。

25日 波密县人大常委会党组党史学习教育专题民主生活会召开，县委常委、县人大常委会主任、党组书记王芳主持，班子成员参加会议。

同日 波密县党政机关主要领导慰问驻地军警人员，发放慰问品价值4.76万元。

同日 波密县党史学习教育总结会召开，传达学习习近平总书记关于不断巩固拓展党史学习教育成果的重要指示精神，中央、自治区党委党史学习教育总结会精神。市政协副主席、县委书记旦增拉姆出席会议并讲话。县领导陈云等出席会议。

同日 川藏铁路多吉隧道2

号斜井进洞仪式举行。县委常委、常务副县长白玛旺扎出席并慰问铁路建设人员。

26日 市司法局副书记、局长旺杰，县政府副县长张旋坤，县司法局局长普琼到古乡司法所开展新春慰问活动。

28日 县总工会、县工商联、县商务局、县市监局、县城管局联合开展“情暖劳动者·喜庆过大年”普惠活动。

同日 县总工会、县司法局、县工商联开展“尊法守法·携手筑梦”服务农民工公益法律行活动，发放法治宣传资料100余份。

2月

3日 自治区公安厅法制总队总队长阿桑带领督导组到县公安局各派出所、警务站、玉普一级公安检查站等进行督导检查。重点调研队伍管理、制定方案预案、各类台账记录、值班备勤、执法规范化建设、警容风纪及警务装备佩戴等情况，查找问题不足，并提出意见建议。

8日 县委常委、常务副县长白玛旺扎到松宗镇角达藏猪养殖场开展调研，镇党委副书记、镇长克珠参加调研。

9日 市政协副主席、县委书记旦增拉姆到玉普乡宗坝村、玉普乡日昂寺考察调研寺庙管理工作。县政协主席尼玛扎西参加调研。

同日 市政协副主席、县委书记旦增拉姆到松宗镇乡村振兴馆、松宗寺，多吉乡加达寺、曲宗寺考察调研乡村振兴和寺庙管理工作。

10日 市政协副主席、县委书记旦增拉姆到易贡乡成色寺、桑林寺、扎木镇多东寺考察调研寺庙管理工作。县政协主席尼玛扎西参加调研。

同日 县委常委、常务副县长白玛旺扎到八盖乡、易贡乡调研产业发展工作。

11日 中共波密县委理论学习中心组2022年第一次学习会议召开，市政协副主席、县委书记旦增拉姆主持。会议传达学习中央农村工作会议精神，学习习近平总书记在中国文联第十一次全国代表大会中国作协第十次全国代表大会上的重要讲话精神，中国共产党西藏自治区第十次代表大会会议精神，中国共产党林芝市第二次代表大会会议精神。县领导陈云、王芳、尼玛扎西、白玛旺扎、王勇等出席会议。

同日 市政协副主席、县委书记旦增拉姆到易贡乡桑林寺调研，县政协主席尼玛扎西参与。

14日 市委组织部副部长、市公务员局局长彭易与波密县第五批、第六批专招大学生进行座谈。

同日 县委宣传部联合团县委组织各界青少年开展“与冰雪共舞 与冬奥同行”冬奥手势舞拍摄活动。

15日 县委宣传部组织召开融媒体中心建设讲座。

同日 县人民检察院、市场监督管理局联合开展“密净源”“雪山源”“喊泉”三家桶装饮用水生产销售企业专项检查。

16日 波密县组织收听收看市纪委二届二次全会。县领导旦增拉姆、陈云、王芳、白玛旺扎等出席波密分会场会议。

同日 波密县“西藏雅鲁藏布大峡谷国家级自然保护区检察公益诉讼保护区”警示宣传牌揭牌仪式在古乡松绕村举行。

17日 自治区应急厅检测地灾处处长徐军到易贡乡检查防震减灾应急准备工作。

18日 波密县爱护野生动物、保护环境资源主题微电影《山谷里的枪声》开拍。

同日 县人民检察院、县水利局、县公安局、县铁路办、易贡乡政府组成联合检查组，对易贡乡易贡藏布江开展河道资源保护专项检查。

同日 波密县开展送图书送

文化下乡活动，赠送《西藏自治区第十次党代会精神宣讲提纲》等各类宣讲手册600余本和《波密文学》等各类读物1400余册。

22日　市政协副主席、县委书记旦增拉姆，县政协主席尼玛扎西，县委常委、常务副县长白玛旺扎，副县长姜耀到帕隆藏布江检查指导县城排污口整治工作，县住房和城乡建设局局长旺青格堆、县城市管理和综合执法局局长尹少飞参加检查。

同日　县人民检察院、县公安局侦查监督与检警协作配合办公室揭牌仪式举行。县公安局副局长向巴，县人民检察院副检察长周荣波，县公安局法制大队、督查大队、刑警大队相关干警，县人民检察院刑事检察部相关干警参加揭牌仪式。

同日　波密县拉雍嘎布建筑工程有限公司与西藏林芝波密纯正营养乳业有限公司开展“与爱同行 感恩有您”慰问活动，向波密县102名环卫工人发放慰问金6.12万元。

同日　广州市总工会与波密县总工会联合成立户外工作者“爱心驿站”，解决环卫工人取暖、饮水、热餐、充电、阅读等问题。

23日　市妇联党组副书记、主席晓红到波密县走访慰问优秀基层妇联主席、困境妇女儿童、致富女能手，送上慰问金1.1万元。

25日　波密县举行2022年重点项目集中开复工启动仪式。市政协副主席、县委书记旦增拉姆出席并宣布启动。县领导王勇出席。县委常委、常务副县长白玛旺扎主持。各建设单位、施工单位、监理单位代表共60余人参加。开复工项目16个，总投资4.26亿元。

同日　县委常委、县人大常委会主任王芳到多吉乡、松宗镇看望慰问退休干部和困难老党员。

同日　市公安局党委委员、副局长张玉生到县公安局检查指导工作，重点检查法制（督察）、刑侦、治安、网安、国保、森警等部门办案情况，了解办公场所建设和改进作风狠抓落实推进情况，查阅工作台账，听取情况汇报。

26日　喜迎2022藏历新年茶话会举行，市政协副主席、县委书记旦增拉姆出席会议并讲话。县委副书记陈云，县委常委、县人大常委会主任王芳等市、县领导出席会议。自治区市县政协委员、党外爱国民族宗教界人士、藏胞家属、十八军老战士后代、驻地军警部队、企业、农牧民代表等60余人参加会议。

28日　县公安局开展大清理、大排查、大整治行动，各乡镇公安派出机构同步开展。检查娱乐场所8家、洗浴场所4家、旅馆业82家、出租房26家110间，督促办理居住证21人，查处各类安全隐患11处。

3月

1日　波密县开展“服务社会传播文明”学雷锋志愿服务集中示范活动。县委常委、常务副县长白玛旺扎出席活动。

4日　县委常委、政法委书记徐家志到公安检查站、乡镇派出所、中交二工局警务室等点位调研维稳工作开展情况，并慰问在岗人员。听取一线部门工作部署、进一步改进作风狠抓落实活动推进等工作情况，征求从严管警、从优待警意见建议。

7—9日　自治区公安厅交管局副局长何开前到易贡派出所、古乡派出所、交警大队等专项活动办公室进行督导检查，查看方案预案、简报信息、保密制度、工作计划、工作台账，了解矛盾纠纷排查化解、队伍建设、疫情防控、安全生产、保密工作等情况。

10日　县委信访工作会议召开，市政协副主席、县委书记旦增拉姆主持会议，安排部署信访工作。

11日 县委政法工作会议暨政法队伍教育整顿总结会召开。县委常务副书记邹勇刚主持会议，市政协副主席、县委书记旦增拉姆出席会议并讲话。听取2021年政法工作汇报，安排部署2022年政法工作。县领导陈云等出席会议。

12日 波密县举行2022年“春风行动”招聘会。市政协副主席、县委书记旦增拉姆出席并宣布招聘会启动。县领导陈云等出席启动仪式。

13日 波密县四大班子领导带领各单位开展植树造林、植树增绿、保护森林活动。

14日 波密县2022年信访联席工作会议召开。县委常委、政法委书记徐家志主持，县委副书记、县长杨力出席会议并讲话。会上，通报了信访工作情况，分析研判矛盾纠纷并提出解决方案。县领导白玛旺扎出席会议。

15日 波密县举行“3·15”国际消费者权益日暨“共促消费公平”消费维权年主题宣传活动，集中销毁假冒伪劣产品。县领导邹勇刚等出席活动。

同日 自治区党委组织部调研组到扎木镇调研普法与产业发展相关工作。

16日 自治区政府副主席孟晓林与自治区教育厅、自治区科技厅等单位，考察调研倾多镇联村共建产业园区、倾多镇中心小学等地。市政府副市长段刚辉，县委副书记、县长杨力，副县长姜耀参加调研。

16—17日 市政协主席谢英到康玉乡、八盖乡调研基层党员干部和政协委员作用发挥，巩固拓展脱贫攻坚成果同乡村振兴有效衔接等工作。县政协主席尼玛扎西参加调研。

18日 人大工作推进会暨代表建议业务培训会召开。县委常委、县人大常委会主任王芳主持。县人大常委会副主任小普琼、各乡镇人大主席，县人大社建委、财经委、教科文卫委和人大常委会办公室负责人共20余人参加会议。

同日 波密县组织收听收看林芝市贯彻落实全国、自治区森林草原防灭火工作视频会议。波密县召开维稳及森林防火安排部署会。县领导杨力等出席会议。

同日 市城市管理和综合执法局副局长亚宏，市住房和城乡建设局徐志辉一行到波密县检查指导污水、垃圾设施运维工作，县住房和城乡建设局局长旺青格堆，县城市管理和综合执法局局长尹少飞参加检查。

同日 县委副书记、县长杨力，副县长姜耀带队，调研部分项目建设情况。县住建局局长旺青格堆、县综合执法局局长尹少飞及县自然资源局等相关人员参加调研。

同日 县水利局到易贡乡红军小学开展“节水知识进校园 争当节水小红军”主题活动，讲解水资源相关知识，介绍节水生活案例，宣传家庭节水常识，发放宣传资料200余份，发放互动奖品笔记本、尺子、铅笔等200余件。

20日 自治区体育局副局长卢伟芃到易贡乡调研易贡高海拔训练基地建设情况。县政府副县长琼达、旦增顿珠参加调研。

同日 市政协副主席、县委书记旦增拉姆到易贡乡通加村调研老茶树资源发展情况和保护工作。

20—22日 自治区政府副主席，自治区党委政法委副书记，自治区公安厅党委书记、厅长张洪波到波密县公安局检查指导工作，了解警力配置、值班备勤等情况，对单警装备、手台、执法记录仪等警用装备过期、损坏及规范化使用提出意见建议。

21日 2022年波密县委民族工作会议暨民族团结进步创建推进会召开。县政协主席尼玛扎西主持会议，市政协副主席、县委书记旦增拉姆出席会议并讲话。县领导邹勇刚等出席会议。

22日 波密县组织收听收看自治区2022年重点项目工作推进暨一季度重点项目开复工电视电话会议。县领导杨力等出席波密分会场会议。

同日 自治区住建厅城管处处长刘疆与市住建局、市城管局相关人员调研波密县住建领域基础设施建设运营情况及迎接第二轮中央生态环境保护督察准备情况。县政府副县长姚灵林、县住建局局长旺青格堆参加调研。

22—24日 波密县机关、企事业单位76名女职工到县人民医院进行健康体检，免费筛查“两癌”。

23日 自治区民政厅相关人员到扎木镇开展基层治理工作调研。

同日 市政协副主席、县委书记旦增拉姆到玉许乡调研寺庙管理、疫情防控、森林防火、民族团结、乡村振兴等工作，看望寺庙僧人和基层干部群众。县政协主席尼玛扎西参加调研。

24日 波密县2022年审计委员会第一次会议召开。县委副书记、县长杨力主持，市政协副主席、县委书记旦增拉姆出席会议并讲话。县领导旺青罗布出席会议。

同日 市政协副主席、县委书记旦增拉姆到玉许乡调研民族宗教、乡村振兴等工作。

同日 波密县组织收听收看中央第四生态环境保护督察组督察西藏自治区动员会。县领导杨力等出席波密分会场会议。

同日 市卫健委副主任达瓦央金带队到松宗镇检查自治区级卫生乡镇和村居创建工作，检查卫生院、栋曲村和村医务室等重点场所，指导爱国卫生组织管理、健康教育与促进、环境卫生及保护、病媒生物防制、卫生监督、疫情防控等工作。镇党委副书记、镇长克珠参加调研。

24—25日 自治区人大法制委员会副主任委员勇扎到波密县开展《西藏自治区公安机关警务辅助人员管理条例（草案）》《西藏自治区平安建设条例（草案）》立法调研。县人大常委会副主任普布参加调研。

26日 中国共产党波密县第十届纪律检查委员会第二次全体会议召开。县委常委、纪委书记、监委主任唐森洪主持会议，市政协副主席、县委书记旦增拉姆出席会议并讲话。会议总结2021年工作，安排部署2022年工作，县委常委、纪委书记、监委主任唐森洪作工作报告。县领导杨力等出席会议。

26—27日 市委书记敖刘全到倾多镇巴康村联村共建产业园、玉许乡林琼藏猪养殖基地、倾多镇倾多寺和扎木镇多东寺等地，考察调研乡村振兴、产业发展、寺庙管理等工作。市委常委、秘书长梅家奎，市政协副主席、县委书记旦增拉姆，县委副书记、县长杨力，县委常委、副县长王勇，县委常委、组织部部长刘志强参加调研。

27日 市委常委、统战部部长达瓦，市民宗局局长加布到松宗寺检查指导工作。

同日 县人大财政经济委员会2022年对口部门联席会议召开。县人大常委会副主任小普琼出席会议并讲话，县人大财经委全体组成人员及其对口联系部门主要负责人参加会议。

28日 波密县举行“升国旗、唱国歌”仪式，纪念西藏百万农奴解放63周年。县领导邹勇刚等出席活动。

同日 波密县组织收听收看林芝市2022年第一季度安全生产工作总结暨第二季度安全防范工作部署电视电话会议。县领导钟泳薪等出席波密分会场会议。

29日 自治区信访局副局长郭顺成到县信访局检查指导工作。

同日 市委副书记、常务副市长刘光明到康玉乡政府、拉瓦西村、宗热村等地，考察调研乡村振兴、产业发展、小康示范村建设等工作。县委副书记、常务副县长钟泳薪，县政府副县长姚灵林、庄斌参加调研。

同日 波密县2022年度公安工作会议召开。县公安局政委黄炳勇主持，领导班子成员及全体民辅警参会。会议传达学习全国公安厅局长会议精神、自治区公安处（局）长会议精神、全市公安工作会议精神、市委政法工作会议精神，通报表彰2021年度公安机关先进集体、先进个人，总结2021年全县公安工作，安排部署2022年工作。

30日 波密县组织收听收看自治区巡视巡察工作会议暨十届自治区党委第一轮巡视动员部署会。市政协副主席、县委书记旦增拉姆等出席波密分会场会议。

同日 县人大常委会副主任普布到多吉乡、玉普乡、松宗镇“人大代表之家”“代表联络站”，通过听取汇报、查看资料等形式，清查乡镇人大固定资产实有数量及使用情况。

同日 波密县组织收听收看林芝市2022年重点项目暨政银、政企对接工作视频会议。县领导杨力等出席波密分会场会议。

同日 县人大财政经济委员会召开第一次全体会暨财政收支预算调整初审会。县人大常委会副主任旺青罗布出席会议。县财政局负责人、县人大财政经济委员会成员参加会议。

4月

1日 县委农村工作会议暨县委农村工作领导小组（实施乡村振兴战略领导小组）第一次全体会议召开。县委副书记、县长杨力主持会议，市政协副主席、县委书记旦增拉姆出席会议并讲话。会议传达学习《中共中央国务院关于做好2022年全面推进乡村振兴重点工作的意见》和党中央、自治区党委、市委农村工作会议精神，总结2021年全县“三农”工作成效，安排部署2022年“三农”工作。县领导钟泳薪等出席会议。

同日 市政协副主席、县委书记旦增拉姆到易贡乡江拉村三号地，检查督导毁林种茶项目补植复绿情况。

同日 波密县农牧特色产业发展工作座谈会召开。县委副书记、县长杨力主持会议并讲话，县委常委、副县长王勇出席会议。县直相关部门、金融机构及14家涉农企业参加会议。

同日 波密县新开工项目暨固定资产投资项目调度会召开。县委副书记、常务副县长钟泳薪出席会议。

同日 县公安局“减量控大”专项工作推进会召开，县公安局党委委员、政委黄炳勇出席会议并讲话。会议总结分析“减量控大”工作完成情况，通报全县道路交通事故预防“减量控大”综合情况，分析交通事故突出问题，安排部署相关工作。

1—2日 市民政局党组副书记、局长尹斌带队到波密县八盖乡调研指导养老服务、兜底保障等民政工作开展情况。县政府副县长达娃卓嘎参加调研。

3日 县委副书记、县长杨力到易贡乡调研补植复绿工作，了解规划面积、土地流转、后期管护等工作开展情况，提出明确要求。

6日 县委党校（行政学校）2022年春季学期开学典礼举行。县委常委、组织部部长刘志强主持，市政协副主席、县委书记旦增拉姆出席会议并讲话。

同日 县委副书记、县长杨力调研平安街暗渠整治项目、县城排水防涝工程、农村饮用水保障工程等重点民生项目，查看建设进度。县政府副县长姜耀参加调研。

同日 波密县组织收听收看林芝市着力创建全国民族团结进步模范区专项组2022年第一季度工作推进会暨第二季度工作安排部署会议。县领导陈云等出席波密分会场会议。

同日 林芝市委副书记、常务副市长刘光明到八盖乡，调研项目建设、乡村振兴等工作。

7日 全国人大常委会委员、全国人大农业与农村委员会副主任委员龙庄伟到波密县开展巩固拓展脱贫攻坚成果同乡村振兴有效衔接情况专题调研，了解茶叶种植基地和藏天麻种植基地产业发展、富民增收、政策落实等情况。县人大常委会副主任旺青罗布参加调研。

同日 国家统计局西藏调查总队党组书记、总队长张金龙，国家统计局林芝调查总队党组书记、队长周俊贤等到波密县调研劳动力工作开展情况。

8日 县委副书记、县长杨力带领县住建局、县城管局等部门负责人调研重点项目建设情况，县政府副县长姜耀及相关部门负责人参加调研。

10日 自治区公安厅法制总队总队长阿桑到波密县公安局调研公安机关执法规范化建设情况，了解执法办案场所建设、“两统一”执行情况、新办案系统配套设备购置情况和使用情况等。县公安局政委黄炳勇、法制室负责人参加调研。

同日 拉萨市、林芝市、那曲市宣传思想文化工作交流合作启动仪式暨《高原零距离·忆往昔——波密红楼里的历史记忆》网络直播活动在县委红楼前举行。市政协副主席、县委书记旦增拉姆出席仪式，推介波密自然风光、红色历史和特色农产品。

11日 县委财经委员会2022年第一次会议召开。市政协副主席、县委书记旦增拉姆主持。会议传达学习自治区党委财经委员会2022年第一次会议和市委财经委员会2022年第一次会议精神，审议《中共波密县委员会财经委员会2022年工作要点》，安排部署相关工作。县领导尼玛扎西等出席会议。

同日 波密县2022年度旅游发展大会召开。县委副书记、县长杨力主持，市政协副主席、县委书记旦增拉姆出席会议并讲话。会议总结2021年全县旅游业发展情况，部署2022年旅游发展工作。县领导邹勇刚等出席会议。

同日 县委全面深化改革委员会2022年第一次会议暨建设改革开放先行区工作推进会召开。市政协副主席、县委书记旦增拉姆主持会议。会议传达学习中央全面深化改革委员会第22、23、24次会议和自治区党委全面深化改革委员会2022年第一次会议精神及市委全面深化改革委员会2022年第一次会议精神，审议《中共波密县委员会全面深化改革委员会2022年工作要点》。县领导尼玛扎西等出席会议。

同日 市委副书记、市长巴塔到古乡调研基础设施建设和干部职工工作生活情况。县委副书记、县长杨力参加调研。

同日 波密县成立波密县旅游协会，吸纳旅游发展公司、酒店、民宿、旅游餐馆、文化协会等单位会员45家。

12日 十届县委第二轮巡察动员部署会暨进驻动员会召开。县委常委、纪委书记、监委主任唐森洪主持会议。市政协副主席、县委书记、巡察工作领导小组组长旦增拉姆出席会议并讲话。传达学习全国、自治区、市巡视动员工作部署会议精神。县委常委、组织部部长、巡察工作领导小组副组长刘志强出席会议。

13日 自治区党委副书记，自治区人大常委会党组书记、主任洛桑江村一行到易贡乡调研红色资源、民族宗教、党建等工作。市政协副主席、县委书记旦增拉姆参加调研。

同日 自治区人大常委会党组副书记、副主任，自治区总工会主席罗布顿珠到扎木镇东若村和多吉乡曲宗寺调研。县人大常委会副主任旺青罗布参加调研。

同日 市政协副主席旺东到易贡乡调研农田高质量标准

工作。县政协副主席陆文刚参加调研。

同日 波密县组织收听收看林芝市迎接国务院安委会2021年度省级政府安全生产和消防工作考核部署会。县委常委、常务副县长白玛旺扎出席波密分会场会议。

13—14日 日喀则市定结县政协主席中扎西带领调研组到波密县扎木中心县委红楼、扎木镇东绕村天麻基地、易贡鸡爪谷加工基地调研。

14日 自治区监狱管理局、西藏波密监狱、市人民检察院、市中级人民法院等部门共同召开减刑假释工作联席会议，研讨减刑假释案件办理过程中存在的问题。

同日 米堆冰川创建国家AAAAA级旅游景区座谈会召开，副县长旦增顿珠及玉普乡、县发改委、县自然资源局、县商务局、县环保局、藏游旅游开发公司等相关单位负责人参加会议。

15日 自治区人大、总工会到波密县召开调研工作座谈会。自治区人大常委会党组副书记、副主任，自治区总工会主席罗布顿珠出席会议并讲话。市政协副主席、县委书记旦增拉姆等出席会议。

同日 自治区监狱管理局、西藏波密监狱与武警西藏总队林芝支队召开驻狱武警中队执勤隐患工作协调会议，研讨执勤隐患排查相关工作。

19日 自治区副主席王勇一行到波密县人社局双创中心检查指导工作。

同日 市人大常委会党组成员、副主任次仁央宗一行到波密县开展《中华人民共和国禁毒法》执法检查工作，检查波密县禁毒工作开展情况、精神麻醉类药品管理情况、禁毒宣传教育等情况。县人大常委会副主任普布参加检查。

19—20日 市人大常委会党组成员、副主任次仁央宗一行到波密县开展《中华人民共和国禁毒法》执法检查工作，检查禁毒工作开展情况、精神麻醉类药品管理情况、禁毒宣传教育等工作情况。县人大常委会副主任普布参加检查。

19—21日 市委组织部副部长、二级巡视员何方俊一行到波密县调研督导基层党建工作。

20日 波密县全面推行林长制林长会议召开。县委副书记、县长杨力主持，市政协副主席、县委书记旦增拉姆出席会议并讲话。传达学习《中共中央办公厅国务院办公厅印发〈关于全面推行林长制的意见〉的通知》《中共西藏自治区委员会办公厅西藏自治区人民政府办公厅印发〈关于全面推行林长制的实施意见〉的通知》和自治区、市总林长会议精神。县领导尼玛扎西等出席会议。

同日 市政协副主席、县委书记旦增拉姆到倾多镇中心小学、普龙寺、朱西村、栋曲村双语幼儿园等地，调研学校建设、寺庙管理、新冠疫情防控、森林防火、乡村振兴、基层党建等工作。

同日 波密县2022年冬虫夏草采集管理工作动员部署会召开。副县长琼达主持会议。会议传达学习《西藏自治区虫草采集管理暂行办法》《波密县冬虫夏草资源管理办法（草案）》。县委副书记、县长杨力出席，代表县政府与10个乡镇政府代表签订《波密县虫草采集、交易管理责任书》。县领导徐家志等出席会议。

同日 市政协副主席、县委书记旦增拉姆到倾多镇督导检查镇中心小学、幼儿园运行情况及寺庙工作开展情况。

21日 自治区副主席王勇到波密县调研川藏铁路配套公路建设情况。县委副书记、县长杨力，副县长旦增顿珠参加调研。

21—22日 自治区公安厅二级警务专员、禁毒总队政委赵延平一行到波密县公安局检查调研《中国共产党政法工作条例》

及自治区党委实施细则贯彻落实情况。调研波密县公安局落实党的绝对领导、政法工作统筹保障、政法队伍建设、决策执行工作、请示报告制度等情况。

22日 波密县《中国共产党政法工作条例》及自治区党委实施细则贯彻落实情况调查汇报会召开。县委常委、政法委书记徐家志主持会议。自治区公安厅禁毒总队政委赵延平，市委政法委副书记刘勇，市政协副主席、县委书记旦增拉姆，县人民检察院检察长扎西旺堆出席。

22—24日 县文旅局局长白玛四朗与扎木镇、古乡、松宗镇及县波隅旅游公司一行组成考察调研组，到米林县和工布江达县调研交流文旅产业发展经验。

24日 市粮储局局长王胜带队检查波密县粮食储备情况。

27日 自治区林芝生态环境监测中心监测人员一行到波密县扎木中学，核实检查中央生态环境保护督察组关于波密县中学噪声问题转办办理情况。市生态环境局波密县分局监测人员参加检查。

28日 波密县食药安委2022年第一次全体会议暨创建国家食品安全示范城市工作会召开。副县长姜耀主持会议，县委副书记、县长杨力出席会议并讲话。

同日 林芝市城市管理局一行到古乡检查指导燃气安全工作。

28—29日 市人大常委会副主任周传峰一行在波密县开展《中华人民共和国基本医疗卫生与健康促进法》执法检查，检查县卫健委、县医保局、县人民医院、藏医院、普济医院、扎木镇卫生院、蜀州诊所等地关于《中华人民共和国基本医疗卫生与健康促进法》贯彻执行情况。县人大常委会副主任小普琼、副县长姜耀参加检查。

29日 市信访局党组成员、副局长杨晓莉到川藏铁路波密段检查指导工作。

同日 县人社局、县公安局、县检察院、县法院、县司法局开展“与法治同行·为劳动护航”五一劳动法治宣传活动。

同日 县委机构编制委员会2022年第一次会议召开。市政协副主席、县委书记、县委机构编制委员会主任旦增拉姆主持会议。县委副书记、县长、县委机构编制委员会副主任杨力，县委常委、组织部部长、县委机构编制委员会副主任刘志强出席。

同日 市政协副主席、县委书记旦增拉姆一行在波密县政务服务中心调研指导工作。

同日 市政协副主席，县委书记旦增拉姆到扎木镇岗巴村、卡达村、巴琼村、桑登村、扎木村、通木村调研产业发展情况。镇党委书记张虎参加调研。

同日 波密县举办“暖心五一 致敬最美劳动者”主题活动，表彰劳动者67人。

5月

1—6日 县住房和城乡建设局、县应急管理局、县自然资源局、县消防救援大队、城市管理和综合执法局等部门联合开展自建房安全隐患专项整治行动。排查经营性自建房222栋，发现各类安全隐患127处。

5日 易贡茶场“易贡红”茶产品被纳入2022年全国名特优新农产品名录，成为自治区唯一上榜茶产品。

同日 市人大常委会副主任周传峰一行督导扎木镇卫生工作。

6日 自治区森林督查发现问题整改工作推进会召开。副县长琼达主持会议，县委副书记、县长杨力出席会议并讲话。会议通报2022年波密县森林督查整改工作进度。

同日 市人大常委会副主任肖鹤一行到古乡检查指导平安建设、安全生产、森林草原防火、疫情防控、寺庙管理等工作。

同日 市政协副主席、县委书记旦增拉姆一行到易贡乡调研茶产业，乡党委政府主要负责人、金茶树企业负责人参加调研。

7 日 十届县委第二轮巡察工作阶段汇报会召开。市政协副主席、县委书记、县委巡察工作领导小组组长旦增拉姆出席会议并讲话。县委常委、组织部部长、县委巡察工作领导小组副组长刘志强出席。县委常委、纪委书记、监委主任、县委巡察工作领导小组常务副组长唐森洪主持。

同日 2022 年政府投资项目建设调度会召开。县委副书记、县长杨力出席会议并讲话。通报全县 2022 年资金到位未开工项目、“十四五”规划项目前期工作推进情况、全县 2022 年政府投资项目资金拨付情况等，研究《波密县 80 万元以下政府投资项目选比办法（试行）》。

同日 县民兵训练基地揭牌仪式在县委党校举行。市政协副主席、县委书记旦增拉姆出席并致辞。县委常委何勇，县委常委、副县长王勇，县委常委、组织部部长刘志强出席。

同日 县人民检察院、团县委、县中学联合开展模拟法庭活动，县委常委、政法委书记徐家志，团县委书记达珍以及县人大代表、县政协委员、县教育局、县民政局、县妇联、县中学师生代表、家长代表等 80 余人次参加活动。

9 日 县委副书记、县长杨力采取“四不两直”方式到倾多镇指导调研重点工作进展情况。

9—10 日 市人大常委会副主任刘兴平一行到县委办公室、县政府办公室、县统计局、古乡人民政府等单位，检查《中华人民共和国统计法》执法检查报告审议意见落实情况。县人大常委会副主任普布参加检查。

10 日 波密县召开 2022 年信访工作联席会议第二次会议，县委副书记、县长杨力出席会议并讲话，县委常委、政法委书记徐家志主持会议，县委常委、常务副县长白玛旺扎参加会议。

同日 波密县组织收听收看林芝市 2022 年一季度经济运行分析暨重点项目推进会。县委副书记、县长杨力，县委常委、常务副县长白玛旺扎，副县长姜耀出席波密分会场会议。

同日 市委国安办工作组在波密县检查指导工作。县委常委、政法委书记徐家志参加调研。

同日 县政协宣讲团一行到扎木镇卡达村、巴琼村开展宣讲活动。宣讲团成员、扎木镇政协委员嘎松罗布、索朗顿珠宣讲党的十九届六中全会和西藏民主改革 63 周年会议精神。

11 日 县委副书记、县长杨力到县公安局调研训练基地、车辆查验通道等基础设施建设、功能设置、设施运行情况，并提出意见建议。县公安局党委副书记、政委黄炳勇及相关部门负责人参加调研。

12 日 波密县组织收听收看自治区干部驻村工作大会。市政协副主席、县委书记旦增拉姆，县委副书记、常务副县长钟泳薪，县委常委、政法委书记徐家志，副县长旦增顿珠，县人民法院院长刘丽娜，县人民检察院检察长扎西旺堆出席波密分会场会议。

同日 市直属机关工作委员会副书记巴桑旦增带队到波密县调研林草干部队伍建设、机构运行、人才培养和落实防灭火队伍专编专人等工作。

同日 县委副书记、常务副县长钟泳薪到县粮油公司、净康农业公司调研企业发展运营情况。

13 日 市政协副主席朱正辉到扎木镇岗巴村、东若村，调研岗巴村单卡桥政协提案、岗巴和东若幼儿园相关工作。

15 日 县退役军人事务局、县政府办、县财政局、县人社局党支部联合开展“传承红色基因再谱双拥新篇”军地共建主题党日活动。县委副书记、县长杨力，县委副书记、常务副县长钟泳薪参加活动。

16日 波密县2022年组织编制老干部工作暨干部驻村工作培训会召开，市政协副主席、县委书记旦增拉姆出席会议并讲话，县委副书记、县长杨力主持。会议传达学习全国、自治区组织部长会议精神，自治区编办主任、老干部局长会议精神和自治区干部驻村工作会议精神，传达学习林芝市组织（编制）、老干部会议精神和全市驻村干部能力提升培训班座谈会会议精神。县委常委、纪委书记、监委主任唐森洪，县委常委、组织部部长刘志强，县人大常委会副主任普琼，县政协副主席姜治强，县法院院长刘丽娜出席。

同日 波密县2022年川藏铁路（波密段）建设包保工作推进会召开。县委常委、常务副县长白玛旺扎主持，市政协副主席、县委书记旦增拉姆出席会议并讲话。会议传达学习自治区党委书记王君正在自治区川藏铁路建设包保推进会议上的讲话精神、林芝市委书记敖刘全在林芝市川藏铁路建设包保工作推进会上的讲话精神。县领导杨力等出席会议。

同日 波密县召开2022年“双百计划·工布英才”动员会。

17日 市统计局党组书记、副局长、一级调研员央珍一行到波密县验收乡镇统计规范化建设。

18日 县委副书记、县长杨力到古乡嘎朗村、县城自驾营地、藏王大酒店新华书店选址点等地调研旅游服务保障工作。副县长旦增顿珠一同调研。

同日 县委常委、纪委书记、监委主任唐森洪带领第十一批驻村工作队队员，到倾多镇巴康村和扎西村开展驻村工作队轮换工作。

19日 市行政审批和便民服务局党组书记、副局长雷振鹏一行到波密县调研政务服务工作。

同日 县委副书记、县长杨力到玉许乡普热村、则普村、扎西岗村、沙仁村等地，调研第十一批驻村工作队工作生活情况、重点河堤坝防汛工程项目建设进度。

同日 波密县“十三五”期间完成的政府投资项目审计发现问题整改推进会暨工程项目领域政策法规培训会召开。县委副书记、常务副县长钟泳薪出席会议并讲话。

20日 波密县举行“创建卫生县城 建设美丽波密”环境卫生整治活动。县委常委、常务副县长白玛旺扎主持。县委常务副书记邹勇刚，县委常委、政法委书记徐家志，县委常委、副县长王勇，县人大常委会副主任普琼，副县长庄斌，县政协副主席姜治强出席会议。

同日 在县委红楼前举行“创建卫生县城建设美丽波密”环境卫生整治活动启动仪式。

22日 波密县首届“职工杯”男子八人制足球联赛在全民健身综合田径体育场开幕。县领导杨力等出席活动。

同日 波密县中共二十大维稳安保工作动员部署会召开。县委副书记、县长杨力主持会议并讲话，县领导钟泳薪等出席会议。

23日 自治区住房和城乡建设厅党组副书记、厅长格桑带队到波密县检查指导工作，检查2022年城镇基础设施和保障性住房重点项目建设、乡村建设、农村危房改造、安全生产监管、自建房安全隐患排查、城镇污水垃圾设施建设管理等工作，以及波密县住房和城乡建设工作开展情况。市住建局党组书记、副局长达瓦次仁，县政府副县长姜耀，县住建局局长旺青格堆参加调研。

同日 市委党校领导到县市场监督管理局调研行政执法能力水平建设工作情况。

24日 市委政法委副书记刘勇一行调研波密县教育系统森林防火工作，抽查波密县教育局、县中学、县完全小学、古乡中心小学中小学生在森林防火方面的管理、宣教情况进行全面调研。

25日 自治区政协副主席多吉次珠到古乡雪瓦卡村调研茶产业发展相关工作，调研考察雪瓦卡村茶田，听取雪瓦卡村茶叶种植及茶苗培育等相关工作汇报。

同日 波密县2022年河（湖）长制工作部署会召开。县委常委、常务副县长白玛旺扎主持，县委副书记、县长杨力出席会议并讲话。会议传达学习自治区河（湖）长制工作要点，听取2021年全县河（湖）长制工作汇报。县委常委、政法委书记徐家志，县委常委、副县长王勇，县委常委、组织部部长刘志强出席。

同日 波密县2022年防汛抗旱工作部署会召开，县委常委、常务副县长白玛旺扎主持会议，县委副书记、县长杨力出席会议并讲话。会议传达学习国务院总理李克强关于防汛抗旱工作重要批示精神及全国、自治区、市防汛抗旱工作电视电话会议精神，听取县气象局、县水利局2021年工作汇报。县领导徐家志等出席。

同日 市人民医院内科医生在波密县八盖乡日卡村为2名行动不便老人入户义诊，发放降压药，并为八盖乡卫生院捐赠各类药品30余盒。

同日 波密县组织收听收看全国稳住经济大盘电视电话会议。县领导杨力等出席波密分会场会议。

26日 自治区党委常委、自治区常务副主席任维到波密县调研松宗森林管护站工作开展情况。县委副书记、县长杨力参加调研。

同日 波密县村居民委员会公共卫生委员会集中揭牌仪式举行。县委常委、常务副县长白玛旺扎，县委常委、组织部部长刘志强出席仪式并揭牌。

28日 自治区旅游发展厅党组成员、一级巡视员汪晓冬到古乡古村调研乡村旅游发展情况。市旅游发展局党组成员、副局长吕建奎，市旅游发展局产业发展科科长王祥森参加调研。

30日 自治区总工会党组成员、一级巡视员边巴次仁一行在八盖乡调研，捐赠资金2000元。县委常委、组织部部长刘志强等参加调研。

同日 新华社西藏分社总编室常务副总编曹建一行到波密县调研。

同日 市人大常委会副主任肖鹤一行检查波密县部分工地生产安全情况，县住建局副局长李建军参加检查。

同日 波密县招商引资对接座谈会召开。县委副书记、县长杨力出席会议并讲话。县委常委、常务副县长白玛旺扎出席。副县长旦增顿珠主持会议。

6月

6日 自治区信访局副局长覃爱民、市信访局党组书记贾百祥在波密县调研指导信访工作。

同日 县人大常委会副主任旺青罗布一行到扎木镇人民政府、县教育局和县城市投资有限责任公司，开展2020年财政预算执行和其他财政收支情况审计查出突出问题专项调研。县人大财经委负责人、县审计局、县财政局、县人大财经委委员及人大代表等参加调研。

同日 县信访局参与第51个世界环境日法治宣传活动，发放宣传资料60余套，现场解答群众疑问8人次，受教育群众60余人次。

7日 自治区政府副主席、区级河长罗梅到波密县检查指导河（湖）长制工作。县委副书记、县长杨力参加检查。

同日 自治区民宗局党组成员、副局长曲扎一行到成色寺、桑林寺督导检查宗教相关工作。

8日 广东省司法厅党委委员、监狱管理局党委书记、局长李景言带领广东省监狱管理局考察团，到西藏波密监狱开展考察调研，交流对口支援工作，签订《广东省惠州监狱 西藏波密监狱友好单位协议书》。

8—9日 自治区总工会党组成员、经费审查委员会主任徐俊琴，审计组主审、自治区总工会经办副主任廖娟一行，审计波密县总工会2020—2021年度固定资产管理情况。

9日 波密县首个乡镇级专职消防站在古乡挂牌成立。

10日 自治区政府副主席罗梅到波密玉普一级公安检查站检查指导疫情防控工作。自治区卫健委、自治区医保局相关部门领导，市政府副市长玉珍，市政协副主席、市卫健委党组书记边巴卓玛，县委副书记、县长杨力参加检查。

同日 自治区市场监督管理局二级巡视员姜有胜一行到波密县开展市场监管领域安全生产督导检查。县政府副县长人选次仁塔杰参加检查。

同日 波密县举行“文化和自然遗产日”系列活动。县委常委、常务副县长白玛旺扎，县委常委、副县长王勇，县委常委、组织部部长刘志强出席活动。

13日 中共波密县委全面依法治县委员会2022年第一次会议召开。县委副书记、县长、县委全面依法治县委员会副主任杨力主持。会议传达学习自治区党委2022年全面依法治藏委员会第一次会议精神和市委2022年全面依法治市委员会会议精神，听取2021年度波密县法治政府建设情况，研究《中共波密县委员会全面依法治县委员会工作规则》等相关事宜。县领导邹勇刚等出席会议。

同日 县委平安波密建设领导小组2022年第一次会议召开，县委副书记、县长、县委平安波密建设领导小组组长杨力主持。传达学习自治区党委平安西藏建设领导小组2022年第一次会议精神、市委平安林芝建设领导小组2022年第一次会议精神，审议《2022年平安波密建设工作要点》，安排部署2022年平安波密建设重点工作。县领导邹勇刚等出席会议。

同日 中共波密县委员会网络安全和信息化委员会2022年第一次会议召开，传达学习习近平总书记关于网络强国的重要思想，以及自治区党委网信办2022年第一次会议精神、市委网信办2022年第一次会议精神，审议县委网信办2022年工作要点，总结2021年网信工作，安排部署2022年工作。县委副书记、县长杨力主持会议。县领导邹勇刚、钟泳薪等出席会议。

13—15日 自治区市场监督管理局党组书记刘家杰带领调研组到波密县易贡茶厂、松宗镇、波密县市场监督管理局调研，林芝市副市长刘春祥，市市场监管局党组书记、二级巡视员罗恒伟，县政府副县长人选次仁塔杰参加调研。

14日 县委副书记、县长杨力到波密水厂调研通水试运行工作，查看配水井、沉砂池、清水池等运行情况与供水压力，与管理人员、水厂负责人进行交流。

同日 广州市第二中学到波密县交流活动暨教育援藏干部三年工作汇报会在县中学举行。县委常务副书记邹勇刚、副县长张旋坤出席活动。

15日 自治区市场监督管理局党组书记、副局长刘家杰，市政府副市长刘春祥，县政府副县长人选次仁塔杰到松宗镇小集镇和镇中心小学检查市场主体发展情况和食品安全监管工作。镇党委副书记、镇长克珠，镇党委委员、人大主席樊银波参加检查。

同日 自治区人大民宗外侨委主任委员通嘎一行到波密

县调研《西藏自治区民族团结进步模范区创建条例》贯彻实施情况及民族团结进步模范区创建工作情况以及《宗教事务条例》《西藏自治区实施〈宗教事务条例〉办法》贯彻实施情况。县人大常委会副主任小普琼，县人大教科文卫委主任委员田轮华参加调研。

同日 《西藏自治区波密县河道采砂规划（2022—2025年）》修编征求意见会召开，听取四川省冶金地质勘查院从规划概要、采砂现状及形势、河道演变分析等11个方面介绍修编情况。县委常委、常务副县长白玛旺扎出席并讲话。

16日 波密县“穗波一家亲 健康光明行”活动在县人民医院门诊楼前启动。县委常务副书记邹勇刚，县委常委、常务副县长白玛旺扎，县委常委、组织部部长刘志强出席。

17日 市商务局副局长普琼一行到波密县建安物流、顺丰、智昭同城物流、波密县电子商务县级服务中心调研商贸流通情况。

同日 波密县召开“国家意识、公民意识、法治意识”教育动员部署会，县委副书记、县长杨力出席会议并讲话，县政协主席尼玛扎西主持会议。县委副书记陈云、县人大常委会副主任普琼、县政府副县长人选次仁塔杰出席会议。

19日 自治区人大常委会副主任马升昌带领自治区人大常委会调研组到县人民检察院调研公益诉讼检察工作。

20日 波密县副县长、县公安局局长罗桑旺堆到公安局各业务部门检查指导工作，查看刑事侦查大队、治安管理大队，网络安全保卫大队、国内安全保卫大队、森林警察大队、交通管理大队等部门场所建设、人员配置、值班备勤等情况，听取各部门负责人工作汇报，安排部署相关工作。县公安局党委副书记、政委黄炳勇一同调研。

同日 波密县召开自建房整治工作调度会，研究自治区、市、县三级自建房安全专项排查整治实施方案，讨论全县自建房排查整治工作发现的各类隐患，提出解决措施。县委副书记、县长杨力，县委常委、常务副县长白玛旺扎，副县长人选次仁塔杰出席。

21日 波密县举行住房公积金波密县业务网点延伸启动仪式，市住建局党组书记、副局长达瓦次仁出席并现场签约。县委副书记、县长杨力，市农业银行负责人扎西顿珠及县各单位住房公积金管理人员参加活动。

同日 自治区广播电视局党组成员、副局长明珍一行到波密中波台检查指导工作。

21—24日 县市场监督管理局联合广东省特种设备检测研究院等13名特种设备检测专家，排查全县电梯、起重机、压力容器等特种设备安全隐患。

22日 国务院安委会2021年度省级政府安全生产和消防工作考核巡查工作组到波密县检查指导工作。县委副书记、县长杨力，县委常委、常务副县长白玛旺扎参加检查。

同日 自治区农科院党组书记高学与自治区农科院专业技术人员到八盖乡塔鲁村考察了解农作物种植相关工作。

同日 县委常委、纪委书记、监委主任唐森洪到玉普乡巡河并督导检查玉普乡、松宗镇和扎木镇中央环保督察反馈问题整改工作。

23日 县委副书记、县长杨力到扎木镇原贸易公司住宅小区督导检查小区路面硬化、线路入地、排污管网铺设等工作。

24日 市委常委、政法委书记柯磊到县公安局、玉普一级公安检查站、多东寺警务室调研指导公安工作。市公安局党委委员、副局长李青云，县委常委、政法委书记、县公安局党委书记徐家志，县政府副县长、县公安局局长罗桑旺堆等参加调研。

24—29 日 县医保局联合卫健委、各乡镇分管医保负责人、县人民医院、乡镇卫生院院长成立验收工作领导小组，到波密县 10 个乡镇卫生院验收“一站式一单制”结算系统。

26 日 波密县“流动的红色博物馆”出发授旗仪式在县委红楼前举行。县委副书记陈云主持活动，县委副书记、县长杨力授旗。县委常务副书记邹勇刚，县委常委、副县长王勇，县政协副主席姜治强出席仪式。

27 日 县委副书记、县长杨力到松宗镇栋亚村喊泉藏鸡养殖场调研，了解养殖场发展现状、经营模式、发展规划等情况，提出意见建议。松宗镇副书记、镇长克珠，镇人大主席樊银波参加调研。

28 日 波密县直机关工委书记吉美才邓到倾多镇达龙、顶仲等 6 个村开展“沉浸式”调研，检查指导 2022 年基层党建工作重点任务落实情况。

同日 县人民检察院联合县司法局、县人社局、县铁路办等单位，到中交二公局新建川藏铁路西藏段七标段项目部，开展“党员普法小分队送法进企业”主题党日活动。

29 日 波密县农村饮水保障工程顺利建成通水仪式举行。波密县委常务副书记邹勇刚主持，县委副书记、县长杨力出席会议并讲话，扎木镇、县直各部门负责人、退休干部、工商界和群众代表共 50 余人参加。

同日 波密县举办“青春心向党，健身创未来”健身操比赛，17 支职工会员代表队，500 余名职工群众参加。

30 日 团自治区委副书记潘刚平带队到波密县古乡雪瓦卡村、扎木中心县委红楼等地，调研农牧区团组织建设、村团支部建设运行及作用发挥情况、红色教育工作开展情况。团市委副书记权猛，县委副书记陈云参加调研。

同日 自治区审计厅党组成员、副厅长拉巴次仁一行到波密县审计局开展调研。

7 月

1 日 波密县召开广东省第九批援藏总结表彰大会暨第九批、第十批援藏干部迎送大会。县领导杨力，第九批、第十批援藏工作队波密工作组成员出席。

同日 波密县举行七一建党节看望慰问老党员活动。县委副书记、县长杨力，县委副书记、驻村工作总领队洛桑加措，县委常委、县人大常委会主任王芳分别看望慰问老党员。

5 日 广州市退役军人事务局二级巡视员黄远飞到县退役军人事务局调研对口援藏工作。县委副书记、县长杨力，县委常委、副县长人选刘旭文参加调研。

同日 波密县第二届农牧民建筑工人技能提升实训开训仪式举行。副县长人选次仁塔杰主持，广州市住房和城乡建设局副局长李朝晖，县委副书记、县长杨力出席仪式并讲话。县委常务副书记、常务副县长人选李明出席。

7 日 波堆水电站扩机增容项目工作推进会召开，听取中国大唐西藏波堆水电开发有限公司相关工作情况汇报。县委副书记、县长杨力出席会议并讲话。

同日 自治区“国家意识、公民意识、法治意识”教育宣讲团第四分团到波密县多东寺开展专题宣讲报告会，波密县政协主席尼玛扎西主持。

7—8 日 县人大常委会副主任小普琼带领县人大教科文卫委员会组织调研组对波密校园食品安全工作进行专题调研。县市场监督管理局、县教育局相关负责人、部分乡镇人大主席和部分市、县、乡三级人大代表参加调研。

8日　波密县夏季治安打击整治“百日行动”暨打击整治枪爆违法犯罪专项行动动员部署会召开。县政府副县长罗桑旺堆主持，县委常委、政法委书记、县公安局党委书记徐家志出席会议并讲话。传达学习全国、自治区、市公安机关夏季治安打击整治“百日行动”动员部署会精神，安排部署相关工作。

10—13日　市督导检查二组组长胡恒发带领督导组到县公安局开展中共二十大安保工作专项督导检查，查看县公安局值班备勤、接处警、矛盾纠纷排查化解、流动人口管理等工作情况，并提出整改意见建议。

11—13日　波密县组织召开2022年基层党建工作现场会。市政协副主席、县委书记旦增拉姆，县委常务副书记、常务副县长人选李明，县委副书记陈云，县委副书记、驻村工作总领队洛桑加措，县委常委、组织部部长刘志强出席。

11日　市政协副主席、县委书记旦增拉姆带队到倾多镇召开2022年基层党建工作现场会。

11—16日　县人大常委会副主任小普琼带领部分县乡人大代表和人大干部到山南市加查县、桑日县、贡嘎县和拉萨市城关区等地，考察学习组织开展代表活动、发挥“人大代表之家”“代表联络站”平台作用等方面的先进经验和做法。

13日　自治区人社厅党组成员、副厅长何兴茂带队到县人社局调研指导信息化建设和社会保险工作，市人社局党组成员、二级调研员杨红，县人社局副局长梅贞平参加调研。

同日　市政协副主席、县委书记旦增拉姆到松宗镇检查指导基层党建工作，县委常务副书记、常务副县长人选李明，县委副书记陈云，县委副书记、驻村工作总领队洛桑加措，县委常委、组织部部长、党校校长刘志强等参加检查。

同日　山南市信访局党组成员、副局长巴桑次旦一行到波密县交流考察信访工作。市信访局党组成员、副局长、三级调研员夏靖参加考察。

同日　波密县第九个党风廉政建设主题日宣传活动在波密广场举行。县领导旦增拉姆、李明、陈云、白玛旺扎、刘旭文、刘志强、旦增顿珠、普布、次仁塔杰、罗桑旺堆出席活动。

同日　县委常委、常务副县长白玛旺扎主持召开波密县乡村振兴补助资金支出进度调度会，听取县乡村振兴局2022年衔接推进乡村振兴补助资金项目建设工作汇报。

15日　波密县召开乡村振兴补助资金支出进度调度会，县委常委、常务副县长白玛旺扎主持会议。会议听取县乡村振兴局2022年衔接推进乡村振兴补助资金项目建设工作汇报。

18日　2022年度自治区医保基金飞行检查波密县启动会召开。自治区飞行检查组组长、阿里地区医保局党组成员、副局长冯展强，县委常委、常务副县长白玛旺扎出席会议。

同日　县委常委、副县长人选刘旭文带队到倾多镇如纳村调研相关工作。

同日　波密县召开2022年第一次援藏项目推进会，县委常务副书记、常务副县长李明出席会议并讲话。会议听取县发改委、县住房和城乡建设局等单位汇报项目建设进度、存在问题困难及工作计划。县委常委、副县长人选刘旭文主持会议。

18—19日　自治区住建厅党组成员、副厅长李新昌一行到波密县调研重点市政项目建设及运维情况，市住建局党组成员、副局长廖宏伟，县政府副县长人选次仁塔杰，县住建局局长旺青格堆参加调研。

19日　波密县开展2022年平安建设助力国家重点项目法治宣讲活动，宣讲13场次，受益群众500余人次。

25日　市政协副主席、县

委书记旦增拉姆与武警交通相关领导到国道318波密县各测速点位调研指导工作。县委常委、常务副县长白玛旺扎，县政府副县长、县公安局局长罗桑旺堆，县公安局党委副书记、政委黄炳勇等参加调研。

同日 县住建局、县发改委、县水利局、县林草局、县自然资源局、扎木镇人民政府以及参建企业等16个单位部门开展波密县农村供水保障工程竣工验收工作，解决1.5万名农牧民群众水质差、水压不足等问题。

25—29日 市住房和城乡建设局质监站副站长胡舟，东莞市住房和城乡建设局程斐，广东省建设工程质量安全检测总站有限公司高级工程师武方方，到波密县检查在建项目工程质量安全。县住建局质监站站长王东东参加检查。

26—27日 市委常委、统战部部长、市政协党组副书记、市“三个意识”教育领导小组常务副组长、第三宣讲团团长达瓦带领林芝市“三个意识”教育第三宣讲分团到波密县玉许乡、扎木镇寺管会开展“三个意识”教育第二轮宣讲，县人大常委会副主任普布主持活动。

26—28日 市信访局党组成员、副局长杨晓莉到县信访局督查信访工作。

27日 交通运输部副部长戴东昌一行到波密县调研川藏铁路配套公路项目建设情况。自治区政府副主席王勇，市委常委、常务副市长符永波，副市长米次，县政府副县长张旋坤参加调研。

同日 波密县开展“庆丰收、感党恩、启新程”主题农民丰收节活动。市政协副主席、县委书记旦增拉姆，县委常委、常务副县长白玛旺扎，县委常委、副县长人选刘旭文，县委常委、纪委书记、监委主任唐森洪，县人大常委会副主任普琼，县政协副主席姜治强、陆文刚出席活动。

同日 林芝市第三宣讲团到波密县开展“三个意识”第二轮宣讲会。

28日 县工商联党支部书记陈银平与林芝市共多庆山建设有限公司负责人丹增，分别到多吉乡、松宗镇、玉普乡一级检查站开展献爱心送温暖活动。

29—31日 自治区党委编办机构编制监督检查处副处长李建涛到波密县开展相关工作。

31日 波密县庆八一建军节文艺会演举行。市政协副主席、县委书记旦增拉姆，县四大班子相关领导，川藏公司波密项目部负责人及各驻地部队人员出席活动。

8月

1日 市政协副主席、波密县委书记旦增拉姆到玉普交通十四中队、玉普一级检查站、武警交通大队驻训分队开展八一建军节走访慰问活动，看望驻地武警官兵。县人大常委会副主任普布，县政府副县长、县公安局局长罗桑旺堆，县政协副主席陆文刚一同慰问。

同日 波密县首个帐篷露营地在扎木镇单卡自然村运营。露营地占地1.05万平方米，采取“支部+联户+群众”管理模式运营。

5日 波密县乡村振兴重点工作调度会召开。县委副书记、县长杨力主持会议，统筹安排财政涉农整合资金、市级配套资金及项目、县级财政涉农资金拟安排项目、拟建设项目前期工作、“三岩”搬迁工作、防返贫检测和帮扶等工作。

同日 市退役军人事务局党组书记、副局长、一级调研员达瓦一行到县退役军人事务局调研退役军人服务保障体系建设、对口受援、烈士纪念设施维修改造、“五共五固”（共学党的理论固信仰信念、共建基层组织固一线堡垒、共促民生改善固脱贫成果、共树文明新风固民族团结、共守神圣国土固边境安宁）等工作情况。

15日 自治区公安厅一级警务专员平措一行到波密县检查指导工作，查看318国道3922千米处和玉普公安一级检查站设施设备情况以及落实疫情防控情况。县政府副县长、县公安局局长罗桑旺堆等参加检查。

20日 自治区政协副主席白玛旺堆到雪山江景酒店调研酒店改造工作。市政协副主席、县委书记旦增拉姆参加调研。

同日 市政协副主席、县委书记旦增拉姆与广东省支援林芝市应对新冠疫情医疗专家座谈，研判疫情防控形势，梳理并部署防疫各项工作。县委副书记、县长杨力，县委副书记陈云，县委副书记、驻村工作总领队洛桑加措，县委常委、常务副县长白玛旺扎出席。

同日 县人大常委会副主任小普琼到古乡6个行政村、乡直各单位及各核酸采样点指导疫情防控工作，安排部署相关工作。

21日 自治区政协副主席白玛旺堆到县传染病医院、四季富氧酒店调研方舱医院升级改造工作和酒店隔离标准建设情况。市政协副主席、县委书记旦增拉姆参加调研。

22日 波密县嘎朗建筑建材有限公司、西藏纵横生态旅游实业有限公司、波密县王朝大酒店捐赠各类防疫物资及现金15.51万元，县委常务副书记李明出席活动并接受捐赠。

22—25日 县委常务副书记、常务副县长人选李明根据广东省疫情防控工作经验做法，组织疫情防控物资保障组开展“保民生、稳民心、共抗疫”系列活动，到市场调研各类物资底数，召开调度会统筹安排部署，共调运、收购并发放蔬菜、水果等各类物资5800千克。

24日 县委副书记、驻村工作总领队洛桑加措带队检查各医疗废物处置点管理运行情况。县委常委、副县长人选刘旭文参加检查。

25日 5名广州市支援波密疫情防控医疗队专家到波密县开展疫情防控工作，市政协副主席、县委书记旦增拉姆，县领导杨力等出席欢迎仪式，并为医疗队专家献上哈达。

26日 市政协副主席、县委书记旦增拉姆到倾多镇政府、倾多镇寺管会、中铁四局、玉许乡政府、玉许乡寺管会以及各加油站检查指导疫情防控及森林防火工作。

同日 县委副书记、县长杨力到蔬菜基地调研农副产品供应保障情况。县委常务副书记、常务副县长人选李明，县委常委、纪委书记、监委主任唐森洪参与调研。

同日 第30届广州博览会在广州中国进出口商品交易会展馆举行。波密县商务局副局长格桑带队，搭建布置林芝波密展馆，发放宣传册500余份，接待国内外咨询100余人。

27日 市委书记敖刘全和国务院联防联控机制综合组林芝组组长徐克明到波密县督导疫情防控措施落实情况。市政协副主席、县委书记旦增拉姆，县委副书记、县长杨力参加调研。

30日 市政协副主席、县委书记旦增拉姆到318国道玉普方向检查疫情防控及森林防火工作。

9月

1日 广州市增城区对口支援抗疫医疗物资抵达波密，波密县委常务副书记、常务副县长人选李明主持捐赠仪式。

3日 市政协副主席、波密县委书记旦增拉姆到康玉乡、多吉乡督导检查疫情防控工作。县委常委、常务副县长白玛旺扎，县人民检察院检察长扎西旺堆一同检查。

6日 波密县首批支援拉萨

抗疫医疗队出征仪式举行。市政协副主席、县委书记旦增拉姆出席，为10名医疗队队员献哈达、授队旗。县委副书记、县长杨力主持，县委常务副书记、常务副县长人选李明，县委常委、组织部部长刘志强出席仪式。

同日 县委常务副书记、常务副县长人选李明到县商务局调研指导商贸流通、物资保供、招商引资及疫情防控工作。

同日 县政府党组2022年第12次会议召开，传达学习中央政治局会议精神、习近平总书记给北京师范大学“优师计划”师范生的回信精神、在中央全面深化改革委员会第二十七次会议上的重要讲话精神、对四川省甘孜州泸定县6.8级地震作出的重要指示精神及国务院总理李克强的批示精神、在中央统战工作会议上的讲话精神、在省部级主要领导干部专题研讨班上的讲话精神，传达学习自治区党委书记王君正在拉萨市、那曲市督导调研时的重要讲话精神，自治区主席严金海在全区深化“放管服”改革持续优化营商环境电视电话会议上的讲话精神，研究相关单位提交事宜。县委副书记、县政府党组书记、县长杨力主持会议，县领导李明等出席会议。

9日 市政协副主席、县委书记旦增拉姆，县委常委、常务副县长白玛旺扎，县委常委、组织部部长刘志强到支援拉萨医疗人员家中看望慰问医疗人员家属。

10日 市委疫情防控督导组到波密县松宗镇督导检查“点对点”闭环转运相关措施落实情况，松宗镇包保领导王斌、镇党委副书记、镇长克珠参加检查。

同日 市政协副主席、县委书记旦增拉姆到县公安局、县人民医院、县疾控中心、隔离酒店、疫情防控片区、疫情卡点等地看望慰问一线工作人员。

12日 波密县八盖乡完成线路改造验收，共261户1323人实现通电。

14日 波密县第二批支援拉萨市抗疫医疗队共15人到拉萨开展工作。

17日 自治区人大常委会副主任唐明英到波密县城沿江东路核酸检测点督导检查核酸检测工作，市政协副主席、县委书记旦增拉姆参加检查。

20日 市政协副主席、县委书记旦增拉姆到易贡乡调研复工复产、复学复课工作推进情况。县委常委、常务副县长白玛旺扎，副县长张旋坤，县教育局局长兰建参加调研。

同日 市委副书记、市长巴塔在波密县督导检查疫情防控工作，看望慰问疫情防控一线工作人员。县委副书记、县长杨力参加检查。

同日 县委副书记陈云带领县委政法委、县司法局、县信访局等有关单位负责人到易贡乡实地督导调研疫情防控、中共二十大安保相关工作开展情况。

22日 县委常委会以案促改专题民主生活会召开。县委领导旦增拉姆等出席会议，县政协主席尼玛扎西列席会议。

23日 县政协副主席、第十一批驻村工作队副领队陆文刚一行到松宗镇调研强基础惠民生活动经费计划实施工作，察看栋曲村卡瓦尕布山居建设项目，询问项目的具体规划和实施时间。

24日 市政协副主席、县委书记旦增拉姆一行到松宗加油站督导“点对点”车辆转运保供情况。副县长、松宗镇党委书记王斌，镇党委副书记、镇长克珠参加督导。

25日 市委书记敖刘全在波密县考察调研疫情防控工作，市委常委、秘书长梅家奎，市政协副主席、县委书记旦增拉姆参加调研。

26日 财政涉农整合资金项目调度暨2023年巩固拓展脱贫攻坚成果同乡村振兴有效衔接资金项目审查会召开。会议听取2022年财政涉农整合资金项目建设和资金支出情况汇报，审查

《2023年巩固拓展脱贫攻坚成果同乡村振兴有效衔接资金项目计划》。县委副书记、县长杨力主持会议。

同日 县委常委、副县长人选刘旭文主持召开分管领域工作开展情况汇报暨近期工作安排部署会议。县退役军人事务局、县文化和旅游局、县城市管理综合执法局、波隅公司党组成员等参加会议。

30日 波密县举行“波密县2022年烈士纪念日公祭活动”。县委副书记、县长杨力主持活动。市人大常委会副主任王东升，市政协副主席、县委书记旦增拉姆，县四大班子相关领导，党员干部职工代表，部队官兵代表、退役军人代表、烈士遗属代表等30人参加活动。

同日 波密县工商联开展“波密县工商界爱心企业及个体疫情防控捐赠仪式”。市政协副主席、县委书记旦增拉姆，县委常务副书记、常务副县长人选李明，县政府副县长姜耀出席仪式。县政协主席尼玛扎西主持仪式。

10月

1日 波密县举行庆祝中华人民共和国成立73周年升国旗、唱国歌仪式。市人大常委会副主任王东升，市政协副主席、县委书记旦增拉姆，县领导李明等出席仪式。

3日 县委常委、常务副县长白玛旺扎带领县应急局、县城市管理综合执法局、县市监局、县消防救援大队等单位开展燃气安全专项检查。

4日 市委宣传部“林芝这十年”系列主题第八场新闻发布会举行。市政协副主席、县委书记旦增拉姆作主题发布并回答媒体记者提问。

5日 市政协副主席、县委书记旦增拉姆到倾多镇、玉许乡调研灵芝菌产业发展情况。县委常委、政法委书记徐家志，县委常委、副县长王勇，县领导旦增顿珠、旺青罗布一同调研。

11日 2022年秋冬季森林草原防灭火工作安排部署会召开。会议学习贯彻全国、自治区、全市森林草原防灭火电视电话会议精神，安排部署全县森林草原防灭火工作。县委副书记、县长杨力出席会议并讲话，副县长张旋坤主持会议。

同日 县委副书记、县长杨力到县统计局指导检查工作，听取统计局主要负责人汇报。

12日 波密县组织县林草局、县应急局、县消防救援大队、县森警中队对川藏铁路建设单位、监理单位、施工单位开展森林防火安全教育线上培训。县委常委、常务副县长白玛旺扎出席会议并讲话。

14日 波密县稳经济若干临时性措施贯彻落实工作部署会召开，县委副书记、县长杨力主持，安排部署减税降费、房租减免、金融支持等相关工作。

同日 县林草局、县发改委、川藏铁路供电工程波密业主项目部联合召开林区施工单位森林防火专项部署会议。县委常委、常务副县长白玛旺扎出席会议并讲话。

15日 广东省第十批援藏工作队领队吴耿淡一行到波密县农村安全饮水改造工程、波密县专业技术人才安居工程调研。市政协副主席、县委书记旦增拉姆，县委常务副书记、常务副县长李明，县委常委、副县长刘旭文一同调研。

16日 自治区人大常委会副主任唐明英一行到古乡川藏铁路中铁二局四标和中交二局，督导调研中共二十大期间安保、疫情防控、安全生产、值班带班等工作。

同日 县政府副县长，县公安局党委副书记、局长罗桑旺堆到松宗镇检查指导疫情防控和“点对点”车辆转运情况。副县长、镇党委书记王斌，镇党委副书记、镇长克珠参加检查。

同日 波密县组织集中收听收看中共二十大开幕会。县领导旦增拉姆等出席活动。

18日 县委副书记、县长杨力到玉许乡林琼村、玉沙村、帮肯村、扎西岗村、海定村调研督导天保搬迁、道路改造、乡村振兴项目推进等工作开展情况。副县长次仁塔杰一同调研。

19日 自治区人大常委会党组成员、副主任唐明英到易贡乡开展调研。市人大常委会副主任王东升，市政协副主席、县委书记旦增拉姆，县委副书记陈云参加调研。

19—20日 自治区人大常委会副主任唐明英到中铁二局四标段、易贡茶场、易贡乡、县委统战部、县国安办、县人民医院、县疾控中心、天麻基地等地督导调研维护稳定、疫情防控、安全生产、复工复产等工作。市政协副主席、县委书记旦增拉姆参加调研。

21日 县委常务副书记、常务副县长李明带队到全县各快递物流企业开展疫情防控检查，了解疫情防控政策落实情况，杜绝快递物流行业传播风险。

22日 市政协副主席、县委书记旦增拉姆到玉许乡普热、帮肯、沙仁和棠木村调研督导疫情防控、乡村振兴、产业发展规划、招商引资等工作。县政府副县长、玉许乡蹲点领导次仁塔杰一同调研。

24日 市政协副主席、县委书记旦增拉姆到倾多镇扎西村调研驻村、村“两委”班子作用发挥等工作，走访慰问“三岩”搬迁群众。县委常委、常务副县长白玛旺扎，县委常委、组织部部长刘志强，县人大常委会副主任旺青罗布参加调研。

同日 波密县平均降水量40毫米，降水量峰值在玉普乡53.7毫米，318国道K3877、K3898等9处发生不同程度的泥石流，其中K3877处泥石流方量2000余立方米。

24—26日 县政协主席尼玛扎西通过现场督办、听取汇报、召开座谈会等形式，对波密县政协十届二次会议以来的7件重点提案开展调研督办。

25日 市政协副主席、县委书记旦增拉姆到松宗镇岗巴村、德巴村督导调研，副县长、镇党委书记王斌等参加调研。

26日 自治区乡村振兴局副局长李选印检查指导波密县直2021年周转房建设项目建设工作，波密县委副书记、县长杨力，县住建局局长旺青格堆参加检查。

27日 县委反腐败协调小组2022年第一次会议召开。县委常委、纪委书记、监委主任、县委反腐败工作协调小组组长唐森洪主持会议并讲话。县人民法院院长刘丽娜、县人民检察院检察长扎西旺堆出席会议。

同日 自治区乡村振兴局副局长李选印一行到松宗镇小学、栋曲村检查指导工作，调研产业发展情况。松宗镇党委副书记、镇长克珠参加检查。

29日 市政协副主席、县委书记旦增拉姆到八盖乡雄吉村、卧普村，易贡乡江拉村督导调研疫情防控、党的建设、乡村振兴等工作，宣讲中共二十大精神，看望慰问困难群众。

30日 市政协副主席、波密县委书记、总林长旦增拉姆带队到松宗镇栋曲村林区开展“林长制”巡林工作。

31日 县委常委、副县长王勇带队到松宗镇岗巴村、多格村检查指导，调研乡村振兴相关工作，慰问“三岩”搬迁群众。镇党委副书记、镇长克珠参加调研。

31日至11月1日 波密县2022年县级政协委员履职能力提升培训班举办，65名县级政协委员参加培训。

31日至11月10日 县乡村振兴局到8个乡镇74户“三岩”搬迁户家中走访慰问，为每户购置大米、清油、面条等生活物资，价值300元。

11月

1日 波密县2022年重点项目推进会召开，听取全县2022年重点项目建设情况和“十四五”项目前期工作开展情况，安排部署项目建设工作。县委副书记、县长杨力出席会议并讲话。县委常委、常务副县长白玛旺扎主持会议。

同日 广州援藏工作组2022—2025年援藏项目推进会召开，县委副书记、县长杨力，县委常委、常务副县长白玛旺扎，县委常委、副县长刘旭文，县委常委、副县长王勇出席会议。县委常务副书记、常务副县长李明主持会议。

3日 市人社局党组副书记、局长李培灵带队到县人社局调研指导工作。

同日 县人民检察院党支部与多吉乡帕雄村党支部开展支部结对共建活动，捐赠资金4500元，捐赠过冬衣物、儿童鞋100余件（双）。

4日 市委常委、宣传部部长、帕隆藏布市级河长邓晓红到波密县开展巡河工作，县委副书记、县长杨力，县委常委、宣传部部长旦增顿珠参加巡河。

同日 波密县举办“深入学习贯彻党的二十大精神 以优异抗疫战果启航新征程——波密县2022年抗击新冠肺炎疫情表彰晚会”，市政协副主席、县委书记旦增拉姆出席晚会并为获得表彰人员颁奖。

同日 市委宣传部副部长、市文广局党组书记蒋泽军到松宗镇纳玉村步兵学校遗址、松宗烈士陵园、通车纪念广场、松宗乡村振兴馆、松宗镇综合文化服务站调研文物保护、红色资源利用等工作。

5日 广东省第十批援藏工作队医疗组组长、市卫健委党组副书记、副主任黄昊健督导扎木镇卫生工作。

同日 波密县开展“寒冬送温暖 关怀暖人心”活动，为从事户外作业的农民工、环卫工人送上饮品、帽子、围巾、手套等物品。

8日 波密县组织收听收看自治区学习贯彻中共二十大中央宣讲团宣讲报告会，县领导杨力等出席波密分会场会议。

同日 县委副书记、县长杨力到县文旅局、艺术团成员生活区、活动中心礼堂、非遗展厅调研指导工作。县委常委、副县长刘旭文参加调研。

10日 县委副书记、县长杨力到县城市管理和综合执法局调研指导城市管理、行政执法、工程项目推进等重点工作，县委常委、副县长刘旭文参加调研。

11日 县人民检察院党组书记、检察长扎西旺堆一行到康玉乡拉瓦西村，为司法救助申请人开展检察长接访上门服务。

13日 第一批拉萨医疗团队支援波密县疫情防控欢迎仪式举行，市政协副主席、县委书记旦增拉姆致辞，县领导杨力等参加欢迎仪式。

16日 古乡巴卡村军地共建馆建成，是波密县首个村级军地共建展馆。

20日 市教育局党组副书记、局长巴桑次仁带领市教育局相关科室负责人到波密县中学，调研督导学校贯彻中共二十大精神、疫情防控、集中供暖、教育教学等工作。

21日 林芝市学习贯彻中共二十大精神波密县示范培训班开班。

同日 林芝市森林草原防灭火“教官团”在波密县开展“宣讲强理论 实操练本领”教学培训活动。县委常委、常务副县长白玛旺扎出席会议并讲话。副县长次仁塔杰出席。

同日 县人民检察院联合团县委到波密县中学开展“与党同行 守望阳光”志愿服务及普法宣传活动，为学校残疾学生捐赠衣物。

24—25日　市乡村振兴局党组书记闫新航带队到波密县检查指导工作，县委副书记、县长杨力参加检查。

24—25日　市乡村振兴局党组书记闫新航带队到波密县开展成效落实情况工作调研。

26日　市委副书记、市长巴塔到波密县多吉乡调研便民服务超市建设及川藏铁路项目建设相关情况，参观多吉乡非遗文化展厅，指导乡村振兴、安全生产、疫情防控等重点工作。县委副书记、县长杨力参加调研。

同日　市审计局党组书记、副局长边巴卓玛一行到县审计局开展调研工作，县委副书记、县长杨力参加调研。

28日至12月2日　县人大常委会组织各乡镇人大主席及县人大常委会办公室工作人员，到10个乡镇开展乡镇人大工作现场观摩会暨人大代表集中视察活动。县委常委、人大常委会主任王芳，县人大常委会副主任小普琼参加活动，县人大常委会副主任旺青罗布参加座谈会。

30日至12月2日　市县政协工作座谈会召开，市政协主席谢英出席会议并讲话，市政协副主席央宗主持会议并作总结讲话，市政协副主席、县委书记旦增拉姆，市政协副主席朱正辉，副主席候选人杜元文出席会议。

12月

1—2日　林芝市在波密县开展巩固拓展脱贫攻坚成果同乡村振兴有效衔接工作考核评估。

5日　市旅游发展局党组书记、副局长旦增桑珠到古村宣讲中共二十大精神，古村驻村工作队及党员群众50余人参会。

同日　波密县新任职干部集体谈话会召开，县委副书记陈云主持会议，市政协副主席、县委书记旦增拉姆出席会议并讲话。县委常委、纪委书记、监委主任唐森洪，县委常委、组织部部长、党校校长刘志强参加会议。

同日　县委副书记、县长杨力带队查看县城供水管网改造项目，完善扎木村、桑登村、巴琼村供水管网改造方案。副县长姜耀一同调研。

6日　市人大常委会副主任肖鹤一行到古乡宣讲中共二十大精神。古乡乡直各单位、部门及各村共计40余名干部参加活动。

9日　县稳经济“一揽子”措施协调推进会召开，听取相关单位工作汇报，研究分析存在问题，安排部署相关工作。县委副书记、县长杨力主持，副县长姜耀出席。

同日　县住建局、县发改委、县自然资源局、县市场监督管理局等单位及县委团委、县行政便民服务局组建专班，联合受理小微企业、个体工商户房屋租金补贴，受理申请136份，符合条件17份。

11日　国家第三方衔接推进乡村振兴补助资金绩效考核评价工作组到波密县检查指导工作。自治区乡村振兴局副局长江华，市政府副市长刘春祥，市政协副主席、县委书记旦增拉姆，市乡村振兴局局长王斌，县委常委、副县长王勇参加检查。

12日　县委副书记、县长杨力到波密县行政审批和便民服务局调研指导工作。

同日　波密县完成八盖乡国家电网入户线路改造项目，实现3个村261户家庭通电，受益1323人。

12—13日　市委书记赦刘全到波密县玉普乡、多吉乡调研，宣讲中共二十大精神。市委常委、秘书长梅家奎，市政协副主席、县委书记旦增拉姆参加调研。

13日　县委常务副书记、常务副县长、广州援藏工作组组长李明到古乡巴卡村、雪瓦卡村进行“四对一”帮扶慰问。古乡党委书记雍伟参加慰问。

同日　县委副书记、县长

杨力到信访局调研督导信访工作，听取信访工作情况汇报，分析研判信访相关事项，提出工作要求。

14 日　自治区政府副主席罗梅到玉许乡卫生院调研指导基层医疗卫生工作。市政府副市长玉珍，市政协副主席、市卫生健康委党组书记边巴卓玛，县委常委、常务副县长白玛旺扎参加调研。

同日　自治区商务厅党组成员、副厅长尼玛顿珠，市商务局党组成员、二级调研员普琼一行到波密县检查指导全国电子商务进农村及波密县县域商业体系建设情况。县委常委、常务副县长李明参加检查。

16 日　2020—2022 年乡村振兴中央财政衔接资金绩效考核工作波密县反馈会召开。县委副书记、县长杨力主持会议，自治区乡村振兴局副局长江华，市政府副市长刘春祥，市政协副主席、县委书记旦增拉姆，市乡村振兴局局长王斌，县委常委、副县长王勇出席会议。

17 日　国家信访局援藏干部、自治区信访局副局长宋良到波密县信访局开展调研工作。

20 日　县政协主席尼玛扎西、县政府副县长次仁塔杰一行到玉许乡海定村视察煨桑点整治整改落实情况。

20—23 日　波密县配合完成自治区审计厅对县部分扶贫产业项目政策落实情况审计工作。县委常委、常务副县长白玛旺扎参加审议。

22 日　波密县干部民主推荐会召开。市政协副主席、县委书记旦增拉姆主持。市教体局党组成员、副局长小拥，市农业农村局政工人事科科长狄涛，市委组织部干部管永强，工布江达县纪委监委信息中心主任曹学州出席会议。县领导杨力等参加会议。

同日　波密县涉粮整改推进会召开。市政协副主席、县委书记旦增拉姆主持，县委副书记、县长杨力，县委副书记陈云、县委常委、常务副县长白玛旺扎出席会议。

23 日　国家审计局到波密县松宗镇实地查看角达藏猪养殖场、粮油加工厂及羊肚菌种植基地建设情况，镇党委副书记、镇长克珠参加调研。

27 日　波密县组织参加自治区党委经济工作会议第一次、第二次全体会议电视电话会议。县领导旦增拉姆等参加会议。

同日　林芝市百佳基层党建示范点、波密县“红心党建”示范点揭牌仪式在易贡乡通加村举行。

30 日　县委副书记、县长杨力主持召开波密县 2022 年乡镇党委书记和县直行业系统党（工）委书记抓基层党建工作述职评议会。市政协副主席、波密县委书记旦增拉姆出席并点评讲话，市直机关工委副书记孔令奇出席并点评讲话，县领导陈云、洛桑加措、唐森洪、刘志强、旦增顿珠、王斌参加会议。

31 日　市政协副主席、县委书记旦增拉姆出席县委宣传部党支部开展的“携手同行迎元旦 凝心聚力谱新篇”主题党日活动，县委常委、组织部部长、党校校长刘志强，县委常委、宣传部部长旦增顿珠一同参加。

县情概览

建置区划

【位置境域】 波密，藏语称“博窝”，意为“祖先”，是西藏第一代藏王——聂赤赞普的出生地，故称“藏王故里”。波密县位于西藏自治区东南部，林芝市东北部。地理坐标介于北纬29°21′~30°40′，东经94°00′~96°30′。县城距拉萨市636千米，距林芝市区234千米。处于念青唐古拉山与喜马拉雅山交界处，东邻昌都市八宿县，南连林芝市察隅县、墨脱县、巴宜区，西接那曲市嘉黎县、林芝市工布江达县，北靠昌都市洛隆、边坝县。县政府驻地位于帕隆藏布河北岸的扎木镇。

全县总面积16763.09平方千米，其中扎木镇995.78平方千米、倾多镇1881.34平方千米、松宗镇826.72平方千米、古乡890.85平方千米、玉许乡2391.71平方千米、八盖乡2060.27平方千米、多吉乡1223.64平方千米、康玉乡1646.59平方千米、玉普乡2075.18平方千米、易贡乡2771.01平方千米。

【建置沿革】 波密县是一个以藏族为主，汉族、门巴族、珞巴族等多个民族共同居住的地区，有“绿海明珠”“冰川之乡”的美誉。

林芝云星遗址、居木遗址的发现证明，早在四五千年前的新石器时期，林芝地区就有人类活动，是藏族等民族的发祥地之一。在波密森林地区出现的被称为“森林人”的氏族部落，生活在森林里，以饲养野猪和野鸡为生。氏族社会实行原始生产资料公有制，部落成员共同从事狩猎、捕鱼、种植粮食和饲养家畜等生产活动，共同生活。这一时期人们居住的房屋、耕种的土地以及耕种所用牲畜、放牧的牲畜和供放牧的草场，都为氏族部落内部所共有。

历史上，今波密县辖境各地方由当地世袭部落首领统治。公元前2世纪，出生于博窝地区的一个儿童流落到雅隆地区（今山南市），后被雅隆人推举为王，成为吐蕃第一代国王聂赤赞普。公元1世纪，吐蕃发生内乱，第7代赞普止贡被属臣所杀，两个儿子聂赤、夏赤分别逃亡到工布和博窝地区。其后代成为博窝地区的统治者。

9世纪中叶，吐蕃发生内乱，赞普朗达玛被杀，诸王储为争夺王位，互相征战，林芝地区分成若干小地方势力，波密由噶朗第巴统治。清代文献上称“波密土王”，管辖地区有博窝六区之称，委任6名第巴分别治理。13世纪中叶至17世纪，元朝在西藏设宣慰使司都元帅府地方军政机构，波密地区隶属宣慰使司都元帅府管辖。1651年后，清政府开始向波密地区的普隆宗、须莫宗、玉如宗、汤堆宗、穷多宗等地委派俗官总管，征收税赋和行使各种行政职权。

1909年，波密土王白玛次旺凭借险要的地理位置和山高林密的优势，经常在藏东杀人抢劫，危害地方安宁，并与驻扎在工布地区的清军发生冲突。清朝驻藏大臣联豫派左参赞罗长椅率军清剿波密，波密土王兵败白玛岗。1912年，波密土王势力重新恢复。1928年，西藏地方政府派兵清剿波密，波密地区归西藏地方政府管理。1932年起，西藏地方政府在博窝设立波堆宗、波密宗、曲宗，辖博窝地区“波河六区”［上博窝地区波堆河、亚龙河，即今倾多、也叶巴一带两区，易贡河流流域和东久（林芝县内）一带易贡、绒巴（指东久）两个地区，玉普、曲宗两个地方。其地设有曲木多宗、宿木宗、普龙宗、玉如宗、唐堆宗5个宗管理］。民国时期，中央政府设川边特别行政区，波密归其管辖。20世纪50年代初，中国人民解放军进入西藏时，波密曾是十八军的重要活动区域之一。

1951年3月，成立中共波密工委。11月，昌都地区解放委员会波密第二办事处成立，辖倾多、曲宗、易贡三宗。1955年2月，经党中央批准，撤销中共波密分工委；4月1日，成立中共扎木中心县委，领导波密三宗工作，隶属中共昌都分工委。

1956年，由昌都解放委员会转塔工基巧办事处管理。1959年8月，废除宗级区划，由原波堆（倾多）、曲宗、易贡三个宗合并建立波密县；10月，波密县人民政府成立，直属塔工专区，县政府驻地扎木。

1964年，林芝行政公署撤销，波密县划归昌都地区管辖。1969年9月，成立波密县革命委员会。

20世纪60年代中后期，西藏自治区进行“小三线”建设时，波密一度成为自治区后方基地和重点建设区，易贡有从拉萨迁来的自治区党校等自治区单位，在扎木建有扎木机械厂、电厂等。

1986年，恢复林芝行政公署，波密县重新划归林芝行政公署管辖。2月将昌都地区八宿县然乌区公所及所属然乌、康萨、雅则3个乡划归波密县。

【人口、民族】 全县辖乡镇10个，行政村84个，居委会1个，自然村182个。常住人口4.1万人。扎木镇农牧民户籍人口737户、2870人，城镇户籍人口2935户、6057人。倾多镇总人口1092户、4786人。松宗镇农牧民458户、2104人。古乡农牧民307户、1464人。玉许乡总户数1132户、6203人。八盖乡有261户、1323人。多吉乡总人口712户、3325人。康玉乡有376户、1841人。玉普乡有485户、1765人。易贡乡有411户、1598人。人口主要以藏族为主，另有汉族和回族、门巴族、珞巴族、土家族、满族、蒙古族、苗族、布依族、白族、土族、怒族、彝族等少数民族。

自然环境

【地形地貌】 波密县地处念青唐古拉山东段和喜马拉雅山东端，北高南低，高山连绵，中部为帕隆藏布河谷和易贡藏布河谷，支流数十条，流域面积4549.6平方千米。境内有卡青、木如草复、罪玛、日母、关星、洛腮、公汤、曲玛尔矿勒、杂接着等十大名山。波密县最高处海拔6648米，最低处海拔2001.4米，县政府驻地扎木镇海拔2720米。

【气候】 气温 2022年，波密县平均气温10.3℃，比历年平均气温偏高1.0℃。全年平均最高气温17.4℃，平均最低气温5.7℃，年内最高气温32.5℃，出现在8月12日，年内最低气温为-10.3℃，出现在2月13日。年平均气温呈上升趋势。

降水　2022年，波密县年总降水量为1005.8毫米，较历年平均值（877.3毫米）偏多14.6%。古乡、通麦镇、易贡乡一带降水量1025～1493毫米；波密县东北部降水较少，371～855毫米。从逐月降水距平百分率分析，1—3月降水偏少，4—10月偏多，11—12月降水偏少。

日照　2022年，波密县日照时数1406.6小时，与历年平均值相比偏少31.1小时，属正常。

无霜期　2022年，波密县3月19日终霜至10月21日初霜，无霜期共219天，与历年平均无霜期184天相比，增加35天。

雨季　2022年3月21日，波密县进入雨季，与历年平均在3月28日相比，提前7天。

自然资源

【土地资源】波密县林地面积6303.27平方千米，占波密县总面积的37.18%；非林地面积10650.73平方千米，占62.82%。森林覆盖率34.3%，林地绿化率36.97%。草原总面积3099.53平方千米，可利用草原面积2944.27平方千米。

【水资源】波密县水资源丰富，除降水和地下水外，主要河流年均径流量31.5亿立方米，其中可开发装机总容量77万千瓦，并且多分布于峡谷，水头高，水流急，落差大，已开发利用4100千瓦。波密县年平均径流深度1000毫米左右，最大2500毫米以上。每隔3000～4000米就有一条常年流水的沟溪。河流切割较深，构成高山峡谷地带，山峰海拔在4000米以上，谷地海拔多在3000米以下。河流的水源主要由雨水、冰雪融水和地下水三种补给形式组成，主要河流有帕隆藏布、易贡藏布、波堆藏布、亚龙藏布、曲宗藏布等，其中帕隆藏布为雅鲁藏布江下游北侧的一条大支流，是雅鲁藏布江五大支流之一。

【生物资源】波密县有野生动物80余种，其中被列为国家重点保护动物的有獐、梅花鹿、棕熊、金丝猴、豹、羚羊、小熊猫、水獭、黑颈鹤等20余种。

植物有400余种。其中高级食用菌松茸年产量80吨，50%加工出口日本。中草药材资源如天麻、虫草、贝母、知母、党参、茯苓、大黄，部分已开发利用。各种树木80余种，其中云杉、高山松、华山松、高山栎、柏树、杨树、桦树、樟树、椿树、乔松、铁杉、毛竹为常见的经济价值高的树种，原始森林中的云冷杉树龄多数在180年以上，树高70～80米，树胸径超过2米，一般单株蓄积量达30立方米以上。草地植物200余种，其中藜科、蔷薇科、豆科、龙胆科、菊科、乔本科、莎草科植物为草地主要植被，大部分为优质牧草。经济林木主要有核桃、花椒、苹果、沙棘、葡萄、水蜜桃、漆树、毛树、毛桃等，均有利于进行开发利用。

【旅游资源】波密县旅游资源丰富，有温泉、冰川、桃花林、原始森林和扎木中心县委红楼等自然和人文景观。著名的冰川有玉普乡的米堆冰川、格巴冰川、达巴冰川，松宗镇的朱西冰川，玉许乡的则普冰川和岭珠隆巴冰川，易贡乡的若果冰川、洺卡钦冰川等。著名湖泊有古乡的古乡湖、嘎朗湖，易贡乡的易贡湖等。2008年，波密县米堆冰川景区、嘎朗湖景区运营。米堆冰川位于波密县玉普乡，距县城103千米、318国道8千米，是西藏最重要的海洋性冰川。冰川主峰海拔6800米，雪线海拔4600米，常年雪光闪耀，景色迷人。冰川冰洁如玉，景色优美，形态各异。冰川下端是针阔叶混交林地，白雪终年不化，森林四季常青。由于冰面气温较暖，常年生活着冰蚯蚓、冰蚤和其他各类微生物。2005 年 10 月 23 日，米堆冰川被评为“中国最美六大冰川”之一。

极端天气气候事件及其影响

【高温及强降水】 2022 年 8 月，波密县月平均气温 19.6℃，突破有气象资料以来的历史同期极值（17℃）。4 月 4 日，波密县县城、松宗镇、多吉乡同根村、玉普乡、嘎隆拉山出现 40 ~ 49 毫米大雨，多吉乡毛江村出现 54 毫米暴雨。4 月 15 日，波密县县城、通麦镇、多吉乡同根村、玉许乡林琼村、索通比通、如纳村、坎戈出现 31 ~ 47 毫米大雨，古乡嘎朗出现 53 毫米暴雨。4 月 17 日，波密县县城、松宗镇、玉普乡、多吉乡同根村、毛江出现 32 ~ 42 毫米大雨，嘎隆拉出现 58 毫米暴雨，突破有历史资料以来日最大降水量极值。

【山洪、泥石流、塌方、积雪等次生灾害】 2022 年 4 月 17 日凌晨，波密县玉普乡宗坝村 3898 千米处突降暴雪，发生雪崩。8 月 19 日 3 时，受降雨影响，玉普乡 K3861 处发生泥石流，方量约 1700 立方米，长 150 米，宽 7.5 米，高 2 米，导致道路断通（距玉普乡 29 千米），受阻车辆 30 余辆，受阻人员 40 余人，无人员伤亡。

经济和社会发展

【概况】 2022 年，波密县地区生产总值完成 37.17 亿元，同比增长 2.53%。其中，第一产业增加值 3.14 亿元，同比增长 2.38%；第二产业增加值 14.4 亿元，同比增长 3.96%；第三产业增加值 19.63 亿元，同比增长 0.64%。第一、二、三产业增加值占全县生产总值的比重为 8 ∶ 39 ∶ 53。一般公共预算收入完成 1.58 亿元，同比增长 18.74%；一般公共预算支出完成 13.33 亿元，同比增长 18.6%。

【农业】 2022 年，波密县农林牧渔业增加值为 2.96 亿元，同比增长 4.02%，农林牧渔业总产值完成 3.43 亿元，同比增长 4.02%。其中，农业产值 2.09 亿元，同比增长 4.78%；林业产值约 1000 万元，同比增长 24.12%；牧业产值 1.14 亿元，同比增长 1.96%；渔业产值 14.4 万元，同比下降 78.05%；农林牧渔服务业产值 880 万元，同比增长 0.69%。全年农作物播种面积 5986.45 公顷，同比增长 3.78%。其中，粮食作物播种面积 5157.44 公顷，同比增长 4.62%；油料种植面积 440.76 公顷，同比下降 9.87%；蔬菜及食用菌种植面积 305.75 公顷，同比增长 0.95%。全年粮食总产量 2.41 万吨，同比增长 2.29%，其中，青稞产量 7992.39 吨，同比下降 19.14%；小麦产量 1.47 万吨，同比增长 17.03%；油料产量 879.87 吨，同比下降 23.28%。蔬菜及食用菌产量 4210.04 吨，同比下降 7.85%。

【工业】 2022 年，波密县工业增加值完成 5100 万元，同比下降 12.9%。其中，规模以上工业增加值完成 526 万元，同比下降 34.3%。原有规模以上工业企业 1 家，年度培养规模以上工业企业 1 家。全年发电量 7232 万千瓦时，同比增长 2.32%。

【固定资产投资】 2022 年，波密县 500 万元以上固定资产投资完成 20.04 亿元，同比增长 80.9%；500 万元以上施工项目 91 个。国家投资完成 15.01 亿元，同比增长 116.78%；民间投资完成 5.02 亿元，同比增长

21.01%。投资规模500万～5000万元项目完成6.93亿元，5000万元以上项目完成13.11亿元。

【交通运输和邮政通信】2022年，波密县公路通车里程1093千米（其中国道234千米、省道285千米、农村公路574千米），全年完成旅客发送量6.18万人次。邮政业务总量完成329万元，比2021年增长7.16%。全年固定电话用户9951户，移动电话用户2.99万户，互联网宽带接入用户1.35万户。

【国内贸易】2022年，波密县社会消费品零售总额3.51亿元，同比下降6.71%。按销售单位所在地分，城镇消费品零售额2.53亿元，同比下降6.72%；乡村消费品零售额9851万元，同比下降6.71%。按消费形态分，商品零售2.27亿元，同比下降6.72%；餐饮收入1.24亿元，同比下降6.71%。

【旅游】2022年，波密县接待游客127.95万人次，旅游相关收入7.62亿元，同比分别下降27.30%、37.38%。全县有家庭旅馆268家，拥有客房数1732间，有床位3671张。全县对外营运景区2家，米堆景区共接待游客5.35万人次，其中购票4.99万人次，门票收入228万元，观光车收入176万元。岗云杉林景区共接待游客6654人次，其中购票5255张，门票收入32.36万元。

【金融】2022年，波密县金融机构存贷款余额59.66亿元，同比增长50.64%。其中，存款余额33.04亿元，同比增长66.87%；贷款余额26.62亿元，同比增长34.42%。

【教育和科技】2022年，波密县有初级中学1所，招生420人，在校人数1278人，毕业生417人；有普通小学11所，招生610人，在校学生3257人，毕业生435人；有幼儿园31所（县直2所，附设9所，村级幼儿园20所），在园幼儿1388人。学前三年毛入学率90.83%，学前教育普惠率为100%。义务教育阶段，小学净入学率100%、初中毛入学率101.94%。义务教育巩固率97.1%。义务教育阶段学校学生免杂费覆盖率100%，免除教科书覆盖率100%，农村义务教育阶段学校学生全部享受免费教科书。

【文化、体育和卫生】2022年，波密县有文化馆11个、公共图书馆1个、表演团体86个。公共图书馆总藏量4.7万册，全年新购图书600册，订购杂志12种，接待读者2600余人次，图书外借580余人次。全县有电视转播发射台1个，广播电视农村直播卫星村村通实现全覆盖，广播综合覆盖率（10个乡镇）100%。全县有线数字电视用户286户。村级（社区）农家书屋实现85个行政村居全覆盖。全县有小型田径操场11处、标准篮球场3处、标准田径运动场2处、五人制足球场9处、全民健身活动广场2处、全民健身步道1处，全民健身路径工程覆盖85个行政村居。

2022年，有卫生机构3个，其中公立医院2个、民营医院1个；有基层医疗机构111个，其中乡镇卫生院11个、村卫生室84个、诊所12个、卫生所4个；有专业公共卫生机构1个，即县疾病预防控制中心。全县实有医院病床277张，有卫生技术人员240人，其中执业（助理）医师102人、注册护士24人、药师（士）9人、技师5人。

【城乡居民可支配收入和就业】2022年，波密县城镇居民人均可支配收入4.34万元，同比增长5.05%；农村居民人均可支配收入2.52万元，同比增长5.8%。

全县实现城镇新增就业520

人，失业人员再就业85人，困难人员再就业80人。年末城镇登记失业人员29人，城镇登记失业率2.3%。

【医疗保障】 2022年，波密县城乡居民基本医疗保险参保人数2.74万人，缴费人数2.66万人，参保完成率97.06%。完成城乡居民基本医疗保险统筹基金待遇支付2.18万人次、2663万元；大病保险待遇支付1513人次、285万元；医疗救助待遇支付1749人次、129万元。城镇职工医疗保险各项待遇支付5.30万人次、1583万元。

全县提供住宿的民政服务机构2个，提供住宿的救助住宿床位205个，城市居民最低生活保障人数22户53人（扎木社区），农村居民最低生活保障人数79户193人。

【环境保护】 2022年，波密县环境保护系统机构1个，实有工作人员12人，其中局机关7人，环境监测站监测员5人；设立监察机构1个，监察人员3人。全县中心城市空气质量优良天数比率为100%。城市（县城）污水收集率94.05%，生活垃圾无害化处理率100%。全县森林覆盖率34.3%。

中国共产党波密县委员会

重要会议

【中共波密县委十届三次全会】2022年12月4日，中国共产党波密县十届委员会第三次全体会议召开，市政协副主席、县委书记旦增拉姆出席会议并讲话。会议听取《在中国共产党波密县第十届委员会第三次全体会议上的报告》，审议通过《中共波密县委员会关于深入贯彻党的二十大精神全面建设社会主义现代化新波密的实施方案》，确定波密县社会主义现代化新的目标任务。县委委员26人、候补委员4人出席会议，非县委委员、候补委员的县级领导干部和相关负责人员列席会议。

【县委经济工作会议】2022年1月18日，中共波密县委经济工作会议召开，市政协副主席、县委书记旦增拉姆出席会议并讲话。会议总结2021年工作，部署2022年经济工作。县领导陈云、王芳、刘志强等出席。县委副书记、县长杨力主持。

（波密县委）

1月18日，2022年县委经济工作会议召开

【十届县委第16次常委会（扩大）会议】2022年1月5日召开，市政协副主席、县委书记旦增拉姆主持会议。会议传达《关于近期全区各级党委（党组）学习贯彻党中央和自治区党委有关会议精神情况的通报》《关于四起违反中央八项规定精神典型案例的通报》《关于三起形式主义、官僚主义典型问题的通报》，听取波密县2021年度党风廉政建设、群团组织及县人大常委会、县政协、县人民法院、县人民检察院党组工作情况汇报，研究中共波密县第十届委员会第二次全体会议事宜和《关于提请审议波密县自治区出席党的二十大代表推荐人选的请示》，安排部署相关工作。

【十届县委第17次常委会（扩大）会议】 2022年1月17日召开，市政协副主席、县委书记旦增拉姆主持会议。会议传达学习习近平总书记对做好“三农”工作作出的重要指示精神和中央农村工作会议精神、习近平总书记关于加强党内法规制度建设的重要指示精神和全国党内法规工作会议精神、习近平总书记对全国老干部工作作出的重要指示精神和林芝市两会精神，听取县委常委会班子及成员履行党风廉政建设主体责任情况汇报，审议《中共波密县委员会2022年进一步改进作风狠抓落实工作实施方案（审议稿）》，研究县政府党组提交事宜、县委常委班子民主生活会和县两会相关事项。

【十届县委第18次常委会（扩大）会议】 2022年1月24日召开，市政协副主席、县委书记旦增拉姆主持会议。会议传达学习习近平总书记在中共中央政治局第三十四次、三十五次集体学习会议，十九届中央纪委六次全会、中共中央政治局党史学习教育专题民主生活会上的重要讲话精神，传达学习习近平总书记致厦门经济特区建设40周年的重要贺信精神、给中国国家话剧院艺术家的重要回信精神，传达习近平总书记对党史学习教育作出的重要指示精神和党史学习教育总结会议精神、中共中央政治局党史学习教育专题民主生活会精神和中共中央政治局常务委员会会议精神，传达《关于加强和改进新时代市县政协工作的意见》《关于加强新时代网上信访工作的意见》和自治区党委书记王君正在自治区党委常委会（扩大）会议上的讲话精神，审议《波密县2022年度改革开放工作计划》《波密县改革开放总体方案（2022—2026年）》《波密县建设改革开放先行区领导小组》《波密县进一步改进作风狠抓落实工作领导小组》《关于调整充实波密县维护国家安全和社会稳定工作指挥部及其各组（室）和县级领导分包乡镇维稳工作组成人员、职责任务的通知（审议稿）》，研究县政府党组和县委组织部提交的事项。

【十届县委第19次常委会会议】 2022年1月30日召开，市政协副主席、县委书记旦增拉姆主持会议。会议研究县委组织部提交的《关于审议波密县2021年度从优秀村（居）党组织书记中招录（聘）公务员（事业编制人员）推荐人选的请示》。

【十届县委第20次常委会（扩大）会议】 2022年2月28日召开，市政协副主席、县委书记旦增拉姆主持会议。会议传达学习习近平总书记在中共中央政治局第三十六次集体学习会上的重要讲话精神、习近平总书记对党的建设研究工作重要指示和全国组织部长会议精神，传达学习《中共中央办公厅 国务院办公厅印发〈关于构建更高水平的全民健身公共服务体系的意见〉的通知》和自治区党委书记王君正在自治区党委生态文明建设领导小组工作会议上的讲话精神，传达《关于进一步改进作风狠抓落实工作1、2月份督查情况通报》，听取波密县2021年度生态环境保护工作及中央第二轮生态环境保护督察工作准备情况报告，安排部署重点工作。

【十届县委第21次常委会（扩大）会议】 2022年3月17日召开，市政协副主席、县委书记旦增拉姆主持会议。会议传达学习全国两会精神、习近平总书记系列重要讲话精神，会议传达学习《关于加强新时代廉洁文化建设的意见》《中共林芝市委员会办公室 林芝市人民政府办公室关于进一步做好全市森林防火等公共安全工作的通知》精神、十届自治区党委第10次、11次常委会会议精神，传达学习自治区党委书记王君正在自治区党委人才工作会议上的讲话精神，传达学习自治区党委书记王君正及自治区政府党组书记、主席严金海与交通运输部部长李小鹏座谈时的讲话精神，自治区党委书记王君正、市委书记严金海对林芝市墨脱县和巴宜区林芝镇达则村发生森林火情的批示精神，听取波密县森林防灭火工作情况汇报、波密县第十届纪律检查委员会第二次全体会议筹备情况汇报，研究《波密县纪委监委关于审定〈中国共产党波密县第十届纪律检查委员会第二次全体会议工作报告〉的请示》《波密县委组织部关于提请研究〈违规违纪发展党员专项整治工作中“带病入党”人员处理方案〉的请示》和县政府党组提交的事项，安排部署相关工作。

【十届县委第 22 次常委会会议】

2022 年 4 月 8 日召开，市政协副主席、县委书记旦增拉姆主持会议。会议传达学习 3 月 17 日、3 月 31 日中共中央政治局常务委员会会议精神、全国安全生产电视电话会议和全国发展改革环资工作会议精神，传达学习中央第四生态环境保护督察组督察西藏自治区动员会和自治区党委书记王君正，自治区政府党组书记、主席严金海就中央环保督察整改工作作出的批示精神，传达学习十届自治区党委常委会第 12 次、13 次会议精神，传达学习自治区党委书记王君正在各项专题会议和在自治区内调研时的讲话精神，听取波密县新冠疫情防控工作情况汇报、波密县高校毕业生就业创业工作情况汇报。审议《波密县委常委会 2022 年工作要点》《中共波密县委员会常务委员会工作规则》《中共波密县委员会关于加强县委常委会自身建设的意见》，研究《关于推荐林芝市新时代担当作为先进集体的请示》和县政府党组提交的事项。

【十届县委第 23 次常委会会议】

2022 年 4 月 22 日召开，市政协副主席、县委书记旦增拉姆主持会议。会议传达学习中共中央、国务院《信访工作条例》精神和学习贯彻《信访工作条例》座谈会精神，听取相关学习贯彻工作安排，传达学习自治区党委书记王君正在各项会议和在自治区内调研时的讲话精神及关于林芝市工作的指示精神，传达学习《中国共产党重大事项请示报告条例》《中共西藏自治区委员会重大事项请示报告实施办法》精神和自治区党委领导在《中共林芝市委员会 林芝市人民政府关于发布〈林芝市应对疫情工作领导小组办公室关于紧急寻找次密接人员的通告〉的情况报告》上的批示精神，研究干部退休相关事项。

【十届县委第 24 次常委会会议】

2022 年 5 月 5 日召开，市政协副主席、县委书记旦增拉姆主持会议。会议传达学习中共中央政治局第三十八次集体学习会议精神和习近平总书记、国务院总理李克强对湖南长沙居民自建房倒塌事故作出的重要指示批示精神，传达《乡村建设行动实施方案》《2021 年度全区巩固拓展脱贫攻坚成果同乡村振兴有效衔接考核情况通报》《林芝市乡村振兴局工作提醒》《农村乱占耕地建房专项整治试点工作方案》《整治形式主义为基层减负工作情况反映》（2022 第 6 期）、《关于更加有效发挥统计监督职能作用的意见》《关于三起严重损害营商环境典型案例的通报》等文件精神，审议《波密县人民代表大会常务委员会 2022 年工作要点（送审稿）》《中共政协波密县委员会党组 2022 年工作要点（送审稿）》，研究县政府党组提交的事项和干部人事相关事项。

【十届县委第 25 次常委会会议】

2022 年 5 月 17 日召开，市政协副主席、县委书记旦增拉姆主持会议。会议传达学习习近平总书记在庆祝中国共青团成立 100 周年大会上的重要讲话精神、传达学习自治区庆祝“五一”国际劳动节暨表彰大会精神、自治区党委书记王君正在空港新区检查督办中央生态环境保护督察通报典型案例整改工作时的讲话精神，传达学习《关于进一步推进受贿行贿一起查的意见》《关于进一步加强家庭家教家风建设的实施意见》《关于加强新时代廉洁文化建设的意见》《中共西藏自治区委员会关于加强对“一把手”和领导班子监督的实施意见》等文件精神，传达违纪违法案件的通报及《林芝市关于九起党员干部、公职人员酒驾典型案例的通报》，听取县生态环境保护督察整改工作情况和党风廉政建设工作开展情况，审议《中共波密县纪律检查委员会常务委员会工作规则》，研究县政府党组提交的事项和干部调动及干部处理事项，安排部署相关工作。

【十届县委第26次常委会会议】

2022年6月24日召开，县委副书记、县长杨力主持会议。会议传达学习习近平总书记在十九届中共中央政治局第四十次集体学习会、四川考察时的重要讲话精神，传达学习《中国共产党政治协商工作条例》《关于加强和改进新时代全民国防教育工作的意见》《关于推进以县城为重要载体的城镇化建设的意见》《领导干部配偶、子女及其配偶经商办企业管理规定》《党委信息办理工作规定》《关于加强新时代离退休干部党的建设工作的意见》精神，传达学习自治区党委书记王君正听取阿里地委、行署汇报和在中科院青藏高原研究所拉萨部、自治区人力资源和社会保障厅、国资委等调研时的讲话精神，传达学习十届自治区党委常委会第16次、17次、18次会议精神。传达学习全区干部驻村工作会议精神和自治区党委书记王君正在5月27日自治区党委理论学习中心组学习的讲话精神，传达学习《庄严、肖友才同志在西藏自治区着力创建国家生态文明高地专项组2022年第一季度调度会议上的讲话》精神和《林芝市档案局关于转发深入学习贯彻习近平总书记重要批示精神专题研讨班辅导报告的通知》精神，传达学习自治区和市纪检监察机关2022年上半年过渡期专项监督例会精神，传达自治区党委作风办《关于实地暗访督查工作情况的通报》，研究团县委《关于提请研究2021年度“波密青年五四奖章”“波密县向上向善好青年”等先进典型表彰工作的请示》、县政府党组提交的事项和干部人事事项。

【十届县委第27次常委会会议】

2022年7月6日召开，市政协副主席、县委书记旦增拉姆主持会议。会议传达学习习近平总书记在中共中央政治局第39次集体学习时的重要讲话精神、习近平总书记在湖北武汉考察时的重要讲话精神、中国共产党西藏自治区代表大会及自治区党委书记王君正在代表大会上的讲话精神、自治区党委理论学习中心组2022年第4次学习会精神，传达自治区党委书记王君正在听取拉萨市工作汇报、会见自治区获全国公安系统英雄模范立功集体代表的讲话及对自治区开展“三个意识”群众性宣传教育活动的批示精神，研究县政府党组提交的事项和县委组织部提交的事项。

【十届县委第28次常委会会议】

2022年8月27日召开，市政协副主席、县委书记旦增拉姆主持会议。会议研究干部处理事项。

【十届县委第29次常委会会议】

2022年9月16日召开，市政协副主席、县委书记旦增拉姆主持会议。会议传达学习《中共中央办公厅 国务院办公厅印发〈关于建立健全领导干部自然资源资产离任审计评价指标体系的意见〉的通知》《中共西藏自治区委员会办公厅 西藏自治区人民政府办公厅印发〈关于加强新形势下重大决策社会稳定风险评估机制建设的实施意见〉的通知》，传达学习第十三届全国人大常委会委员长、党组书记栗战书在西藏调研青藏高原生态保护立法时的讲话，国家副主席韩正在西藏调研时的讲话精神，以及自治区党委书记王君正在林芝和西藏大学调研时的讲话精神，传达学习十届自治区党委常委会第19次至22次会议精神，听取波密县推进“四个创建”“四个走在前列”工作情况汇报、波密县2022年衔接推进乡村振兴补助资金项目建设和资金支出进度情况汇报、波密县2022年1—8月经济运行暨重点项目推进情况汇报、县委常委会班子成员履行全面从严治党主体责任情况及县人大常委会、县政府、县政协、县人民法院、县人民检察院党组2022年上半年工作及履行全面从严治党主体责任情况汇报，研究县人大常委会党组、县政府党组、县委组织部提交的事项。

【十届县委第30次常委会会议】 2022年10月17日召开，市政协副主席、县委书记旦增拉姆主持会议。会议传达学习《习近平总书记在中国共产党第二十次全国代表大会上的报告》精神、国务院总理李克强关于森林草原防灭火工作重要批示精神，学习全国、自治区、林芝市秋冬季森林草原防灭火电视电话会议精神，研究县政府党组、县委组织部提交的事项，安排部署相关工作。

【十届县委第31次常委会（扩大）会议】 2022年10月28日召开，市政协副主席、县委书记旦增拉姆主持会议。会议传达学习习近平总书记在参加中共二十大广西代表团讨论时、在中国共产党第二十次全国代表大会闭幕会、中国共产党第二十届中央政治局常委同中外媒体见面会上的重要讲话精神，传达学习《中国共产党第二十次全国代表大会关于十九届中央委员会报告的决议》《中国共产党第二十次全国代表大会关于〈中国共产党章程（修正案）〉的决议》《中国共产党第二十次全国代表大会关于第十九届中央纪律检查委员会工作报告的决议》《中国共产党第二十届中央委员会第一次全体会议公报》，以及自治区党委书记王君正10月17—19日在中共二十大西藏代表团全体会议和在自治区领导干部大会上的讲话精神，研究县委组织部提交的事项，安排部署中共二十大精神学习宣传贯彻工作。

【十届县委第32次常委会会议】 2022年11月22日召开，市政协副主席、县委书记旦增拉姆主持会议。会议传达学习中共中央政治局常务委员会会议精神及习近平总书记对做好当前疫情防控工作的重要批示精神和自治区党委书记王君正的批示精神、《中共中央办公厅 国务院办公厅印发〈关于全面加强新形势下森林草原防灭火工作的意见〉的通知》《中共中央 国务院关于印发〈全国国土空间规划纲要（2021—2035年）〉的通知》《中共西藏自治区委员会关于认真学习宣传贯彻党的二十大精神的通知》《西藏自治区学习宣传党的二十大精神总体方案》《林芝市学习宣传党的二十大精神总体方案》《西藏自治区平安建设条例》精神，传达学习中国共产党西藏自治区第十届委员会第三次全体会议精神、自治区党委书记王君正在自治区党委理论学习中心组专题读书班、会见自治区工商联（总商会）第七次代表大会与会代表、与自治区党委党校（行政学院）教师座谈时的讲话精神，传达《中共西藏自治区委员会办公厅关于拉萨市委办公室、城关区委迟报漏报紧急信息情况的通报》，审议《新时代文明实践中心与融媒体中心融合发展实施方案（审议稿）》，研究《波密县乡村振兴局关于审议监测对象及其帮扶措施的请示》，研究波密县对市直单位评分事项、2022年度波密县国有企业年终综合考评事项，研究县政府党组、县委组织部提交的事项及干部处理事项。

【十届县委第33次常委会会议】
2022年12月3日召开，市政协副主席、县委书记旦增拉姆主持会议。会议传达学习习近平总书记对河南安阳市凯信达商贸有限公司火灾事故作出的重要指示精神，传达自治区党委书记王君正在全区党员领导干部学习贯彻中共二十大精神专题培训班上的讲话精神和在调研自治区复工复产情况等讲话精神、中国共产党林芝市第二届委员会第三次全体会议精神，传达《林芝市纪委关于三起违反中央八项规定精神典型案例的通报》，听取中国共产党波密县第十届委员会第三次全体会议筹备工作情况汇报，研究《县委常委会在县委十届三次全会上的工作报告》《中共波密县委员会关于深入贯彻落实党的二十大精神全面建设社会主义现代化新波密的实施方案（讨论稿）》，研究波密县党政班子副职及其他县级干部年度考核民主测评事项和干部调动事项。

【十届县委第34次常委会会议】
2022年12月16日召开，市政协副主席、县委书记旦增拉姆主持会议。会议传达学习习近平总书记在江泽民同志追悼大会上的悼词精神、12月6日中共中央政治局会议精神、十届自治区党委常委会第32次至35次会议精神和自治区党委书记王君正12月1日在自治区党委理论学习中心组学习会上的讲话精神，听取关于调整充实波密县土地整顿治理领导小组和波密县国土空间规划委员会的报告，研究县政府党组《关于提请审议波密县客运市场巡游出租车、城市公交车改革工作方案的请示》、波密县事业人员调动事项和县委组织部提交的事项。

【十届县委第35次常委会会议】
2022年12月29日召开，市政协副主席、县委书记旦增拉姆主持会议。会议传达学习《中共西藏自治区委员会办公厅 西藏自治区人民政府办公厅关于做好2023年元旦春节藏历新年期间有关工作的通知》和十届自治区党委常委会第36次会议精神，传达《维稳考核波密县存在问题通报》，听取波密县2022年国家安全、食品药品安全、审计工作情况汇报，研究《波密县维护国家安全和社会稳定工作指挥部情报信息奖励办法（试行）》《中共波密县委巡察工作规划（2022—2026）（试行）》，研究干部处理事项。

【机构领导】
市政协副主席、波密县委书记
　　旦增拉姆（藏族，女）
县委副书记、县长
　　杨　力
县委常务副书记
　　邹勇刚（援藏，7月离任）
县委常务副书记、常务副县长
　　李　明（援藏，7月任职）
县委副书记、常务副县长
　　钟泳薪（援藏，7月离任）
县委副书记、国安办主任
　　陈　云
县委副书记、驻村工作总领队
　　洛桑加措（藏族，6月任职）
县委常委、人大常委会主任
　　王　芳（女）
县委常委、人武部政治委员
　　何　勇
县委常委、政法委书记、公安局党委书记
　　徐家志（2月任职）
县委常委、常务副县长
　　白玛旺扎
县委常委、副县长
　　刘旭文（援藏，7月任职）
县委常委、纪委书记、监委主任
　　唐森洪
县委常委、副县长
　　王　勇
县委常委、组织部部长、党校校长
　　刘志强
县委常委、宣传部部长
　　旦增顿珠（6月任职）

（波密县委）

县委办工作

【概况】 2022年，县委办围绕全县发展大局和县委中心工作，发挥办公室参谋、协调、督查、服务等重要职能，做好会议服务保障，落实信息编发报送，跟进督查督办事项，服务驻村工作发展，完成各项工作任务。全年安排县委各类活动、会议50余项，报送日常信息1800余条，办理上级督查督办50件，确保县委工作高效运转。

【办文办会】 2022年，县委办完成县委全会、专题会、常委会（扩大）会议等重要文稿及文件的起草、送审、签发工作。全年收文1000余份，处理来文、撰写拟办意见900余份。统筹安排县委各类活动、会议50余项次，其中，县委重大会议、活动23项，县委书记专题会议、常委会会议19次，上级考察活动10余批次。拟定会议行程方案110份，编发领导短信通知1890余条，编发各乡镇及县直单位通知550余条。转办自治区、林芝市各类通知155次，传达领导批示精神30次，转交乡镇报告说明60次。同时，加强与各乡镇、部门办公室的沟通协调，协助办理会议20余场次，修改文稿50余篇。组织撰写县委、县政府重要报告、会议讲话、汇报材料等综合文稿，起草完成县委十届二次全会报告、县委经济工作会议讲话等材料120余篇，约100万字。

【信息编报】 2022年，县委办开展党建信息调研、业务培训和分析研判，落实任务部署、日常管理和激励督促，实现信息采集、价值运用、作用发挥，向市委办公室和市政府办公室报送日常信息1800余条，综合信息210余条，约稿信息30余条，被自治区、林芝市采用230余条。同时，加强应急信息预警，收集、研判、呈报重大突发公共事件和敏感事件，跟进事件处置进展，收集报送应急信息30余条，为市委提供信息支撑。加强网络舆情管理，回应群众诉求。

【督查督办】 2022年，县委办实行“工作提醒”制度，紧盯市委及县委会议、决策、工作部署和主要领导批办件、调研督查安排事项，开展督查督办，全年办理上级党委批办件50件，跟踪督办县委常委会安排事项46件。通过随机抽查、专项督查、实地督查等方式，对全县重大项目、疫情防控、社会稳定、产业发展、信访工作等进行跟踪问效，确保工作落地生根。统筹规范督查考核，开展专项督查30次，印发各类督办通知11件。做好基层减负工作，明确县级层面发文、会议、督查检查考核等方面硬性指标，纳入发文统计范围文件15件，占全年计划的17.24%，会议11场次，占全年计划的64.7%。

【档案工作】 2022年，县档案馆制订计划、落实措施、明确责任，确保进馆档案的整理和移交工作有序进行，采取口头答复、电话咨询、现场指导等形式开展档案业务指导。把档案法治宣传与工作实际相结合，利用“八五”普法、“6·9”国际档案日，通过悬挂横幅、设置展板等方式宣传《中华人民共和国档案法》等相关法律法规，发放宣传资料400余份，接受咨询43人次，对全县各单位进行档案行政执法检查2次，提高全社会的档案法治意识。

【保密工作】 2022年，县委保密办按照《中华人民共和国保守国家秘密法》以及党中央、自治区党委和市委相关文件精神要求，结合各类主题宣传教育日，开展保密法及相关宣传活动2次，发放宣传手册400余份，参与群众600余人。组织保密培训2次，实现波密县保密教育培训全覆盖。开展保密检查3次，覆盖10

个乡镇和46个县直（中直、自治区直、市直）单位，增强保密防线。组织保密工作会议2次，统筹安排保密工作，通报保密专项检查结果。

【地方志工作】2022年，县委办方志办推动年鉴和县志工作开展，完成《波密年鉴（2021卷）》出版。3月，启动《波密年鉴（2022卷）》编纂工作，调整部分类目分目，修改完善年鉴篇目。《波密县志（2006—2015）》通过自治区验收。

【驻村管理】2022年，县委办同时推进驻村工作与业务工作，全年召开专题会议4次，研究安排部署驻村工作，开展到村调研、宣讲政策等活动5次。主要负责人多次到驻村点听取工作汇报，掌握工作进展，帮助工作队理清思路、解决困难，为栋亚村谋划天麻种植工作。年内，县委办开展驻村工作队慰问活动4次，送去价值3500余元的慰问物品，安装打印机1台，改善驻村工作队工作条件。

【机构领导】

副主任

刘金明（5月任职）

赵选贺（11月离任）

次仁顿珠（藏族，7月离任）

次仁多吉（藏族）

屈晓炜

刘仁宗（11月任职）

（县委办公室）

组织工作

【概况】2022年，县委组织部紧扣林芝市“11364”发展思路、波密县“六区”建设部署，在加强党的领导、班子和干部队伍建设、人才队伍建设、基层组织建设、老干部服务管理、组织部门自身建设等方面发力，推动波密县组织工作高质量发展。全年开展党的各类理论学习600余场次，培训县乡干部639人，干部谈心谈话350余人次。

【党建工作】2022年，全县各级党组织和广大党员坚持把学习习近平新时代中国特色社会主义思想作为首要政治任务，以迎接学习宣传中共二十大为主线，加强党史学习教育，落实“三会一课”、主题党日等基本制度，采取专题学习、专题研讨、主题宣讲等方式，加强理论学习，各级党组织开展理论学习600余场次，受训党员干部1.4万余人次。县、乡镇行政机关开展“支部大讲堂”46场次，农牧区及其他领域基层党组织开展主题党日活动1次，开展党组织书记“学习二十大精神·话变化颂党恩谋发展”主题活动20期，党员干部撰写学习心得650余篇。

着眼“两个覆盖”扩面提质，在干部驻村点、党员群众经营生产一线、虫草采集点和放牧点、县委党校主体培训班上建立临时党支部。全年建立乡镇干部驻村临时党支部10个，其他各类临时党支部50余个。整顿软弱涣散党组织，摸排软弱涣散基层党组织8个（村级5个、机关2个、寺管会1个），落实“四个一”整顿措施和“一支部一方案、一问题一对策”，制定整顿方案8个，查摆突出问题24项，制定整改措施48条，安排联村抓整顿县级领导5名。至年底，8个软弱涣散党组织通过各党（工）委、县委组织部验收。

开展“个十百千”基层党建品牌创建，做好基层党建工作。创建林芝市“百佳基层党建示范点”16个、县级“红心党建示范点”13个。打造民族团结进步基层党组织示范点12个、高原特色经济高质量发展基层党组织示范点8个、生态文明建设基层党组织示范点8个、军地共建基层党组织示范点6个，遴选申报自治区级“四个创建”基层党组织示范点5个。

推进“红色波密、红楼故

事、红心党建”品牌创建工作，挖掘红色历史，打造红色教育阵地，开展红色教育，策划红色活动，推进红色工程。采访十八军老战士、“老西藏”、“光荣在党50年”老党员、退休老干部、老教师等79人，录制采访音视频资料1300分钟，收集老照片300余张。挖掘反映波密县发展历史资料，整理波密各族群众红色故事。整理重要红色档案30余份。新冠疫情防控期间，开展“云采访”工作，视频采访十八军老战士2人、十八军后代2人。线上联系十八军老战士及后代2000余人，征集老照片2000余张，整理300余名人物故事。实施松宗红色展陈室“丰碑”项目、《毛主席的光辉》诞生地红歌广场项目、雪瓦卡党建茶旅文化广场项目、红墙简介牌安装等项目，完成波密通车纪念广场提档升级、扎木寺管会业务用房改造项目。接待红色教育基地参观访团169个、2500余人次。举办红色流动党课，选派红色宣讲员到机关企事业单位、学校、部队、农牧区讲授红色党课20余期，受众1000余人次。开展“流动的红色博物馆”活动，制作流动展板，送展至乡镇、学校、部队、社区，受众3000人次。推送“献礼二十大——老西藏讲述峥嵘岁月”“纪念章里的红色故事”“将军子女讲述英雄父母”系列红色短视频25期。整理《红楼故事系列丛书之媒体看波密》《红楼故事系列丛书之老西藏讲述峥嵘岁月》红色资料集。开展“烈士寻亲”活动，发布烈士寻亲视频33期，找到25名烈士亲属。开展“云祭奠”活动，通过视频连线，帮助10名烈士亲属完成祭奠心愿。播发“云祭奠”视频7期。筹建红色志愿先锋队，面向中小学生、团员青年、党政干部、农牧民群众等群体，招募志愿红色讲解员66人。开展红色讲解员培训，培训12人次。

【干部监督管理】 2022年，县委组织部完善补充科级干部政治素质档案500余份，将正反两方面情况、个人征信报告、“一人多证”清查等内容纳入档案管理，实施动态更新，加强政治监督。完善干部监督沟通制度，建立联查联办、快速查核机制和失实检举控告澄清工作机制。落实14名领导干部离任经济责任审计。制定《波密县寺庙管理委员会干部交流管理办法》，推进驻寺干部管理工作。24小时畅通“12380”监督举报电话，收集群众举报投诉和意见建议。全年开展干部谈心谈话350余人次，收集2030余名干部家庭信息情况，开发“波密县干部职工信息管理系统”，确保干部队伍信息管理的准确性。

【集体经济管理】 2022年，波密县各乡镇梳理各村级集体经济运维现状及收益情况，围绕波密县“2+3+1”高原生物产业发展思路，加强“支部+合作社+

5月8日，西藏自治区党委常委、自治区政府常务副主席肖友才（右二）到扎木中心县委红楼调研

农户”发展模式，中央财政申报2022年扶持壮大村级集体经济项目4个。成立督查组实地调研、综合评估2019—2022年12个中央财政扶持壮大村级集体经济项目的建设、资金使用、效益分配等情况，下发督查通报7份，召开波密县中央财政扶持壮大村级集体经济项目推进会1次，推动11个项目落地见效。盘点总结波密县2021年度村集体经济的运营情况、收益情况。至年底，85个村共有集体经济项目117个，2021年村级集体经济年经营性收入10万元以上的村16个。

【机构编制管理】 2022年，县委组织部印发《中共波密县委员会办公室 波密县人民政府办公室关于印发〈中共波密县八盖乡委员会 波密县八盖乡人民政府职责规定〉的通知》等10个乡镇职责规定，明确各乡镇、内设机构及事业单位职责。完成集中挂牌和乡镇机构改革落实情况调研。年内，新设立波密县文物保护与研究中心、波密县供销合作社、波密县招商服务中心等事业单位并调剂相应编制。组建波密县融媒体中心，调整森林公安机构编制，设立乡镇综治中心，调整招商引资行政职责。开展实名制数据库维护工作，完善实名制管理。审核编制使用情况，配合相关部门做好人员招录工作。开展2021年度事业单位法人年度报告工作，完成事业单位网上公示38家，完成率100%，完成事业单位注销1家。结合人员变动情况，调整波密县各类编制职数及实有人员汇总表，掌握人员动态情况。把好入口关，做到“凡进必核”，实行总量和结构双控，规范机构编制管理。

1月6日，林芝市政协副主席、波密县委书记旦增拉姆（左一）主持波密县乡镇内设机构和事业单位集中揭牌仪式

【公务员管理】 2022年，县委组织部分配新录用公务员（参公人员）13人，其中乡镇6人，县直单位7人。制定《波密县公务员平时考核工作实施方案》，以公务员平时考核和年终综合考评为重要参考，印发《关于开展波密县2022年度公务员考核工作的通知》。年内参加公务员考核920人，其中，优秀等次230人、称职等次653人、基本称职1人、不称职1人、不定等次35人。完成全县967名行政干部津贴补贴、基本工资调整。

【老干部工作】 2022年，县委组织部到成都市、拉萨市、林芝市召开离退休干部职工座谈会4次，征求老干部意见建议18条。为4个退休支部、3个联络点征订学习材料45份。新冠疫情防控期间通过微信群推送学习资料及时政热点40条、居家保健视频4条，组织离退休干部学习21次。投入资金1.35万元，为23名退休干部职工发放荣誉退休证及纪念品。开展“讴歌新时代·最美夕阳红”“大手牵小手·喜迎二十大”等活动10次，组建波密县“银龄”志愿服务队，开展志愿服务行动3次。投入资金

2.33万元，为“夕阳红”文艺演出队采购演出服装，开展文艺活动11次。加强对退休干部职工联系走访及慰问服务，制定印发《关于进一步做好全县离退休干部职工服务管理工作的通知》，完善各单位、各乡镇服务管理老干部工作机制，压实领导责任。做好离退休干部职工服务管理工作，县委老干部局发放慰问金及慰问品64.73万元，护理费44.3万元。投入40余万元，组织28名离退休干部到云南考察疗养。接待来访老干部169人，电话慰问、联系退休支部班子及联络点负责人50余次。

1月28日，林芝市政协副主席、波密县委书记旦增拉姆（左七）到玉普检查站慰问疫情防控一线工作人员

【队伍建设】2022年，波密县各级党组织通过组建专班、干部包片、分类推进等措施，调查核实党员4655人，排查认定违规违纪问题党员170人，查处“带病入党”8人，违规异地入党21人，违反入党程序141人，清退党员20人，补办党员档案1673人。10个乡镇打造标准化党员档案室，规范党员档案。

发挥基层党支部、第一书记、驻村工作队等作用，开展“支部书记大走访”活动。建立纪委、组织、统战等七部门协作配合机制，召开联席会议，开展明察暗访，加强党员队伍建设。各级党组织根据重要时间节点，开展重温入党誓词、慰问帮困、我为群众办实事、党旗在基层一线高高飘扬等活动。实施军地、路地和机关党组织与农牧区党组织结对共建活动，在新冠疫情防控工作中，印发《波密县疫情防控志愿者招募倡议书》《关于在疫情防控工作中发挥党组织战斗堡垒作用和党员干部先锋模范作用的紧急通知》文件，各级党组织建立党员志愿服务队、红色志愿服务队等122支，4000余名党员干部投入疫情监测、人员排查、防疫政策宣传、服务核酸应急演练等志愿服务，共计服务5.28万人次。

县委组织部统筹专业需求和班子结构，掌握优秀正科级、副科级干部，制订任用计划，确保各乡镇、县直部门领导班子“老中青”梯队结构合理。全年选任调整干部190人，其中，提任正科级领导职务9人，提任副科级领导职务29人，进一步使用6人，晋升职级92人，交流调整54人。向市委推荐22人，提拔晋升22人。通过干部轮训、调训、专题业务培训、挂职锻炼等多种形式，建立干部人才培养机制。组织波密县首届中青年班、红色宣讲员业务能力提升班、乡村振兴专题班、疫情防控应急队伍储备力量培训班等主体班次19个，培训县乡干部639人，对30名首届中青班学员中的26名学员进行提拔任用。选派190余名干部参加自治区、市组织的各类培训。选派26名干部到寺管会任职，配备8个寺管会领导班子和驻寺干部、民警。

启动新冠疫情防控专项人事工作，选拔任用45名疫情防控表现优秀干部，集中解决森林公安干警警务职级套改后首次晋升问题，在波密县范围储备“90”后正科级领导干部3人，优化班子整体结构。

提升干部队伍工作水平。借助“工布英才”“双百计划”，选派7名青年干部到广州跟岗学习。引进17名广州医疗人才，与波密县医疗技术人员建立“师带徒”帮扶帮带关系。安排副县长、乡镇党政正职3人，到深圳改革开放干部学院交流学习。13名专招生到市直单位，28名到县直单位跟班学习，1名副科级专招生到阿里地区跟岗锻炼。年内选任综合管理干部111人，项目管理干部61人，政法干部16人，审计财务干部4人。

选派村干部参加区、市两级示范培训班，组织608名村干部参加送教宣讲活动。选派52名村主干到自治区外轮训，组建“波密县优秀村级党组织书记讲师团”，开展示范宣讲活动，深入实施村主干国家通用语言培训两年攻坚行动和三年巩固提升工程，县委党校举办培训班3期，培训村主干141人，各乡镇定期开展测试、形成结对帮学对子250个，开办补习班320次。重点推行村（居）干部“一学一述一评”工作机制，形成“优者奖、庸者下、劣者汰”的考评导向。至年底，实现610名村干部述职述廉全覆盖，考核评定优秀村干部53人、称职509人、基本称职48人。为602名（不含7名下派干部和1名乡村振兴专干）村干部发放考核奖励资金697.36万元，激励村居干部做实事、重实绩、求实效。

【机构领导】

县委常委、组织部部长、党校校长

刘志强（2022年5月任职）

副部长（编办主任）

高　寒

副部长（老干部局局长）

泽央卓玛（女，藏族）

（杜　梅）

宣传工作

【概况】 2022年，县委宣传部落实全国、自治区、林芝市宣传思想工作会议精神，助推波密县长治久安和高质量发展。县委宣传部设综合办公室、文学艺术界联合会办公室、新时代文明实践中心办公室与波密县“扫黄打非”工作领导小组办公室。下辖2个事业单位，为县互联网信息评论中心、县广播电视台（县融媒体中心）。波密县宣传工作注重传统媒体与新媒体相结合，重点宣传报道波密县经济社会发展变化和自然风光，全年接待媒体20余家次，更新宣传横幅1000余条，开展文艺下乡活动30余场次。

【党的建设】 2022年，县委宣传部制定印发《中共波密县委理论学习中心组2022年度学习安排意见》和《波密县习近平新时代中国特色社会主义思想全民性宣传教育体系建设细化方案》，将习近平新时代中国特色社会主义思想、习近平总书记系列重要讲话和重要指示精神纳入理论学习中心组学习计划，通过集中学习、交流研讨、专题讲座、实地考察学习等形式，提高中心组成员学习成效。全年召开县委理论学习中心组学习会13次，800余人次参学。开展交流研讨9次，其中20名县级领导、20家单位进行交流研讨。进行理论测试10次，其中线上测试6次。理论学习中心组学习成员结合理论学习和自身分管领域的工作，到乡镇、村居开展调研，形成至少1篇调研报告或理论文章。利用“学习强国”学习平台使波密县党员干部形成良好学习氛围。至年底，全县学员1320名，每日人均学习积分不少于35分。

【意识形态工作】 2022年，县

委宣传部制订完善2022年意识形态工作计划，到乡镇、村居开展意识形态工作调研检查，挖掘特色亮点，总结经验做法，找准薄弱环节，提出工作意见建议。3月，召开波密县2022年宣传思想工作研讨会，研讨2022年意识形态工作推进情况，将意识形态工作融入林芝市“11364”发展思路和新时代波密“六区”建设。

【媒体宣传】 2022年，县委宣传部配合新华网西藏频道、央视新闻频道、人民网、《西藏日报》、西藏卫视等媒体，宣传波密自然风光、民俗文化、经济社会发展变化，接待媒体20余家次。波密县融媒体中心制作播出喜迎中共二十大系列报道、两会、党史学习教育、“三个意识”主题教育、乡村振兴、疫情防控、民生经济社会发展等各类新闻680条，林芝广播电视台播出波密新闻187条，西藏广播电视台播出波密新闻27条。推动融媒体中心和新时代文明实践中心融合发展，推出新媒体产品50余期，探索网络直播新领域，在“印象波密”抖音账号同步直播《高原零距离·忆往昔——波密红楼里的历史记忆》，高峰时观看人数7700人次。“印象波密”抖音账号关注量3.8万人，点赞量50.5万个。其中，微视频《疫苗接种你我他，守护家园靠大家（波密方言版）》《六一民族舞蹈节目》3000人次以上点赞。争取林芝市广播电视局设备与技术支持，投入宣传经费，组织文艺文化力量，策划拍摄微电影《见证者》。通过抖音直播宣传《波密红》舞台剧，展示波密新形象。围绕中共二十大召开和县委、县政府中心工作，制订新闻发布计划，开展“生态旅游产业情况”和“‘波密红’映新征程 ‖ 非凡十年”新闻发布会2场。更新户外广告牌、宣传标语、LED显示屏宣传内容。全年更新宣传横幅1000余条，更新318国道沿线户外广告牌180余处，更新宣传栏400余个。

2月18日，微电影《山谷里的枪声》开拍

【网络安全】 2022年，县委网信办关注网站、贴吧、网络社区、微博等互联网平台新闻信息和评论，关注实时热点新闻，做好疫情防控、旅游等与波密相关信息的管理工作，落实7×24小时值班带班制度。加强波密县政务网络管理。

【文化市场监管】 2022年，县委宣传部按照林芝市“扫黄打非”工作部署，开展“护苗”“清源·固本”“净网”“新风”“秋分”等专项行动，联合县文旅局、县公安局、县市场监督管理局等单位以集中整治、日常巡查、突击摸排等方式到歌舞娱乐场所、互联网服务营业场所、音像制品销售市场、旅游文化市场等开展联合执法检查，查处违禁违法出版物、歌曲等，净化文化市场。全年开展专项检查26次，出动执法人员180余人次。开展净化校园周边社会文化环境工作，在中小学寒暑假、法定节假日及春秋季开学前后，排查书店、报刊、音像店，全年检查书店、报刊摊点80家次，出动执法人员50余

12月15日，波密县新华书店开业

人次，收缴盗版书籍25册。结合“4·23”世界读书日、“世界版权活动周”等公益活动，开展“扫黄打非·护苗”绿书签系列活动，引导中小学生阅读健康书籍，发放绿色书签及各类宣传品200余份。加强歌舞娱乐场所监管工作，打击无证经营、接纳未成年人、播放不合规曲目和屏幕画面等违法违规经营行为，规范文化市场秩序，全年检查歌舞娱乐场所34家次。

【宣讲服务】 2022年，县委宣传部统筹各级各类宣讲员和志愿服务队，面向群众开展集中和上门、授课和“拉家常”、线上和线下等传播活动，围绕习近平新时代中国特色社会主义思想，推进理论宣讲工作。全年开展各类宣传宣讲活动2600余场次，受众12.4万余人次。在172名自治区级基层宣讲员基础上，充实、壮大宣讲人才库，形成以自治区基层宣讲员为主力，100余名各行各业党员干部为补充的宣讲人才队伍。

【精神文明建设】 2022年，县委宣传部依托新时代文明实践中心（所、站），围绕党的政策理论、中共二十大精神、红色文化传承、移风易俗、科技科普等主题主线，利用节庆节点，组织波密县新时代文明实践所10个、实践站85个和志愿服务队16支，开展系列宣传教育活动，开展文艺表演、农村电影巡回展播、“新旧西藏对比”及“感恩党的恩情”群众性演讲、“为民办实事 送图书下乡”、“践行雷锋精神 弘扬时代新风”、“4·23”世界读书日、“爱国卫生运动”、“情浓端午”等系列活动，以及“红马甲助力疫情防控”等志愿服务活动1200余场次，参与志愿者8.1万余人次。推进移风易俗工作，村规民约制定、文明村镇创建评选等活动，全年评选县级文明单位9个、文明村镇12个、文明家庭27户，联合县妇联评选表彰“最美母亲”10人，推荐自治区级先进新时代文明实践中心1个、先进所2个、先进站2个、先进个人2名，获评西藏自治区新时代文明实践示范

5月25日，波密县开展“我从基层来，用镜头向你讲述我的乡村故事”记者走基层活动

站1个、先进个人2名。建设农家书屋、寺庙书屋等基层宣传思想文化阵地，全年向各乡镇、村居农家书屋、寺庙书屋发放书籍1万余册，组织村干部、中小学生利用农家书屋开展阅读学习活动，全年开展阅读600余次，阅读人数8500余人次。做好文化文艺创作，创作《毛主席的光辉》《318上一抹红》《红楼风韵》等文艺作品。开展“文化进万家”活动，波密县新时代文明实践中心联合艺术团组织开展文艺下乡活动30余场次，参与群众7600余人次；动员群众开展文艺演出活动120余场次，参与群众8000余人次。配合市委宣传部文影科筹备大型电视文化节目《格桑花开》系列季播特别节目——《青稞飘香（第二季）》海选活动，向市委宣传部选拔推荐4名声乐选手和2个大型舞蹈节目。联合县委组织部、县文旅局拍摄“帕龙江畔共唱《毛主席的光辉》”快闪活动。在“印象波密”官方抖音平台和“网信波密”微信公众号开设“新时代文明实践每日快讯”“文明之花绽放新波密”“新时代文明实践大讲堂”专栏，全年推出相关信息、短视频50余期。

【网信工作】 2022年，县委网信办落实《党委（党组）网络意识形态工作责任制实施细则》，审议通过2022年工作要点，明确网信工作重点，在“网信波密”微信公众号开设“波密那些故事”“波密那些事儿”“波密微视频”“文明之花绽放新波密”等专栏，报道波密县经济社会发展情况。拍摄《民心医保 护航一生》等微视频，点击量3000余人次。全年“网信波密”微信公众号发布稿件3209篇，视频号发布视频813条，向政府新闻网报送稿件1066篇，采用761篇。微博发布600余条，在“珠峰云”平台上传稿件695篇。

【机构领导】

部长

旦增顿珠（藏族，7月任职）

常务副部长

巴　珍（女，藏族）

副部长

汤红丽（女）

唐小华

网评中心主任

左齐玉（女，藏族）

（付昭浩）

统一战线工作

【概况】 2022年，县委统战部（县民宗局）以《中国共产党统一战线工作条例》《宗教事务条例》《西藏自治区民族团结进步模范区创建条例》等为准绳，聚焦“四件大事”，聚力“四个创建”，巩固发展爱国统一战线、依法加强宗教事务管理，构建和谐的民族关系，为波密“六区”建设贡献统战力量。全年开展群众性活动20场次，参与人数1800余人。开展民族团结宣传教育活动，覆盖1.2万人次。2022年，各乡镇、医疗机构、寺庙管理机构等部门优化疫情防控方案和处置措施，严格落实“三个暂停”要求，对寺庙外来人员实行登记备案和体温检测制度，落实消毒和巡逻，确保教职人员及信教群众生命健康安全。

【党外人士统战工作】 2022年，县委统战部完善党外干部后备人才库，为全县203名党外干部、教师、医生建立党外知识分子信息库。加强党外代表人士培养教育，落实生活补助。波密县宗教界有自治区政协委员1名、市人大代表1名、市政协委员1名、县人大代表2名、县政协委员4名。加强人大常委会组成人员联系党外人大代表、政协常委联系党外政协委员制度，通过走访、座谈等形式，加强与党外代表人士的沟通联络，听取意见建议和履职过程中的困难问题并协调解决。

【服务市场主体】 2022年，县委统战部开展“改进作风狠抓落实”大调研活动，走访100余个市场主体，收集民营企业的难点堵点。协调相关部门解决幸福小区变压器检测费、居民及商户用电贵、车辆违规停放和商户招牌不稳固等问题。联合县直单位开展“情暖劳动者·喜庆过大年”普惠活动，参与商户72家。与相关部门联合开展“尊法守法·携手筑梦”服务农民工公益法律服务行动等，营造民族大团结的社会氛围。

【民族团结宣传教育】 2022年，县委统战部调动各级各部门力量开展民族团结宣传教育活动，开展“综治宣传月”、“综治宣传周”、“3·28”百万农奴解放纪念日、“民族团结宣传月”等活动，通过走村入户入寺、悬挂横幅、张贴标语口号、发放宣传手册等方式，宣传民族团结，参与人数近1.2万人次。围绕推进民族团结进步宣传“九进”活动，协调县直相关部门、离退休干部、各族各界代表人士，开展“民族团结月”集中宣传活动、“民族团结一家亲”座谈会、“民族团结在身边”讲述活动、“民族团结专题授课”、“庆丰收”、“情暖劳动者·喜庆过大年”等一系列群众性活动20场次，参与人数1800余人。波密县被评为自治区级民族团结进步示范县，县委红楼被评为自治区级民族团结教育基地，扎木社区被评为自治区级民族团结模范社区，波密县公安局治安大队被评为自治区级城市流动人口服务优秀窗口单位。

【宗教事务管理】 2022年，县委统战部落实新修订的《宗教事务条例》等法规，提升宗教事务管理工作法治化水平，开展系列宣传宣讲工作，开展学习宣传活动100余场次，受众5000余人次。建立健全党政领导包片联系寺庙、统战民族宗教干部联系寺庙、乡镇主要领导联系寺庙、寺管会干部联系僧人等10余项制度。各寺庙管理机构严格落实“一寺一策”工作职责，寺管干部严格落实“一对一”“一对多”联系制度，加深思想认同、情感认同，做好服务工作。

【队伍建设】 2022年，县委统战部加强化解风险隐患人员保障工作，做好新时期寺庙管理和宗教领域工作，调整8个寺庙管理机构干部，派驻骨干力量，配备寺庙管理机构干部、民警。

【机构领导】

常务副部长

万永刚

副部长、民宗局长

王作谦（7月离任）

于云波（7月任职）

副部长

赤　列（藏族）

（白玛占堆）

县委机关工委党建

【概况】 2022年，县直机关工委落实林芝市委“126”基层党建思路，以党的政治建设为统领，通过多种方式组织理论学习，丰富党建教育活动形式，深化理论武装。开展结对共建活动，以党建引领新冠疫情防控、乡村振兴等工作，推进基层党支部标准化规范化建设，夯实基层基础。全年开展政治理论学习200人次，组织集中学习交流400余次，完成机关党建各项工作任务。

【党的建设】 2022年，县直机关党支部围绕习近平新时代中国特色社会主义思想、新时代党的治藏方略等思想，开展政治理论学习200人次。采取党委（党组）中心组引领学、教育基地实践学、支部集中深入学、青年读书会交流学、搭建平台自主学等方式，学习中共十九届历次全会和中共二十大精神、习近平总书记关于西藏工作重要指示批示精神和关于作风建设的重要论述等内容，筑牢党员干部思想根基。用好“百名书记讲党课”“青年党员上讲台”等活动载体，开展读原著、学原文、悟原理系列读书活动，打造“书香机关”。各机关党组织集中学习交流400余次，讲党课60余场次。开展“学习正当时、喜迎二十大”主题党日活动，组织中共二十大报告专题研讨会405场次、教育培训15场次、专题党课13场次、主题实践活动34场次、政治教育40余场次。

【组织建设】 2022年，县直机关工委以问题为导向，推进标准化建设，树立“一切工作到支部”标杆导向，以“六个基本”为根本，明确组织设置、党员管理等要求，规范入党程序和组织生活。投入28.02万元，打造4个机关支部党员活动室。开展违规违纪发展党员专项整治回头看工作，发展党员69名。开展党员家庭大走访，实现全覆盖，与纪检、组织部门联合督查10余次。转化软弱涣散党组织，培树县人民法院党支部等3个林芝市百佳基层党建示范点，引导机关支部做好各项工作。

【结对共建】 2022年新冠疫情防控期间，波密县927名机关党员成立临时党支部15个，开展志愿服务360余场次。推进结对共建，督促指导62个机关党组织与村党支部、联系点党支部协同共建，各机关支部结对共建村调研帮扶42次，联合开展主题党日活动31次，发挥机关党支部优势。

【群团工作】 2022年，县直机关工委加大群团组织建设力度，以党建带群团，发挥群团组织党的后备军作用，开展人才队伍培训，组织群团人才参加考察、调研活动，为群团人才成长提供实践锻炼机会。协同相关单位，开展庆祝建团100周年、岗位建功、技能竞赛、巾帼建功等系列活动。动员和组织群团力量，参与化解人民内部矛盾、创建和谐社会等工作。

【队伍建设】 2022年，县直机关工委做好机关单位党员发展工作，严格按照“五个阶段二十五项步骤”要求，审核发展党员档案，严把发展党员政治审查关，召开工委委员会议2次，审批发展对象53人，接收预备党员21人，转正党员11人。开展全县发展党员情况摸底调查，全县入党申请人128人，入党积极分子257人，全部完成接收工作。深化发展对象集中培训，以精简课程设置、理论结合实际培训模式，提高理论素养，开展党性实践教育，参观县委红楼等红色教育基地，举行入党宣誓仪式，开展发展对象集中培训1次，49名发展对象参加培训。

【机构领导】

书记

吉美才邓（藏族）

副书记

次旺德巴（女，藏族）

张庆冲

赵庆伟（7月任职）

（次旺德巴）

党校工作

【概况】 2022年，县财政拨付专款100万元，作为年度党校培训经费，这是波密县首次将党校党员干部培训纳入县财政总体预算。县委党校（行政学校）共有学员宿舍2栋78间，食堂1间，教室2间，办公室3间。全年举办各类培训班32个，培训5300余人次。

【师资队伍建设】2022年，县委党校（行政学院）内设4个科室：校长办、总务办、教务（科研）办、政工办。编制7个，教职工10名。全校有中级职称人员2名，初级职称人员6名。建立动态师资库，由县级领导、退休老干部、乡镇主要负责人、公检法军、优秀村干部、现场教学点讲解员、教育系统教师、国企师资等行列组成，涵盖67名校外兼职教师和8名校内专职教师。通过“春风杯”讲评课系列活动，举行校外现场教学点授牌暨兼职教师聘任仪式，为扎木镇东若村天麻产业园等7个校外教学点授牌，为33名外聘师资颁发聘用证书。下发公开遴选教师通知，遴选试用教师2人，培养现场讲解员6人。参与上级党校组织的自治区内外培训，提升教师队伍素质。

7月14日，中共波密县委党校（行政学院）举行校外现场教学点授牌暨兼职教师聘任仪式

【基础设施建设】2022年，县委党校（行政学校）通过县财政资金70万元，改造升级县委党校学术报告厅1间（可容纳150人）、会议室1间、文艺汇演室1间、图书室1间、档案室1间，采购相关设备并全部投入使用。

【教育培训】2022年，县委党校（行政学校）开设各类培训班22个，培训5300余人次，其中，主体培训班14个，培训700余人。承接市委党校中青培训班、县政协、县住建局、县巡察办、县妇联、县老干部局、县卫健委、县农业农村局等单位相关培训11个，培训学员400余人次。邀请市委党校专家教授到波密县开展“西藏当前反分裂斗争的形势与任务”“中国共产党第二十次全国代表大会精神内涵”“习近平法治思想”3个系列专题培训，共8节课，参与培训500余人次，其他相关培训班4个。承担习近平总书记系列重要讲话精神及中共二十大精神宣讲任务，实现县域各乡镇、各领域全覆盖，开展“红心大讲堂”中共二十大精神送教宣讲活动3轮22场次宣讲，受众900余人。利用中央党校网上党校、清华大学乡村振兴西藏波密远程教学平台、西藏自治区专技人员网上学习平台等线上方式，开展党史党建、乡村振兴、习近平总书记系列重要讲话精神、普法宣传、科普教育等课程，开展线上集中教学7次，培训学员4000余人次。

【教学活动】2022年，县委党校（行政学校）组织领导干部上讲台，11名县级领导为党校学员授课，内容涵盖党史党建、党纪法规、生态保护、习近平法治思想、中共二十大精神、基层工作经验、普法宣传等领域，以普通学员身份积极参与分组交流讨论并发言，累计参与6场次。加强教学管理，更新各类教学课题55个，涉及基层党建、党史、习近平总书记系列重要讲话精神、哲学、预防金融诈骗、反分裂斗争、干部廉政教育等。采取“理论讲座＋现场教学”相结合的教学方式，通过“信仰之旅”“乡村振兴之旅”开展实践课堂活动60余场次。组织全体教师开展中共二十大精神集体备课2次，专题研讨3次、集体学习15次，参加市委党校师资培训5人次。

【机构领导】

校长

刘志强（5月任职）

常务副校长

党　伟

副校长

代文学（12月离任）

任寅娇（女，12月任职）

（曹雪晨）

作风建设

【概况】2022年，中共波密县委成立进一步改进作风狠抓落实工作领导小组，县委副书记陈云任组长，统筹波密县进一步改进作风狠抓落实各项工作，下设办公室（以下简称县委作风办），抽调6名业务人员负责办公室工作。县委作风办严格按照自治区党委、市委部署要求，落实中央八项规定及其实施细则精神，纠治“四风”，杜绝不担当、不作为、慢作为、乱作为、假作为突出问题，形成抓作风促落实、抓落实强作风的干事创业氛围，推进改进作风狠抓落实工作落地见效。

【学习检视】2022年，波密县各级党组织以党委（党组）会议、理论学习中心组学习会、“三会一课”等形式，学习新时代党的创新理论、习近平总书记关于西藏工作的重要论述和新时代党的治藏方略、习近平总书记关于作风建设的重要论述，先后召开27次县委常委会会议、理论学习中心组学习会，学习贯彻自治区党委、市委关于作风建设的重要会议、文件精神，部署相关工作。各乡镇、单位召开各类学习会议400余次。以“作风怎么看，工作怎么干”为主题开展讨论130余场，找差距、定目标、谋方法，助推工作提质增效。

【督促检查】2022年，县委作风办按照“一周一督查，一督一专报，一月一通报”的工作要求，坚持全面检查与专项督查相结合，通过走访问询、查阅资料等方式，对各乡镇、单位维护稳定、新冠疫情防控、安全生产、项目建设、会风会纪等情况督促检查，形成督查专报10期，印发督查通报6期，对77家单位，24名干部存在的问题进行通报。印发专题通报3期，对违反会风会纪、工作纪律、不作为慢作为问题进行通报，形成震慑作用。

【调查研究】2022年，各级领导干部到基层一线问需问计、开展调研，实现从“定点接待群众”到“主动探访民情”的转变。全年开展调研430余次，发现问题470余个，形成调研报告80余篇，协调解决问题390余

1月22日，波密县进一步改进作风狠抓落实工作部署会议召开

个。县委作风办组织开展进一步改进作风狠抓落实工作网络问卷调查，填写问卷1827人，收集反映问题157条、意见建议195条，形成调查问卷分析报告，向7家单位反馈党员干部群众反映的问题和意见建议。

【自查自纠】 2022年，县委作风办印发《关于开展自查自纠工作的通知》，各乡镇、单位紧扣“四个创建”“四个走在前列”，围绕新时代波密“六区”建设，梳理重点工作、查找突出问题，形成5大类109条的重点工作推进清单和4大类76条的突出问题整改清单，在波密党政大楼门口展示。在常态化提醒、销号、督查的基础上，对“两个清单”实行“红绿灯”动态管理，共亮“绿灯”181盏、“红灯”4盏，对亮“红灯”单位进行通报批评，确保重点工作、突出问题“见底清零”，取得实效。波密县干部职工查摆自身日常工作、能力素质、生活作风等方面存在的问题1310个，形成个人问题清单，细化整改措施1357个，并整改销号。

【监督举报】 2022年，县委作风办畅通党员干部群众问题反映渠道，在县城及各乡镇设置监督举报箱15个，张贴宣传标语100余条，发放公开信2000余份，通过监督举报电话、电子邮箱、市级义务监督员反馈等方式，收集交通安全、商品质量、群众服务等方面问题38个，协调对接相关责任部门，移交反映问题，建立为民办实事“回头看”机制，加强跟踪问效力度，通过随机查访、电话回访等方式，回访办理完结事项，确保办结落实，38个问题均办结并得到满意答复。

4月24日，波密县“作风怎么看，工作怎么干”专题研讨会召开

【宣传工作】 2022年，县委作风办联合县委宣传部制定印发进一步改进作风狠抓落实工作宣传方案，利用微信公众号、抖音等平台营造波密县改作风抓落实良好氛围。全年在“印象波密”官方抖音号发布相关视频180个，在“网信波密”微信公众号开设相关专栏，刊发信息270条。总结提炼波密县改进作风狠抓落实工作经验做法，编写专题信息简报57期、工作动态24期。开展“五个书记”谈作风访谈活动，采访完成县委书记2名、乡镇党委书记6名、县直单位党组（党支部）书记3名、村党支部第一书记、村党支部书记1名，并在抖音平台、广场大屏幕上播出。组织开展“进一步改进作风狠抓落实 喜迎党的二十大”演讲比赛、“一笔颂百年、双手绘山河”暨进一步改进作风狠抓落实书画展、“转作风、看变化、促发展”主题征文比赛等系列活动，宣传工作成效明显。

【制度建设】 2022年，县委作风办抓好制度建设，组织各乡镇、单位以工作重点领域为依托，对各单位、各行业、各系统现行制度进行“大体检”，查找制度建设中存在的漏洞缺陷，分析原因，制订完善、新建计划，构建科学有效的制度体系。全年建立健全制度122项，其中新建制度56项，修订完善制度66项。

（尹　舵）

强基惠民

【概况】2022年，波密县各驻村工作队结合农牧民群众生产生活实际，以组织群众集中讲、深入农户家中讲、田间地头敞开讲等方式，宣讲中共二十大精神，落实乡村振兴战略，壮大村集体经济，落实惠民利民政策，解决群众急难愁盼问题。全年开展“三会一课”、主题党日活动1165场次，组织专题学习902场次，覆盖群众3.54万人次。2022年，波密县各驻村工作队做好农牧区疫情防控工作，印发《波密县驻村工作队持续开展爱国卫生运动和落实好有关疫情防控工作的方案》，撰写藏语、汉语两种语言《做自己健康第一责任人倡议书》，下发疫情防控方案85份、倡议书1.2万余份，开展疫情防控和卫生知识宣讲172场次，覆盖群众1万余人次。

【党的建设】2022年，波密县各驻村工作队学习宣传贯彻习近平新时代中国特色社会主义思想，召开党员大会、村民大会650场次，受教育群众2.81万人次。学习宣传习近平总书记关于西藏工作的重要论述和新时代党的治藏方略以及中央第七次西藏工作座谈会精神、自治区第十次党代会精神，召开专题学习902场次，受教育群众3.54万人次。发挥驻村工作队作用，开展国家通用语言文字教育培训，各驻村工作队举办国家通用语言文字培训班1685期，培训村干部3578人次。

【乡村振兴】2022年，波密县各驻村工作队组织村“两委”学习基层党建“六个基本”制度541场次，加强“六个基本”建设，帮助明确村“两委”班子成员职责，规范议事办事程序，提升政治功能和组织力，驻村工作队协助村“两委”班子开展“三会一课”、主题党日活动1165场次。实施以“神圣国土守护者、幸福家园建设者”为主题的乡村振兴战略，推动巩固拓展脱贫攻坚成果同乡村振兴有效衔接，协助乡镇做好易返贫人口常态化监测412次，帮助脱贫人口和监测对象转移就业422人次，宣传相关政策920场次，受教育群众1.56万人次。坚持“一村一策”要求，理清发展思路210条，帮助发展壮大村集体经济48个，完善产业项目资产监督管理机制34份，争取乡村振兴基础建设项目52个，协调乡镇、县直有关部门组织开展挖掘机驾驶、餐饮、特色种养等农牧民群众实用技术培训145场次，参训人员4153人次。开展移风易俗、整治脏乱差、建设美丽乡村活动1324场次，参与群众1.59万人次。开展河湖长制工作，巡河1208次，整治河道白色垃圾污染430次。抓住就业、教育、医疗、文化、社会保障等民生问题，通过走访调研，发现群众急难愁盼问题301个，投入资金3994.27万元，投入物资折款25.04万元，全部帮助解决。

【普法宣传】2022年，波密县各驻村工作队开展习近平新时代中国特色社会主义思想宣传活动1645场次，覆盖群众2.2万人次，助村（社区）“两委”制定突发事件应急预案438份，建立健全护村队112支，开展巡逻7231次，收集社情民意405个，开展“八五”普法宣传教育395场次，受教育群众1.76万人次。开展“三个意识”宣传教育301场次，受教育群众1.63万人次。

【宣传教育】2022年，波密县各驻村工作队开展反分裂斗争教

10月31日，波密县召开干部驻村工作联席会，学习中共二十大精神

育422场次，受教育群众2.36万人次。在群众中宣传党的民族政策和宗教政策401场次，受教育群众1.76万人次。开展爱国主义教育，增强“四个意识”，坚定“四个自信”，做到“两个维护”，开展爱国主义教育423场次，覆盖群众1.92万人次。开展爱国主义教育、民族团结教育、马克思主义“五观”教育、“四史”教育466场次，受教育群众1.83万人次，开展“争做神圣国土守护者、幸福家园建设者”宣传活动431场次，受教育群众1.69万人次。

【干部驻村工作联席会议】 2022年，县驻村办建立干部驻村工作联席会议制度，按季度召开会议，督促各部门和成员单位落实惠民利民政策，指导驻村工作队做好群众工作，研究问题困难，提出意见建议，解决乡镇和村（社区）现实困难。通过联席会议，各成员单位负责人回应并答复9大类30个问题困难，提高解决效率。

【五项保障工程】 2022年，县驻村办采取优化场所布局、改善生活条件、提升服务能力三项措施，解决驻村干部用厕、洗澡、厨房、出行、通信“五项保障工程”，对照保障内容，梳理5大类116个问题，包含无洗澡场所32个、无厨房4个，安排落实县级驻村保障资金61.2万元。依托“三级和议”，排查矛盾纠纷2423起次，发现并解决矛盾纠纷260起。

（罗布次仁）

波密县人民代表大会

综 述

【概况】 2022年，波密县人民代表大会常务委员会在县委领导下，学习宣传贯彻中共二十大精神，落实中央、自治区党委人大工作会议精神，履行法定职责，召开人民代表大会1次、人大常委会会议8次、主任会议9次，听取审议专项工作报告15项，检查法律法规实施情况2次，开展视察调研8次，作出决议决定和审议意见16项，推动波密县经济社会高质量发展和民主法治建设。

【常委会办公室工作】 2022年，县人大常委会办公室围绕全县改革发展稳定大局和县人大常委会中心工作，发挥综合协调、督促检查、后勤保障的作用，组织办好各项会议，确保常委会工作有序开展。落实党的宣传纪律，向人大代表宣传人民代表大会的性质、地位和作用以及人大制度的优越性，宣传人大在推进民主法治建设中的实践。全年配合自治区、市两级人大常委会开展执法检查和专题调研活动8次，配合县人大常委会组织开展执法检查和专题调研活动6次。组织代表外出考察学习2次。协助自治区其他市县开展考察学习10次。协调各专委会制订2022年工作计划，起草并提请常委会审议通过《波密县人大常委会2022年工作要点》。归纳整理波密县第十三届人民代表大会第三次会议上代表建议47件，协助县政府组织召开意见建议交办会，按法定程序向县政府交办，确保代表议案建议答复落实。

1月8日，波密县人大常委会副主任阿朗带领波密县四级人大代表到天麻基地考察学习

【人大各专门委员会】2022年，县人大各专门委员会围绕全县工作大局和常委会工作要点，履行法定职责，开展各项工作。财经委全年召开对口部门联席会议1次，开展专题调研活动1次，完成专题调研报告1篇，听取和审议政府提交的事项12项，出具审查结果报告12份，配合自治区、市人大开展执法检查和调研活动4次。教科文卫委召开对口部门联席会议1次，开展专题调研2次，开展执法检查1次，完成相关报告3篇。组织、参加学习法律法规和业务知识10次。社建委聚焦社会领域民生实事，全年开展专题调研2次，执法检查1次，完成专题调研报告3篇。听取和审议专项工作报告3项，参加法律法规和业务知识学习15次，完成各项工作任务。

【自身建设】2022年，县人大常委会加强思想政治建设，把学习贯彻习近平新时代中国特色社会主义思想和中共二十大精神作为“第一议题”，学习贯彻中央、自治区党委人大工作会议精神。通过理论学习中心组集体学习、专题辅导、个人自学、撰写心得体会等方式，开展理论学习18场次、研讨交流5场次、交流发言38人次。召开全县人大系统中共二十大精神宣讲会，用党的创新理论指引和推进人大工作。提升工作效能，落实自治区党委、市委和县委关于进一步改进作风狠抓落实工作部署要求，聚焦“四查四问”总目标，修订完善常委会议事规则、机关干部管理等4项制度，落实精文简会要求，改进文风会风。组织党员干部到县委红楼接受红色教育，营造良好氛围。接受上级人大工作指导，配合做好全国人大农委到西藏专题调研相关事宜，配合自治区、市人大开展《中华人民共和国国家安全法》《中华人民共和国环境保护法》等6部法律法规执法检查，配合自治区、市人大开展大学生就业情况和城乡居民最低生活保障情况、“四个创建”“四个走在前列”工作推进情况、寺庙财税监管工作推进情况等专题调研。向各乡镇人大发放《人大常委会组成人员手册》《县乡人民代表大会议事程序》工具书，为乡镇人大依法履职提供智力支撑。召开全县乡镇人大工作推进会、代表建议业务培训会和现场观摩会，提升业务能力水平，促进人大工作规范化建设。

4月27日，波密县人大财政经济委员会召开对口部门联席会议

重要会议

【波密县第十三届人民代表大会第三次会议】2022年1月20—22日，波密县第十三届人民代表大会第三次会议召开。会议听取和审议波密县人民政府工作报告，审查波密县2021年国民经济和社会发展计划执行情况与2022年国民经济和社会发展计划草案的报告，批准波密县2022年国民经济和社会发展计

划，审查波密县2021年财政预算执行情况及2022年财政预算草案的报告，批准波密县2022年财政预算，听取和审议波密县人大常委会工作报告、波密县人民法院工作报告、波密县人民检察院工作报告。

【人大常委会历次会议】 2022年1月5日，波密县第十三届人民代表大会常务委员会第五次会议召开。会议传达学习中共十九届六中全会精神，听取波密县人大财政经济委员会关于2021年度工作开展情况的报告、波密县人大教育科技文化卫生委员会关于2021年度工作开展情况的报告、波密县人大社会建设委员会关于2021年度工作开展情况的报告，审议波密县人大常委会执法检查组关于检查《中华人民共和国固体废物污染环境防治法》实施情况的报告、波密县人大常委会调研组关于波密县环境保护工作开展情况的调研报告、波密县人大常委会调研组关于波密县巩固拓展脱贫攻坚成果同乡村振兴有效衔接情况的调研报告及波密县人大代表到昌都、那曲考察学习的报告。

2022年1月17日，波密县第十三届人民代表大会常务委员会第六次会议召开。会议传达学习林芝市二届人大二次会议精神，审议波密县人民检察院关于2021年度未成年人检察工作开展情况的报告、波密县2021年度环境状况和环境保护目标完成情况的报告、波密县人民政府关于提请审议《波密县2020年财政预算执行和其他财政收支情况审计报告》的议案、波密县第十三届人民代表大会第三次会议建议议程、波密县第十三届人民代表大会第三次会议主席团成员和秘书长建议名单、波密县人大常委会工作报告（讨论稿），决定波密县第十三届人民代表大会第三次会议列席人员名单。会议进行工作评议。会议审议波密县第十三届人民代表大会常务委员会关于接受拉桑辞去波密县第十三届人民代表大会常务委员会委员职务的请求的决定（草案），研究并通过人事任免事项。

2022年3月18日，波密县第十三届人民代表大会常务委员会第七次会议召开。会议传达学习《全国人民代表大会关于修改〈中华人民共和国地方各级人民代表大会和地方各级人民政府组织法〉的决定》和《中华人民共和国地方各级人民代表大会和地方各级人民政府组织法》以及十三届全国人大五次会议精神。审议人事任免事项，听取和审议波密县第十三届人民代表大会常务委员会代表资格审查委员会关于个别代表的代表资格的报告。

2022年4月22日，波密县第十三届人民代表大会常务委员会第八次会议召开。会议传达学习全国人大常委会委员长栗战书在十三届全国人大常委会第三十四次会议上讲话，审议波

4月13日，自治区党委副书记、自治区人大常委会主任洛桑江村（左二）到波密县易贡乡调研红色资源、民族宗教、党建等工作，市政协副主席、波密县委书记旦增拉姆参加调研

密县人民政府关于提请审议《波密县2022年财政收支预算调整方案（草案）》的议案、波密县人民政府关于提请审议《波密县2022年脱贫县统筹整合资金实施方案》的议案、《波密县人大常委会2022年工作要点（送审稿）》。

2022年5月27日，波密县第十三届人民代表大会常务委员会第九次会议召开。会议传达学习《西藏自治区人大常委会 政协西藏自治区委员会关于组织全区各级人大代表 政协委员在着力创建全国民族团结进步模范区中发挥表率作用的通知》和《林芝市人大常委会基层立法联系点工作管理办法》，审议波密县人民政府《关于提请审议2022年度上级转移支付资金统筹安排的议案》、波密县第十三届人民代表大会常务委员会代表资格审查委员会关于个别代表的代表资格的报告以及人事任免事项。

2022年8月2日，波密县第十三届人民代表大会常务委员会第十次会议召开。会议传达学习全国人大常委会委员长栗战书在青藏高原生态保护立法座谈会上的讲话、西藏自治区党委人大工作会议精神、西藏自治区十一届人大常委会第四十一次会议精神和林芝市二届人大常委会第八次会议精神，听取波密县人民法院、波密县人民检察院关于2022年上半年工作开展情况的报告、波密县人民政府关于2022年上半年国民经济和社会发展计划执行情况和下半年工作安排情况的报告，审议波密县人大常委会调研组关于校园食品安全工作开展情况的调研报告、波密县人大常委会调研组关于对波密县2020年财政预算执行和其他财政收支情况审计查出突出问题整改情况的调研报告、波密县人大常委会考察组关于到山南和拉萨考察学习人大工作的考察报告、波密县人民政府《关于提请审议财政资金统筹安排的议案》、波密县人民政府《关于提请审议上级下达资金统筹安排的议案》、波密县人民政府《关于提请审议波密县2022年脱贫县新增统筹整合资金实施方案》的议案、波密县人民代表大会常务委员会主任会议关于提请审议《波密县人民代表大会常务委员关于开展第八个五年法治宣传教育的决议（草案）》的议案、波密县人大常委会主任会议关于提请审议接受尼玛顿珠辞去波密县第十三届人民代表大会常务委员会委员和县人大社会建设委员会主任委员职务请求的议案以及人事任免事项。

2022年10月14日，波密县第十三届人民代表大会常务委员会第十一次会议召开。会议传达学习中国共产党第十九届中央委员会第七次全体会议精神和《习近平谈治国理政》第四卷——积极发展全过程人民民主。会议审议波密县着力创建国家生态文明高地专项组工作开展情况的报告、波密县人民政府《关于提请审议2022年上半年预算执行情况报告》的议案、波密县人民政府《关于提请审议2021年度国有资产管理情况综合报告》的议案、波密县第十三届人民代表大会常务委员会代表资格审查委员会关于个别代表的代表资格的报告以及人事任免事项。

2022年12月12日，波密县第十三届人民代表大会常务委员会第十二次会议召开。会议传达学习《用党的二十大精神凝心聚力为全面建设社会主义现代化新西藏 全面推进中华民族伟大复兴而努力奋斗》、中国共产党西藏自治区第十届委员会第三次全体会议精神和中国共产党林芝市第二届委员会第三次全体会议精神，审议波密县人民政府《关于提请审议2022年财政收支预算调整方案（草案）的报告》的议案以及人事任免事项。

重要决定和人事任免

【决定重大事项】2022年，县人大常委会依法作出开展“八五”法治宣传教育、批准2022年波密县本级财政预算调整方案等11项决议决定，通过法定程序落实县委决策部署，推动波密县法治建设和经济社会高质量发展。

【人事任免】2022年，县人大常委会严格按照《中华人民共和国地方各级人民代表大会和地方各级人民政府组织法》等法律规定，坚持党管干部与人大依法任免有机统一，全年任免国家机关工作人员53人次。坚持宪法宣誓制度，组织新任命人员宪法宣誓6批35人次。开展代表资格审查和补选工作，依法补选县人大代表8人，终止县人大代表资格2人。

监督工作

【执法检查】2022年，县人大常委会提高监督质效，履行职责，开展统计法执法检查报告审议意见落实情况跟踪检查，开展禁毒法、基本医疗卫生与健康促进法落实情况的执法检查，提出意见建议7条，推动法律法规贯彻执行。围绕司法公正主题，听取县人民法院关于民事审判工作情况报告和县人民检察院关于适用认罪认罚从宽制度落实情况报告、关于检察公益诉讼工作情况报告，督促县法院、县检察院坚持司法为民，完善审判和检察工作机制，提高司法水平，营造良好的法治环境。

【财经监督调研】2022年，县人大财经委对波密县2020年财政预算执行和其他财政收支审计查出的突出问题整改情况进行调研，形成调研报告，提出意见建议。配合自治区、市人大常委会做好财经及工作职责内的考察调研4次。依法审查《波密县2021年国民经济和社会发展计划执行情况与2022年国民经济和社会发展计划草案报告》《波密县2021年度财政预算执行情况与2022年财政预算草案的报告》《波密县2020年财政预算执行和其他财政收支情况审计报告》《波密县2022年财政收支预算调整方案（草案）》《波密县2022年脱贫县统筹整合资金实施方案》《关于提请审议2022年度上级转移支付资金统筹安排的议案》《关于提请审议财政资金统筹安排的议案》《关于提请审议上级下达资金统筹安排的议案》《关于提请审议波密县2022年脱贫县新增统筹整合资金实施方案》《关于提请审议2022年上半年预算执行情况报告》《关于提请审议2021年度国有资产管理情况综合报告》《关于提请审

7月11日至16日，波密县人大常委会副主任小普琼带领“四级”人大代表到拉萨、山南考察学习

议2022年财政收支预算调整方案（草案）的报告》，出具审查结果报告12份。

【教科文卫监督调研】2022年，县人大教科文卫委围绕县委中心工作和政府重点工作，开展《中华人民共和国基本医疗卫生与健康促进法》贯彻实施情况执法检查，形成报告1篇。调研全县中小学食品安全情况、全县教育“双减”工作情况，形成调研报告2篇。配合自治区、市人大在波密县开展执法检查和调研工作4次。按照“强化组织、深化联系、优化服务、固化制度”的工作思路，在立法、监督、检查、调研等工作中发挥代表主体作用，邀请人大代表20余人次参与各类执法检查和调研活动，搭建人大代表建言献策平台，加强与人大代表的沟通联系。

【社会建设监督调研】2022年，县人大社建委围绕县委中心工作和政府的重点工作，开展《中华人民共和国土壤污染防治法》贯彻落实情况执法检查，形成报告1篇。调研全县国家生态文明高地建设工作开展情况和全县2022年重点项目建设情况专题调研，形成报告2篇。配合自治区、市人大开展执法检查和调研工作5次，上报受委托开展执法检查或调研形成报告2篇。听取和审议县政府关于2021年环境状况和环境保护目标完成情况专项报告、波密县着力创建国家生态文明高地专项组工作开展情况的报告、波密县人民法院2022年上半年工作开展情况报告、波密县人民检察院2022年上半年工作开展情况报告。

代表工作

【代表政治参与】2022年，县人大常委会成为林芝市首批基层立法联系点，参与自治区、市地方法规的宣传贯彻、调研论证、意见征集活动，协助立法工作，在《西藏自治区公安机关警务辅助人员管理条例（草案）》《西藏自治区平安建设条例（草案）》《林芝市雅鲁藏布江保护条例（草案）》立法调研工作中，通过召开座谈会、组织代表专题研讨等形式，梳理报送修改意见6条。深化“双联系”制度，定期走访固定联系代表12人次，了解基层人大工作开展情况，增强工作合力。邀请代表列席会议、参加执法检查或视察调研等各类履职活动73人次，提高代表对常委会工作参与度。新冠疫情防控期间，全县530余名各级人大代表落实疫情防控措施，上门宣传和排查8万余人次，捐款捐物20余万元。

【代表依法履职】2022年，县人大常委会深化“人大代表之家”“人大代表联络站”平台，

10月10日，波密县委常委、县人大常委会主任王芳到古乡督导工作开展情况

收集村情民意，投入108万元，改造升级11个“人大代表之家”和13个“人大代表联络站”，县乡人大组织依托“家”“站”开展接待选民、议事议政、代表向选民述职等活动60余场次，接待群众500余人次，收集意见建议30余条。制定出台《波密县县乡两级人大代表履职经费保障及管理办法》，明确将县乡人大代表日常履职经费和个人履职补贴按年度列入县级财政预算，为代表依法履职提供经费保障。为无固定收入的农牧民县乡人大代表发放通信、交通补贴39.22万元，提高代表履职积极性。

【代表建议办理】2022年，县人大常委会提高代表建议办成率，健全代表建议办理工作机制，坚持会议集中交办、领导重点督办、听取办理报告、回访办理成效等做法，推动代表建议办理落地见效。县委、县政府保障代表权利，把代表建议办理情况纳入年度目标责任考核。收到县十三届人大三次会议期间代表建议47件，全部办理并回复。解决农村线路改造升级、康玉乡用电困难等问题，取得良好的社会效果。

【机构领导】

主任

王　芳（女）

副主任

阿　朗（藏族，5月离任）

旺青罗布（藏族）

小普琼（藏族）

普　布（藏族，12月离任）

（宋国辉）

波密县人民政府

综　述

【概况】 2022年，县政府坚持以习近平新时代中国特色社会主义思想为指导，围绕自治区党委、自治区政府和林芝市委、市政府的部署要求，坚持以奋力推进“四个创建”、做到“四个走在前列”为总定位，依托新时代波密“六区”建设，带领全县人民做好各项工作，以“防疫情、稳经济、惠民生、护生态、防风险、保稳定”为重点工作，完成全年主要目标任务，助力经济社会高质量发展。

【政务公开】 2022年，县政府建立完善行政决策机制和重大行政决策程序，建立健全《波密县人民政府工作规则》《波密县人民政府“三重一大”事项集体决策制度》，推进“十三五”期间完成的政府投资项目审计全覆盖和“十三五”期间脱贫攻坚专项审计整改工作，完成财评审减2608万元。接受人大的法律监督和工作监督、政协的民主监督、监委监察监督、社会舆论监督，办好人大代表议案建议47件、政协委员提案76件，办理网民留言46件，办结率100%。落实基层减负，实施政务公开，主动公开政府信息3284条，提升行政效能，提高人民群众满意度。

【生态环保】 2022年，波密县获第六批国家生态文明建设示范区称号，8个乡镇、63个行政村分别获自治区级生态文明建设示范乡镇、村居称号。完成“三区三线”划定，生态红线面积1.15万平方千米，占总面积的69%。推进国土空间规划，基本完成信息平台数据库“一张图”建设。建成玉普、倾多、通麦生活垃圾无害化处理厂及玉许、倾多污水处理厂，推进县城环卫服务、垃圾填埋、污水处理市场化运维。完成县城排污口整治27个，在自治区首次实施垃圾填埋场HDPE膜覆盖工艺。推行“河（湖）长+检察长+警长”机制，推进河道砂石资源统一经营管理，治理河湖“四乱”问题。波密县空气质量达标天数比例保持100%。构建县、乡、村三级林长责任体系，推动国家森林城市创建工作，实施嘎朗国家湿地公园湿地保护与恢复工程，推进11个村庄生态修复工作，开展国土绿化行动，完成林木种植0.63平方千米，林木覆盖率34.3%，林木蓄积量1.21亿立方米。落实各类生态补偿资金4692.54万元。完成中央第二轮生态环境保护督察转办件及反馈问题整改。

【项目建设】 2022年，县政府

7月1日，县政府办党支部联合政法系统党支部开展联谊活动

制定《波密县加快经济恢复方案》，落实落细减税、减费、减租、减息等各项举措，为市场主体减负超2600万元，提供各类金融支持6.75亿元，持续服务川藏铁路及其配套（公路和供电）工程等重大项目建设，完成永久用地征地拆迁及临时用地征用3.02平方千米。实施重点建设项目98个，完成投资5.28亿元，释放投资拉动效能。按照《波密县“十四五”文旅发展计划》，加大旅游基础设施和公共服务建设力度，推动G318风景道、岗云杉林、桃花沟等景区景点配套设施建设，推进景区、村庄、民宿一体化建设，自驾文化基地、康养基地、党性教育基地初具雏形。全年接待游客127.95万人次，实现相关收入7.62亿元。加强政府采购支持中小企业，授予中小微企业合同金额1.96亿元。加大科技赋能，野生天麻良种繁育、灵芝孢子粉智能采集技术应用和生产取得新成果，县天麻林下野生抚育科普教育基地入选2021—2025年第一批中国农村专业技术协会科普教育基地。认定农牧业产业化经营县级龙头企业7家。启动草原承包经营权登记颁证工作。完成农村集体产权制度改革。第十批广州援藏干部人才推进项目、医疗、教育、文化各项援藏工作稳步推进。参加“广博会”等推介活动，助力企业打通销售渠道、打响产品品牌，开拓“粤港澳大湾区”市场，实现林芝农特产品进入香港市场“零”的突破。在建招商引资项目27个，到位资金4.6亿元，同比增长103%。

【产业发展】2022年，波密县完善“2+3+1”农牧特色产业发展思路，创建国家级农业现代化示范区、自治区级现代农业产业园。全县藏猪养殖规模达13.76万头，带动全县农牧民群众增收840余万元。完成茶叶种植0.53平方千米，打造以古乡、易贡、八盖为核心的区域性万亩茶廊，种植总面积8.67平方千米，带动群众增收1876.19万元。结合乡村振兴战略，构建“广东—云南—西藏”三地天麻合作模式，天麻、灵芝菌、羊肚菌种植面积分别为0.8、0.17、0.34平方千米。构建“红+绿”融合发展的“一轴三线”旅游发展布局，举办“桃花节”分会场。打造红楼舞台剧《波密红》，启动发掘拉颇遗址，波密县入选“2022中国最美县域”榜单，扎木中心县委红楼入选自治区级爱国主义教育基地，岗云杉林创建国家AAA级旅游景区。全年接待游客127.95万人次，相关收入7.62亿元。

【乡村振兴】2022年，波密县巩固脱贫攻坚成果，识别“三类人员”监测户12户41人，制定“一户一策”帮扶措施78条，消除监测对象2户13人，守住返贫致贫“底线”。推进乡村振兴，编制完成行政村“一村一策”方案84个，推进美丽宜居村建设7个，建设人居环境提升村10个，五项保障工程覆盖85个村（社区）驻村点。

【社会保障】2022年，波密县改善土地灌溉条件12平方千米，完成耕地质量提升技术示范16.67平方千米，农机具普及率提升10%，主要粮食总产量2.41万吨，同比增长7.8%。坚持财政收入80%用于民生事业，解决各类民生重点事项300余项，新建保障性住房246套，完成农村住房改造48户，完成玉许林琼、易贡通麦44户搬迁安置点建设。实施八盖乡群众入户线路改造提升265户，改善康玉乡拉瓦西村等行政村通信网络条件。新建、改建道路总里程62千米；完成河道治理103千米，实施农村饮水提升改善工程26个，小区环境提升工程6个，建成波密县农村供水保障工程，完成城乡供水管网改造12.6千米。开设县城新鲜猪肉售卖供应市场。推动创建国家食品安全示范城市工作，实现全县农产品快检、抽检全覆盖。解决原国合联营公司住户等50户群众不动产权历史遗留问题。坚持就业优先，建成波密县公共实训基地，完成职业技能培训2836人，实现城镇新增就业520人，农牧民转移就业7435人，转移就业收入8844万元，分别完成年度目标任务的102%、130%。应届高校毕业生就业377名，就业率98%。各类重大项目雇佣当地劳动力5814人次，带动群众增收1.17亿元。坚持教育优先发展战略，落实教育经费2.59亿元，同比增长14.6%，新增学校供暖面积9.09万平方米，实现全县43所中小学、幼儿园供暖全覆盖。提升教学条件，学前三年毛入学率90.83%，中考成绩连续8年名列林芝市前茅。建成县、乡、村三级公共文化体系网络，推动公共文化体育场所开放工作，完善非遗名录体系，建成易贡国家地质公园博物馆，成立县级文物保护研究中心，多吉乡中心小学入选第二批西藏非物质文化遗产进校园示范基地。加强县域综合医改，优化整合医疗卫生资源，85个村（社区）公共卫生委员会实现全覆盖。发挥医疗援藏优势，筛查先天心脏病患儿474人、妇女宫颈癌和乳腺癌428人，免费医治白内障患者108人，成立波密县微创诊疗中心，多项手术实现“零”的突破。医保“一站式一单制”结算系统在10个乡镇落地应用。为2826名各类救助人员兑现救助资金773.47万元，保障困难群众基本生活。

7月19日，由波密县人社局主办、西藏雪堆白技工学校承办的波密县高校毕业生计算机操作培训班开班

【新冠肺炎疫情防控】2022年，波密县围绕“外防输入、内防

反弹”总策略和“动态清零”的总方针，落实“四方责任”，筑牢交通、农村、网格三道防线，加强重点区域和关键环节防控工作。投入5425万元，设置疫情管理服务卡点，做好人、物、环境同防，建成波密县人民医院第二院区和3个核酸检测PCR实验室，落实常态化疫情防控措施，做好人员、物资点对点转运工作，做好疫苗接种，完成支援拉萨疫情防控任务2批次。

重要会议

【政府常务会议】2022年，县政府组织召开政府常务会议14次，研究各项议题115项，涵盖民生保障、生态环保、道路交通、财政资金、重大项目、国企改革、医疗卫生、产业发展、法治政府建设等领域。

2月18日，县政府2022年第1次常务会议召开，县委常委、常务副县长白玛旺扎主持会议。会议研究审议并通过《关于解决波密县2021年专招大学生生活用品工作经费的请示》等5项议题，县委常委、副县长王勇，副县长琼达、姜耀、旦增顿珠出席会议。

3月11日，县政府2022年第2次常务会议召开，县委常委、副县长王勇主持会议。会议研究审议并通过《波密县2022年脱贫县统筹整合资金方案》等3项议题。

3月17日，县政府2022年第3次常务会议召开，县委副书记、县长杨力主持会议。会议研究审议并通过《关于提请审议〈波密县政府采购工作流程方案〉的请示》等5项议题，县委常委、常务副县长白玛旺扎，县委常委、副县长王勇，副县长达娃卓嘎、姜耀、旦增顿珠、姚灵林出席会议。

3月22日，县政府2022年第4次常务会议召开，县委副书记、县长杨力主持会议。会议研究审议并通过《关于将CZXZZQ-7标段项目经理部一分部使用林地部分面积调整出林地保护利用规划的请示》等5项议题，县委常委、常务副县长、县委副书记钟泳薪、白玛旺扎，县委常委、副县长王勇，副县长达娃卓嘎、琼达、姜耀、姚灵林、庄斌出席会议。

4月7日，县政府2022年第5次常务会议召开，县委副书记、县长杨力主持会议。会议研究审议并通过《关于“川藏铁路昌都至林芝段电力设施迁建工程（林芝至波密段）”用地范围内部分区域变更林地小班主要属性因子的请示》等10项议题，县委常委、常务副县长白玛旺扎，副县长达娃卓嘎、琼达、姜耀、旦增顿珠、张旋坤出席会议。

5月11日，县政府2022年第6次常务会议召开，县委副书记、县长杨力主持会议。会议研

6月7日，自治区政府副主席罗梅（右三）调研帕隆藏布水域管理和保护情况，县委副书记、县长杨力（左一）参加调研

究审议并通过《关于波密县县城经营性自建房安全隐患排查整治情况的汇报》等11项议题，县委常委、常务副县长钟泳薪，副县长姜耀、张旋坤、王斌、姚灵林、庄斌出席会议。

5月30日，县政府2022年第7次常务会议召开，县委副书记、县长杨力主持会议。会议研究讨论县农业农村局《2022年春季农牧业生产情况汇报》等3项报告，安排部署相关工作，研究审议并通过《关于"波密县2021年八盖乡卧普村乡村振兴重点帮扶村基础设施改造提升建设项目"用地范围内部分区域变更林地小班主要属性因子的请示》等12项议题，县委常委、常务副县长、县委副书记钟泳薪、白玛旺扎，副县长琼达、旦增顿珠、张旋坤、王斌、姚灵林、庄斌、丘永光出席会议。

6月17日，县政府2022年第8次常务会议召开，县委副书记、县长杨力主持会议。会议研究审议并通过《关于引进西藏拉萨市当雄县格达成兴加油站在倾多镇新建加油站的请示》等15项议题，县委常委、常务副县长、县委副书记钟泳薪、白玛旺扎，县委常委、副县长王勇，副县长张旋坤、丘永光出席会议。

7月5日，县政府2022年第9次常务会议召开，县委副书记、县长杨力主持会议。会议研究审议并通过《关于妥善处理积存285件柏木的请示》等6项议题，县委常委、副县长王勇，副县长次仁塔杰（人选）、罗桑旺堆（人选）出席会议。

8月10日，县政府2022年第10次常务会议召开，县委副书记、县长杨力主持会议。会议研究审议并通过《关于申请审议〈波密县三岩搬迁群众和"三类人"生产生活扶持工作实施方案〉的请示》等5项议题，县委常务副书记、常务副县长李明（人选），县委常委、副县长刘旭文（人选），副县长姜耀、罗桑旺堆出席会议。

9月30日，县政府2022年第11次常务会议召开，县委副书记、县长杨力主持会议。会议研究审议并通过《关于申请解决米堆冰川旅游设施建设对冰川及陆域生态系统生态环境影响评估资金的请示》等10项议题，县委常务副书记、常务副县长李明，县委常委、常务副县长白玛旺扎，县委常委、副县长刘旭文、王勇，副县长姜耀、张旋坤、罗桑旺堆出席会议。

10月27日，县政府2022年第12次常务会议召开，县委副书记、县长杨力主持会议。会议研究审议并通过《关于滇藏铁路（波密至然乌段）勘察设计项目（第一批勘探孔）用地1个非林地地块调入森林资源

11月26日，市委副书记、市长巴塔（左四）到中交二公局调研铁路建设情况，县委副书记、县长杨力（左五）陪同

管理“一张图”及《波密县林地保护利用规划（2010—2022年）的请示》》等6项议题，县委常务副书记、常务副县长李明，县委常委、常务副县长白玛旺扎，县委常委、副县长刘旭文，副县长张旋坤、罗桑旺堆出席会议。

12月8日，县政府2022年第13次常务会议召开，县委副书记、县长杨力主持会议。会议研究审议并通过《关于引进西藏松赞绿谷文化旅游有限公司在波密县古乡投资新建松赞项目的请示》等13项议题，县委常务副书记、常务副县长李明，县委常委、常务副县长白玛旺扎，县委常委、副县长刘旭文、王勇，副县长次仁塔杰、张旋坤、罗桑旺堆出席会议。

12月28日，县政府2022年第14次常务会议召开，县委副书记、县长杨力主持会议。会议研究审议并通过《关于波密县2023年村镇一批次项目缴纳林草地相关费用的请示》等9项议题，县委常委、常务副县长白玛旺扎，县委常委、副县长王勇，副县长次仁塔杰、姜耀、张旋坤、卓玛央金出席会议。

【其他会议】 2022年1月23日，县2022年征兵工作会议召开。3月9日，县人民政府2022年第一次全体会议召开。3月17日，县2022年上半年定兵工作会议召开。3月17日，县三月维稳及森林防火安排部署会召开。4月1日，县委2022年农村工作会议暨县委农村工作领导小组（实施乡村振兴战略领导小组）第一次全体会议召开。4月20日，县2022年冬虫夏草采集管理工作动员部署会召开。10月11日，县2022年秋冬季森林草原防灭火工作安排部署会议召开。12月7日，波密县2022年下半年定兵工作会议召开。

【机构领导】
县长
杨　力
常务副县长
李　明（7月任职）
钟泳薪（7月离任）
白玛旺扎（门巴族）
副县长
刘旭文（7月任职）
王　勇
达娃卓嘎（藏族，7月离任）
姜　耀
琼　达（藏族，7月离任）
旦增顿珠（藏族，7月离任）
王　斌
姚灵林（7月离任）
张旋坤
次仁塔杰（藏族，7月任职）
罗桑旺堆（藏族，7月任职）

（朱贇翊）

办公室工作

【概况】 2022年，县政府办公室履行办文办会、沟通协调、督查督办、后勤保障等职能，贯彻落实党中央关于外事工作的方针政策和自治区党委、市委、县委的决策部署。全年印发各类公文293件，印发督办通知7件，上报各类信息2069条。

【办文办会】 2022年，县政府办公室贯彻执行为基层减负相关规定，精简各类文件，印发各类公文293件，接洽函件54件，办理各级来文2833件。结合办公室“三办”“三服务”中心工作，协助保障各单位、各部门组织会议93次。

【督导督查】 2022年，县政府办公室印发督办通知7件，重点围绕财政资金拨付、巩固拓展脱贫攻坚成果同乡村振兴有效衔接等开展督导督查，确保各项工作任务按时完成。

【协调服务】 2022年，县政府办公室协调政府各部门工作有效衔接，围绕巩固拓展脱贫攻坚成果同乡村振兴有效衔接、新冠疫情防控以及领导交办的重点工作，发挥好参谋助手作用和上传下达作用。

【政务信息】 2022年，县政府办公室共报送各类信息2069条、政务信息约稿10篇，涵盖民生保障、重点项目、疫情防控、经济发展、生态环保、产业发展等领域，被自治区“政务信息”采用6条、“林芝政务信息”采用28条、“林芝党政要情”采用160条，位列林芝市七县（区）第一。

【编译工作】 2022年，县藏语委员会（编译局）提升翻译服务质效，做好编译队伍教育培训，各方面工作取得良好成效。完成全县两会材料及县委、县政府各双语材料翻译2.75万字，协助县直各单位翻译各类双语宣传册等8000字。

【机构领导】

主任

拉 桑（藏族）

藏语言委员会主任（编译局局长）

大次仁

副主任

李兴泽

刘仁宗（土家族，11月离任）

顿珠多吉（7月任职）

王俊洋（12月任职）

藏语言委员会副主任（编译局副局长）

益西拉姆

（朱赟翊）

行政审批和便民服务

【概况】 2022年，波密县行政审批和便民服务局深化“放管服”改革，以“一网通办”为目标，做好帮办代办服务，优化营商环境，完善便民服务设施，宣传法律法规，提升政务服务水平。

【行政审批】 2022年，行政审批和便民服务局根据“企业年报”申报时间节点，设“帮办代办”窗口，由专人进行年报填报工作，涉及全县240余家企业、商铺。调整窗口设置，服务离藏人员，增设“一站式离藏服务窗口”，提供节假日延时服务，办理离藏报备审批手续1909人次，优化离藏手续审批程序，缩短审批时间，减少群众到厅次数。推进乡镇、村居便民服务中心（站）示范点建设，选取古乡、扎木镇、古村、达兴村为乡镇村居便民服务示范点，业务范围涵盖农牧、林业、水利、医疗、民政、教育以及户籍管理7个领域20余项事项，将服务事项融入群众生产生活。

6月9日，举行“喜迎二十大·档案颂辉煌”主题宣传活动

【优化营商环境】2022年，波密县行政审批和便民服务局优化营商环境，助力招商引资，企业签约落地，与县商务局联合开展“助企纾困”走访活动，掌握企业情况，打好帮扶基础。推进“全程跑办”工作模式，2名工作人员协助群众、企业全程办理业务，让企业少跑路。为朗卡冰泉生物等3家公司的招商引资项目落地做好各项政务流程。协调县商务局投入资金10万元，购置电脑、打印机、等候椅、大数据客户端等设备，改善政务服务环境。选派2名干部到贵州、四川等地调研学习政务服务中心建设、电商物流建设和管理经验，提升干部业务水平。

【信息化建设】2022年，波密县行政审批和便民服务局动态管理“一网通办”系统政务服务事项，梳理各项业务类型，明确办理时限、办理环节、办理材料等各要素。全年在自治区“一网通办”运行平台录入办件75.36万件，其中公共服务75.33万件、行政权力347件，办结率100%。组织28家县直相关单位梳理证照（批复）信息目录100个。

【行政监管】2022年，波密县行政审批和便民服务局推进“互联网+监管”工作，及时与市级对接，做好“互联网+监管”平台监管事项目录清单动态调整、数据录入等工作。

【政策法规宣传】2022年，波密县行政审批和便民服务局利用“世界环境日”“国家宪法日”等时间节点，参与政策法规宣传工作，引导群众添加“西藏政务服务”App，通过展板、发放宣传资料等形式普及“互联网+政务服务”的办理事项、办理流程、所需材料等，宣传“互联网+政务服务”办事的高效便捷。

【便民服务】2022年8月，县政务服务中心办事大厅及公用停车场完成改扩建并投入使用，共设服务窗口22个，安装办公电脑、打印机、传真机、叫号器、身份证扫描仪和拍照仪等设备，设置复印机、排队叫号机、饮水机、便民药箱、雨伞架等便民设施。为方便群众网上办理业务，设无线网络2处，实现大厅范围内网络信号全覆盖。落实《林芝市人民政府关于印发〈林芝市关于稳经济若干临时性措施〉的通知》文件精神，强化政策执行，降低新冠疫情对波密县小微企业和个体工商户的影响。配合相关单位设立“房屋租赁补贴兑现窗口”，开展波密县房屋租金补贴减免专项工作，接收咨询1000余人次，受理符合条件的740份，政策宣传解释13场次。

【机构领导】

局长

张　鑫（12月离任）

罗银吉（12月任职）

副局长

边巴卓玛（女，藏族）

贡秋泽仁（藏族）

（周　波）

信访工作

【概况】2022年，县信访局贯彻落实习近平总书记关于信访工作的一系列重要指示精神和中央第七次西藏工作座谈会精神，围绕“四个走在前列”高质量发展要求，扎实推进波密信访工作，较好完成了全年重要会议期间的信访安全服务保障任务。受理各类信访事项42批（件）70人次，排查化解各类矛盾纠纷32起101人次，开展法治宣传80余场次，举办学习《信访工作条例》专题讲座4场次，张贴海报100张，设置宣传栏13个，发放宣传册2000余份，受教育群众9000余人次。

7 月 26—28 日，林芝市信访局党组成员、副局长杨晓莉到波密县信访局督查信访工作

【宣传教育】 加强信访法治化建设，协助配合司法部门开展信访法治宣传工作，通过设置咨询台、发放宣传册和现场讲解等方式大力宣传信访方面的法律法规，引导群众依法合理表达诉求，努力营造办事依法、遇事找法、解决问题用法、化解矛盾靠法的良好法治环境，维护正常的信访工作秩序。

【来信来访】 2022 年，波密县受理、调处化解各类信访案件 42 批（件）70 人次，涉及资金 575 万余元。其中“双拖欠”信访事项 22 起，涉及川藏铁路建设领域信访事项 20 起。上级转送件 11 起，上级交办 1 起，办结率 100%。主要涉及卫生健康、住建、人社、商务、水利、乡村振兴、农业农村、自然资源、“三岩”搬迁、发改（铁路办）、城投、文旅、教育、交通、部分乡镇等领域。联合人社、住建、发改、水利、商务、交运、应急管理、铁路等相关部门到各个乡镇及重点项目建设领域排查矛盾纠纷 18 次，排查调处化解矛盾纠纷 32 起 101 人次，妥善化解 32 起 101 人次，化解率 100%。

【领导接访制度落实】 波密县按照“谁接访、谁负责、谁督办”的原则，采取“下督一级、层层督导”的方式，严格落实领导干部每日坐班接访制度，疑难重点问题主要领导随时接访。同时采取重点约访、专题接访、带案下访、包案解决突出信访等方式，确保了诉求表达渠道畅通、问题解决及时有效。全年县级领导干部对信访重难点问题接访 42 批次，已调处化解 42 批次，多方位整合行政资源，就地及时解决人民群众急难愁盼的问题，让信访工作更有温度、更富成效。

【信访工作会议】 县委、县政府高度重视信访工作，始终把信访工作作为党的群众工作的重要平

4 月 15 日，波密县常委、政法委书记、信访联席第一召集人、公安局党委书记徐家志在县信访局接访、调研

台、党和政府联系群众的桥梁、倾听群众呼声的窗口、体察群众疾苦的重要途径。县委、县政府多次召开专题会议分析研究信访形势，针对疑难问题及时安排部署。县委常委、政法委书记、信访联席第一召集人徐家志先后5次召开信访联席会议，协调指导解决信访突出问题，发挥了联席会议职能作用。

【领导名录】

局长

罗银吉（12月离任）

普布次仁（藏族,12月任职）

副局长

单增洛桑

夏程程（满族，7月任职）

（夏程程）

中国人民政治协商会议波密县委员会

综 述

【概况】 2022年，政协第十届波密县委员会共有委员93人，其中，中共委员34人，党外委员59人；女性31人。共设12个界别（中国共产党、工青妇界、工商联、文化艺术界、科技界、经济和生态环保界、农业和农村界、教育体育界、医药卫生界、社会福利和社会保障界、民族界、宗教界）。常委会设主席1人，副主席4人，常务委员18人，设办公室、提案委员会、经济资源环境社会教科文卫委员会、文史民族宗教法制委员会4个工作机构。

【政协第十届波密县委员会第二次会议】 2022年1月20—22日，政协第十届波密县委员会第二次会议召开。会议审议通过政协第十届波密县委员会第二次会议议程，听取和审议政协第十届波密县委员会常务委员会工作报告、政协第十届波密县委员会常务委员会关于提案工作情况的报告，学习中央、自治区、市、县有关会议精神，列席第十三届波密县人民代表大会第三次会议，听取并讨论政府工作报告及其他有关报告，审议通过政协第十届波密县委员会第二次会议关于常务委员会工作报告的决议，审议通过政协第十届波密县委员会第二次会议关于提案工作情况报告的决议，审议通过政协第十届波密县委员会提案委员会关于政协十届二次会议提案审查情况的报告，审议通过政协第十届波密县委员会第二次会议政治决议。

【政协第十届波密县委员会常务委员会第一次会议】 2022年1月19日，政协第十届波密县委员会常务委员会第一次会议召

1月22日，中国人民政治协商会议第十届波密县委员会第二次会议召开

开。会议审议政协第十届波密县委员会常务委员会第一次会议议程（草案），审议关于召开政协第十届波密县委员会第二次会议的决定和会议议程（草案），审议政协第十届波密县委员会第二次会议日程（草案），审议政协第十届波密县委员会第二次会议秘书长、常务副秘书长、副秘书长名单（草案），审议政协第十届波密县委员会第二次会议委员分组和召集人名单（草案），审议政协第十届波密县委员会第二次会议提案审查委员会组成人员名单（草案），审议政协第十届波密县委员会第二次会议关于委员提出提案截止日期的决定（草案），审议政协第十届波密县委员会第二次会议特邀出席和列席人员名单（草案），审议政协第十届波密县委员会常务委员会工作报告和报告人建议名单（草案），审议政协第十届波密县委员会常务委员会关于政协十届一次会议以来提案工作情况的报告和报告人建议名单（草案），研究人事事项，听取政协第十届波密县委员会第二次会议筹备工作情况汇报。

【政协第十届波密县委员会常务委员会第二次会议】 2022 年 1 月 21 日，政协第十届波密县委员会常务委员会第二次会议召开。会议审议通过政协第十届波密县委员会常务委员会第二次会议议程（草案），审议通过政协第十届波密县委员会第二次会议关于常务委员会工作报告的决议（草案），审议通过政协第十届波密县委员会第二次会议关于提案工作情况报告的决议（草案），审议通过政协第十届波密县委员会提案委员会关于政协十届二次会议提案审查情况的报告（草案），审议通过政协第十届波密县委员会第二次会议政治决议（草案）。

【政协第十届波密县委员会常务委员会第三次会议】 2022 年 5 月 30 日，政协第十届波密县委员会常务委员会第三次会议召开。会议传达《中共政协波密县委员会党组 2022 年工作要点》，审议《政协波密县委员会常务委员会工作规则》等 12 项工作制度，传达《波密县公安局关于对政协委员次仁多吉采取行政拘留强制措施的通知》，学习中共中央办公厅印发的《关于加强和改进新时代市县政协工作的意见》，学习《政协第二届林芝市委员会常务委员会关于加强自身建设的意见》，学习县委十届第 21 次常委会（扩大）会议纪要。

【政协第十届波密县委员会常务委员会第四次会议】 2022 年 12 月 16 日，政协十届波密县委员会常务委员会第四次会议召开。会议审议通过关于召开政协第十届波密县委员会常务委员会第四次会议议程（草案），审议通过《波密县政协委员“能进能出”暂行管理办法（草案）》，传达自治区、市、县有关会议精神，研究人事事项，听取县政协委员 2022 年度考核情况汇报。

委员履职

【提案工作】 2022 年，县政协委员在十届二次全会期间提交提案 109 件，审查立案 72 件，选定 7 个提案列为重点提案。全年，联合县人大、县政府召开 2022 年人大代表建议、政协委员提案交办会 1 次。到全县 9 个乡镇，涉及村居、寺庙、学校等 65 个点位，采取走访、询问、座谈等形式完成 72 件提案摸底调研。答复提案办理情况，答复率 100%。

【专题调研】 2022 年，县政协围绕民生十件实事、川藏铁路建设、乡村振兴、各乡镇幼儿园和小学道路交通安全等课题开展调研视察 6 次，召开专题协商座谈会 8 次，收集意见建议 270 余条，得到相关职能部门采纳落实和县委、县政府主要领导的肯定性批示。县政协到各乡镇、各单位开展96名政协委员的走访调研，了解委员履职情况，考核委员工作。

【民主监督】 2022年，县政协组织委员围绕县委政府重要决策部署贯彻落实情况、重大项目重点工程建设实施情况、机关工作作风等工作开展民主监督60余次，协助县委政府解决问题40余条。

【帮扶活动】 2022年，县政协委员培养乡村科技骨干218名、技术能手35名，总计培训2000余人次。建立示范基地13个，协助推广种植天麻、灵芝、羊肚菌等林下资源，教授群众种植管理技术。部分政协委员投身公益事业，履行社会责任，捐资助学40余人次，帮扶受灾群众50余人次，看望慰问各类群体200余人次。在新冠疫情防控工作中，54名政协委员、14名政协干部参与疫情防控志愿服务，政协委员、政协干部捐资捐物26.89万元。

【宣传教育】 2022年，县政协组建以2名政协干部、12名农牧民委员为主的宣讲团，到8个乡镇18个行政村，开展各类宣讲活动18次，受众900余人。围绕学习习近平新时代中国特色社会主义思想、中共二十大精神、依法管理宗教事务等内容开展宣讲40余次。

专门委员会工作

【提案委员会】 2022年，县政协提案委员会到提案相关乡镇、村居、宗教活动场所等点位摸底调研，了解情况，协商办理方法。联合县人大、县政府召开两会代表建议、委员提案交办会，根据有关条例，提出具体承办意见。健全完善《政协波密县委员会重点提案遴选与督办》，邀请相关承办单位协商，遴选《关于拓宽卡倾公路的提案》等7件重点提案，提请主席会成员领衔督办，发挥重点提案的示范引领作用，推动提案工作规范化、制度化、程序化建设。

【文史民族宗教法制委员会】 2022年，县政协文史民族宗教法制委员会在县政协党组和主席会的领导下，围绕县委、县政府中心工作，紧扣文史、统战、宗教、法制等方面的问题开展调查研究，提出意见、建议和提案，团结和联系界别委员反映社情民意，组织协调界别委员视察、调研活动。履行政治协商、民主监督、参政议政职能，完成各项任务。参与全县文化事业工作，征集上报《嘎朗王故事》2份，报送波密县改革发展稳定突出贡献材料2篇。围绕“民生十件实事”“农机具加油难”等课题，组织委员到各乡镇、项目建设单位收集群众反映的社情民意信息，向县委、县政府和市政协报送相关调研报告2篇，提出意见建议9条。

11月30日至12月2日，林芝市县政协工作座谈会在波密县召开

10 月 15 日，波密县政协组织开展“喜迎党的二十大 政协委员云竞答”线上知识竞赛活动

【经济资源环境社会教科文卫委员会】2022 年，县政协经济资源环境社会教科文卫委员会在县政协党组的领导下，围绕县委、县政府中心工作，以“巩固拓展脱贫攻坚成果同乡村振兴有效衔接”为题，组织界别委员和相关单位开展调研，挖掘巩固拓展脱贫攻坚成果同乡村振兴有效衔接存在的问题，召开协商座谈会，提出意见建议并形成调研报告。

办公室工作

【概况】2022 年，县政协办公室在县政协党组的领导和各专委会的支持配合下，按照县政协 2022 年工作要点，围绕政协各项中心工作，履行政协职能，发挥承上启下、综合协调、参谋服务的枢纽保障作用，完成年度各项工作任务。全年承办县政协全体会议 1 次、常委会会议 4 次，起草工作制度 13 项。

【办会服务】2022 年，波密县政协办公室承办县政协全体会议 1 次、常委会会议 4 次、主席会议 3 次、县级政协委员履职能力提升培训班 1 次、“委员大讲堂”1 次、疫情防控相关知识培训 1 次、喜迎 2022 藏历新年茶话会 1 次。协助承办林芝市县政协工作座谈会。

【办文工作】2022 年，波密县政协办公室起草《政协波密县委员会常务委员会工作规则》等工作制度 13 项，起草《政协波密县委员会 2022 年调研考察计划》《政协波密县委员会 2022 年协商计划》。细化自治区、市、县三级委员家访、党员委员参加双重组织生活等委员生

2 月 26 日，波密县政协举办波密县各族各界喜迎 2022 年藏历新年茶话会

活机制，委员履职激励考核管理办法、“两个培养”等考核管理机制。

【协调接待】 2022年，县政协办公室协助自治区、市政协开展调研、宣讲工作5次。接待自治区内外政协到波密考察调研8批200余人次。

【委员培训】 2022年，县政协组织65名县级政协委员参加履职能力提升培训班1次，开展“委员大讲堂”1次，开展疫情防控相关知识培训1次。组织60余名农牧民委员参加“喜迎党的二十大 政协委员云竞答”线上知识竞赛。

【机构领导】

主席

尼玛扎西（藏族）

副主席

达妥·洛桑益西（藏族）

侯国聪（5月离任）

姜治强

陆文刚

（达瓦曲珍）

中国共产党波密县纪律检查委员会 波密县监察委员会

综　述

【概况】 2022年，县纪委监委在统筹疫情防控和经济社会发展、巩固拓展脱贫攻坚成果同乡村振兴有效衔接、促进波密县产业发展等重点任务上充分发挥监督保障执行、促进完善发展作用，为波密县经济社会高质量发展和长治久安提供纪律保障。

【县纪委十届二次全会】 2022年3月26日，中国共产党波密县第十届纪律检查委员会第二次全体会议召开，市政协副主席、县委书记旦增拉姆出席会议并讲话。中共波密县第十届纪律检查委员会常务委员会主持会议，县委、县政府、县人大、县政协相关县级领导，十届县纪委委员，乡镇纪委书记，县直（中直、自治区直、市直）直单位和县直国有企业主要负责人及纪委监委全体干部共70余人参加会议。各乡镇设分会场，班子成员和纪检干事参会。全会审议通过县委常委、县纪委书记、监委主任唐森洪代表县纪委常委会所作的题为《坚定不移狠抓作风建设打好反腐败斗争攻坚战 以实际成绩迎接党的二十大胜利召开》的工作报告，总结2021年波密县纪检监察工作，安排部署2022年工作。

3月26日，中国共产党波密县第十届纪律检查委员会第二次全体会议召开

【反腐败协调小组会议】 2022年10月27日，县委反腐败协调小组会议召开，县委常委、纪委书记、监委主任、县委反腐败工作协调小组组长唐森洪主持会议。县人民法院院长刘丽娜、县人民检察院检察长扎西旺堆出席会议，县委反腐败工作协调小组各成员单位负责人参加会议。会

议通报县委反腐败工作协调小组2022年工作开展情况，安排部署下半年反腐败工作。

【执纪问责】 2022年，县纪委监委受理问题线索102件，同比增长264%，立案42件，给予党纪政务处分34人，采取留置措施并给予开除党籍、开除公职处分1人。公检法、审计、巡察等部门移送线索频次大幅增加，办案过程中司法机关协助8次。运用监督执纪“四种形态”处理76人，分别占比52.6%、42.1%、4%和1.3%。追缴违纪资金180余万元，发出监察建议书3份，推动问题整改6个，健全完善制度5项。协助县委召开县委常委会班子成员以案促改专题民主生活会1次，回访教育受处分人员18人次，推动干部从“有错”向“有为”转变。

【宣传教育】 2022年，县纪委监委组织各单位观看电视专题片《零容忍》60余场次，为公安干警作“坚定理想信念，严守纪法底线”廉政警示教育专题辅导1次，组织28名青年科级干部代表观看警示教育片1次，组织波密县副科级以上干部到县警示教育基地参观“身边事教育身边人”警示教育展200余人次。组织56家单位开展党纪法规知识线上测试1000余人次。联合县教育局对广州大学13名支教大学生开展岗前廉政提醒谈话。为各乡镇、机关企事业单位财务人员和党员发展对象讲廉政党课各1次，组织县委政法委等11家单位在波茂广场集中开展波密县第九个党风廉政建设主题日宣传活动，发放宣传手册180余本，现场答疑解惑30余个。组织青年干部畅谈廉政工作体会5人次，筑牢年轻干部和重要岗位人员廉政思想防线。

【制度建设】 2022年，波密县纪委监委制定《中共波密县纪律检查委员会常务委员会工作规则》，加强纪委常委会自身建设。制定《波密县乡镇纪委（派出监察室）综合考评办法（试行）》，发挥系统内考核优势，10名纪检监察干部考核等次为“优秀”，考核结果综合运用至纪检监察干部评先评优、干部推荐、培养教育、管理监督、激励约束之中，激发干事创业动力。

【队伍建设】 2022年，县纪委常委会建立健全并执行“第一议题”等学习制度，开展集中学习8次，开展重点课题调研2次，面向玉普乡干部群众、县直单位党员发展对象宣讲中共二十大精神2次，发挥领学促学督学作用。注重全覆盖、互动式学习，开展支部集体学习17次、理论研讨4次、随堂测试5次、理论考试2次。以改进作风狠抓落实工作为契机，县纪委常委会查找问题3条，全体干部查找个人问题56条，制定整改措施59项，完善制度2项，开展讨论3次，

3月13日，波密县纪委监委干部参加义务植树活动

调研3次，形成调研报告2篇。抽调乡镇纪委书记实战轮岗9人次，参与办理案件50余起。选派纪检监察干部到自治区内外纪检监察机关监督执纪岗位接受实战训练15人次，参加自治区内外业务培训13人次，提升纪检监察干部队伍履职能力和水平。

1月18日，波密县纪检监察机关过渡期专项监督工作第二次例会召开

监督工作

【政治监督】2022年，县纪委监委严格执行“两为主一报告”制度，主动向县委和市纪委监委请示报告工作分别为16次、42次。聚焦下级“一把手”监督，由县纪委书记对8名权力集中、资金项目富集的县直单位相关负责人开展“一对一”廉政谈话。围绕维护国家安全、森林防火、生态环保等重点工作开展监督检查25次，反馈问题22个。做好新冠疫情防控，建立健全督导检查机制，联合县委组织部制定《波密县关于进一步激励疫情防控一线党员干部担当作为实施办法（试行）》，对县城6个网格化管理片区、各乡镇及62个村级卡点作用发挥情况开展督导检查100余次，发现问题176个，提出整改建议73条，推动解决问题7个，问责处理12人。为县副科级以上干部“政治画像”，健全613名县管科级领导干部廉政档案。严把选人用人廉政关口，开展廉政审查174批次2483人次，提出暂缓或否定性意见17人次，开展干部任前廉政集体谈话和知识测试各2次。

【巡察监督】2022年，县纪委监委加强巡察整改监督，在涉粮领域专项巡察整改期间，开展县粮油公司、粮储局整改措施落实情况督导检查2次，协助召开县委常委班子涉粮巡察反馈问题整改专题民主生活会1次，联合县委组织部审核十届县委第二轮被巡察党组织整改方案，下发反馈意见单4份，联合县委组织部和县委巡察办开展被巡察单位整改情况督导检查2次，反馈问题并提出整改建议24条，确保相关问题整改到位。

整治群众身边腐败问题，回应群众关切，受理来信来访问题线索14件。主动跟踪涉及群众利益问题线索，处置“微腐败”问题线索20件，立案2件，约谈1人，诫勉谈话1人，谈话提醒5人，给予党纪政务处分2人。

开展乡村振兴专项监督，召开波密县纪检监察机关过渡期专项监督工作第二次例会，结合惠民惠农财政资金“一卡通”专项治理工作，联合财政、审计开展督导检查，发现问题6个，提出工作意见建议3条。梳理波密县2021年以来开工建设的23个乡村振兴项目和2018年以来扶贫项目，开展监督检查20余次，受理问题线索12件，立案2件，诫勉谈话1人，谈话提醒4人。

开展扎木镇桑登村、玉许乡海定村“三资”提级监督，督促整改问题9条，健全完善制度1项。

【日常监督】 2022年，县纪委监委围绕落实中央八项规定精神情况监督检查30余次，处置违反中央八项规定精神问题线索4件，组织处理2人。在各节假日前下发廉洁过节工作提醒函，推送廉政短信90余条，转发违反中央八项规定精神典型案例12起。开展“公车接送请休假公车私用”问题专项自查纠治，发现问题52条，涉及干部21名，完成整改资金5.4万余元。联合县财政局开展公务接待中“吃公函”问题自查1次，发现涉及超标准接待等问题136条，涉及超标准报销和违规报销资金6.81万元。开展“三大问题”专项整治工作，督促波密县56家单位自查并完成整改问题171个。指导县粮储局和粮油公司根据岗位职责梳理廉政风险点22个，制定完善针对性廉政风险防控措施21条。联合县委作风办和县公安局开展娱乐场所监督检查1次，处理4人。受理机关干部、村干部、农牧民党员酒驾和其他违法驾驶问题线索15件，立案13件12人，给予党纪处分11人。

巡察工作

【概况】 2022年，县委巡察机构落实党中央、自治区党委、市委和县委关于巡视巡察工作决策部署，把握中央巡视工作方针，把握政治巡察要求，推进巡视巡察上下联动，围绕巡察监督重点内容，开展2轮巡察工作，为波密县经济高质量发展提供政治保障。

【制度建设】 2022年，县委巡察办参照自治区党委、市委巡视巡察五年规划，结合波密县实际，拟定《中共波密县委巡察工作规划（2022—2026年）（试行）》，由县委常委会审议通过。对整理和新增的19个巡察规章制度、规则和条例汇编成册。完善巡察工作流程图，对巡察准备、了解、报告、反馈、移交、整改、归档7个环节53项工作的具体流程作出详细说明，明确各环节的时限、方法、步骤和要求，助力巡察工作精细化。

【第二轮第三轮巡察】 2022年，县委巡察机构配合市委巡察上下联动开展第二轮、第三轮巡察。第二轮组建2个巡察组以“市委混合交叉编组”形式，对县教育局等5家县直部门党组和14所学校党支部开展常规巡察。第三轮组建2个巡察组，对县财政局等5家县直部门党组和4家国有企业开展常规巡察。县委召开巡察工作领导小组会议4次和书记专题会议2次，听取巡察工作情况汇报，发现问题392个，向被巡察党组织反馈问题355个，提出整改建议146条，推动解决

10月28日，十届县委第三轮巡察动员部署会召开

8月26日，县委常委、纪委书记、监委主任唐森洪到县农贸市场督导检查疫情防控和物资保障情况

立行立改问题23个，向县纪委监委、县委组织部移交问题线索14个，涉及15人。

【重大事项督办】2022年，县纪委监委、组织部与巡察办组成督导检查组，对2轮被巡察单位整改落实情况进行跟踪督查，提出意见建议。共督导检查2次，反馈问题并提出意见建议24条，电话督促8次，确保巡察反馈问题整改落到实处。

【队伍建设】2022年，县委巡察机构参加自治区级培训8人，参加市级培训9人，参加自治区党委巡视1人，到市委巡察办跟班学习1人。组织开展培训1期，参加培训20人。从各单位抽调选派19名干部参加市委统一混合交叉巡察。在年度公务员考核中，被评为优秀2人、称职7人。晋升职级2人，提任上一级职务1人。

【机构领导】

县委常委、纪委书记、监委主任

　　唐森洪

县纪委副书记、监委副主任

　　大巴桑（藏族，6月离任）

　　赵明军（1月任职）

　　巴　姆（12月任职）

案件审理室主任

　　兰国斌（1月任监委委员）

综合室主任

　　杨希承（藏族）

党风政风监督室主任

　　次仁卓嘎（女，藏族）

监督检查室主任

　　白玛群措（女，藏族）

信息中心主任

　　石　俊

县委巡察办主任

　　李　静（女）

县委巡察办副主任

　　索　朗（藏族）

　　杨　戈（7月任职）

县委巡察办一组组长

　　向巴拥宗（女，藏族）

县委巡察办一组副组长

　　蒋亚男（女）

县委巡察办二组组长

　　张太荣

县委巡察办二组副组长

　　索朗玉珍（女，藏族）

（冯　珍　石　俊）

对口支援

广东省第十批支援波密工作队

【概况】2022年6月，广东省第十批援藏工作队波密县工作组进驻，工作组由7名党政干部和8名组团式医疗人才组成。7名党政干部分别任县委常务副书记、常务副县长，县委常委、副县长，县发改委副主任，县农业农村局副局长，县文旅局副局长，县商务局副局长，县教育局副局长。8名组团式医疗人才分别任县卫健委副主任，县人民医院院长及县人民医院各科室主任。

【机构建设】2022年，广东省第十批援藏工作队波密县工作组履行职责使命，健全内部运作机制，明确领导班子成员，并内设综合组、纪检资金组、组织组、项目组、宣传教育组、组团式医疗组等6个功能组，根据干部个人专长和工作需要配置人员，组内交叉担任组长和副组长，持续健全内控机制，加强制度约束。全年召开领导班子会议5次、项目推进会议5次，制定《广东省第十批援藏工作队波密县工作组援藏项目推进管理办法》《广东省第十批援藏工作队波密县工作组印章使用管理规定》等规章制度，形成制度体系，确保制度管理规范有效。

7月18日，广东省第十批援藏工作队波密县工作组2022年第一次项目推进会议召开

支援波密成果

【项目建设】2022年，广东省第十批援藏工作队波密县工作组实施规划内项目3个，投资完成

率100%，开工率100%。投资项目中，波密县2022年乡村振兴示范村（倾多镇古通村）建设项目总投资750万元，包括村道硬化、入户道路、山顶村民休闲广场等，项目完工并完成验收。7月，波密县农村供水保障工程完工，总投资3000万元，包括新建取水口、消能井等及相关附属设施设备，项目总体拨付资金占60%，网上申请办理占25%。波密县专业技术安居工程总投资1850万元，包括新建波密县专业技术人才安居房屋A、B栋，绿化、道路硬化、停车位、总体电气及给排水等，完成总工程量的100%，完成电梯安装和资金拨付。

【智力支援】2022年，广东省第十批援藏工作队波密县工作组完成轮换交接工作，推进2022年援藏项目建设，研究2023年项目前期工作。开展文化旅游产业、茶叶产业调研活动、乡村振兴示范村调研活动、生猪屠宰加工、智慧教育情况调研活动10余次。8月，新冠疫情防控期间，广州援藏工作组协调广州市委、市政府进行医疗支援，增派医疗专家5人，充实医疗人才队伍，参与疫情防控的广州医疗专家人才20余人。发挥广州市后援力量和社会力量，获得广东省钟南山医学基金会等10余家企事业单位捐赠的防疫物资。加强乡镇流行病调查技术培训，推进边远山区疫情防控工作。通过“网信波密”微信公众号、“广州共享课堂”等线上平台，开展“互联网+教育”线上教学，让广州医疗专家人才参与疫情防控技术培训。联系广州市住房和城乡建设局、广州市建筑业管理服务中心等单位，组织广州建筑行业专家到波密县开展为期5天的第二届农牧民建筑工人技能提升实训活动，实训课程涵盖6个工种，参训农牧民90人，通过考核评选出优秀学员16人，打造高原建筑人才队伍，提升农牧民建筑工人技能，促进当地建筑业发展。

【产业支援】2022年，广东省援藏工作队波密县工作组引进西藏波密高原藏天麻产业开发有限公司，从事藏天麻林下野生抚育实验研究，种植藏天麻1.07平方千米，良种繁育基地1.07万平方米，科研试验区3500平方米，雇佣当地农牧民3000余人次，带动当地农牧民增产增收。引进广东省农业科学院畜禽屠宰加工专家，推动波密藏香猪就地屠宰、就地加工，为波密藏香猪产品销往粤港澳大湾区打下基础。邀请西藏农牧科学院水产研究所渔业专家，结合广东水产养殖技术，推动波密渔业增殖放流与冷水鱼养殖项目落地见效。

7月5日，波密县举行广州支援西藏波密县第二届农牧民建筑工人技能提升实训开训仪式

【教育支援】 2022年，广东省第十批援藏工作队波密县工作组派出援藏教育人才14人，开展“组团式”教育援藏，帮扶林芝市第一中学。与广州大学联合开展“名校对口帮扶”工作，广州大学派出30名支教实习大学生到波密支教实习，提升受援地教育教学水平。搭建云平台，开展线上对口教学教研帮扶。广州、波密两地开展线上联合教研活动4次，波密县参加人数2080人次。推进国家通用语言教育，开展国家通用语言文字普及推广工作，组织国学经典诵读大赛，覆盖波密县14所中小学幼儿园，参与师生400人次。督导校园语言文字规范使用情况，发现并解决问题40余个。在波密县中学学业水平考试中，西藏班上线26人，上线率排林芝市县直学校前列。在小学毕业考试中，县完全小学及其他乡镇学校共16名学生录取到西藏班。

【民生保障】 2022年，广东省援藏工作队波密县工作组投资3000万元，完成“幸福水工程”（农村供水保障工程）建设，保障核心区干部群众日常生产生活用水，增加供水人口约7000人，供水量从每日3000立方米提升至1万立方米。总投资1850万元，完成人才公寓项目建设，为引进高质量人才提供“一站式”服务，解决波密各类人才安居难题。确定外科、儿科、妇产科等7个科室为“以院包科”主攻方向，提升常见病医疗服务能力及质量。推进建设外科、妇产科微创诊疗中心，购置腹腔镜、宫腔镜等器械，发展微创诊疗技术。

8月17日，接受广州西藏文旅创业基地捐赠，杨力、李明、白玛旺扎出席

【文化交流】 2022年，广东省第十批援藏工作队波密县工作组谋划“粤藏两地情·文化一家亲”广州林芝两地文化交流惠民演出、专题讲座及“面对面”文艺沙龙活动。线上线下同步参与2022年广东国际旅游产业博览会，推介林芝波密文化旅游资源及文化。以扎木中心县委红楼为主阵地，依托红色历史文化，对接广州专业团队，完善红色舞台剧《波密红》剧本、灯光、舞美，组织波密县民间艺术团复排演出，线上直播《波密红》，并推荐参加2022年广州市文化产业交易会暨第30届广州国际旅游展览会，在广州地区巡演，推进两地文化交流。

（广东省第十批援藏工作队波密县工作组）

群众团体

波密县总工会

【概况】 2022年，县总工会在县委、县政府的领导下及市总工会的指导下，学习贯彻习近平新时代中国特色社会主义思想、中共十九届六中全会精神、中共二十大精神和自治区第十次党代会精神，贯彻落实西藏工会十大和林芝工会一届七次全会确定的目标任务，贯彻执行《中华人民共和国工会法》和《西藏自治区实施〈中华人民共和国工会法〉办法》。2022年，全县有基层工会组织66个，工会主席66名，会员2033名，其中县直机关单位工会48个、会员1434名，乡镇工会10个、会员519名，国有企业工会5个、会员80名。

6月29日，波密县总工会组织全县500余名职工群众举办“青春心向党 健身创未来”健身操比赛

【困难职工帮扶】 2022年，县总工会根据《西藏自治区工会困难职工家庭认定和档案管理办法（试行）》《西藏自治区工会专项帮扶资金使用管理实施细则（试行）》要求，通过政策宣传、集中摸排、入户走访和电话函询等方式与困难职工“面对面”交流，加强困难职工申请人员识别，做到“应帮尽帮、应脱尽脱”。全年为4户在档困难职工发放救助资金2.4万元，为2户因病致困职工申报在档困难职工帮扶，制订帮扶计划。搭建爱心桥梁，联系爱心企业出资，为地区林场20名职工发放价值2万余元的慰问品，为11名困难职工做免费体检，解决实际困难。联系社会爱心人士暖心救助移动公司困难职工，为其身患白血病的2岁孩子争取社会捐助2.5万元。

【落实福利保障】 2022年，县

总工会根据《西藏自治区基层工会经费收支管理实施办法（试行）》和《关于疫情防控工作中继续加大基层工会职工集体福利用于消费扶贫的力度助力打赢脱贫攻坚战的通知》规定，为2033名职工会员发放2022年度职工福利5次，包括藏天麻“藏之星”茶叶、藏香猪肉罐头、生日蛋糕券和火锅一体锅，总价值291.53万元。与县政府对接，为协辅警、公益性岗位、环卫工人等八类岗位人员争取经费44.33万元，惠及职工500余人。与中石油波密分公司和县邮政局沟通协商，为职工争取加油便利、油品折扣和快递包裹邮寄、邮政储蓄及“邮薪贷”等业务优惠。利用“三大节日”、五一、七一等节日契机，在疫情防控、抗灾抢险重要节点，到各乡镇、卫生系统、疫情防控站点、公安系统、寺管会等地，慰问劳动模范、环卫工人、困难职工和患病职工、去世职工家属，发放慰问金及价值10.13万元的慰问品。以“八五”普法、“安全生产月”等活动为契机，组织参与法治宣传活动13次，发放《中华人民共和国工会法》《保障农民工工资支付条例》《女职工劳动保护特别规定》《中华人民共和国民法典》《中华人民共和国职业病防治》《法律援助条例》等宣传资料1500余份。

波密县总工会在县委红楼前发放2022年度全县职工会员福利

【职工服务】 2022年，波密县10个乡镇工会委员会均完成“八有”工会标准化建设，被自治区总工会授牌。打造“9+2+1+3”（9：扎木镇、古乡、玉许乡、易贡乡、康玉乡、多吉乡、玉普乡、倾多镇、松宗镇，2：波密县机关后勤、粮油加工厂，1：人民法院职工服务站，3：城西、城中和城南3个爱心驿站）职工之家和服务站点，为职工提供休憩、娱乐、学习的温馨家园。其中，倾多镇职工之家、松宗镇职工之家、人民法院职工服务站和2个户外工作者爱心驿站投入68万余元。

【机构领导】

主席

拥青卓嘎（女，藏族）

副主席

央青巴姆（女，藏族，7月任职）

（韩春霞）

共青团波密县委员会

【概况】 2022年，共青团波密县委员会在县委、县政府和上级团委的领导支持下，立足共青团基本职能，做好组织青年、引导青年、服务青年等相关工作。全县共有10个乡镇团委，1个团工委，1个中学团总支，85个村居团支部，4个国有企业团支部，2个非公企业团支部，1486名团员，新发展团员28名。有少年先锋队工作委员会23个，中队

7月25日，团县委在波密县某部队组织开展“雏鹰展翅 强国有我”军事夏令营主题教育实践活动

115个，少先队员3252名。全县共有青年之家19个，青年安全生产示范岗1个，接收新派遣西部计划志愿者4名。

【青少年思想引导】 2022年，共青团波密县委员会组织开展宣讲中共二十大精神活动10场次，437人参加。开展宣讲习近平总书记在庆祝中国共产主义青年团成立100周年大会上的重要讲话精神活动3场次，53人参加。开展青少年参观县委红楼活动4场次，98人参加。开展“建团百年”系列活动3场次，272人参加。每周开展青年大学生网上主题团课学习活动，每期参与人数1000人。

【青年就业创业】 2022年，共青团波密县委员会召开实施《西藏自治区中长期青年发展规划（2018—2025年）》第二次县际联席会议，开展“聚焦青年声音 助力波密两会”面对面座谈会活动，收集与会17名相关单位、各乡镇负责人，以及来自各行业的6名职业青年代表的意见诉求，形成议案和提案各2件，分别提交县人大常务委员会和县政协委员会。

【法治宣传】 2022年，共青团波密县委员会以各类法治宣传日为契机，在人口稠密地点设立宣传点，面向青年群众宣传和发放藏语、汉语两种语言的各类法律法规，包括《中华人民共和国未成年人保护法》《青少年自我保护知识读本》《中国共产主义青年团章程》等，开展法治宣传活动14次，发放宣传资料3000份。开展“模拟法庭”“法治进校园”宣讲等活动3次，受益学生350人。

【扶贫助困】 2022年，共青团波密县委员会开展困难学生助学

1月21日，团县委“青春有我 与你同行”寒假公益兴趣班在波密县完全小学正式开班

工作，争取各类助学金名额 83 个，助学金共计 8.3 万元，慰问因灾致困家庭 3 次，受益人员 13 人。

【基层团组织建设】 2022 年，共青团波密县委员会召开波密县青联委员会履职培训会，围绕《如何做一名新时代的合格青联委员》开展专题授课，组织委员学习习近平总书记关于青年工作和青联改革的重要思想。开展基层走访调研 2 次，分别走访扎木镇康木村调研青年之家建设情况，以及走访松宗镇调研基层团组织情况。波密县成立青年之家 19 个。

【西部计划专项工作】 2022 年，共青团波密县委员会组织西部计划志愿者参与志愿服务活动 634 人次，组织参观学习活动 4 次、文体活动 2 次、谈心谈话 3 次、留藏过年慰问 1 次，传承发扬“奉献、友爱、互助、进步”的青年志愿者精神。召开 2021 届波密县大学生西部计划志愿者工作总结会及 2022 届波密县西部计划志愿者对接派遣会。根据 4 名志愿者所学专业及个人专长，分别派遣至 4 个服务单位，并与各服务单位签订三方协议，规范和完善波密县志愿者的离岗、注册、申报和管理工作。

【志愿服务】 2022 年，共青团波密县委员会组织青年志愿者参与防疫、义剪、清洁、慰问等各类志愿服务活动 726 人次。慰问防疫工作者 4 次，受益人员 81 名。

【机构领导】

书记

达　珍（女，藏族，11 月离任）

张　鑫（11 月任职）

副书记

卓嘎措（女，藏族）

（杨浩林）

波密县妇女联合会

【概况】 2022 年，县妇联坚持以习近平总书记关于妇女儿童和妇联工作的重要论述为指导，贯彻落实自治区、市、县各项决策部署，围绕中心工作，服务大局、服务妇女、服务基层，在维护妇女儿童合法权益、关心关爱妇女儿童方面营造良好氛围。全年捐献慰问物资约 6.7 万元，发放法律宣传册 1100 余份。

【阵地建设】 2022 年，县妇联加强“妇女儿童之家”建设，在村居建设“妇女儿童之家”2 个。在扎木镇卡达村、松宗镇栋亚村、倾多镇栋曲村和热西村创建“巾帼家美积分超市”4 个。

【慰问帮扶】 2022 年，县妇联在“中国人民警察节”期间慰问女民警 10 人，送去慰问金 3300 元。在“三大节日”期间，慰问妇联退休干部、特困人员集中供养服务中心女护工、生活困难妇女儿童 41 人，送去慰问金及慰问品，共计 1.69 万元。“三八”

1 月 28 日，松宗镇栋亚村举行“巾帼夜校”培训班结业典礼

妇女节期间，慰问新冠疫情防控办公室人员、退休女干部及家属、八盖乡政府女干部、生活困难妇女30人，送去慰问金及慰问品，共计9100元。七一建党节期间，妇联党员慰问单亲母亲，捐款1200元；慰问巾帼老党员、在职优秀女党员及困难女党员9名，送去慰问金及慰问品，共计4200元。八一建军节期间，慰问退役军人困难军属4名，送去价值1517元的慰问品。慰问县人民医院女医护人员10人，送去价值3000元的慰问品。十一国庆节期间，慰问疫情防控人员和检查站人员100余人，送去价值1.48万元的慰问品。慰问火灾受灾家庭3户，送去慰问金3000元。加强社会统筹，社会爱心企业帮扶倾多镇栋曲村困境家庭5户，争取帮扶资金1万元。

【宣传教育】 2022年，县妇联以宣传习近平新时代中国特色社会主义思想和中共二十大精神为主线，组织各级妇女干部群众学习十九届历次全会精神、中共二十大精神活动6次。到村居开展中共二十大巾帼大宣讲3次，集中收看十三届全国人大五次会议和中共二十大开幕盛况，惠及妇女群众500余人。依托“三八”妇女节、综治宣传日、宪法宣传日等节点，开展宣传活动8次，发放《中华人民共和国宪法》、《中华人民共和国民法典》婚姻篇、《中华人民共和国妇女权益保障法》、《中华人民共和国反家庭暴力法》、《中华人民共和国家庭教育促进法》、《守护童年安全同行》等宣传资料1100余份，受教育妇女儿童1000余人。全年调解婚姻家庭纠纷2起，通过耐心说教、积极协调、转办相关部门等办法，做好相关答复工作。

【关爱妇女儿童】 2022年，县妇联在寒假期间开展“温暖迎新春 把爱带回家 关心关爱青少年健康成长”活动，为100余名学生送去学习用品和书籍价值5000元。举行“别样三八 致敬城市美容师”送文艺、送温暖活动，惠及妇女60余人。开展“弘扬家风美德·感恩母爱”活动，慰问单亲母亲、表彰“最美母亲”、学习插花等主题系列活动，妇女儿童50余人参加。在“国际家庭日”期间，组织巾帼志愿者开展以“送法进万家 家教伴成长”为主题的家庭教育促进法宣传活动，发放宣传资料100余份。在热西村开展“点亮微心愿 温暖儿童心”为主题的庆六一迎端午系列活动，热西村、康达村和曲西村80余人参加。开展“粽叶飘香迎端午，亲子携手感党恩”活动，惠及26个家庭100余人。开展“守护童年安全同行——安全伴我在校园·我把安全带回家”为主题的安全教育进校园宣讲活动，惠及300余人。

3月1日，波密县开展以“建设法治波密 巾帼在行动”为主题的“三八”法治宣传活动

【新冠疫情防控】2022年，县妇联组织巾帼志愿者在人员密集场所发放口罩、宣传疫情防控知识，发放口罩500余个，惠及群众300余人。中秋节期间，为25名疫情防控医护人员送去爱心礼包，价值3000元。配送爱心餐1000余份，捐赠疫情防控生活物资、爱心餐等约4万元；举办“巾帼心向党 喜迎二十大”巾帼抗击疫情故事分享会，聆听10名个人和家庭疫情防控事迹。

【机构领导】

主席

达　珍（女，藏族）

副主席

杨　丽（女）

（于晓华）

波密县工商业联合会

【概述】2022年，县工商联落实县委、县政府中心工作，以促进民营经济“两个健康”为工作主线，发挥好政府与企业的桥梁纽带作用，推动落实支持民营经济发展各项政策措施，助力波密县经济平稳发展。走访调研种植、餐饮住宿等企业103户。组织93家企业捐赠疫情防控资金161.55万元。捐赠物资价值38.33万元。

【民营经济基本情况】2022年，波密县共有市场主体5147户，注册资本（金）64亿余元。公司848户，注册资本52.74亿元，同比分别增长32.9%、19%。个体工商户4160户，注册资本10.21亿元，同比分别增长12.3%、16.2%。农牧民专业合作社139户，注册资本1.1万元，同比分别下降-1.4%、-0.1%。

【工商联第四次代表大会】2022年4月，波密县工商业联合会（商会）第四次代表大会召开。选举产生新一届执委班子19名。其中，企业兼职副主席3名，商会设1名会长、5名副会长。

【庆七一活动】2022年，县工商联党支部与市监局党支部联合县委“两新”党组织第一党支部、第三党支部开展“听党话跟党走·弘扬建党精神主题会”庆祝七一党建活动，增强“两新”党组织凝聚力与战斗力，助推民营经济党建工作高质量发展。

【实地调研】2022年，县工商联走访调研种植企业2户、猪肉市场4次，联系餐饮住宿业97家，发放调查问卷500份，收集并汇总民营企业反馈的困难及问题，报送至县直部门沟通协调，解决问题20项。

【优化营商环境】2022年，县工商联召开波密县建筑企业营商环境座谈会，听取民营企业对企业发展和政府部门的意见建议，现场研究推动民营经济高质量发展各项措施，助力优化营商环境。组建“工商联会员企业（建筑领域）微信群”，搭建项目主管部门与民企沟通桥梁。

4月22日，波密县工商联（商会）第四次代表大会举行

11月8日，波密县工商联组织召开“波密县工商联会员企业（建筑领域）参与‘万企兴万村’行动启动仪式”，县政协主席尼玛扎西（左三）出席会议

【万企兴万村活动】2022年，县工商联党支部召开工商联会员企业（建筑领域）参与“万企兴万村”座谈会与启动仪式，参与建筑企业33家，其中，认领困难大学生55名，帮扶至学业完成。建立33户“三类人员”的三年帮扶机制，引导企业家为培养乡村人才、防范化解返贫风险贡献力量，助力乡村振兴建设。

【参与公益事业】2022年，县工商联组织会员企业10家，参与协调村集体分红事项，慰问帮扶贫困难学子和残疾人、“三岩”搬迁户、环卫工人、敬老院老人，送上慰问金及生活物资，投入资金37.07万元。

【新冠疫情防控】2022年，县工商联在新冠疫情防控期间，向全县民营经济人士和民营企业发出倡议书，鼓励民营企业和个体商户捐款捐物，支持疫情防控工作。全县93家工商界企业及个体工商户捐赠疫情防控资金161.55万元，捐赠物资价值38.33万元。

【机构领导】

主席

陈银平

副主席

尼玛卓玛（女，藏族）

王　林（2022年7月任职）

企业家副主席

白玛次仁（藏族）

仇全雷

扎西多吉（藏族）

（杨　红）

波密县文学艺术界联合会

【概况】2022年，县文联以活跃民间文学艺术，繁荣波密文化为宗旨，做好作家协会、书法美术家协会、摄影家协会、影视家协会、舞蹈家协会、民间艺术家协会相关工作，开展惠民文艺活动，丰富群众文化生活。

【文艺惠民】2022年，县影视家协会制作新冠疫情防控微视频7部，通过电视、微博、抖音、微信等方式宣传疫情防控和健康生活知识，播放600余次，受众3万人。县舞蹈家协会开展演出活动70余场次，派出文艺骨干20人到8个乡镇，开展为期2周的文艺指导工作。“三大节日”期间，县文联各协会到乡镇、村（社区）开展文艺下乡活动，县摄影协会拍摄全家福照片400余幅，县民间艺术家协会赠送春联1000余副。

【文艺创作】2022年，县文联组织协会会员参与《波密红》舞台剧创作，撰写《红色波密》丛书，创作《毛主席的光辉》《318上一抹红》《红楼风韵》等文艺作品，丰富群众精神文化生活。

发挥文联系统组织优势和专业优势，通过实地采风、翻阅资料、走访老干部和知情群众等方式，记录波密山水文化、民俗文化和人文历史，打造《波密县旅游文化丛书》，制作《印象波密》《波密这十年》等系列栏目。争取资金支持，策划拍摄以人与自然和谐相处、感恩党中央为主题的微电影《见证者》。

【获奖情况】 2022年，县文联协调组织全县文艺爱好者围绕波密县民生改善、自然风光、生态保护等主题开展采风活动，展现自然风景和人文风情，提升波密知名度和美誉度。摄影协会主席阿旺仁青作品《山寺桃花》入围西南六省联展，《扎木公路》《丘陵日出》入围珠峰摄影大展，阿旺仁青被评为“2022年度四川民族文化影像艺术协会先进个人”。新华社专题报道《穿越西藏三：阿旺仁青的乡村电影梦》，《中国民族报》刊登相关摄影作品。

【机构领导】

副主席

卓玛央金

米　玛

阿旺仁青

副主席兼秘书长

米　玛

副秘书长

唐小华

（四朗泽吉）

波密县残疾人联合会

【概况】 2022年，县残联发挥“代表、服务、管理”职能，做好全县残疾人教育培训、就业创业、康复扶贫、社会保障等工作。推进残疾人惠残民生工程，形成以政府为主导，社会各界广泛参与、协调运作的工作机制，提高残疾人生活质量。全年发放残疾人辅助器具192件，开展残疾儿童康复筛查27人。

【组织建设】 2022年，波密县实现村（社区）残疾人协会全覆盖，共成立64个村（社区）残疾人协会。包括45个单独村（社区）残疾人协会，19个联合村（社区）残疾人协会。选举任命村（社区）残疾人协会主席64名，选举聘任村（社区）残疾人协会专职委员76名。

【残疾人康复服务】 2022年，县残联提升残疾人康复服务覆盖率，推动残疾人辅具适配服务，发放辅助器具192件。其中，轮椅26个，助行器10个，坐便器28个，腋拐15副，助听器12个，单拐34个，肘拐3个，拐杖33个，褥疮垫3套，盲杖、盲人眼镜16个，矫形器1个，其他肢体辅助器具3个，电动床3个，电动轮椅3个，手动轮椅1个，脑性瘫痪患者轮椅1个。开展残疾儿童康复筛查工作，筛查各类残疾儿童27名，根据筛查和评估结果，符合康复治疗条件的残疾儿童22人，自愿顺利完成康复训练2人。

【残保金政策宣讲】 2022年，县民政局、县残联围绕“促进残疾人就业、保障残疾人权益”助残日主题，联合县税务局开展残疾人就业保障金政策宣讲活动，税务人员介绍残疾人保障金政策的适用标准、要求、流程和操作方法，鼓励用人单位最大程度安排残疾人就业，参与活动企业184家，发放就业政策宣传资料180余份，6家企业为残疾人提供就业岗位8个。联合县税务局、县财政局，对机关事业单位、国有企业及中直、区直、市直单位开展残保金审核征缴工作，全年申报残疾人就业保障金单位516家，残疾人就业保障金安置审核通过单位20家，征收残疾人就业保障金293.08万元。县民政局组织残疾人公开招聘2人，帮助残疾人自主创业，为3名残疾人发放个体工商户经营资金

5月18日，波密县残联邀请波密县税务局工作人员为全县184家企业宣传残疾人就业保障金政策

8万元。

【基础数据管理】 2022年10月1日至11月15日，县残联与易贡茶场、各乡镇、村（社区）开展残疾人事业基础数据动态更新工作，组织县、乡、村三级调查人员通过填写调查表方式进行数据更新。数据更新范围涵盖波密县10个乡镇及易贡茶场，85个村（社区），调查残疾人1622人，填写社区登记表85份、残疾人登记表1622份。全年残疾人死亡55人，查无此人1人，入户率97.75%，为县委、县政府在开展残疾人工作中提供数据支撑。

【社会保障】 2022年，县残联按照应补尽补、全面覆盖、政策衔接原则，落实残疾人“两项补贴”制度，全年发放资金290.48万元，补贴残疾人7770人次。其中，发放困难残疾人生活补贴171.28万元、5762人次；发放重度残疾人护理补贴119.2万元、2008人次。发放残疾人机动燃油车补贴资金3.65万元、96人次，发放阳光家园居家托养服务资金6.75万元、45人次，发放重度残疾、精神残疾证件办理补贴0.9万元、90人次，发放残疾儿童康复救助生活补贴0.2万元、2人次。实施困难残疾人家庭无障碍改造工程，走访调查残疾人家庭500余户，确定无障碍改造140户，投入49万元，安置多功能电动床、电动轮椅、马桶、无障碍出行通道等设施，为残疾人居家生活提供便利。

【残疾类别等级评定】 2022年，县残联依据残疾人证核发标准，严格把关，协调县人民医院评定专家组每月开展残疾人评定，协调医生到重度残疾人家中拍摄视频，并结合残疾人病例提供至专家组，为残疾类别等级评定提供一站式服务。

5月21日，波密县残联为残协专职委员颁发荣誉证书

【助残活动】 2022年，县残联开展爱心助残活动，邀请县夕阳红艺术团进行文艺会演，慰问残疾人。开展讲授一次党课活动，县残联理事长次仁央宗为残疾人协会专职委员讲党课，并为6名村（社区）优秀专职委员颁发荣誉证书，奖金1800元。开展慰问活动，为14名困难残疾人发放慰问金4200元，发放热水壶43个、衣物85件、鞋子85双。举办“我为群众办实事”政策宣讲活动，发放《残疾人就业条例》藏文翻译版50册，《残疾预防和残疾人康复条例》藏文翻译版50册，宣传残疾人康复、就业创业、法律援助等各项政策，解答政策问题。邀请残疾人大学生创业代表讲述创业故事，激励残疾人创业创新。

【新冠疫情防控】 2022年，县残联通过微信公众号、手机短信等形式，宣传疫情防控知识，选派工作人员前往疫情防控一线进行志愿服务，村（社区）残疾人协会专职委员配合乡镇医务工作人员做好防疫宣传工作。

【机构领导】

理事长

次仁央宗（女，藏族）

（次仁央宗）

法 治

政法委及综合治理

【概况】 2022年，县委政法委聚焦年度政法、平安建设任务既定目标，以中共二十大精神和习近平法治思想为引领，加强政治理论学习，普及法治宣传教育，做好“先进双联户”审核工作，落实扫黑除恶斗争各项措施，加强社会治安综合治理，排查化解矛盾风险，保障人民群众利益。全年开展各类普法宣传30余场次，发放各类宣传资料3万余份，受理信访案件39批（件）67人次，助推法治建设高质量发展。

【党的建设】 2022年，县委政法委发挥统筹优势，落实中共二十大精神，巩固政法队伍教育整顿成果，推进党史学习教育、政治建警，依托进一步改进作风狠抓落实工作，完善学习方案、计划，重点将中共二十大精神、习近平法治思想、《中国共产党政法工作条例》、《西藏自治区平安建设条例》及自治区党委实施细则、《中华人民共和国反有组织犯罪法》《信访工作条例》《中华人民共和国民法典》、新时代党的治藏方略及自治区党委第十次党代会精神、林芝市第二次党代会精神等作为重要学习内容，采取编印口袋书、制作应知应会门形走廊、主题研讨、理论测试、抖音推送等形式，教育引导全体政法干警学理论、强素养、提能力。全年开展政法系统党政“一把手”讲党课6次、各类主题研讨13场次、学习解读10场次、抖音推送30条、受教育人数1万余人次。

【法治宣传】 2022年，县委政法

7月18日，波密县开展平安建设助力国家重点项目之送法进工区宣讲活动

委围绕3月综治宣传月、“4·15”国家安全日、6月综治宣传周、“9·16”平安西藏宣传日、“八五”普法等活动，宣传法治知识，弘扬法治精神。拨付专项资金，在玉普公安一级检查站增设户外法治宣传阵地，滚动播放各类法治宣传视频。开展集中宣讲活动，送法进工区、进村（社区）、入农户，发放宣传资料，张贴横幅标语。盘活“两微一端”（微博、微信、手机客户端）、抖音、县电视台等新媒介优势，采用视频制作、链接转发、现身说教形式，教育引导党员群众知法、懂法、用法，开展各类普法宣传30余场次，送法进工区、进“三岩”搬迁安置点70余场次，在线制作和推送各类普法视频等30余条，受教育人数10万余人次。

【联户工作】 2022年，县委政法委加强“双联户”户长数据信息更新审核，审核先进“双联户”享受政策的加分人员35人（其中县级22人、市级8人、自治区级5人）。优化户长和联户单位考核体系、落实户长奖励机制、加强户长日常培训，多措并举开展工作，调整“双联户”户长60人，举办2022年平安建设（综治工作）培训班3期，培训基层政法干部及“双联户”户长等80余人，足额发放“双联户”户长补助。

【扫黑除恶斗争】 2022年，县委政法委落实年度常态化扫黑除恶任务措施和目标要求，召开专题部署推动会2次，发挥县扫黑办统筹协调职能和各成员单位优势，以《中华人民共和国反有组织犯罪法》宣传引导、常态化扫黑除恶业务知识宣传、实地摸排、加强打击整治力度为工作重点，开展各类摸排600场次，排查整改行业违规行为21起，制作下发藏语、汉语两种语言《中华人民共和国反有组织犯罪法》海报600余份，开展宣传活动141场次，宣讲1304场次，制作抖音短视频23条，发放各类宣传资料3万余份，受教育人数7万余人次。

【社会治安综合治理】 2022年，县委政法委发挥市域治理优势，在制度建设、资源统筹、手段方法、技术支撑等方面，结合新时代“枫桥经验”，健全市域社会治理新模式，完善群防群治机制，统筹安排10个乡镇、6个县城便民警务站工作人员开展“社会治安综合治理系统9+X模块”信息录入。推广和辐射玉普乡阿西村“三级和议”矛盾纠纷化解模式，重点在综治中心规范化建设，和自治体系、法治体系、德治体系、矛盾纠纷多元化解体系建设等方面开展工作，拨付资金用于房屋维修改造。联合县直政法各部门，打造“318最美政法风景线”，在通麦法庭打造集司法调处、矛盾纠纷处置、法律服务等一体化的便民服务厅，在服务川藏铁路工区建设等方面开

2022年6月13日，中共波密县委平安波密建设领导小组2022年第一次会议召开

展普法宣传，提升风险防范能力。聚焦国家重点项目，新增流动人口、外来务工人员、途经人员和常住人口服务管理热点难点问题，研究制定符合波密县实际的《波密县川藏铁路、318国道改扩建及川藏铁路配套工程“五级网格”划分方案》。建立健全动态化、信息化人口服务管理模式，构建“职能并轨，资源共享、优势互补、纠纷同调，整体联动”网格化管理机制，重点在司法为民、法律咨询、便民服务等方面展示政法作为。

【化解矛盾纠纷】 2022年，县委政法委按照“属地管理”和“谁主管谁负责”原则，依托各级综治工作机构，落实各类矛盾纠纷的信息采集、分析、督办等工作，落实矛盾纠纷调处工作协调会议月报制度，坚持“一周一排查、一月一汇总”，关键时期实行每日排查和零报告制度，掌握矛盾纠纷苗头、动向，争取把问题在属地范围解决。重点围绕虫草采集，村务管理，人身损害，劳动社保，土地、山林、水利、资源权属，经济合同、金融借贷，邻里关系，婚姻家庭，城乡建设管理，农村集体土地确权、征用、流转类等矛盾纠纷，通过开展实地调研、召开座谈会、开展教育引导等方式，协调各方利益，多措并举化解矛盾纠纷，确保群众利益。县各部门、各乡镇开展矛盾纠纷排查工作3002次，排查矛盾纠纷18起，化解18起，调解率100%。召开5次专题会议分析研究信访形势，调度信访事项办理进度，调度、跟踪督办信访事项及各类矛盾纠纷59批件145人次。拓展“领导干部接待群众来访”制度成果，优化和完善县级领导坐班接访制度，每周二、周五在县综合接访中心值班接访，在重大节日及会议期间每日安排县级领导值班。全年接到各类信访案件45批（件）74人次，不予受理6批（件）7人次，受理39批（件）67人次，涉及资金574.7万元，调处化解39批（件）67人次，办结率100%。

【机构领导】

书记

张豪杰（藏族，2月离任）

徐家志（2月任职）

常务副书记

普布罗布（藏族）

副书记

李荣金（瑶族，7月离任）

刘志良

张　鹏（7月任职）

（杨雪峰）

公 安

【概况】 2022年，县公安局落实各级党委、政府和上级公安机关决策部署，做好中共二十大安保和常态化新冠疫情防控工作，防范化解重大风险，推进公安改革创新，开展“喜迎二十大、忠诚保平安”主题实践活动，巩固党史学习教育和队伍教育整顿成果，打击影响群众安全感的犯罪行为，维护社会治安秩序，推动公安工作高质量发展。全年共立各类刑事案件37起，破案21起，开展法治讲座28场次，发放宣传资料8500余份。

【党的建设】 2022年，县公安局推动党建工作提质增效，加强党委书记抓党建、党委班子成员和党支部书记带头落实党建工作责任制。年内，局党委召开专题研究会议2次，制订2022年党建工作计划1份、理论学习计划1份、党风廉政建设工作计划1份，召开党建、党风廉政暨意识形态工作会议1次。落实“第一议题”“三会一课”制度，结合进一步改进作风狠抓落实专项工作，通过召开全局学习大会、组织专题辅导、举办理论学习中心组（扩大）会议等，加强全员理论水平提升。年内，召开党委理论学习中心组学习 10 次，开展支部集中学习 202 次、党课学习 31 次、专题辅导 3 次。

2022 年 4 月 7 日，波密县公安局警示教育大会召开。县委常委、政法委书记徐家志，县委常委、纪委书记、监委主任唐森洪，县委常委、组织部部长刘志强参加会议。会议由公安局政委黄炳勇主持。会议传达学习自治区内多起违反中央八项规定、不作为慢作为乱作为相关典型案例，通报波密县公安局民辅警违规违纪事实以及行政处罚决定。违规违纪民警在会上作出书面检讨。唐森洪从严守纪律规定、吸取典型案例经验教训、深化自身问题查摆三个方面提出要求。刘志强从如何处理队伍管理从严与从宽的关系，铸牢政治意识规矩意识，树立干部选拔任用良好导向等方面提出相关要求。

充实配强组织力量，增补 2 名年轻干部进入局党委班子，指导完成 5 个直属单位党支部班子的改选、补选工作，推进落实 2 名党委班子成员兼任支部书记工作，参与设置虫草采挖、新冠疫情防控临时党支部 24 个，新发展党员 5 人，吸收入党积极分子 9 人。充实党内活动形式内容，召开全体党员大会 31 次，支部委员会 82 次。开展法律宣传、清洁创卫、打靶练兵等主题党日活动 112 次，开展清明扫墓祭祀活动 1 次，参观廉政教育基地 2 次，观看舞台剧《波密红》4 次，参与七一联谊活动 1 次，参观扎木中心县委红楼 3 次，开展重温入党誓词活动 4 次，升国旗仪式 3 次。

按照党支部标准建设要求，完善支部阵地建设。年内，投入经费 2 万元，升级局机关第二党支部党员活动室；投入经费 3 万元，升级县城派出所党支部党员活动室；投入经费 1 万余元，升级交警大队党支部。开展违规违纪发展党员专项整治工作，排查党员民警档案 109 份，围绕发展党员涉及的 4 类违规违纪问题，查摆党员材料中存在问题并逐一整改。

发挥先进党组织和优秀共产党员表率作用，营造比学赶超良好氛围。摸排并解决离退休党员和困难党员实际问题，体现组织关怀。年内，表彰先进党组织 2 个、先进党务工作者 2 人、先进党员 17 人，慰问离退休干部、老党员 3 人，慰问困难党员辅警 6 人，纾困帮扶辅警 10 人。

【年度工作会议】 2022 年 3 月 29 日，波密县公安局 2022 年度公安工作会议召开。县公安局政委黄炳勇主持会议，传达学习全国公安厅局长会议精神、自治区公安处（局）长会议精神、全市公安工作会议精神以及市委政法工作会议精神，通报表彰 2021 年度公安机关先进集体、先进个人，总结 2021 年全县公安工作，分析当前面临的形势，安排部署 2022 年全县

3 月 29 日，波密县公安局 2022 年公安工作会议召开

公安工作。会议以远程视频形式召开，领导班子成员及全体民辅警参会。

【改进作风狠抓落实】 2022年，县公安局落实进一步改进作风狠抓落实工作，召开工作会议5次，抽调4名警力成立工作专班，明确职责任务，制订并完善工作方案、计划3套。建立领导小组分析研判、工作动态每周公示等制度5项，确保专项工作推进。严格落实党委会、支部委员会第一议题制度、理论学习中心组学习制度，延伸“夜校”模式，上好廉政党课，以视频会议形式实现全覆盖。利用抖音等新媒体，推送学习内容，营造宣传氛围。全年汇编并下发口袋书300余本，开展理论学习中心组学习5次，集中学习40余场次，上廉政党课10余场次，交流研讨2场次，撰写心得体会600余篇。推送各类视频、文章、动态等80余条。开展警示教育3场次，组织观看《零容忍》警示片4场次。落实“四清”工作，开展覆盖式“谈心谈话”，激发自查内在动力。对照查摆“四查四问”“四对照一征求”“三破三立”“八个专项整治”“八个落实”等问题，制定整改措施，明确责任部门、责任人及整改时限，采取挂图作战等方式，逐一整改销号。全年查摆问题8项26条，制定整改措施16条，明确重点工作任务3项，开展调研走访4场次，设置举报箱11个，征求群众意见建议4条。发挥警务督察部门、改进作风督导检查小组作用，紧盯关键环节，不间断进行明察暗访，开展督导检查40余次。

【打击犯罪】 2022年，县公安局推进打防整治系列专项行动，打击影响群众安全感治安案件，确保社会治安稳定。全年立案各类刑事案件37起，破案21起，破案率57%，同比下降38%。抓获犯罪嫌疑人30人，电信诈骗案件涉案资金182.65万元，挽回涉案资金16.4万元，向受害人返还资金10万元。开展集中清查收缴非法枪爆物品“百日行动”，落实相关工作要求。开展防范打击传统“盗抢骗”犯罪行为，保障群众财产安全，全年立案传统盗抢骗案件15起，破获12起，抓获犯罪嫌疑人14人。开展打击“拐卖妇女儿童”专项行动，保障妇女儿童生命财产不受侵犯，开展集中宣传2次，发放宣传资料1300余份，受教育群众2000余人。开展打击防范养老诈骗专项行动，落实全国打击整治养老诈骗专项行动精神，加强线索摸排工作，与县老干部局、县民政局等单位沟通联系，掌握辖区退休老干部和其他老年人的基本情况以及生活状态，开展主题宣传活动6次，发放宣传资料2000余份，受教育群众3000余人次，通过抖音、微博、快手等平台发布养老诈骗宣传视频24条次，点击率过万人次。

5月29日，波密县公安局举行“2006.06.09”命案积案专案组凯旋仪式

【“云剑-2022”专项行动】 2022年，县公安局开展“云剑-2022”专项行动，打击诈骗犯罪活动。加强防范宣传，开展防范电信诈骗宣传12次，建立反诈宣传微信群4个，签订电信网络诈骗责任书15份。加强预警劝阻，发送预警信息329条，电话预警341人次，当面劝阻10人，劝阻资金2万余元。通过国家反诈数据平台接收“断卡”处置线索24条，核查3人，止付个人账户569个、金额864.43万元，冻结个人账户39个、金额54.46万元，冻结对公账户5个、金额54.46万元。抓获网上在逃人员13人。

【夏季治安打击整治“百日行动”】 2022年，县公安局开展夏季治安打击整治“百日行动”。以“喜迎二十大、忠诚保平安”主题活动为载体，聚焦波密夏季社会治安特点，开展公共安全隐患排查整治和矛盾纠纷排查化解，净化治安环境，各警种、部门开展相关宣传活动110余场次，短信推送宣传信息2.8万余条，张贴宣传海报、通报、奖励机制宣传页等500余份，设置举报箱20个、宣传横幅50条、宣传展板19个。查处各类治安案件7起，行政处罚4人，行政罚款2人，处理涉案人员3人。检查“九小场所”458家次，整改相关隐患17处。查处各类交通违法行为170起，醉酒驾驶2起。排查化解各类矛盾纠纷27起。

【“护校安园”专项行动】 2022年，县公安局开展“护校安园”专项行动，做好各项安全管理措施，加强校园周边重点区域、重点时段巡逻防控，加大校园及周边社会治安整治力度，到学校开展法治讲座，确保校园的绝对安全。开展法治讲座28场次，发放宣传资料8500余份，安全隐患排查120余次，发现并整改各类安全隐患17处，排查校园周边社会闲散人员、流动人口2390余人次，检查个体商户130余家。加强餐饮住宿、寄递物流、娱乐场所安全监管，围绕川藏铁路施工建设、辖区废旧物品回收行业爆发式增长特点，加强废旧物品回收行业治安管理，打击盗窃有色金属、“三电”设施和收销赃等违法犯罪行为，落实废旧物品回收行业治安管理长效机制。全年对辖区23家废旧物品回收站进行安全检查78次，备案检查废旧物品回收行业运输废旧金属119车次。

【散装油料清查整治】 2022年，县公安局按照“源头治理、过程管控、违规严惩”的要求，开展散装油料摸底调查工作，检查加油站42家次、个体户320余家次、施工地30余家次，开展宣传活动11场次，排查整改安全隐患8处。

【流动人口服务管理】 2022年，县公安局围绕川藏铁路开工建设，导致流动人口增加实际，成立流动人口服务管理工作领导小组，建立健全工作机制，制定下发《关于加强全县流动人口服务管理工作的通知》和相关方案，研发“智慧警务+网格”管理系统，通过智慧警务系统软件加强流动人口管理，提高服务管理整体效能。全年排查登记流动人口1.33万人，办理居住证3500余张，各派出所、警务站开展流动人口登记备案率99%。

【维护虫草采挖秩序】 2022年，县公安局成立虫草采挖工作领导小组，召开虫草采挖安保工作部署会议，明确相关警种部门职责分工，确保虫草采挖期间治安安全。全年虫草采挖点31处，进山采挖人员2571人，设立固定检查和流动检查卡点14处，开展清山巡山60余次、法治宣传8场次，开展安全隐患排查20余次。

10月16日，波密县公安局组织开展武装巡逻拉练

【执法规范化建设】 2022年，县公安局开展“全警实战大练兵”“政法队伍教育整顿活动”，完善执法主体建设，调整重要执法部门领导岗位，选配优秀青年干部到法制工作岗位，配备10个基层派出所的兼职法制员，提升公安系统执法水平。制定完善重点岗位和关键环节执法制度，形成执法常态培训、案件审核把关、执法过错问责、执法质量考评、案件旁听庭审5项工作机制。加强执法质量考评，制定下发《执法单位及民警执法质量考评实施细则》《刑事案件和行政案件考评标准》，考评办案部门执法质量，督促办案单位整改相关问题。加强执法监督建设，采取外部监督、内部监督与现场监督相结合的方式，发现并纠正执法办案过程中执法行为不规范等问题，确保执法监督工作常态化。通报并整改执法检查、考评、案件审核、审批中发现的突出问题。聘请县人民检察院、县人民法院人员担任特邀执法监督员，明察暗访县公安局执法情况，确保执法工作科学严谨。加强执法教育培训，提高民警法律素养，开展民警执法培训5批次，受训民警150余人。加强执法跟踪问责，以政法队伍教育整顿活动为契机，征求群众对公安机关执法办案工作的意见，直面问题，接受群众监督。

【监所安全管理】 2022年，县公安局做好监所管理工作。根据疫情防控形势部署调整勤务，做到常态化精准防控和局部应急处置有机结合。全年进行消毒防疫3000余次，开展疫情防控应急处理突发事件演练4次。开展远程提审（讯）工作100余次，远程律师会见10次。

【户政管理】 2022年，县公安局落实户政管理便民、利民措施，实行电话咨询、预约服务、

6月24日，林芝市委常委、政法委书记柯磊（右三）到林芝市玉普一级公安检查站检查指导工作

延时服务，简化办事流程，提升办事效率。年内，波密县户籍人口总数3.55万人，办理出生入户308人，主项变更28人，删除重登误登6人，死亡注销172人，迁入158人，迁出314人，补漏补登13人，补录未满16周岁监护人信息289人，补录出生证编号4915人。发放第二代身份证3303张，办理异地身份证268张，整理户籍档案5204份。

【新冠疫情防控】2022年，县公安局坚持“外防输入，内防反弹”疫情防控策略，做好外防输入、精准研判、推送反馈和完善常态化工作机制，保障人民群众安全。落实疫情防控政策和恢复生产生活秩序相关要求，联合县文旅、消防等部门帮助娱乐场所复工复产，提供指导服务，检查疫情防控措施落实情况。通过微信公众号、抖音等平台，推送疫情防控工作信息，宣传公安民警“战疫情、护平安”的先进典型和经验做法，营造良好的舆论氛围。

【从优待警】2022年，县公安局开展“暖心”活动，走访慰问离退休干部，送去关怀温暖，全年走访慰问离退休干部11人，送去慰问金5500元。开展烈士家属走访慰问活动3次，送去慰问金7000元。在林芝市公安局政治部支持下，购买民辅警团体意外保险，民警生病住院凭据报销相关费用。推进警营家园文化建设，落实爱警暖警举措，结合夏季治安打击整治“百日行动”，协调县教育体育部门，筹办幼儿暑期托管班，安全托管警宝幼儿37人。开展“安心”活动，提供保障性住房176套，实现民辅警入住率100%。做好民辅警学历提升工作，鼓励民辅警在职提升学历，参加提升学历培训民辅警24人。投入9万余元，安排9名民警到广东学习，交流借鉴工作经验。落实民辅警休假轮休制度，休假148人，轮休305人次。落实岗位交流机制，适时轮换长期驻寺庙工作人员9人。开展“强心”活动，按照《林芝市公安机关警务辅助人员层级首次评定实施方案》，对县公安局83名辅警进行首次层级评定。优化党委班子成员，将县公安局政委党委委员职务调整为党委副书记，增补党委委员2名。将3名班子成员提任上一级职务，增加公安局副局长1名。发挥表彰奖励和典型引领作用，推荐表彰先进集体5个、先进个人56人。

【机构领导】

书记

徐家志（2月任职）

局长

罗桑旺堆（藏族，5月任职）

政委

黄炳勇（12月离任）

副局长

向　巴（藏族，5月离任）

晋　美（藏族）

李仕强

柳军力（藏族，7月任职）

（刘定欣）

检　察

【概况】2022年，县人民检察院贯彻党中央决策部署和县委、上级检察机关工作要求，围绕最高人民检察院“质量建设年”部署，统筹抓好“服务波密高质量发展”与“推进检察高质量发展”目标任务，履行法律监督职责，扩大法治宣讲范围，加强多部门生态环境协同治理，做好未成年人司法保护工作，落实刑事检察、民事检察、行政检察、公益诉讼的全过程监督，推动各项工作高效落实。全年办理群众来信来访10件12人，召开公开听证6场次，“案－件比”为1.1，同比下降

6.28%。

【党的建设】2022年，县人民检察院执行《中国共产党政法工作条例》和自治区实施细则，向县委、县委政法委和市检察院党组请示报告重大事项20余项，邀请县委政法委参与重要事项决策，把党的领导落实到检察工作全过程。自觉接受监督，向人大及其常委会报告重要工作，邀请人大代表、政协委员参与公开听证会、检察开放日等活动8场次。把学习习近平新时代中国特色社会主义思想作为"第一议题"和"中心任务"，全年召开党组理论学习中心组学习14次、例会31次，列入学习习近平新时代中国特色社会主义思想议题46项，撰写学习心得300余篇。将意识形态工作纳入重要议事日程，研究意识形态工作4次。

【刑事检察】2022年，县人民检察院受理审查逮捕案件9件16人，对1起职务犯罪案件作出逮捕决定1人，受理审查起诉案件47件51人。落实宽严相济、少捕慎诉慎押刑事司法政策，依法不批捕6人，不捕率37.5%，不起诉14人，不诉率29.17%，不捕不诉率居全市检察机关前列。推动认罪认罚从宽制度全覆盖，确定量刑建议提出率86.21%，法院采纳率100%。前移侦查监督关口，提前介入引导侦查疑难复杂案件4件，促进协作强化监督。

【民事检察】2022年，县人民检察院贯彻精准监督理念，开展民事诉讼监督。开展县人民法院2020年度部分审判及执行卷宗检察监督，对民事审判和执行活动中存在的程序问题，制发3份类案监督检察建议，采纳率100%。畅通民事支持起诉渠道，维护弱势群体利益，坚持"走出去""请进来"的工作方针，与县人社局、县司法局法律援助中心联络沟通，宣传检察机关民事支持起诉职能，推动形成工作合力。受理支持起诉案件1件，经审查向人民法院发出支持起诉意见书，为农民工讨回工资1万余元。

【行政检察】2022年，县人民检察院开展"林草领域行政检察"专项活动，沟通协商整治非法占用林地问题，以检察建议监督纠正林草领域执法中违法情形。开展"土地执法领域行政非诉执行"专项活动，开展行政检察监督涉嫌非法转让土地使用权罪案件1起，以检察建议监督纠正行政机关执法行为不规范、履职不到位等问题，助推县域治理体系和治理能力现代化。开展"全面深化行政检察监督依法护航民生民利、保障农民工工资支付"专项活动，开展铁路建设项目部、县城周边重大工程建设项目工地"大走访"，与农民工面对面交谈，摸排农民工欠薪线索。践行新时代"枫桥经验"，开展行政争议实质性化解工作，推进根治农民工欠薪现象。

【公益诉讼】2022年，县人民检察院围绕公益诉讼法定"4+9"领域，履行好"公共利益代表"职责。立案办理公益诉讼案件15件，发出检察建议8件，开展诉前磋商7件，涵盖生态环境和资源保护、食品药品安全、安全生产、文物保护等领域。把诉前实现维护公益目的作为最佳司法状态，以磋商、诉前检察建议促进源头治理，解决案件在诉前的公益损害问题。制定并签署《关于加强新时代涉军维权军检协作工作方案》，维护国防利益和军人军属、烈士合法权益。借助党校平台，在党校开设"公益诉讼"法治课堂，提升全社会公益保护意识。落实中共二十大提出的"完善公益诉讼制度"重要精神和《西藏自治区人民代表大会常务委员会关于加强新时代检

2月16日，波密县人民检察院在古乡松绕村举行“雅鲁藏布大峡谷国家级自然保护区公益诉讼保护区”警示宣传牌揭牌仪式

察公益诉讼工作的决定》，聘请人大代表、政协委员24人担任公益诉讼监督员，制定出台《波密县人民检察院公益诉讼监督员制度（试行）》，发挥社会各界监督力量。

【法律监督】 2022年，县人民检察院落实《中共中央关于加强新时代检察机关法律监督工作的意见》，履行宪法赋予的检察职责，围绕最高检60项核心指标，转变观念、深化改革，增强监督本领。对办案过程中发现的刑事司法活动违法问题，书面纠正3件，抗诉1件，对看守所执法过程中存在的违法问题书面纠正1件。

维护社会公共安全，在故意杀人、故意伤害等侵犯公民人身权利犯罪方面，审查逮捕案件2件4人，审查起诉案件4件7人。在危险驾驶、交通肇事等危害社会公共安全犯罪方面，审查起诉案件36件36人。在盗窃、诈骗等多发性侵财类案件方面，审查逮捕案件7件12人，审查起诉案件5件6人。在维护社会管理秩序方面，审查起诉伪造公司印章等妨碍社会管理秩序犯罪1件1人。

做好“安心务工、有检同行”品牌创建工作，重点做好川藏铁路建设服务保障，组织30余人次“党员普法小分队”到川藏铁路各项目建设单位开展法治宣讲8场次，帮助解决企业和农民工司法诉求等各类问题10余件，助力企业合规经营。

围绕生态环境和资源保护领域突出问题，按照山水林田湖草沙冰一体化保护和系统治理要求，完善生态环境执法与刑事检察、公益诉讼检察衔接机制。推进“河湖林长+检察长+警长”协作机制，依托公益诉讼检察联络室、生态检察点，办理非法采砂、非法倾倒固体废弃物等破坏生态和污染环境行政公益诉讼案件9件，督促行政机关平整恢复河滩砂石2万余立方米，清理被建筑垃圾污染的河道5千米、各类垃圾30余吨。

【司法工作】 2022年，县人民检察院做实群众信访“件件有回复”，办理群众来信来访10件12人，办结率100%。开展司法救助，为康玉乡1户因案返贫被害人家庭申请司法救助金8万元。坚持以公开促公正，以听证赢公信，全年召开公开听证6场次，邀请人大代表、政协委员、人民监督员等对争议和影响力较大案件参与评议，确保法律公正实施。贯彻食品安全“四个最严”要求，对县域内桶装饮用水生产销售环节存在的问题，通过诉前磋商督促相关部门履行监管职责，开展“消”字号抗（抑）菌制剂产品和校园周边食品安全公益诉讼专项检察监督。开展打击

5月30日，波密县人民检察院就波密县涉川藏铁路建设安全生产问题召开行政公益诉讼检察听证会

整治养老诈骗专项活动，到乡村、养老院、工地等场所面对面普法，增强群众防诈骗意识。落实最高检“八号检察建议”，摸排寄递安全、天然气安全和铁路建设领域安全生产线索3条，立案3件，以检察建议督促相关部门整改落实，筑牢安全生产“生命线”。

【未成年人司法保护】2022年，县人民检察院落实最高检“一号检察建议”和未成年人保护法，以司法保护助推“六大保护”融通发力，做好未成年人保护工作。挽救涉罪未成年人，坚持依法惩治与教育挽救涉罪未成年人并重，通过社会调查、召开不公开听证会、聘请专业人员心理疏导、就罪错问题进行训诫、制发督促监护令等方式教育感化涉罪未成年人。促进未成年人保护社会治理，落实强制报告制度，针对校园欺凌治安案件中发现的校园安全管理存在漏洞、教师对侵害未成年人强制报告制度不了解等问题，向监管部门和学校制发社会治理类检察建议2份，督促监管部门对县域内学校开展自查自纠。对被侵害未成年人开展专业心理疏导，帮助其走出心理阴影。严格监督落实教职员工从业禁止制度，推动全县800余名教职工违法犯罪记录查询全覆盖。对校园周边售卖抽奖类玩具和“三无”产品开展专项督导检查，净化未成年人成长环境。促进提升未成年人法治意识，开展法治进校园宣讲活动6场次。开展“喜迎二十大，同心护未来”“与党同行，守望阳光”主题志愿服务和普法宣传活动。利用检察开放日开展模拟法庭辩论，再现法庭审判过程。通过全体员额检察官担任法治副校长，实现县乡学校法治副校长全覆盖，为未成年人营造良好的法治环境。

5月7日，波密县人民检察院联合团县委、县中学开展青少年模拟法庭活动

【新冠疫情防控】2022年，县人民检察院参与志愿服务800余人次。领导班子督导疫情防控工作50余次。以行政公益诉讼诉前磋商形式，督促相关职能部门排查县域内商超销售的一次性医用口罩，叫停商超售卖过期和“三无”口罩。启动“云办案”模式，以远程视频的方式连线县看守所，实现有效办案与科学防疫双向可控，实现远程视频提审、认罪认罚30余人次、会见在押犯罪嫌疑人2人次，确保疫情形势下案件办理形成“闭环”。

【队伍建设】2022年，县人民检察院推动党建与检察业务深度融合。开展党史学习教育、政法队伍教育整顿工作。全年党组书记带头讲党课6次、支部书记讲党课4次，召开支委会12次、党员大会4次，组织其他学习48次，邀请波密县机关工委副书记、全国红色旅游五好讲解员张庆冲讲授十八军“老西藏”故事。年内，县人民检察院党支部获“全市百佳基层党建示范点”称号。加强人才培养和干部管理，推动检察事业发展，选派干警参加林芝检察机关知识竞赛、演讲比赛、检察青年说、检察大讲堂、读书分享等活动10余人次，组织干警提笔练文、读书分享100余篇。与广州市黄埔区人民检察院开展文化共建活动，在线参与黄浦区检察院“青春心向党　忠诚铸检魂”主题演讲比赛，参与作风办“改进作风狠抓落实”主题征文。全年召开改进作风狠抓落实工作部署会、推进会4次，各类学习活动30余场次。围绕自治区党委提出的“六个表率”“八个落实”工作要求，开展“作风怎么看、工作怎么干”等一系列交流研讨，撰写心得体会150余篇。对照“四查四问”开展自查自纠，开展谈心谈话60余人次，召开“以案促改”民主生活会，运用反面典型引导干警以案为鉴，树立正面典型标杆，起到引导激励作用。抓好作风建设，完善检察干警担当作为激励机制，做好检察官业绩考评。开展为干警松绑减负工作，助力干警干事创业。开展党风廉政教育专题研究会2次，开展廉政谈话18人次。填报“三个规定”等重大事项记录3件，警示教育6次。获“全县零酒驾示范单位”称号。全年有法律职业资格干警14人，其中自治区高级人民检察院直接任命2人，参加国家司法考试取得法律职业资格12人。

【机构领导】

书记、检察长

扎西旺堆（藏族）

副书记

扎西平措（藏族）

副检察长

周荣波

检委会专职委员

拉巴顿珠（藏族）

第一检察部主任

龙浩瀚

（扎西次仁）

法　院

【概况】2022年，县人民法院围绕“努力让人民群众在每一个司法案件中感受到公平正义”目标，发挥审判职能作用，巩固提升审判执行质效和司法公信力，推进新时代人民法院工作高质量发展，各项工作取得成效、实现突破。全年受理各类案件706件（旧存31件、新收675件），其中刑事案件30件、民商事案件388件、行政案件1件、执行案件266件、非诉保全审查案件3件、司法救助案件18件。审、执结685件，未结21件，综合结案率97.03%。

【刑事审判】2022年，县人民法院受理刑事案件30件（旧存

1件、新收29件），结案30件，结案率100%，作出有罪判决32人。依法打击危害公共安全犯罪，审结危险驾驶、交通肇事罪案件23件23人；依法惩治侵犯人民群众人身财产犯罪，审结诈骗、盗窃等案件6件8人；准确适用认罪认罚从宽制度，对6名轻微犯罪被告人依法判处缓刑等非监禁刑。

【民事审判】2022年，县人民法院受理各类民商事案件388件（旧存17件、新收371件），审结376件，结案率96.91%，结案标的额3457.33万元。审结案中，判决61件、准许撤诉33件、按撤诉处理4件、司法确认140件、调解131件、其他方式结案7件，调撤率81.91%。化解家事矛盾纠纷，审结婚姻家庭纠纷案件22件。加强对生命健康、人格尊严等权利的平等保护，审结生命权、身体权、健康权等纠纷案件10件。加强劳动权益保障，维护农民工合法权益，快立快审快执劳动合同、劳动争议、劳务合同等纠纷案件51件，追回薪酬86.18万元。加强市场主体诚信意识，规范市场交易行为，审结买卖、运输、租赁、建设工程施工等合同纠纷案件175件。

【执行案件】2022年，县人民法院受理执行案件266件（旧存12件、新收254件），执结257件，结案率96.62%。申请执行标的额2710.48万元，实际到位金额1538.21万元。完善《波密县执行联动机制实施细则》，41家单位联合构建执行难综合治理大格局。运用“总对总”网络执行查控系统，网络查控3990笔，冻结798笔。重拳惩戒恶意逃避抗拒执行行为，纳入失信被执行人名单181例、限制高消费160例，通过公安机关布控31人，依法传唤13人，司法拘留8人。10余名执行干警到四川、重庆、甘肃、河南、广东等10个省市开展异地集中执行，成功执结执行案件34件，执行到位标的额200万余元。发挥司法救助功能，向19名符合救助条件申请执行人发放救助金23.27万元。协助相关部门评先评优、晋职晋级和“两代表一委员”推荐工作，诚信核查660余人次，出具诚信证明31份。

【一站式诉讼服务建设】2022年，县人民法院推进一站式诉讼服务建设，践行“走进一个厅，事务全办理”理念，减轻当事人问累、跑累、诉累。通过“12368”热线电话和网络咨询400余人次，网上立案51件，跨域立案15件，办理自治区内外法院委托事项30余件。针对残疾人、退役军人、农民工、农牧

10月13日，波密县人民法院在诉讼前化解一合同纠纷，法官做好催给付诉源治理工作

民、老年人等群体设置“绿色通道”，快引导、快登记、快审查、快分流、快移送，提供上门服务50余人次。依法为24名困难当事人免交、缓交诉讼费用2.39万元，办理诉前财产保全案件2件，诉前证据保全案件1件。引入援藏律师坐班制度，提供免费法律服务50余人次。开展“院长接待日”活动，党组成员接访当事人60余人次，做到有诉必理、有访必接。采取“诉前分流＋人民调解＋司法确认”工作模式，推动“扎西曲加、久阿、边巴调解室”创建，调解纠纷187件，进行司法确认140件，涉及金额7000万余元。

【特色法庭建设】2022年，县人民法院优化人民法庭布局，推动司法资源向基层下沉，加快“特色法庭”建设。倾多人民法庭挂牌“项目巡回法庭”，为川藏铁路等重点项目上门服务20余次，化解矛盾纠纷10余件。松宗人民法庭挂牌“虫草巡回法庭”，到牧场、农牧区巡回办案25件，开展法治宣传18场次。易贡（通麦）人民法庭挂牌“旅游巡回法庭”和“便民服务巡回法庭”，开展诉前调解42次，涉及金额380万余元。玉许人民法庭挂牌“无讼法庭”，通过多元联动解纷机制引导群众采用非诉讼方式解决纠纷，确保矛盾纠纷不出村、不出乡，辖区有“无讼”村居14个，占村居总数的100%。融入党委领导的多元共治大格局，由县委政法委部署，推进易贡（通麦）人民法庭与检察、公安、司法等政法机关合署办公，打造318最美政法风景线便民服务厅，排查调处矛盾纠纷67起，帮助务工人员讨回薪资629万余元，追回征地补偿、机械租赁费等3500万余元。松宗人民法庭依靠驻地党委政府，整合矛盾纠纷排查化解工作，与镇综治办、司法所、派出所合署办公，成立松宗一站式多元化调解中心，实现资源整合、部门联合、工作融合，共化解纠纷110余起，涉及资金600余万元。

6月1日，县人民法院到波密县第二幼儿园开展普法活动

【法律宣传】2022年，县人民法院把握人民群众司法新需求，突出宣传重点，以《中华人民共和国宪法》《中华人民共和国民法典》《中华人民共和国反有组织犯罪法》《中华人民共和国反家庭暴力法》《中华人民共和国未成年人保护法》《中华人民共和国森林法》等法律法规为重点，开展送法进乡村、进企业、进学校、进社区、进工地等“法律十进”活动80余次。推进“八五”普法工作，拓宽普法宣传形式和载体，以乡镇人民法庭、驻村工作队为“点”，车载科技流动法庭为“线”，法院为“面”，覆盖全县10个乡镇，解答法律咨询800余人次，发放宣传资料1万余份，受教群众1万余人次。在318国道、旅游景点及各乡镇人民法庭辖区设立联系牌89块，畅通人民群众与人民

法庭渠道。

【维护安全】2022年，县人民法院班子成员在维稳一线督导带班8人次，干警在县国安指挥部带班、加油站、院机关、人民法庭值班等1000余人次。组织干警80余人次开展练兵、应急演练、巡逻20余次，押解刑事被告人32次，值庭30次，协助执行266次。派出5名干警进驻2个驻村点，与驻村点党支部开展主题党日、志愿服务等支部联建活动5次，为群众调处各类矛盾纠纷80余件，开展结对帮扶慰问活动6次，向生活困难群众提供帮扶资金2万余元，为民办实事70余件。新冠疫情防控期间，38名干警负责信息排查登记、物资配送、车辆押送等任务，办公区干警封闭式工作，通过线上服务，向群众提供法律咨询80余人次，通过智慧法庭、云庭审等方式审结案件49件，执结案件65件，确保审执工作"不停摆"，诉讼服务"不间断"。

【法院体制改革】2022年，县人民法院推进法院市级财物统管工作，推动司法保障落地落实。建立健全专业法官会议制度，打造案件质量把脉问诊平台，召开专业法官会议3次。推进新型审判团队建设，成立速裁、繁案、执行3个审判团队，组建常态化扫黑除恶斗争、少年审判、妇女儿童维权、环境资源案件审判、打击整治养老诈骗案件5个专业化合议庭。执行随机分案为主、指定分案为辅的分案规则，实现院庭长办案常态化，院庭长办理案件613件，占比86.83%。

【智慧法院建设】2022年，县人民法院推进智慧法庭建设，建成科技法庭3个、智慧法庭1个、智慧调解室1个，通过"云上法庭"网上开庭30件，在线调解案件125件，电子集约化送达法律文书1.54万次、1209人次、6780件次。完善立体化安保信息网络，对院机关和人民法庭覆盖建设120余个监控摄像头，并配套警务保障平台。全面升级电子签章系统，实现所有法律文书网上流转、电子签章，推进无纸化办公模式。

【机构领导】

书记、院长

刘丽娜（女）

副书记、副院长

边巴次仁（男，藏族）

党组成员、副院长、审判管理办公室（综合办公室）主任

田　峰

党组成员、审判委员会专职委员

泽嘎拉姆（女，藏族）

党组成员、司法警察大队指导员

尼玛曲珍（女，藏族）

党组成员、综合审判庭庭长

赵兴佳（男，白族）

党组成员、司法警察大队二级警长

苏晓洁（女）

立案庭（诉讼服务中心）庭长

余玲玲（女）

倾多人民法庭庭长

陈俊玲

松宗人民法庭庭长

蔡志霞

易贡（通麦）人民法庭庭长

塔　穷

（格桑旺姆）

司法行政

【概况】2022年，县司法局以习近平法治思想为引领，发挥法律保障和法律服务等职能作用，做好普法宣传教育，发挥人民调解职能，推进法律援助服务，落实安置帮教措施，做好智慧社区矫正，确保各项工作平稳开展。全年调解纠纷196件，组织普法宣讲活动14次，慰问安置帮教人员20人。

【普法宣传教育】2022年，县司法局发挥法治宣传教育工作

7月13日，波密县举行法治宣传活动

职能作用，将相关法律法规的宣传教育纳入“八五”普法规划及年度普法工作计划，落实“谁执法谁普法”的普法责任制。将《中华人民共和国宪法》《中华人民共和国民法典》《中华人民共和国治安管理处罚法》等法律法规的宣传教育作为法治建设的重要内容进行推动、考核。以“法律十进”、法治宣传教育为载体，根据“全国法制宣传日”、“宪法宣传周”、“3·15”国际消费者权益日、“安全生产月”、“民族团结进步创建月”等时间节点，通过集中宣传、走村入户等多种形式开展法治宣传活动，同时将国家重点项目施工点作为重要的普法活动对象。全年组织普法宣讲活动14次，发放宣传资料2.34万份，宣传受众9600余人次，解答法律问题100余人次。

【人民调解】2022年，县司法局发挥人民调解工作职能作用，强化组织领导，健全工作机制，加强规范化建设，开展民族领域矛盾纠纷排查化解，建立三级和议试点与推广，在基层解决矛盾纠纷。全年建立人民调解组织104个，其中乡镇10个，村（社区）84个，专业性、行业性4个，寺庙人民调解委员会6个；有人民调解员701名。形成以乡镇人民调解委员会为主导，村（社区）人民调解委员会为基础，专业性、行业性调委会为补充的人民调解组织网络体系和专业队伍。全年各级调解组织调解纠纷196件，调解成功181件，含疑难复杂案件2件；涉及金额2543.16万元，调解成功率92%，履行156件，履行率86%。

【法律援助】2022年，县司法局法律援助中心完善法律服务，推进现代公共法律服务体系发展，开展规范化管理，提高法律援助服务水平，推出“调援无缝衔接”机制，打通服务群众渠道。全年受理各类援助案件21件，其中刑事案件19件（其中6件由市司法局法律援助中心指派律师受理）、民事案件2件，受援群众20余人，挽回经济损失20余万元。调解各类纠纷40余件（包括电话调解），其中涉及农民工纠纷案件10余件，为弱势群体挽回经济损失300余万元。接待法律咨询人员600余人次，代写法律文书400余份。

【安置帮教】2022年，县司法局按照相关程序，对刑满释放人员和解除矫正人员实行必接必送制度，落实“一人一档”，逐人建立档案，建立“六对一”帮教小组，开展教育谈话和落实帮教措施，特殊时段开展日常走访报告制度，召开安置帮教工作联席会议，调整充实安置帮教“六对一”帮教小组成员，知晓工作责任，明确安置帮教对象行动轨迹和思想状况。开展“远程视频会见让亲情在线”活动，提前介入帮教，搭建罪犯与亲属之间沟通桥梁，申请会见29户104人，完成会见24户91人。在“三大节日”期间，慰问安置帮教人员20人，发放6000元。

【社区矫正】2022年，县司法局接收社区矫正对象2人，解除矫正对象2人，在册8人，暂予监外执行2人。投入使用社区矫正中心，推进智慧社矫，将社区矫正对象与执行地民警一一对应，调整充实与既定名单不符的社区矫正“五对一”小组成员。落实重点时间日报告、零报告制度，采用不定期走访、社交软件共享位置、视频查证等方式，保证社矫对象无脱管漏管现象。在“三大节日”期间，通过柔性执法方式开展社区矫正对象及安置帮教人员“送温暖”慰问活动，慰问社矫对象7人，使用资金2100元，无脱管漏管、重新犯罪案件。

【机构领导】

局长

普　琼（藏族）

副局长

张长春

索朗央宗（藏族）

（索朗央宗）

西藏波密监狱

【概况】2022年，西藏波密监狱落实上级党委决策部署，聚焦中共二十大安保工作，加强思想政治建设，做好新冠疫情防控工作，确保监管安全，防范化解各类安全管理风险，保障犯罪人员饮食安全和医疗卫生，加强犯罪人员教育引导改造，推进各项工作平稳发展。全年党委理论学习中心组集中学习13次，组织干警观看典型案例宣传片10余次，组织罪犯参观政治教育专题展览120余人次。

【党的建设】2022年，西藏波密监狱加强思想政治工作体系建设，研究制定《西藏波密监狱党委落实全面从严治党主体责任清单》等任务清单，党委理论学习中心组集中学习13次。发挥监狱党委主体作用，构建党委统一领导、班子成员齐抓齐管、政工部门组织协调，有关部门分工负责、全员共同参与的思想政治工作大局。推进党支部标准化建设，开展新冠疫情防控、廉政教育、作风建设、学习中共二十大等主题党日、团日活动，在重要节日、节点开展升国旗、重温入党誓词、向警旗宣誓、看望慰问离退休干部等专题活动，巩固党史学习教育成果。坚持从优待警与从严治警相结合，落实爱警暖警工程举措，通过工会福利、文体活动等形式，提升干警职工荣誉感。落实改进作风狠抓落实专项行动，开展“作风怎么看、工作怎么干”“四画像”以及“四

7月1日，西藏波密监狱组织开展七一建党节向党旗宣誓活动，重温入党誓词

查四问”等专题活动，研究制定《西藏波密监狱改进作风狠抓落实工作方案及任务分解清单》，推动作风建设工作落地见效。将反腐倡廉建设与“三会一课”“以案促改”等学习教育结合，组织干警观看典型案例宣传片10余次，自觉接受监督，运用防止干预司法“三个规定”，守牢拒腐防变思想防线。把握监狱是“政治机关、法治部门、纪律部队”的职责定位，把思想政治、意识形态工作与监狱其他工作相结合，为监狱中心工作提供政治思想保障。

【狱政管理】 2022年，西藏波密监狱加强内部管理，紧盯罪犯改造“三大现场”，聚焦安全管控重点，执行《西藏波密监狱“夯实监狱压舱石 聚焦二十大主线”安保维稳工作实施方案》等文件规定，防范和处置各类监管安全事故。将公正文明执法作为监狱工作的生命线，执行新的计分考核罪犯实施细则，根据罪犯类型设置分管分押分教措施，定期进行计分考核专项检查并通报结果，研判罪犯管理中存在的问题，提升罪犯计分考核工作规范化、制度化、精细化水平。加强“三共”“六联”建设，与驻狱武警、属地公安建立“三警”联防联动机制，形成齐抓共管格局。加强监狱执法规范化和公信力建设，开展远程视频会见，依法文明配合公检法机关提审、开庭等工作，树立监狱窗口良好形象。排查并整治安全隐患，堵塞监管安全漏洞，监管形势持续稳定。

【生活卫生】 2022年，西藏波密监狱坚持“预防为主、防治结合”原则，加强罪犯饮食和医疗卫生等关键环节管理，落实相关制度，保证狱内新冠疫情防控安全、食品安全、卫生整洁规范。按照“早预防、早准备、早落实”原则，以监狱医生为主，监区民警为辅，加强疾病预防宣教和病犯分类管理工作，规范应急处置程序，落实经费保障等相关规定，保障罪犯身体健康和合法权益，提高罪犯用餐标准，严把食品安全关，形成食品安全管理责任链。加强罪犯内务卫生标准化、规范化管理，打造卫生、规范、文明环境。

【教育改造】 2022年，西藏波密监狱学习宣传贯彻中共二十大精神，重点把控教育效果“质量关”、教育对象“差别化”、教育活动“成体系”、监狱工作“适应性”，推动监狱各项改造工作发展。利用重要节点，开展升国旗、唱国歌等爱国教育专题活动28场次，组织犯罪人员参观政治教育专题展览120余人次，专题授课8次，提高罪犯爱国意识与维护国家安全意识。加强教育改造攻坚，抓好重点人员危险防范、危机干预和心理矫治，提高教育改造精细度，罪犯常态化谈话覆盖率100%。与波密县教育局沟通协调，共同研究制定《西藏波密监狱国家通用语言文字教育实施方案》，罪犯参加国家通用语言考试合格率85%以上。研究制定《西藏波密监狱着力创建民族团结进步模范监区实践活动实施方案》，提高罪犯自我改造动力，向社会输出遵纪守法、自食其力的公民。

【支援地方建设】 2022年，西藏波密监狱做好监狱国有土地保护工作，依法开展土地管理工作，与波密县人民政府、自然资源局及属地乡镇政府共商共议。在川藏铁路及其配套公路项目建设上按照特事特办的原则，及时办理有关用地事项。

【新冠疫情防控】 2022年，西藏波密监狱按照上级党委与相关单位关于新冠疫情防控工作的安排部署，以“外防输入”为重点，执行“高于平时，严于地方”防控总要求，落实疫情防控措施，研究制定《西藏波密监狱新型冠状病毒疫情应急处置预案》《西藏波密监狱应对新冠疫情防控工作预案》等工作性文件，加强疫情监测预警，调整值班勤务模式，坚持“人、物、环境”同防，掌握疫情防控主动权。根据疫情形势及监狱实际，优化调整疫情防控措施，把好“入口关”，做到“早发现、早阻断、早治疗”，确保监狱零感染。

【机构领导】

党委书记、监狱长

杨立林

党委副书记、政委

洛桑扎西（藏族）

党委委员、副监狱长

汪小刚

达　吉（藏族，7月任职）

卓玛曲珍（藏族，7月任职）

党委委员、政治处主任

王德伟（7月任职）

党委委员

廖永宏（7月任职）

（曾晴慧）

玉普一级公安检查站

【概况】 2022年，玉普一级公安检查站在波密县委、县政府及上级部门的领导下，发挥检查站“过滤网”作用，做好道路交通管理，确保来往车辆平安出行，履行执法检查职责，排除各种安全隐患，推出新冠疫情防控措施和便民服务举措，为群众安全提供保障。全年检查人员142.4万人次，车辆47.6万台次，提供便民服务3000余次。

【道路交通安全管理】 2022年，玉普一级公安检查站与辖区派出所联勤联动，突出信息互通、资源共享、强化协作配合。围绕辖区道路畅通及维护昌都交界地区和谐稳定、长治久安的共同目标，调动辖区“两站两员”“双联户”等群防群治力量，在重要节点及车流量较大时开展道路路巡，发现并上报安全隐患，在遇到雨雪天气、塌方等自然灾害时，检查站与派出所互相支援、共同应对，分组分工疏导滞留车辆，确保辖区道路畅通。

【执法检查】 2022年，玉普一级公安检查站共检查人员142.4万人次，检查车辆47.6万台次，检查物品74.8万件，查处无证驾驶、车辆超载等交通违法行为54起。

【便民服务】 2022年，玉普一级公安检查站民辅警在新冠疫情防控期间，做好路口、执勤岗亭值班值守工作。检查站设置医疗急救包、便民服务箱、饮水机，方便群众使用。针对车辆临时损坏情况，协调修理厂提供工具、装配零部件、维修车辆等，确保车辆平安通行。针对突发疾病人员，辅警联系就近医院，并用警车开道，确保患者救助及时。全年为群众提供便民服务3000余次，救助被困车辆19台，救助伤员6人。

【机构领导】

站长

宋燕平

副站长

拉巴次仁（藏族）

达瓦曲达（藏族）

（德庆曲珍）

县人民武装部

【概况】 2022年，县人武部在军分区党委和县委、县政府的领导下，贯彻上级党委全会精神，抓好练兵备战、加快转型建设、聚力固边稳藏、从严正风严纪、夯实发展基础、严格规范管理。全年修订战备方案和非战争军事行动预案10余份，完成新兵征集任务，顺利完成年度工作任务。

【党的建设】 2022年，县人武部学习宣传贯彻中共二十大精神，学习《习近平关于“不忘初心、牢记使命”重要论述选编》《习近平新时代中国特色社会主义思想学习纲要》《习近平强军思想学习纲要》《军委主席负责制学习读本》《中国共产党简史》，开展“三个讲清”法纪教育和党史军史教育，相关领导辅导授课4次，2名主官分别完成党课辅导授课1次。开展爱党爱国和民族团结教育，利用民兵军事训练时机进行国防教育辅导授课4次，增强民兵国防意识。

【民兵组织】 2022年，县人武部依据《西藏民兵调整改革实施方案》和各级指示精神，做好民兵组织整顿，进行民兵组织建设，结合波密人口分布实际和整组要求，按照“任务牵引、平战结合、突出重点、建用一致”的原则和“应急力量优先建设、常态使用，专业力量长期建设、重点使用，特殊力量统筹建设、特定使用”的建设要求，区分编组任务，明确具体要求，优化兵员结构，提高民兵组织建设质量，为遂行任务打基础。

【民兵军事训练】 2022年，县人武部加强民兵练兵备战，开展基干民兵和应急民兵训练。11—12月，组织3个乡镇基干民兵开展集中训练，提高民兵军事技能，完成年度军事训练任务，训练合格率88%。

【征兵工作】 2022年，县人武部完成兵役登记和征兵工作任务。组织开展征兵宣传报名、体检政考、审批定兵、交接起运等各环节工作。全年完成新兵征集任务，执行廉洁征兵刚性政策要求，未发生违规违纪和退兵问题。

【国防教育】 2022年，县人武部加强人武系统官兵和民兵国防教育，在年度民兵军事训练期间，依托“易贡将军楼”“县委红楼”等红色教育基地，深入推进国防教育，利用七一主题党日活动，组织民兵参观扎木中心县委红楼。配合县政府开展全民国防教育，增强全民国防意识。

【军民共建】2022年，县人武部作为县委军事机构、兵役机关、军地协调的“结合部”，落实“治国必治边、治边先稳藏”重大战略思想和自治区“屯兵与安民并举、固边与兴边并重”具体要求，维护地方稳定，促进社会经济发展。密切军地协作，发挥部队优势，做好扶贫帮困、助学兴教、医疗扶持等工作，既改善民生、又凝聚民心。

【战备工作建设】2022年，县人武部把战备训练作为中心工作统筹谋划，开展军事训练，确保落实中心工作。做好单位战备教育、战备值班、节日战备等经常性战备工作。加强研究、收集掌握民情资料，结合军事任务，修订战备方案和非战争军事行动预案10余份。规范战备库室和武器装备登记统计，落实节假日、敏感日战备值班制度，确保战备工作有序进行。

【帮扶慰问】2022年，县人武部开展帮扶慰问活动，在工布新年期间，组织人武部干部、士官到民政局敬老院开展义务劳动和慰问活动。到乡镇慰问困难民兵，慰问玉普乡民兵贫难家庭，送上慰问物品，密切军地关系，加深军民团结，受到困难民兵好评。

【队伍建设】2022年，县人武部学习贯彻《中国共产党党组工作条例》，按照“十六字”原则，落实中央军委基层建设会议精神，确保党委班子和干部队伍清正廉洁、绝对忠诚。加强民主集中制建设，加强党委班子能力建设和先进性建设，党委班子带头转变作风，调动官兵积极性、主动性。开展干部事业心责任感教育、宗旨教育和政治纪律、组织纪律教育，加强党风廉政建设。

（丁泽涛）

武警林芝支队执勤一大队

【概况】2022年，执勤一大队对照新版《中国共产党军队委员会（支部）工作规定》和《西藏总队正规化管理实施细则（试行）》等法规制度，围绕“保稳定、强能力、提标准、上台阶”十二字工作思路，突出铸魂育人、练兵备战、精细管理、疫情防控四个体系，在确保部队内部安全稳定的基础上，完成以执勤、处突为中心的各项任务。

【党的建设】2022年，执勤一大队组织官兵学习中共二十大、中共十九届六中全会和三级党委扩大会议精神，开展“传承红色基因、担当强军重任”主题教育、“喜迎二十大、建功新时代”、“强法治、守规矩、开新局”、“严防酒驾醉驾和自杀问题”活动，加强统教力度，严格教案审查，每季度组织“赞赞大队好教员”评选活动，巩固教育基础。开展《习近平谈治国理政》第四卷、《习近平论强军兴军（三）》、《党的二十大报告辅导读本》和《党的二十大报告学习辅导百问》等书籍的读书演讲活动，利用抖音微视频、军事职业教育平台等载体，提升官兵技能水平，融洽官兵关系。墨脱中队王志鹏在支队“青春向党百年路，奋进喜迎二十大”主题演讲比赛中获二等奖。在“红心向党”强军故事会上，墨脱中队排长高欢获第四名。在新冠疫情防控形势下，开展关爱新战友专项活动，通过问卷调查、思想形势分析会、心理测查评估等活动，了解官兵思想。对已婚官兵家庭状况、考学提干、转改晋升、拟入党人员等，采取谈心谈话、随机教育、“一对一”帮扶等形式，掌握官兵思想动态。针对人员少、任务重的情况，对滞留部队人员、落榜考生和退伍人员进行思想稳定工作。落实“三包一”责任制，结合“三个半小时”，帮助战士调节情绪、释放压力，做好官兵救济救助和生活保障。传达学习解读《利军惠兵政策制度汇编》，为办理购房、就医、评残、季度福利人员提供政策支持。打造“一队一品”特色文化队伍，组织书法绘画评比、电子竞技和写家信等活动，增强官兵归属感和荣誉感。

【战备训练】 2022年，执勤一大队开展执勤工作，围绕新冠疫情防控要求，做好安保工作，执勤二中队、波密中队执勤工作安全无事故。根据实际情况，撤收察隅中队勤务。做好新兵执勤带新和岗前考核工作，新兵全部考核合格。定期组织官兵学习各类案例通报，组织执勤技能和理论考核。做好季节性执勤工作，落实军队新冠疫情防控相关制度规定，开展“替战士上哨”“向哨位送清凉”活动，督导各中队完善各类预案。排查执勤隐患，同蹲点干部共同排查哨位周边安全隐患，按照“日检查、周销号、月汇总”要求，整改问题，消除隐患，确保完成中心任务。推进完善“八个体系”战备建设，落实力量编成和物资器材准备，以总队战备力量拉动检查背景，按照“两个不经、一个保持”要求，规范“一句话命令加补充指示”紧急出动流程，开展以疫情防控、抢险救援、营区遭袭击为背景的突发情况应急演练，提高分队应急处突能力。全年所属中队应急战备力量多次接受上级应急拉动，均按照要求到位，确保部队保持“箭在弦上、引而待发”的战备状态。开展群众性练兵比武、分队指挥员比武等活动，以大队一级工作规范为准则，每季度召开党委会专题议战议训，组织进行安全风险评估、查找风险隐患、制订防范措施。8月，参加支队2022年军人运动会，取得团体第二名和多个单项第一名的成绩。按照按纲施训周期运行表组织训练，坚持每周制定周表，每月分析训练形势，夯实军事素质。指导各中队抓好相关课目训练，按照“由易到难、由简到繁、由分解到连贯、由单个到整体”原则进行施训，针对士兵的个体差异和身体素质确定训练进度强度和组训方法，提高训练效果。做好年终军事普考工作，端正训风考风，大队主官、风气监督员现场监考，落实标准要求，检验分队警官军事水平。

【安全管理】 2022年，执勤一大队开展暑期百日安全竞赛、“聚力迎盛会、扎实保稳定”建安创安等活动，学习原文、观看警示录像，重点开展章节学习，采取专题辅导、讨论交流等形式，强化官兵法治思维和法治观念，规范自身行为。纠治部队管理领域问题，注重日常细节养成，完成各类库室规范工作，从日常养成抓起，从干部骨干严起，加强警士队伍管理，激发干部骨干工作热情。加强官兵条令条例学习，分层开展条令法规知识竞赛，进行组织评比，全年集中组织条令法规学习4次。整治酒驾醉驾，聚焦“四不”等突出问题，落实各级责任，打好预防酒驾醉驾硬仗，确保部队安全稳定。开展打击整治枪爆违法犯罪专项行动，树立抓治理、严整改、促落实标准，采取撰写承诺书、分层发言的方式引导官兵认清非法持有枪爆物品的法律后果和危害。扎实开展保密工作，针对违规外联问题，指导中队制定整改措施，组织开展网络安全专题警示教育，增强官兵安全意识和纪律意识。以“安全靠建、管理要严”理念为基础，坚持每日安全讲评、每周安全风险预测，每月安全工作讲评，每季安全形势分析，逐级增强安全防范意识，形成上下齐抓共管良好态势。针对在外人员较多和疫情防控形势，指定中队主官通过每日视频联系、报送核酸检测结果、共享定位等方式加强管理，落实在外人员车辆“双八条”和惩治酒驾醉驾七条硬性措施。针对临时外出人员，指定专人负责，做实做细疫情防控工作。

【后勤管理】2022年，执勤一大队开展并落实各单位资产大清查、副食品配送、营房设施检修、被装领取调配及后勤专业兵训练，通过一线督导帮教、定期检查落实、支队培训办公，提高后勤建设标准，强化保障能力。结合新的施训要求，以后装保障队伍"通用体能人人合格，专业技能门门过硬"为目标，开展后勤训练。落实财务规范，严把经费使用关，做到经费支出透明、消费合理。加强固定资产贴标工作和资产报废等工作，提升基层后勤建设正规化水平。落实伙食管理六项制度，根据训练强度和季节特点制定食谱，满意率90%以上。推进建设大队部士官公寓和改造中队营区环境，建设并投入使用书香军营和荣誉墙，完善配套设施，提高各中队基础设施建设水平。

【队伍建设】2022年，执勤一大队加强能力建设，通过2次干部调整，对党委班子进行增补分工，明确相关职责任务，进行"一党章两准则三条例"学习，增强党员、干部、警士三支队伍的事业心和责任感。组织学习"见义勇为勇士"李林雨、全军"四有"优秀个人和支队优秀官兵事迹，开展干部量化考评和警士年度考评登记工作，引导干部警士投身强军实践，提升依规抓建和依法履职能力。做好帮带指导工作，利用驻队蹲点、下队检查、日常工作等时机，从思维格局、理论素养、业务能力等方面，采取老带新、干部带骨干、骨干带战士等形式，提升能力水平，重点指导帮带执勤一中队、墨脱中队建设。结合深入基层风气整治活动，纠治思想认识不清、学习教育不深、推进整改不细、责任落实不严等问题，整改落实12个领域42条问题。发挥风气监督员作用，落实每月风气监督员报告工作要求，落实资料下发和培训学习等工作，听取官兵意见建议，维护官兵切身利益，营造良好氛围。全年评功评奖82人，选晋警士53人，发展党员对象13人。

（武警林芝支队执勤一大队）

武警第二机动总队某支队

【概况】2022年，支队党委贯彻武警部队、总队党委决策部署，提高队伍素质能力，加强基层管理建设，组织举办思想政治教育活动，做好抢险救灾保障工作，完善军民共建举措，完成各项工作任务。开展专项整治活动10次，慰问小学20所。

【部队管理】2022年，支队开展"纲要"暨书记队伍、警官能力素质培训，安排当兵蹲连团职领导和机关干部4批次52人，进行按纲建队考评和基层党组织考评鉴定，提升基层建设水平。贯彻"安全靠建、管理要严"思路，纠治部队管理领域负面问题，以"聚力迎盛会、扎实保稳定"活动为牵引，开展安全员网上培训、安全行为大家谈、诵读警示警句等群众性活动，推进安全大检查等10个波次专项整治活动，营造建安创安氛围。

【抢险救灾】2022年，支队重点推动路域环境整治、病害预防治理、标规路建设和大中小工程实施，关注路况灾情动向，加强道路巡查、军地会商、装备前置和物资预储，完成两个阶段养护任务，集中整治新藏线库地、麻扎、黑卡子达坂道路，修补坑槽、处置沉降9.26万平方米，裂缝灌封533千米，建设标规路509千米。完成抢险救援任务204次，清理塌方、泥石流、积雪123万余立方米，解救受困群众1.1万余人、车辆5300余台。

【军民共建】 2022年，支队开展“百千万”爱心助学行动，慰问沿线小学20所，支队少校以上警官向古乡40名高中生捐款2.03万元。到巴卡村开展送医巡诊2次，投入经费1.5万元，为巴卡村群众进行健康体检，配发常备药品和医疗、防疫物资。发挥“兵支书”作用，多次到帮扶村开展调研，以群众所需所盼为牵引，考察制定帮扶项目，投入10万元扶持巴卡村茶叶种植项目。疫情防控期间，巴卡村部分农产品滞销，支队采购滞销水果2000元，官兵个人购买野生羊肚菌3000元，向2户村民捐资1.2万元。

【思想政治建设】 2022年，支队围绕学习贯彻中共二十大精神，统筹推进开年教育、“忠诚维护核心 矢志奋斗强军”主题教育、“学思想、铸忠诚、担使命”实践活动、“军队精神谱系大家谈”系列活动和思想教育，探索推广“四步十点”精准授课教学法，建立党史学习教育常态化长效化机制，组织政治教员练兵比武。推进党组织规范化建设，组织各级党代表、军人代表推荐选举工作，开好党史学习教育民主生活会。推进军史长廊、星火书吧、“两线”红色文化墙建设。在军地主流媒体刊载播出新闻稿件557篇、练兵备战专题纪实片4期。所属某大队被军委后勤保障部表彰为全军“运输投送先进单位”，支队保障部被武警部队表彰为后勤工作先进单位。2个大队、7个中队被评为“四铁”先进单位。

（王进军）

77550部队

【概况】 2022年，77550部队贯彻习近平新时代中国特色社会主义思想和习近平强军思想，多措并举开展各类活动，提高军事技能，做好新冠疫情防控工作，加强部队管理建设，完成后装保障任务，推进军民共建，各项工作平稳开展。全年开展寻医送诊活动，服务400余人次，送出药品价值2万余元。

【党的建设】 2022年，77550部队重点落实军委主席负责制，加强学习理解。开展“传承红色基因、担当强军重任”教育和“不忘初心、牢记使命”主题教育，加强“一不怕苦、二不怕死”战斗精神培育，发挥党委班子示范带动作用。开展基层风气专项整治活动，加强党风廉政教育，深查严究基层“微腐败”和不正之风，坚持公正公平公开处理各类事项，提高思想政治建设。

【部队管理】 2022年，77550部队坚持“依法施训、按纲施训”相结合，组织实打实投训练，开展重点难点课目训练。开展群众性大练兵，涌现出以万福家为代表的训练尖兵。7月，万福家到军区参加俄罗斯“厄尔布鲁士之环”国际比赛集训，取得优异成绩。盯住10项重点领域，落实重大活动安全风险评估、安全形势分析、隐患排查制度，开展安全技能训练，消除安全隐患，确保安全。

【后装保障】 2022年，77550部队抓好日常战备和后装训练，着眼储备后勤人才，组织各类培训，提高部队后装保障能力，完成各类保障任务。全年完成蔬菜种植品种30余个，养殖畜牧猪、牛、鸭、鹅、羊400余只（头）。执行2022年度预算，完成各项工作，保障官兵饮食、添置文化设施，建设新型智慧军营。

【军民共建】 2022年，77550部队分别与县政府、县退役军人事务局、桑登村共同开展军事日、“五共五固”等系列活动，到单位参观、体验实弹射击等。加强与地方政府部门沟通合作，4月与县退役军人事务局合作，派出12名礼兵，在波密县松宗烈士陵园完成清明祭奠烈士活动敬献花篮任务。多次与退役军人事务局到倾多镇、玉许乡开展寻医送诊活动，服务400余人次，送出药品价值2万余元。多次组织官兵到医院为急需用血者献血，推进双拥工作深入开展。

【安保工作】 2022年，77550部队多次开展维稳处突、紧急出动演练活动，在“3·14”、国庆节等重要时间节点，分别在扎木大桥、农业银行、县委大院、邮政局、县中学、县广电局等场所加大安保工作力度，维护安全。

【新冠疫情防控】 2022年，77550部队官兵在新冠疫情防控期间，与县疫情防控办公室建立长效沟通机制，培训采样人员，减轻防控压力。联系波密县人民医院为疫情形势好转提供保障。设立“体温监测点”“车辆洗消点”，执行体温监测、营区消毒、开窗通风等防疫举措，实现“三不”防控目标。

（刘健杨）

经济管理

经济综合管理

【概况】 2022年，县发展改革委学习习近平总书记视察西藏重要讲话精神，围绕经济社会发展总体目标，编制《波密县2022年国民经济和社会发展计划执行情况与2023年国民经济和社会发展计划草案》，推进全县招商引资项目工作，做好铁路建设服务保障，摸排调研并分析物价整体情况，做好物价监测，加强经济运行分析和监管，做好粮食储备及供应，确保各项工作顺利开展。全年地区生产总值37.17亿元，开复工项目95个，总投资10.85亿元。

【项目建设】 2022年，波密县开复工项目92个，总投资10.77亿元，年内计划完成投资6.56亿元。完成投资6.06亿元，完成率92.38%。推进招商引资项目27个，完成投资4.6亿元，完成年度目标任务的103%，优质企业、优质项目落地见效。与自治区、市两级发改相关部门沟通，结合林芝市开展“十四五”规划工作通知，掌握“十四五”项目107个，总投资25.57亿元。其中，完成前期工作项目70个（资金到位项目41个、完成概算批复资金未下达项目29个），未完成项目37个。

2月25日，波密县2022年重点项目集中开复工仪式举行

【铁路建设】 2022年，川藏铁路雅安至林芝段（波密县境内）总投资241.75亿元，建设总里程136.11千米，沿线完成开工建设施工标段4个。严格按照中央、自治区党委和市委工作要求，做好川藏铁路（波密段）规划建设服务保障工作。签订路地共建合作协议，促进

当地群众就业增收。年内，川藏铁路参建单位雇用农牧民群众4634人次，带动增收9433.5万元。化解矛盾纠纷，保障施工安全，指导各参建单位成立“维护稳定和安全生产工作专班”“清欠农民工工资工作专班”。年内，协调解决用工用械、双拖欠、项目施工等方面矛盾纠纷36起，涉及资金1593万余元，调处率100%。落实新冠疫情防控责任，对铁路项目建设领域传达疫情防控相关政策，督促检查防控措施、核酸检测、报备入（出）人员、生产生活物资保障等相关工作，开展突发事件应急演练，邀请疾控中心负责人对铁路建设领域医护人员线上培训核酸采样相关知识。

【物价监管】 2022年，县发展改革委（物价所）联合县市场监管局、县商务局、县公安局、县农业农村局、县城市管理和综合执法局等部门联合开展波密县生活物资供应摸底情况排查，对全县各大超市、农贸市场等生活物资供应部门摸排物资储备情况、质量质检情况、价格浮动情况等，严厉查处销售串通、垄断价格、囤积居奇、哄抬物价等违法违规行为。实施生活物资“周报告”制度，重点监测全县粮油、猪肉、蔬菜等多种商品价格，掌握价格动态，确保市场价格稳定。做好价格认证工作，协助公安、消防机关开展价格认定工作6起，鉴定总金额49.33万元。

【经信监管】 2022年，县发展改革委关注县域内工业、民族手工业经济运行出现的新情况、新问题，统计上报民族手工业企业基本情况季度报表、已纳入统计工业项目进展情况表、重点机制砂石企业生产销售和价格月报、2022年全区规下工业企业农牧民用工信息表、林芝市规模以下农畜产品加工企业相关数据统计表等，加强对重点企业的市场环境、发展走势、原料供应、产销动态、经济效益分析。新冠疫情防控期间，为企业生产创造条件，全县有规模以上企业1家、规模以下工业企业17家，涉及水泥、水、电、粮食生产、食品加工、民族传统工艺等民生行业。

【粮食储备】 2022年，波密县粮食储藏实现定人员、定仓库、定任务、定责任，开展“四无”粮仓活动，确保存粮稳定、安全。清点整理应急救灾物资，利用救灾物资储备管理费，安装乡镇级救灾仓库货架，安装10个救灾仓库的监控系统，调配出库物资并做好登记台账。整理5个乡镇救灾物资仓库和县级区域性救灾仓库货架物资，县财政拨款30万元，维修废旧仓库，存放菜籽油，防止商品粮与储备粮混存。

【机构领导】

主任

王松泽（7月任职）

副主任

庄　斌（7月离任）

李国莹（7月任职）

次仁尼玛

王海涛（1月任职）

冯　鹏（1月任职）

项目评审中心主任

胡国靖（1月任职）

项目评审中心副主任

任智勇（7月任职）

（吴　欢）

财　政

【概况】 2022年，县财政局以习近平新时代中国特色社会主义思想为指导，贯彻落实党中央、自治区党委、市委和县委决策部署，执行波密县第十三届人大常委会第八次会议审查批准的预算，做好财政预算执行分析，执行政府采购各项流程，严把财政投资评审预算审核关口，清理财政存量资金，做好行政事业单位国有资产管理等工作。全年一般公共预算收入 1.58 亿元，一般公共预算支出 13.33 亿元。完成政府采购项目 110 个，清理盘活存量资金 2.01 亿元，为全县经济社会发展提供财力保障。

【财政预算执行情况】 2022 年，波密县一般公共预算收入完成 15751 万元，完成预算的 210%，超收 8251 万元，同比增长 19%。其中，税收收入 5864 万元，增长 46%；非税收入 9887 万元，增长 7%。一般公共预算支出完成 13.33 亿元，同比增加 2.09 亿元，增长 19%。

主要支出项目完成情况。一般公共服务支出 2.32 亿元，国防支出 87 万元，公共安全支出 1.07 亿元，教育支出 2.17 亿元，科学技术支出 500 万元，文化旅游体育与传媒支出 2278 万元，社会保障与就业支出 1.06 亿元，卫生健康支出 9631 万元，节能环保支出 2136 万元，城乡社区支出 4044 万元，农林水支出 3.9 亿元，交通运输支出 703 万元，资源勘探工业信息等支出 668 万元，商业服务业等支出 140 万元，自然资源海洋气象等支出 538 万元，住房保障支出 5794 万元，粮油物资储备支出 174 万元，灾害防治及应急管理支出 1179 万元，其他支出 10 万元，债务付息支出 197 万元。

政府性基金预算执行情况。全年波密县政府性基金收入预算为 1500 万元，实际完成 337 万元，完成预算的 22%，短收 1163 万元，同比 2021 年减少 3579 万元，主要原因为新冠疫情影响，土地出让工作无法正常开展。政府性基金预算支出完成 4012 万元，同比 2021 增加 3028 万元，增长 308%。

4 月 7 日，波密县组织开展为期一周的“2022 年度第一期财务人员能力建设培训班”培训活动

国有资本经营预算执行情况。2022 年，波密县国有资本经营上级补助收入 7 万元，2021 年结转 7 万元。全年实际支出 7 万元，结转下年 7 万元，实现收支平衡。

【“三公”经费管理使用】 2022 年，波密县会议费支出 14.95 万元，比 2021 年减少 23.42 万元，下降 61%。“三公”经费支出 1157.54 万元。其中，公务接待费支出 170.6 万元，同比 2021 年减少 8.3 万元，下降 5%；公务车辆购置费支出 311.52 万元，同比 2021 年增加 78.19 万元，增长 34%；公务车辆运行费支出 675.42 万元，同比 2021 年减少 12.89 万元，下降 2%；无公务出国费支出。

【政府采购】 2022 年，县财政局根据《中华人民共和国政府采购法》《中华人民共和国政府采购法实施条例》《西藏自治区财政厅关于印发西藏自治区 2021—2022 年度政府集中采购目录及采购限额标准的通知》《林芝市财政局关于进一步规范政府采购管理及工作流程的通知》等文件精神，制定《波密县政府采购工作流程方案》，规范政府采购工作，提高政府采购效率，构建规范透明、公平竞争、监督到位的政府采购工作机制。全年完成政府采购项目110个，预算数2.02亿元，实际采购价1.96亿元，节约财政资金596万元。

2022年，县财政局在“三大节日”期间，慰问驻村工作队队员

【财政投资评审】2022年，县财政局投资评审中心对全县603个项目进行财政投资评审预算审核，送审金额2.12亿元，审定金额2亿元，审减金额1306万元。财政投资评审完成项目竣工决算评审108个，送审金额2.22亿元，审定金额2.09亿元，审减金额1302万元，入库金额1442万元。

【存量资金清理】2022年，县财政局按照上级部门关于清理财政存量资金的相关规定，定期清理盘活结余一年、结转两年以上资金，清理盘活存量资金2.01亿元，推进县级基本公共服务均等化，实现县级财政“保工资、保运转、保民生”的总体目标，保障基层政府实施公共管理。

【落实惠农惠民资金】2022年，县财政局落实惠农惠民政策，通过“一卡通”兑现各类惠农惠民资金。全年兑现村干部工资1481万元，村务监督工资126万元，村级党组织保障经费180万元，五保户供养215.33万元（农村集中供养每人每年1.45万元，农村分散供养7740元，城镇集中供养1.45万元），农村最低生活保障99.31万元（每人每年5160元），城镇最低生活保障63.72万元（每人每月927元），残疾人两项补贴208.7万元（每人每月生活补贴100元，重度护理补贴200元），森林生态效益补偿3096.15万元，草原生态奖补资金881.4万元等。加大政策宣传力度，运用多种方式宣传惠农惠民资金涉及的政策、补助项目、补助标准等，提高政策知晓度，营造良好的舆论氛围。

【财会监督检查】2022年，县财政局组织业务骨干通过上门指导和综合检查方式，对全县各行政事业单位进行财务工作检查3次，根据检查结果要求各单位完成账务调整，完善财务管理制度，规范财务收支行为，严肃财经纪律。

【行政事业单位国有资产管理】2022年，县财政局开展行政事业单位国有资产管理工作。波密县资产总额（账面净值，下同）27.69亿元，较2021年增长53.26%。负债总额2.53亿元，较2021年下降15.7%。净资产25.15亿元，较2021年增长67.01%。按机构分类：行政单位国有资产25.35亿元，占91.55%；事业单位国有资产2.34亿元，占8.45%。按类型分类：流动资产2.71亿元，较2021年下降48.01%，占9.8%；固定资产5.21亿元，较2021年增长8.95%，占18.82%；在建工程3859.12万元，较2021年增长0.00%，占1.39%；无形资产87.75万元，较2021年增长4.76%，占0.03%；公共基础设施16.4亿元，占59.27%；政府储备物资2362.44万元，占0.85%；保障性住房2.73亿元，占9.85%。

2022年，县财政局健全完善以《行政单位国有资产管理暂行办法》《事业单位国有资产管理暂行办法》为统领，行政事业单位国有资产配置、使用、处置相关办法相配套，具体管理规程为补充的管理制度体系。规范和加强波密县行政事业单位国有资产处置管理，按照县委、县政府相关会议精神，资产使用部门负责2万元以下（含2万元）通用资产的处置审批，县财政局负责2万~5万元（含5万元）通用资产的处置审批，5万元以上（含5万元）通用资产的处置审批，需提交县人民政府审议，根据审议结果进行处置。做好日常管理，通过行政事业单位国有资产管理信息系统，提升国有资产管理信息化水平，建立资产月报机制，动态掌握资产变动情况。全面摸清家底，根据县委、县政府的安排部署，按照《行政单位国有资产管理暂行办法》《事业单位国有资产管理暂行办法》有关要求，聘请第三方机构，开展全县68家行政事业单位资产清查工作，重点核实国有资产存量较大、问题较多的单位。

【预算绩效管理】 2022年，县财政局按照绩效管理相关规定，加强并提升事前评估、绩效目标填报、事中监控、绩效评价质量、绩效结果应用五个环节工作，开展绩效评价，参评单位85家，重点项目13个，涉及资金15.84亿元。加强绩效评价结果运用，把评价结果与预算安排相结合，增强各单位预算支出责任意识，提高财政资金支出绩效。

【机构领导】

局长

次仁卓嘎（女，藏族）

副局长

蒋文昆

才央卓玛（女，藏族，1月任职）

扎西罗布（藏族，1月任职）

（文　靖）

审　计

【概况】 2022年，县审计局完成国有企业财务收支审计、新冠疫情防控资金审计、“十三五”政府投资项目审计和县级财政预算执行审计，出具审计报告10篇，发现问题71个，提出审计建议31条，移送处理事项4件，处理处罚55.15万元，挽回经济损失52.95万元。

【国有企业财务收支审计】 2022年4月，县审计局对波密县城市投资有限责任公司等6家国有企业2021年财务收支情况进行审计，重点审计监督国有资产资源管理使用情况以及财务收支的真实性、合法性、效益性，发现部分企业存在财务管理、资产管理、合同管理不规范等问题42个，提出审计建议19条，挽回经济损失1.99万元。

【“十三五”政府投资项目审计】 2022年5月，县审计局对波密县“十三五”期间政府投资项目进行审计，重点揭示政府投资领域中重大政策贯彻落实、项目建设资金管理、工程造价等方面的问题。发现应缴未缴印花税、违反工程造价管理和项目管理等18个问题，提出审计建议6条，挽回经济损失50.08万元。

【县级财政预算执行审计】 2022年10月，县审计局对县级2021年度预算执行和其他财政收支

6月30日，西藏自治区审计厅党组成员、副厅长拉巴次仁到波密县审计局开展调研工作

情况进行审计，掌握财政资金管理和使用情况，加强政府监督县级预算收支管理和人大财政预算执行情况，提高财政资金安全性和效益性。发现预算执行进度缓慢、部分存量资金清理不到位等6个问题，提出审计建议3条。

【新冠疫情防控资金审计】 2022年4月，县审计局对县卫健委2020—2021年疫情防控资金进行审计，重点审计财政专项资金分配、拨付及使用管理情况，发现资金和物资分配使用中存在的问题，以审计监督实效助力疫情防控工作开展。践行“审计为民”理念，通过审计发现财务管理不规范、多计价项目款等4个问题，提出审计建议3条，挽回经济损失0.88万元。

【机构领导】

局长

　　樊尚泽

副局长

　　彭　寻（7月离任）

　　西绕卓玛（女，藏族）

　　田　刚（7月任职）

（马　驰）

统　计

【概况】 2022年，县统计局围绕自治区、市、县经济工作会议总体部署和要求，做好全县主要经济指标完成情况统计以及农林牧渔业发展情况统计，完成第五次全国经济普查基础工作，开展统计执法检查，做好统计法制教育，打造复合型统计人才队伍，完成各项发展目标任务。全年波密县地区生产总值37.17亿元，农林牧渔业增加值2.96亿元，开展法律法规集中宣传10次，推动全县经济平稳发展。

【第五次全国经济普查准备工作】 2022年，县统计局按照《中华人民共和国统计法》和《全国经济普查条例》要求，做好第五次全国经济普查基础工作，在预算经费中列入普查项目，起草《波密县第五次全国经济普查工作方案》与县委、县政府汇报普查工作人员商调事宜，启动第五次全国经济普查宣传工作。

【统计执法与法治建设】 2022年，县统计局加强法治教育，做好统计普法工作。利用年报会、日常业务培训会、统计工作会等方式宣传统计法。结合日常工作，开展统计执法检查，依法维护统计权威，规范基层统计行为。全年集中宣传法律法规10次，发放统计法律法规宣传册300余份，教育引导企业依法维权，自觉履行义务，增强宪法意识和法治观念，依法报送统计报表，提高统计数据质量，增强企业法律意识和管理水平。提升统计执法力度，加强统计普法宣传教育，开展常态化统计巡查工作，打击统计弄虚作假等违法行为，加强统计行政管理。

4月7日，国家统计局西藏调查总队党组书记、总队长张金龙（右三），国家统计局林芝调查总队党组书记、队长周俊贤（右二）等到波密县开展月度劳动力工作情况调研

【统计业务培训】2022年，县统计局利用每周五开展自学和集中学习，提升理论学习与业务能力，实现统计人员从专业人才向复合型综合人才转变，打造符合统计工作新要求的统计队伍。全年参加自治区内外各类培训、跟班学习等10余人次，组织乡镇统计干事统计业务培训20余人次、住户调查记账培训20余人次、月度劳动力培训10余人次。

【机构领导】

局长

央吉卓嘎（女，藏族）

副局长

颜相西（7月任职）

阿旺卓玛

（米玛次仁）

自然资源管理

【概况】2022年，县自然资源局落实党中央、国务院及自治区、市关于自然资源工作的一系列决策部署，开展自然资源执法监督、不动产统一确权登记、国土空间规划、土地开发利用、耕地保护等工作，全力助推全县经济社会、民生事业发展。全年核查地质灾害隐患点322处，办理不动产权国有用地及房屋所有权登记181本。

【执法监察】2022年，县自然资源局自然资源执法大队按照各级党委、政府安排部署及上级直属部门要求，开展土地卫片执法和日常监督巡逻工作。根据卫星遥感图片线索，对207张审计图片、3564张乱占耕地建房图片、8张矿产执法图片进行整改，根据坐标位置进行现场踏勘，按照实际情况，分类建立“一案一册”工作台账并报送至林芝市自然资源局。

【地质灾害防治】2022年，县自然资源局做好地质灾害防治工作，保障波密县群众生命财产安全，聘请第三方技术单位开展专项勘测，排查、巡查、核查地质灾害隐患点322处（较2021年新增隐患点12处），其中泥石流210处、不稳定斜坡54处、崩塌45处、滑坡4处、河岸坍塌9处。全年在建泥石流治理项目4个，其中完成初验项目3个，分别为易贡乡通加村挡宗沟泥石流治理项目、投资600余万元，易贡乡茶场白龙沟泥石流治理项目、批复投资1550万元，玉许乡达拉村杂来沟泥石流治理项目、批复投资860万元。完成终验项目1个，为波密县倾多镇栋曲村卓布沟泥石流治理项目，投资1200余万元。4月20日，县自然资源局联合扎木镇政府、扎木镇派出所、扎木镇卫生院、县应急管理局、县消防大队、县水利局和四川省冶金地质勘查院等多家单位，完成2022年群测群防人员培训和地质灾害应急演练，参加培训演练人员200余名，提高相关部门、群测群防人员及群众对突发自然灾害的应对能力，增强防灾、识灾、避灾意识。

【耕地保护】2022年，县自然资源局按照县委、县政府统筹部署，落实关于耕地保护、粮食安全指示批示精神，以“6·25”全国土地日、“宪法宣传周”等活动为契机，在波贸广场集中开展宣传活动，发放耕地保护宣传资料，讲解耕地保护重要意义，提高全民保护耕地意识。打击乱占、乱圈耕地建房行为，加强各部门工作联动机制，由土地执法大队建立微信工作群，由乡镇根据实际监督情况填写农村乱占耕地建房月报表并报送至土地执法大队，做到实时监督乱占耕地行为。根据乡镇反馈，全年发现乱占耕地建房2起，严重破坏耕地表层1起，在执法人员劝阻下恢复原貌。

【耕地占补平衡】2022年，县自然资源局落实耕地“占一补一、先补后占”制度，推进实施增减挂钩项目建设，投资1000万元，拆旧复垦地块14个，其中调整优化为耕地4个，总面积0.2平方千米。

【测绘信息管理】2022年，县自然资源局按照保密要求，做好测绘信息数据保存归档工作。相关部门和单位按照保密程序，在签订保密协议后调阅、刻录相关资料信息，全年与第三方公司签订保密协议3份。

10月28日，不动产登记中心工作人员现场办公，为原国合联营公司48住户办理不动产权证

【不动产确权登记】2022年，县自然资源局不动产登记中心办理不动产权国有用地及房屋所有权登记181本。其中，国有首登24本，转移登记119本，抵押登记27本，查封登记2本，补换证登记9本。办理变更登记9本，村庄集体建设用地不动产权证书199本。启动波密县草原承包经营权确权登记工作，确权面积776.2平方千米，总投资116.44万元。

【机构领导】

局长

桑旦加措（藏族，7月任职）

副局长

杨　楠（女）

起　京（彝族）

嘎松拉姆（女，藏族，7月任职）

王松泽（7月离任）

（关　涛）

税　务

【概况】2022年，县税务局落实自治区、林芝市税务工作会议部署，围绕“固成果、强弱项、防风险、促提升”工作理念，以提质增效为目标，拓展减税降费成效，保障组织收入主业，提升税收治理效能，优化税收营商环境，激发干部队伍活力，推进各项任务落地落实。加强税收治理能力建设，提升纳税人缴费人获得感，推进波密新时代税收现代化。全年县级税收收入5864万元，同比增长46%；社保非税收入16172万元，同比增长7%。开展辅导培训300余次，发放宣传资料2000余份。

【税费征管】2022年，县税务局采取控管手段，加强重点税源管理，落实收入责任，开展收入预测，监控收入进度。做好税种精细管理，构建“大税精管、小税细管”格局。开展税收收入调研分析，完善税源动态管理和税收预测。实施纳税人分类分级管理，按照纳税人规模大小、行业特征和税收遵从风险等指标分类，进行差异化管理。健全风险管理工作机制，综合分析利用征管数据，做好重点纳税人单户风险分析，提升风险分析识别能力。推进税收治理现代化，落实服务与管理责任，加强税收协同共治管理模式，提升信息和数据管理质量，完善征管方式，提高征管效能。

【税费服务】2022年，县税务局围绕7批28项减税降费政策，提倡“非接触式”办税缴费服务，对纳税人缴费人开展“非接触式”宣传培训，引导纳税人缴费人“非必要不进厅”，减少到厅办税次数。围绕“减税费优服务，助复产促发展”主题，借助纳税人学堂、税企QQ群、纳税人交流群、电话等渠道，主动向纳税人、缴费人开展政策宣传解读和办税操作辅导300余次，发放宣传资料2000余份。发挥对外咨询电话、征纳平台作用，解答疑难问题，打造办税服务厅宣传“前沿阵地”，设置“党员先锋模范岗”“减税降费专窗”，回应纳税人缴费人政策咨询。引导预约错峰办税，通过电话、微信开展预约服务，为纳税人缴费人节省办税时间，全年预约服务300余次。征期安排专人在办税服务厅辅导电子税务局操作，帮助纳税人掌握纳税缴费流程，解决申报难题，辅导纳税人500余户次。举办5期培训班，培训机关事业单位财务人员辨别发票真伪和发票管理的有关规定、个人所得税汇算清缴操作、社会保险费客户端使用等。围绕税收宣传月活动主题，通过设置宣传点，发放宣传单、悬挂宣传标语、走村入户等形式，宣传税费优惠政策，介绍便民服务的途径方式，推广网上办税，为纳税人缴费人送政问需、排忧解难。落实“最多跑一次”清单要求，优化整合涉税全流程，减少审批手续，精简报送资料。依托电子税务局，打造以“网上办税为主，实体办税兜底”的服务格局，做到“一窗通办”、及时受理、有效指引、限时办结。推进办税便利化，减少

6月8日，县税务局“税收直联服务团队”到自治区大唐西藏波堆水电开发有限公司宣传减税降费政策

办税缴费时间，提升纳税人缴费人的满意度和获得感。开展“减税降费大辅导”“减税降费走进桃花节”“减税降费一对一”辅导、税法宣传进民宿、进企业等宣传活动，掌握企业涉税诉求，帮助纳税人缴费人懂政策、能申报、会操作。对应享受未享受优惠政策的纳税人，采取电话、上门等形式提醒纳税人1000余次，确保落实税费优惠政策。

【税务登记】2022年，县税务局重点加强新办税务登记工作，严格审核纳税人税务登记申请资料，核查税务登记信息，确保信息的准确性、真实性。加强与工商等部门协作，从源头上掌握登记信息，减少漏征、漏管户。加强税务注销工作，重点检查注销企业是否存在欠税和未使用发票行为、偷逃税现象、实地停止生产经营，帮助企业缴清欠税和未使用的发票。

【助力乡村振兴】2022年，县税务局帮扶贫困户家庭，详细了解贫困人员生产生活和家庭情况，到贫困人员家中拉家常、问冷暖、谈发展，询问贫困学子的学习情况和生活状况，了解掌握贫困人员存在的困难和问题，送去关心鼓励和慰问物资。

【机构领导】

局长

刘建营

纪检组长

扎西玉珍（女，藏族）

副局长

次安拉姆（女，藏族）

（仁青玉珍）

市场监督管理

【概况】2022年，县市场监管局围绕疫情纾困、服务发展、安全攻坚、监管创新、团队铸魂“五大战略”，优化市场主体登记审批程序，做好食品安全监管，开展药品和医疗器械整治行动，保障市场主体知识产权，严把特种设备安全工业产品质量关口，提升市场消费安全水平，守牢“市场安全”底线。全年检测食用农产品1.49万批次，抽检农产品预包装食品158批次，推动波密县市场监督管理工作高质量发展。

【市场主体登记】2022年，县市场监管局优化商事注册登记和行政审批程序，压缩办理时限，落实“最多跑一次”改革，实现群众办事“一窗、一门、一网”便捷服务。全县有市场主体5159户，注册资本52.76亿元，同比增加883户，增长17.11%。新增注册资本11.57亿元，增长21.92%。运用“林芝市智慧食安”系统，办理食品经营许可证227家。全年线上办理611件，同比新增424件，增长69.39%。通过“领着办”“帮着办”“带着办”等方式，设置服务点1个，为办证需求群众提供服务1023人次。

【食品安全监管】2022年，县市场监管局做好食品安全工作，成立工作领导小组，制定工作方案5个，召开波密县食药安委第一次全体会议暨创建“国家食品安全示范城市”工作会议，创建食品安全示范城市、卫生城镇创建工作培训会暨“守底线、查隐患、保安全”专项工作部署会等5次会议，为工作开展提供基础性保障。重点监督食品资质规范许可行为，全年办理食品经营许可证227家，注销76家，变更32家，延期34家，补办1家。对县城农贸市场、商超、批发等食用农产品流通领域检测农残、兽残。全年快检1.49万批次，其中蔬菜、水果快检1.21万批次，干调、水产快检2245批次，肉类快检577批次，不合格产品52批次，均进行无害化处理。抽检县城农贸市场、乡村、学校及学校周围的小作坊、生产企业、民族特色等14种食品大类，完成抽检任务158批次，合格率99.37%。全县从事食品生产、经营市场主体1585户，排查风险隐患894户，检查覆盖率56.4%，发现并处置风险问题16个。到茶厂、粮油公司等食品生产企业以及超市、餐饮店、校园及其周边等地，检查原材料、加工、工艺流程、贮存环境、标识标签等食品生产要求，以及证照、八大台账、“明厨亮灶”、新冠疫情防控等情况，全年开展检查53次，出动执法车辆102台次，执法人员360余人次，责令下架退市、没收标签标识的不合格产品50千克，销毁各类不合格食品250余千克，整改隐患问题30处。邀请县人大常委会相关领导到八盖乡小学、波密县完全小学、扎木中学及周边开展校园食品安全专题调研工作。在两会、桃花节等重大活动期间，完成食品安全保障7场次，执法人员20余人次。结合《波密县委、县政府领导同志食品安全责任清单》，制定《波密县食品药品安全委员会关于建立分层分级精准防控末端发力终端见效工作机制推动食品安全属地管理责任落地落实的实施方案》、“三清单一承诺”，构建包保体系。采取“线上+线下”方式，宣传食品相关的法律法规及创城内容，开展各类食品药品安全宣传活动18次，宣传人员236人次，发放《波密县创建国家食品安全示范城市倡议书》等宣传资料9000余份，推送创城短信8.5万条，制作创城宣传片1部，张贴、悬挂创城宣传标语11处，受益人员15万余人次。

12月15日，波密县副县长姜耀到县市场监督管理局开展工作调研

【药械化监管】 2022年，县市场监管局开展为期4个月的药品生产流通领域集中整治行动，经过检查，8家单体药店（含2家零售连锁）不存在无证、超范围、超方式、超期限经营等经营药品、销售假冒伪劣药品、非法渠道购进药品以及不按GSP经营药品行为。集中开展高风险药品（疫苗、特殊药品及含特殊药品的复方制剂）、“一退两抗”、中药饮片、执业药师挂证、“两小一院（小药店、小诊所、民营医院）”等专项整治，检查涉药单位38家次，检查医疗器械经营、使用单位17家次。开展全县无菌和植入性医疗器械检查89家次，出动执法人员56人次，出动执法车辆32辆次，下达整改通知书4个。排查21家医疗器械使用单位的风险隐患，发现并整改问题4条。开展清理整治医疗器械许可备案，出动执法人员45人次。开展医疗器械不良反应监测工作，全年报告医疗器械不良事件52例，其中药品45例、器械7例，位于全市前列。依托微信群、手机短信、宣传活动等方式，宣传药品知识及行业自律等法律法规，受益人员3万余人次。按照《林芝市市场监督管理局零售药店药械价格监督检查专项整治方案》要求，成立波密县药械保供稳价市场检查组，

督促引导药械批发零售企业对接供应商，拓宽进货渠道，保障市场供应。指派专人24小时负责林芝智慧食安“五类”药品实名购药管理系统，关注药械市场价格动向，维护消费者合法权益。

【知识产权工作】2022年，县市场监管局坚持品牌建设，提高品牌效应，促进市场经济发展。全年所有申请商标526件，其中有效商标383件、新申请56件、成功注册52件。组织召开2022市场监管工作会暨“知识产权”工作会议，开展“蓝天”专项整治行动，检查商标恶意注册行为，伪造、变造法律印章等违法行为，全年开展检查7次，出动执法人员18人次。受理1起销售“墨脱石锅”地标产品专利投诉，检查发现全县销售相似产品经营户8家，下达责令改正通知书8份，责令停止经营活动。

【价格监管】2022年，县市场监管局集中力量、多渠道排查损害公平竞争秩序和消费者权益等问题线索以及囤积居奇、哄抬价格、价格串通、价格欺诈等行为，开展排查活动91次，重点开展反垄断检查45次、价格监督执法36次，出动287人次，未发现违法违规问题。

6月21—24日，县市场监督管理局联合广东省特种设备检测研究院排查全县特种设备

【产品质量监管】2022年，县市场监管局开展重点工业产品（儿童和学生用品）专项整治行动，检查市场主体36家、发现问题3个。抽检36个批次产品质量，合格率100%。督促350余家工业产品销售企业自查自纠，开展经营活动，落实企业产品质量安全主体责任。开展电线电缆、水泥、危化品、农资市场、成品油、防疫用品等重点领域事中事后监管，检查相关市场主体135户，出动执法检查人员55人次。利用检查、宣传周、微信公众号等，宣传工业产品相关法律法规及相关安全知识，发放宣传资料500余份，受益1500余人次。在综合市场、主街道及乡镇张贴悬挂宣传画30余张、宣传横幅1条，营造安全意识人人皆知的良好氛围。

【特种设备监管】2022年，县市场监管局按照“属地管理、全面覆盖、分级负责、责任到人”要求，开展特种设备网格化监管，检查104家次，出动执法人员116人次、执法车辆39台次。加强“三大节日”、两会、中共二十大等重点时段、重大活动特种设备安全保障工作8次。对32家特种设备使用单位开展安全风险隐患排查，排查特种设备52台次，未发现严重安全隐患。召开波密县市场监督管理局安全生产专题工作会，下发电梯、煤气罐、压力容器等特种设备整治巩固提升行动工作方案，安排部署相关工作。严格办理特种设备使用登记证，督促特种设备使用单位做好应急处置各项准备。全年办理使用电梯登记证10个、起重机械36个、压力容器142个、厂内观光车30个、压力管道1个，新办理电梯使用登记证5个、起重机使用登记证23个、压力容器使用登记证97个，受理电梯安装告知49份、起重机安装告知68份、压力容器安装告知129份。

【市场案件稽查】 2022年，县市场监管局坚持“四个最严”原则，强化案件线索摸排，严查快办，起到查处一起、教育一片、震慑一方作用。全年立案8起，办结4起，罚没款金额40.74万元。

【消费维权】 2022年，县市场监管局恪守投诉举报“及时受理、快速办理、妥善处理”原则，24小时畅通投诉举报热线，维护消费者合法权益。受理并调解消费投诉96起、调解率100%，为消费者挽回经济损失9.6万余元。

【驻村工作】 2022年，县市场监管局坚持“三勤”（勤于学习、勤于调研、勤于锻炼）原则，摸清村民急难愁盼问题，协助村“两委”制定应急预案方案12个。开展“我为群众办实事”实践活动，服务驻村困难群众，看望慰问低保户并送上慰问金1200元。组织全村党员干部清理村庄、村道路、重要沟口、近山路口12次。学习宣传习近平总书记关于西藏工作的重要论述和新时代党的治藏方略以及中央第七次西藏工作座谈会精神2场次。开展反分裂斗争教育、群团活动、党史学习教育等活动8次，受教育群众500余人次，发放宣传资料31份。组织学习中共二十大精神报告27次，悬挂横幅9条，张贴标语30条。

【新冠疫情防控】 2022年，县市场监管局按照“外防输入、内防反弹”新冠疫情防控工作要求，检查冷链经营主体疫情防控措施、疫情防控制度、核酸检测频次、索证索票等情况，全年开展检查467场次。开展冷链库房、环境、器具核酸检测85批次。制作冷链食品、超市、蔬果批发、送餐、市场监管等五类从业人员重点人员核酸检测卡100余张。排查商超、农贸市场、餐饮、化妆品店等疫情防控措施落实情况，排查市场主体5086家。对全县药店“四类药品”售卖等情况开展监督检查24次。通过线上线下相结合方式，辅导商户科学防疫。全年推送疫情防控信息30余次，张贴《顾客进店须知》等藏语、汉语两种语言宣传单2300余份。

【队伍建设】 2022年，县市场监管局以开展作风建设活动、落实“三会一课”制度、支部讲堂等为载体，组织观看中共二十大开幕会，召开中共二十大报告学习会，带领全体党员群众干部学习中共历史书籍、中共二十大精神，组织开展集中学习33次、主题党日活动6次。通过召开“作风怎么看 工作怎么干”专题研讨会，通过“四查四问”等方式，开展作风建设活动，促进全员转变作风、提高素质。全年组织召开2021年度专题民主生活会、组织生活会，剖析整改自身存在的问题。学习县纪委转发、印发相关文件精神。开展保密工作，通过集中学、个人学、线上学等方式，提高全局干部保密意识。优化市场准入服务，打造市场化、法治化、国际化的准入营商环境，培育壮大市场主体。

【机构领导】

局长

次仁罗杰（藏族）

副局长

赵三元

王　娅（女）

多吉次仁（藏族，1月任职）

（王　娅）

农业和农村建设

农业农村工作

【概况】2022年，县农业农村局落实县委、县政府关于“三农”工作决策部署，依据林芝市“11364”发展战略和波密县“2+3+1”农牧特色产业发展思路，依托创建国家现代农业产业园和国家级农业现代化示范区，发展藏猪、茶叶、天麻、灵芝菌和羊肚菌等农牧特色产业，促进农牧业增效、农牧民增收和农牧业高质量发展。全年农作物播种面积6113.33公顷，各类畜禽存栏12.07万头（只、羽），实施农牧业项目19个。

【农业生产】2022年，波密县农林牧渔业总产值3.43亿元，其中，农业产值2.09亿元、林业产值1000万元、牧业产值1.14亿元、渔业产值14.4万元。农林牧渔服务业产值880万元。全年农作物播种面积6113.33公顷，其中，粮食作物播种面积5333.33公顷、油料种植面积580公顷、蔬菜200公顷，食用菌种植面积180公顷。全年粮食总产量2.41万吨，其中，青稞产量7992.39吨、小麦产量1.47万吨、油料产量879.87吨、其他461.91吨。蔬菜及食用菌产量4210.04吨。

7月27日，主题为“庆丰收、感党恩、启新程”的农民丰收节活动在倾多镇巴康村举行

【畜牧工作】2022年，县农业农村局推进畜牧业生产，加强春秋两季重大动物疫病防控工作。全县各类畜禽存栏12.07万头（只），其中猪6.68万头、牛5.02万头、马骡0.37万匹。全县肉类总产量2010.17吨，禽蛋产量467.24吨。春秋两季发放疫苗1.04万瓶，其中春防7357瓶、秋防3077瓶，疫苗种类主

要有牛口蹄疫O型、A型二价灭活疫苗、猪口蹄疫O型灭活疫苗、猪瘟疫苗，免疫率98%。

【农业现代化】 2022年，县农业农村局发展农业机械化，农机购置补贴分四批次结算，受理补贴申请900份，受益农户677户，办理补贴机具901台，补贴资金789.43万元，农作物耕种收综合机械化率77.26%。农业产业发展方面，引进种养殖企业14家，其中藏猪养殖企业3家、茶叶种植企业6家、藏天麻种植企业1家、灵芝菌种植企业2家、羊肚菌种植企业2家。建成种养殖基地16个，全年带动群众增收近2000万元。成功申报国家农业现代化示范区，入选国家现代农业产业园创建名单。农牧科技人员不定期到基层农牧区开展种植养殖技术服务，开展服务100余次，派出专业技术人员300余人次，指导和培训农牧民群众2000余人次，服务内容包括科技讲座，宅基地管理，受污染耕地安全利用，农作物田间管理，病虫害防治，区域试验，良种繁育基地建设及天麻、灵芝、羊肚菌、茶叶、油菜种植技术，牦牛经济杂交和黄牛改良配种点建设、配种技术，春季重大动物疫病防控技术等。

【农业基础设施建设】 2022年，县农业农村局投入资金3000万元，完成高标准农田建设项目6.67平方千米，涉及八盖、倾多、多吉、松宗等乡镇。建设良种繁育基地2.18平方千米，其中冬小麦“山冬7号”二级繁育田1.6平方千米、春青稞“喜拉22号”二级繁育田0.58平方千米。

2022年，波密县茶叶协会第三次座谈会议在金茶树茶叶有限公司召开，确定波密茶叶区域品牌名称“波密雪域茶”

【农业投资项目】 2022年，波密县实施农牧业项目19个，总投资1.73亿元，其中续建项目11个，总投资9590万元，完成资金拨付6700余万元，完成项目进度的80%。新建项目8个，总投资7716万元，完成资金拨付1030万元。梳理急需、可操作性较强的项目，计划申报项目12个，总投资1.45亿元。

【动物疫病防控】 2022年，县农业农村局制定《波密县非洲猪瘟等重大动物疫病防控“大消毒、大清洗、大宣传”冬春百日会战行动工作方案》，对从业人员、车辆、物资、畜禽养殖、屠宰、交易及无害化处理场所等展开大规模、大面积、高频率的清洁消毒。组织村级动物防疫员对散养户猪圈及周围、人员过道等集中点进行消毒。督促规模养殖场、定点屠宰企业履行消毒防疫企业主体责任，签订企业防疫主体责任告知书，制定消毒制度，建立消毒台账，开展自主消毒、完善消毒设施，增加消毒频次，定期更换消毒药品，发放572箱消毒物品。波密县兽防站开展非洲猪瘟实验室监测工作，通过环境、血清、组织等样品的核酸检测结果，鉴别非洲猪瘟病毒感染情况。6月，组织专技人员到林芝市农业农村局实验室跟班学习抗体检测相关技能，提高县实验室检测水平。全年开展非洲猪瘟监测采样15次、采集样品1935份，环境样品采样3次、共1680份，血清采样12次，检测255份。

【农畜产品检疫】2022年，县农业农村局开展农畜产品质量安全检测。加强农畜产品质量监管。抽检蔬菜、水果1186个，合格率100%，开具食用农产品合格证1155张，检查屠宰环节“瘦肉精”和兽药残留，抽检样品全部合格。开展生猪屠宰检疫工作，共检疫动物1384头，其中屠宰检疫917头、产地检疫467头。检疫牛832头，其中，屠宰检疫475头、产地检疫205头、落地检疫152头；检疫羊762只，其中，屠宰检疫317只、落地检疫445只。禽类检疫3.82万羽，其中，屠宰检疫1.12万羽、产地检疫8097羽、落地检疫1.89万羽。检疫骡子105头，其中，役用骡子检疫59头、落地检疫46头。检疫畜产品486万千克。完善农产品质量追溯体系和食用农产品合格证管理。引导企业纳入国家农产品质量安全追溯管理平台，以西藏波密高原藏天麻产业开发有限公司为追溯试点，县农业农村局协助、指导试点企业完善可追溯制度工作，推广农业标准化生产。

【渔业保护及执法】2022年，县农业农村局组织渔政工作人员每月三次对境内的主河流（帕隆河）重点水域巡回检查，派出人员90人次、车辆36次。12月7日，联合市农业农村局开展增值放流活动，投放本土弧唇裂腹鱼鱼苗3万尾，邀请拉萨市、林芝市水产养殖专家调研增殖放流与商品化养殖项目可行性，并于5月取得《关于波密县易贡渔业增殖放流及商品鱼养殖项目初步设计及概算的批复》。加强农业行政执法，开展农资打假等各项专项整治工作，加强种子、农药、化肥、兽药等违法案件的查处工作。出动执法人员70人次，检查农资门市25家次，发放农资宣传资料500余份，净化县农资经营环境。加强执法培训，提高执法人员素质和水平。邀请县司法局相关人员授课，提高执法力度。

【农村经济发展】2022年，县农业农村局完成资产清查、登记、公示、确认、建立台账、审核、纳入平台、汇总上报等各项工作。全县10个乡镇清查登记各类资产1.59亿元，其中固定资产1.31亿元，清查农村集体土地总面积116.87平方千米。完成村经济合作社股份合作制改革村84个，完成率100%，量化集体资产总额2843.15万元，认定股东数2.62万个，完成县农村集体经济股份合作制改革。按照《西藏自治区农村集体产权制度改革档案管理办法（试行）》要求，落实农村集体产权制度改革档案整理工作，联合县档案局开展乡镇档案整理人员业务培训，于10月8日完成10个乡镇85个行政村（社区）档案整理工作。全年农村劳动力转移就业7348人，转移就业收入9399.8万元。

【农补奖工作】2022年，全县草原总面积2944.4平方千米，核定草畜平衡载畜量34.14万个绵羊单位。全年牲畜存栏13.43万绵羊单位，总体实现草畜平衡。兑现农补奖资金885.48万元。农牧民补助奖励政策涉及10个乡镇84个行政村4630户，其中纯牧户村2个，分别为康玉乡拉瓦西村、八盖乡龙普村。全县有草原监督员5名，其中康玉乡拉瓦西村3名、八盖乡龙普村2名。

【农村生态建设】2022年，县农业农村局为举措促进化肥减量增效，提高土壤肥力，以物化补助和购买服务相结合方式使用资金，发挥地方自主性。实施耕地质量提升技术示范16.67平方千米，其中土地深松3.33平方千米、高标准农田建设6.67平方千米、箭舌豌豆复种6.67平方千米。免费发放种子133吨，提升土壤有机质含量，改善农作物品质，提升耕地综合生产能力。完成测土配方施肥示范面积25.33平方千米，在松宗镇德巴村设立“3414”肥效试验点，试种“山冬7号”和“喜拉22号”，通过测土配方施肥、宣传培训、科技下乡、技术指导等方式，指导农民科学施肥，增强农民科学施肥意识，氮、磷、钾和中微量元素等养分结构趋于合理。

【机构领导】

局长

拉　巴（藏族）

副局长

李　镕（援藏）

文　桥

潘　雲

农业综合行政执法队副队长

央　青（女，藏族）

农技推广服务站站长

米玛次仁（藏族）

兽防站站长

伦　珠（藏族）

兽防站副站长

格桑平措（藏族）

农技推广服务站副站长

白玛旺扎（藏族）

达瓦扎西（藏族）

（李　冬）

净康农业

【概况】 2022年，县净康农业有限责任公司建设惠民超市，建立科研团队，开展良种选育和高产栽培技术研究，打造地域农特产品品牌。全年带动周边农户200余户，发放群众劳务费100余万元。

【产业营收】 2022年，县净康农业有限责任公司发挥多吉乡蔬菜种植基地带动作用，占地7.07万平方米，大棚建设面积3.33万平方米，至年底，种植瓜果蔬菜5.33万平方米，实现销售收入45万余元。公司进驻倾多镇巴康村灵芝产业园，种植灵芝6.67万平方米，产值600余万元。探索灵芝—羊肚菌轮作模式，充分发挥农业设施作用。公司菌种厂占地近7000平方米，生产灵芝、羊肚菌、平菇、木耳、猴头菇等菌种，年生产力300万包。公司利用波密县野生天麻资源，通过有性繁殖方式，繁育麻种3000袋。

【惠民超市建设】 2022年，县净康农业有限责任公司以直销店为基础，成立以米、面、油、蔬菜、肉以及肉制品冻货一体化销售平台，平稳市场蔬菜和新鲜猪肉价格，提供价格合理的各类食材，在保证平稳供应的同时，协调县域内蔬菜种植户，以平台为中心，联系川藏铁路施工工地及项目部，将滞销蔬菜销往各工

5月7日，市政协副主席、波密县委书记旦增拉姆调研菌种生产工作

2月21日，波密县委常委、副县长王勇调研食用菌生产工作

地，解决种植户滞销问题，为建筑工人提供服务。

【科研团队建设】 2022年，县净康农业有限责任公司与四川农科院、西藏农科院、西藏农牧大学等学校建立长期合作关系，研究灵芝、木耳、羊肚菌良种选育和高产栽培技术，为公司食药用菌种植生产工作提供技术及人才支撑。

【品牌培育及产品开发】 2022年，县净康农业有限责任公司申请注册“博窝”地域性品牌，打造波密县区域品牌、提高产品附加值及竞争力，开发博窝牌灵芝孢子油软胶囊、博窝牌灵芝茶、博窝牌灵芝孢子粉（压片）及博窝牌羊肚菌等产品，进入林芝及广州地区市场。

【机构领导】

总经理

牛宗斌

副总经理

周晓妍

负责人

郭晓刚

（李金鹏）

林业和草原

【概况】 2022年，县林草局（自然保护区管理局）开展造林绿化、病虫害防治等工作，加强野生动植物保护、自然保护地管护，全年未发生森林草原火灾。波密县林地面积6303.27平方千米，占总面积的37.61%；非林地面积1.05万平方千米，占62.39%。森林覆盖率34.3%，林地绿化率36.97%。草原总面积3099.53平方千米，可利用草原面积2944.27平方千米。有自然保护地3处，包括雅鲁藏布大峡谷国家级保护区、嘎朗国家湿地公园、易贡国家地质公园。

【造林绿化】 2022年，县级财

11月9日，县委副书记、县长杨力到扎木镇卓龙沟开展巡林工作

政投入60万元用于造林绿化，其中国土绿化资金45万元，用于县人民武装部、党校、法院、教育局、玉许乡人民政府、县武警林芝支队执勤一大队等庭院绿化苗木。实施县、乡义务植树，种植各类苗木0.22平方千米、4260余株。完成2016年造林项目补植补栽工作，补栽苗木1.25万余株。实施倾多镇叶巴村经济林果种植项目、种植桃树0.13平方千米。实施波密县生态宜居村庄建设项目，建设生态宜居村庄10个。

【病虫害防治】 2022年，县林草局排查林业有害生物治理2次。其中，投资35万元对318国道（扎木镇至松宗镇）进行调查监测，对11.6平方千米刺毛虫病易发区应用药物防治。投资36万元对波密县318国道（古乡境内）进行调查监测，对11.93平方千米柳黑毛蚜虫易发区应用药物防治。实施草原有害生物生态治理项目，投资55万元调查波密县草原有害生物种类（包括亚种和株系）、寄生植物、危害部位或危害方式、发生面积及分布范围、入侵物种等情况。

【林原资源保护】 2022年，县林草局开展野生动植物保护、自然保护地管护工作，严格管理征占用林草地，加强林区活动监管，注重森林草原防火。联合七部门开展“清风”行动，对农贸市场、饭店、酒店、土特产品店等开展执法检查，成功救助国家二级保护动物鹰隼1只、国家二级保护动物中华鬣羚1只，查获私人喂养国家二级保护动物岩羊1只。开展西藏雅鲁藏布大峡谷国家级自然保护区和嘎朗国家湿地公园的保护工作，严格审批征用占用使用自然保护地手续，全年协助申报涉及自然保护地项目16个。核实嘎朗国家湿地公园疑似点位13处，梳理建设项目相关手续，督促项目责任单位补充完善项目证明材料，并上报销号。严格审批征占用林草地手续，征收林地林木补偿费、森林植被恢复费。全年协助办理征占用使用林地、草地审核审批120余宗，征收林地林木补偿金6774.77万元、草原植被恢复费431.76万元。发挥县级监护员、公益林专业管护员、林草系统生态岗位、湿地监护员和群众护林员作用，加强林区巡护，在玉普、通麦、卡达、巴琼4处林业检查站常年执行设卡检查任务。落实“四级分包”责任制，签订森防责任书，开展波密县森林草原防火“一张图”编制、波密县森林和草原火灾风险普查。开展宣传培训活动，召开群众大会10场次，发放宣传手册2400余份、游客提醒单1500余份，发送宣传短信60万条，组织安全防火培训3场次、应急演练11场次。严管重处违规用火，查处林区违规吸烟4起，收取罚款13.65万元，依规扣减乡镇、村、个人森林生态效益补偿资金1起、嘉奖2起。加强隐患治理，开展林区输配电线路、林区草原火灾隐患排查治理、煨桑点专项整治，排查林区输配电线路11条、322.66千米，排查整治林区其他火患79起，整治煨桑点221处，清理林下可燃物510余吨，增湿作业60余次。全年未发生森林草原火灾。

【林原执法及管理】 2022年，县林草局查处破坏森林、林地资源违法行为，保护波密县森林资源安全。规范执法行为，改进工作作风，办理林草行政案件44宗，收入罚没款额75.41万元，完成波密县2018—2021年森林督查问题整改38项。加强留宿点管理，重新粉刷全县318国道11个留宿点，要求各村按照属地管理原则，登记留宿人员信息，宣传森林防火、野生动植物保护相关知识。

【生态文化建设】 2022年，县林草局推进林芝市“国家森林城

1月14日，波密县2022年度创建国家森林城市工作报告编制培训会召开

市”创建工作，建立健全林长制度体系。县级财政预算2万元，为创建国家森林城市工作提供保障。开展创建国家森林城市宣传工作，全年在波茂广场播放创建国家森林城市宣传短片20余次、城区各酒店LED播放宣传标语150余次，集中宣传2场次，发放《林芝市创建国家森林城市知识问答》300余份、宣传单800余份。对接相关职能部门，收集整理林芝市创建国家森林城市36项指标资料，助力林芝市获得“国家森林城市”称号。2022年，波密县构建县、乡、村三级林长责任体系，召开县级林长会议5次，印发《波密县关于全面推行林长制的实施方案》《波密县关于加快推进林下经济高质量发展的实施意见》《波密县林长名单及责任区域、林长办公室组成人员》，建成县、乡、村三级林长组织体系（包括31名县级林长、113名乡镇级林长、486名村级林长），成立县级林长办公室，制定印发《波密县林长会议组成人员》《波密县林长办公室成员单位职责》，编制完善相关工作方案6个，形成分工细化到人、责任压实到位的全方位、全覆盖工作体系。全年开展三级林长巡逻活动5000余次，县级林长与副林长签订责任书24份、县级林长与乡级林长签订责任书10份、县级林长与各成员单位签订责任书31份，县级解决林长办公经费20万元，推进林草各项工作落地。

【虫草采集管理】2022年，县林草局开展虫草采集管理工作，全县有32个冬虫夏草采集点，上山采集人数1213人，发放采集证1213本，虫草产量511.2千克，产值5112万元；组建7个工作组、19名工作人员，宣讲政策法规68场次，受教育群众4300余人次，未出现破坏性采集和矛盾纠纷。

【机构领导】

局长

贡　布（藏族，11月任职）

林草局副局长、自然保护区管理局局长

洛桑卓玛（女，藏族，7月任职）

副局长

李国连

尼玛次仁（藏族）

林业工作站站长

曹　爽（11月任职）

林业工作站副站长

其米曲珍（女，藏族）

（曾小毛）

水　利

【概况】2022年，县水利局以保障人民群众生命财产安全，提高人民群众生产生活质量为目标，开展水利工程建设、防汛抗旱、水资源节约保护、乡村供水、河长制等工作。全年实施水利工程项目 32 个，用于防汛物资购买及防汛应急抢险资金 150 万元。印发河湖保护宣传资料 1.34 万份，宣讲 15 场次。

【水利工程建设】 2022 年，县水利局组织实施项目 32 个，完成项目 27 个、总投资 2035.93 万元。完成项目中，维修改造类项目 26 个，投资 1058.04 万元；重点项目 1 个，投资 977.89 万元。在建项目 5 个，总投资 1.01 亿元，其中重大项目 2 个，投资 9854 万元，维修改造类 3 个，投资 245.15 万元。储备“十四五”项目 8 个，取得概批 3 个，方案审查 4 个，办理前期项目 1 个。

【防汛抗旱】 2022 年，县水利局围绕防汛抗旱工作重点，加强预案制定、人员组织、物资储备等关键环节及任务落实。完善防汛机制，调整充实波密县防汛抗旱领导小组，完善《波密县山洪灾害防御预案》《波密县防汛抗旱应急预案》。加强防汛保障，年初争取资金 150 万元用于防汛物资购买及防汛应急抢险。储备铁丝 965 捆，铅丝笼 851 卷，防汛专用袋、编织袋 1.78 万条。落实防汛措施，在 10 个乡镇 85 个村居重点河流、地质灾害隐患点、水库、水源地等关键处开展集中式隐患排查，进行监测预警。开展防汛应急演练及拍摄防汛应急处置视频，提高群众应灾处置能力。执行 24 小时值班制度，提高多部门协同作战能力，形成及时反应、及时行动、及时落实的联合预判预警机制。开展保粮食生产工作，争取资金 346.78 万元，修建渠道 9379 米，解决 4 平方千米农田灌溉问题。

6 月 22 日，市水利局党组书记吕亚杰（左一）一行到康玉乡调研水利工作

【河长制工作】 2022 年，县水利局加强各级河长巡河工作。县级河长巡河 4 人次，乡级河长巡河 143 人次，较 2021 年增长 3.4 倍；村级河长巡河 197 人次，较 2021 年增长 3.5 倍。里程 2082.13 千米，较 2021 年提高 3 倍；累计时长 195.2 小时，较 2021 年提高 3 倍。督导 10 个乡镇开展“清四乱”同“白色垃圾整治”工作，清理垃圾 194.3 吨。用好“河长 + 检察长 + 警长”联合工作机制，遏制河道非法采砂行为。全年接受举报 7 次，均复核反馈。

【农村供水】 2022 年，县水利局开展技术培训，组织送教下村服务 1 次，提高农牧民群众的管护能力。摸排农村饮水困难点 21 个，争取资金 1440 万元，保障 21 个村居 1 万余人饮水安全。探索农村供水管理新模式，对接林芝市水务集团，制定 9 个乡镇托管实施方案，同时完成乡镇供排工程设备登记造册。

【依法治水】 2022 年，县水利局制订 2022 年度波密县河道采砂年度计划，委托第三方编制

10 月 10 日，市委常委、秘书长梅家奎（左三），市水利局党组书记、副局长吕亚杰（左一）在易贡藏布巡河

2022—2025 年波密县河道采砂规划，于 12 月 17 日通过县人民政府审批。各级河长摸底全县范围内河道现状，依靠群众举报、河长巡河等方式，出动砂石整治专项 52 人次，巡查河道约 767 千米，查处非法采砂行为 1 起。利用“两微一端”、开展“三进”活动、印发宣传册等加强河湖宣传保护，发布河道非法采砂举报电话，调动农牧民群众参与专项整治活动的积极性。全年印发宣传资料 1.34 万份，开展宣讲 15 场次，参与宣讲农牧民群众 4 万余人次，开展进校园活动 2 次、进机关 1 次、进企业 1 次。

【水土保持】 2022 年，县水利局设立水保办公室，配备专职人员，负责水保审批。完成水土保持方案报告表审批 15 个。配合上级部门做好 2022 年图斑排查工作及西藏自治区 2022 年度省级水土流失动态监测区外业调查工作，对接县铁路办、县住建局、县交通局等部门，督导检查县域内在建工程水土保持工作开展情况，征收水土保持补偿费 17.47 万元，推动各行业开展水土保持工作。

【机构领导】

局长

索朗扎西（藏族）

副局长

候　建（女）

次仁卓玛（女，藏族，1 月任职）

水利服务站站长

张建涛（1 月任职）

（候　建）

乡村振兴

【概况】 2022 年，县乡村振兴局围绕巩固拓展脱贫攻坚成果、统筹推进实施乡村振兴战略有关具体工作，贯彻落实中央、自治区、市、县关于“三农”工作的重要安排部署，推动脱贫攻坚政策举措和工作体系同乡村振兴有效衔接。全年完成涉农财政资金整合 1.86 亿元，扶持“三岩”搬迁群众及“三类人”112 户 298 人。

【资金投入与使用】 2022 年，波密县完成涉农财政资金整合 1.86 亿元，其中，中央财政衔接推进乡村振兴补助资金 1.26 亿元、自治区财政衔接推进乡村振兴补助资金 3243.17 万元、市级财政配套资金 896 万元、县级财政配套资金 1202 万元、生态岗位补助资金 624.09 万元，实施项目 33 个。

整合资金中投向生产发展（含产业）5562 万元，占 29.89%；投向农村基础设施建设 3089 万元，占 16.6%；投向小型公益性基础设施 2137 万元，占 11.48%；投向重点帮扶乡村建设 6070.72 万元，占 32.63%；投向生态保护及建设 624.09 万

11月24日，林芝市乡村振兴局副局长熊玉梅到波密县检查指导工作

元，占3.37%；用于扶贫贷款贴息554.38万元，占2.97%；其他570.08万元，占3.06%。

【脱贫攻坚成果巩固】2022年，县乡村振兴局加强脱贫不稳定户、边缘易致贫户、突发严重困难户"三类人"监测帮扶，消除致贫返贫风险。全年组织各乡镇、村开展三轮防返贫监测帮扶排查，排查8494户3.94万人。识别监测对象57户223人，按"一户一策"要求制订帮扶计划57份、措施658条，做到监测对象"不落一户""不漏一人""不留死角"，消除"三类人"15户59人。

整合2019—2021年市级优质高产奶牛养殖项目分红资金和波密县2019年、2020年产业分红60.12万元，以人均2000元的扶持标准，对全县112户298名"三岩"搬迁群众及"三类人"进行生产生活扶持，提升"三岩"搬迁群众及"三类人"中无劳动力人群的生产生活水平。依托"一村一策"方案编制，对全县进行摸底调研及分析分类，制订个性化项目清单需求573个，投资估算13.4亿元。

【乡村振兴宣传】2022年，县乡村振兴局配合县委宣传部、县司法局等部门开展宣传活动，宣传《中华人民共和国乡村振兴促进法》，开展走村入户宣传和解读乡村振兴政策100余次，印发《乡村振兴政策法律法规》宣传单500份，指导各乡镇、村悬挂乡村振兴类标语180余条，同时通过张贴宣传画、悬挂横幅、发放倡议书等方式，营造农村新风尚，推动形成文明乡风、良好家风、淳朴民风。

【乡村振兴培训】2022年4月28日，县乡村振兴局针对全县84个行政村"第一书记"、乡村

5月9日，波密县乡村振兴局为第一批获得驾驶证的群众兑现补贴资金

振兴专干等组织开展防返贫监测和帮扶知识集中排查培训，培训500余人次。组织完成2021年度81名群众的驾驶技能培训。7月，组织全县“十二五”“十三五”脱贫户、“三岩”搬迁户、“三类人”共298人开展2022年度驾驶技术培训工作。11月15—20日，组织县乡村振兴局分管防返贫监测及信息化工作的负责人以及10个乡镇全国防返贫监测信息系统操作人员共16人，集中开展脱贫户和监测对象动态调整和信息采集工作培训。

【机构领导】

局长

白玛央宗（女，藏族）

副局长

何　彬（7月离任）

刘君勇

白玛措姆（女，藏族）

贡　布（藏族，5月任职，11月离任）

（刘晓玲）

工业和信息化

波密县供电公司

【概况】 2022年，国网西藏电力有限公司波密县供电公司以管理达标能力提升"三年行动"工作为主线，践行"人民电业为人民"的企业宗旨，开展电网规划管理、生产经营管理等工作，服务和推动乡村振兴。2022年被县委、县政府评为"波密县2022抗击新冠肺炎疫情先进集体"，被国网西藏电力公司评为"防疫情 保供电 筑安全 促发展"单位。

【党的建设】 2022年，国网波密县供电公司党支部坚持把习近平总书记重要讲话精神作为工作指引目标。落实"三会一课""第一议题"制度，全年召开支部委员会35次，组织集中学习22次、研讨13次，开展"铸牢中华民族共同体意识"主题党日活动15次，召开党小组会议12次，支部书记讲党课4次，召开组织生活会和民主评议会议1次。组织中共二十大学习6次，到基层班组宣讲2次，组织中共二十大线上答题活动800余人次。推进党风廉政建设和反腐败工作，开展自查自纠、季度廉洁排查、日常监督检查共9次，签订廉洁从业承诺书41份，加强廉政警示教育。

【供电体制改革】 2022年，县供电公司提升管理水平，人员业务素质和技能水平，以乡村振兴为主线，推动"三年行动"提质加速。推进主网延伸建设，提高农村供电保障能力。在电网规划管理方面，完成35千伏松宗变电站1号主变增容，新建35千伏倾多变电站，改造倾多镇、松

2月22日，国网波密县供电公司到318沿线范围内开展"践行党员的初心和使命"主题党日活动

4 月，国网波密县供电公司“星火”党员服务队到嘎朗村村民开展电力设备、线路、居民用电安全检查

宗镇 10 千伏中低压线路，完成 110 千伏卓龙变电站选址及变电站项目内审。在综合计划与投资管理方面，完成县域专项项目储备、编制项目综合计划分解及里程碑计划工作。在生产经营管理中，确保一体化电量与线损管理系统全面开展相关指标数据的应用，将分区、分压同期线损指标纳入计算。

【供电服务】 2022 年，县供电公司促进县域供电服务均等化，服务乡村振兴战略和农村经济快速发展。结合营业普查工作治理系统存量客户档案资料，普查用户 3484 户，完成 259 户低压用户建档。规范抄核收管理，健全抄表台账、固定抄表例日和抄表周期。规范窗口服务，开展窗口人员业务培训，完成业务流程、电价等上墙公示工作。落实新冠疫情防控期间居民“欠费不停供”政策，协助政府防疫工作有效落实，减少人员聚集，降低传染风险。针对出行不便用户，向社会公布代交代充服务热线，安排“星火”党员服务队队员上门“代交代充”，受理用户 575 户。做好中共二十大保电工作，成立保电领导小组，派出现场保电人员 153 人次、车辆 52 台次。营业厅职工拾金不昧，归还客户遗失的 20 余万元财物。

【经营管理】 2022 年，县供电公司完成供电量 5978.74 万千瓦时，同比增长 4.22%；完成售电量 4189.45 万千瓦时，同比下降 10.61%；发电量 1122.97 万千瓦时，同比下降 5.12%；综合线损 29.93%，同比增长 11.63%；电费回收率 100%。全年最大负荷 1.48 万千瓦，同比增长 31.64%；最低负荷 0.35 万千瓦，同比增长 46.8%。

【安全生产】 2022 年，县供电公司坚持“安全第一、预防为主、综合治理”的安全生产方针，推进安全生产标准化建设，全年未发生安全生产事故。落实

6 月 16 日，国网波密县供电公司“遵守安全生产法、当好第一责任人”主题活动开展

“谁主管，谁负责”的原则，签订安全生产目标责任书、消防安全责任书、交通安全责任书、安全管理知晓书等，全年巡视35千伏及10千伏线路102次、夜间巡视17次、特殊区段巡视11次，所辖35千伏变电站巡视52次、夜间巡视8次、特殊区段巡视6次。完成计划停电作业35千伏1条次，10千伏1条次，35千伏线路抢修3次，10千伏配线路抢修6次。倒闸操作票执行32次。发现输变配电线路设备一般缺陷30余处，其中输电线缺陷17处，处理9处；变电设备缺陷13处，处理8处，处理率60.7%。配电设备缺陷21处，处理21处，处理率100%。治理35千伏输电线路树线矛盾隐患线路10条，总计消缺7505棵。

【发展规划】 2022年，县供电公司推进主网延伸建设，提高农村供电保障能力，推动乡村振兴。实行属地化运维接管，统筹利用运检资源，提升运检管理水平，优化运检人员管理结构，构建适应“十四五”电网发展的合理运检模式。推进110千伏输电线路、110千伏变电站属地化运维工作，做好35千伏输变电设备运检管理移交工作。优化输变电设备运维、日常巡视和配网故障抢修流程，通过采用建章立制、集中培训、跟班学习等模式确保“工作到人，职责落实”。推进设备主人制，公司输配变运检人员与设备进行“关联”，为设备指定责任人，保证每台设备专人管理、专人负责。加强公司安全工具器具的管理工作，保证工作人员在生产生活中的人身及设备安全，监督做好安全工器具试验、保管、使用、修理和报废等管理。

【项目建设】 2022年，县供电公司规划电网建设。通过“十四五”电网建设，增设和改善电网电源布点，缩短线路供电半径，提升电网供电可靠性和供电质量。结合“盲调厂站”项目，实现县域35千伏变电站主设备信息监控，公司主站延伸工作站部署覆盖率100%。加强运检技术培训，组织各专业人员督促指导迎峰度冬（夏）、防汛、春检（秋检）等专项隐患排查，确保变电运检五通、十八项电网反事故措施等最新运检管理落地执行。

【宣传报道】 2022年，国网波密县供电公司宣传报道公司工作及员工精神风貌，在“网信波密”报道5条、林芝新闻转载3条；向林芝公司提供新闻线索，在《西藏日报》等7家主流媒体刊载1条，在县电视台播出视频新闻6条，被林芝市新闻转载4条、国网头条采纳12条。

【机构领导】

总经理、书记

达娃占堆（藏族）

副总经理、工会主席

巴桑扎西（藏族）

副总经理

次　松（藏族，8月离任）

付崇权（仡佬族，8月任职）

次仁平措（藏族，11月离任）

孟佐周（11月任职）

（旦增曲宗）

波堆水电站

【概况】 2022年，波堆水电站以“安全生产一号文”为总纲，开展能源保供、大学习大讨论、安全生产“大排查大整治”、安全生产月等专项行动，落实各项安全生产工作部署及各级人员安全责任，推进安全生产工作，完成全年各项目标任务。

【党的建设】 2022年，波堆水电站开展电站党支部标准化建设，发挥党支部战斗堡垒和党员干部先锋模范作用，引领全站人员高标准完成年度工作任务。

【电力生产】 2022年，波堆水电站完成发电量7232.08万千瓦时，年利用小时长7533小时，年度发电量和年利用小时数均创历史新高。

【安全生产】 2022年，波堆水电站未发生非计划停运事件和安全事故，未发生一、二类设备缺陷，设备完好率100%，未发生设备事故及涉网事故，未发生水保、环保事件，未发生误操作事故，完成年初制订的安全生产任务指标。开展“大排查、大整治”“安全生产月”和“劳动竞赛”等活动，通过宣传安全发展理念，落实安全生产责任，排查安全隐患，推进问题整改，统筹做好新冠疫情防控和安全生产工作。

【能源保供】 2022年，波堆水电站完成春节、藏历新年、劳动节、国庆节、中共二十大等各时段保电工作，参与泄洪洞抢修、拦污栅加固和机组检修等工作，确保年度安全度汛和汛后机组满负荷可靠运行。迎峰度夏期间，克服电站负荷出力受限影响，确保机组平稳运行。

【应急能力提升】 2022年，波堆水电站加强风险治理能力、监测预警能力、应急信息与指挥系统能力、应急保障能力、应急联动能力建设，根据年初计划，开展防洪度汛、地质灾害、泄洪闸门无法启闭等应急预案演练，提升员工应急处置能力。

【新冠疫情防控】 2022年，波堆水电站落实新冠疫情防控措施，确保安全生产、疫情防控两不误。做好值班值守、物资采购等工作，开展机组维护、隐患排查和治理，确保人员、设备安全和机组稳发、多发。

2022年，波堆水电站机组C级检修

【机构领导】

总经理

周胜耕

电站站长

石乐刚（彝族）

电站副站长

杨　勋（白族）

徐其多

（杨　勋）

波密县自来水公司

【概况】 2022年，县自来水公司建立健全公司各项规章制度，转变员工工作态度，树立良好工作作风，提高各项工作质量。落实和加强安全生产制度，学习相关法律知识，推动重点项目建设。全年主营业务收入160.51万元。

【制度完善】 2022年，县自来水公司根据林芝市净源水务集团制度章程，结合公司作风建设和实际情况，完善考勤、纪律、服务标准等相关制度。制定值班制度，加强供水生产地和水源地治安巡查，定期分析排查薄弱环节和事故隐患，落实安全生产相关制度规定，执行责任制。通过落实制度，公司员工转变服务态度，提升工作质量，按承诺制进行服务，解决用户实际问题，处理突发事件，得到用户肯定。

【安全生产】 2022年，县自来水公司针对人手不足、技术专业性不足等问题，开展政治业务、安全法律法规学习，组织职工学习《中华人民共和国安全生产法》等相关法律知识，通过微信宣传安全生产和业务知识，确保全县供水安全优质。

【发展规划】 2022年，县自来水公司根据《广东省“十四五”对口支援西藏林芝社会经济发展规划》，推进援藏投资重点项目——波密县农村供水设施处理工艺及相关配套设施升级改造工程，项目总投资2998万元。6月，项目竣工并投入使用，满足县城中长期发展和居民用水需求，保障供水安全，提升供水质量。

【机构领导】

经理

次仁巴登（藏族）

（次旺乔嘎）

波密县城市投资有限责任公司

【概况】 2022年，波密县城市投资有限责任公司开展商品房管理业务、全县砂石资源代管代销等工作，完成林芝市永久片区项目开发，成立建筑建材及能源公司。全年实现收入4187万元，上缴税金555.81万元，资产总额4.47亿元。

【业务工作】 2022年，公司商品房管理业务涉及商铺出租、管理等，物业服务房屋面积5.75万平方米，管理商户196家，实现租金收入1082.25万元。

办理砂石矿点手续12个，投产运营玉许林琼砂石矿点、倾多古通砂石矿点、古乡嘎朗砂石矿点、卡达玛西沟砂石矿点、多吉乡德吉村砂石矿点及康玉砂石矿点。全年出售砂石料33.99万吨，销售额2015.73万元，实行农牧民宅基地自建房屋用沙30%优惠价格，为农牧民群众减轻经济负担。与川藏铁路建设单位（中铁四局）开展砂石供应合作，协商产品质量标准、存量消耗及产品销售等问题，各砂石点更新生产设备，改进技术，确保铁路建设砂石用料符合国家标准。

【项目建设】 林芝市永久片区项目 林芝永久片区贫困人口就业孵化基地扶贫酒店位于巴宜区永久片区泥洋大道西侧，伟六路支路南侧。北侧毗邻农贸市场，西临工布江达酒店和朗县酒店。占地面积8706.67平方米，总投资6361.01万元，建筑面积1.46万平方米，绿地面积1776.83平方米，共有房间177间（酒店76间，客栈101间），完成验收检查。该项目取得不动产登记证，开展招租工作。

合作开发项目 2022年，城市投资有限责任公司合作开发项目3个。分别与波密县城投砂石销售有限责任公司、西藏高争新型材料发展有限公司共同成立波密县高争建材有限公司，合作开发古乡一号桥砂石矿点。与西藏双通能源发展有限公司共同成立波密县城投能源发展有限责任公司，注册资本1500万元。与林芝市拓宇工贸有限公司共同成立西藏华拓建筑建材有限责任公司，注册资本1200万元，投产运营。2022年，波密县城市投资有限责任公司下辖子公司林芝市紫金印相房地产开发有限责任公司，注册资本7839.35万元。

【机构领导】

董事长

顿　珠（藏族）

副总经理

斯曲卓玛（女，藏族）

次仁觉登

（谭庆银）

商贸流通

商　务

【概况】2022年，县商务局依托“一带一路”、孟中印缅经济走廊和环喜马拉雅经济合作带建设的发展机遇，推动商务领域和招商引资工作发展，吸引外来资金投资，推动波密县经济社会发展。落实社会治安综合治理领导责任制和目标管理责任制，开展创建平安单位活动。全年实施招商引资项目27个，完成固定资产投资4.8亿元。

8月26日，县商务局局长王景亮（右一）到嘉瑞超市等大型商超调研物资储备情况

【市场运行调节】2022年，波密县建立市场监测样本企业10家，其中生活必需品监测及应急商品数据库系统2家（嘉瑞超市、农贸市场），重点流通监测8家，建设内贸样本企业2家。监测样本企业按时报送监测信息，完成监测任务。监测市场运行情况，保障全县生活必需品市场平稳运行。利用元旦、春节等节假日点，协助各超市、品牌店、电器店、家具店等开展促销活动。全年生活必需品价格平稳，市场运行情况良好。

【市场秩序建设】2022年，县商务局配合县应急管理局、县消防救援大队和县市场监管局、县公安局等相关部门检查商务领域企业安全生产20余次，出动人员50余人次。年初县商务局成立安全生产领导小组，强化监管和严格执法，维护商务领域市场秩序。

【招商引资】2022年，县商务局精准招商，全年实施招商引资项目27个，协议资金16亿元，其中续建项目7个、新建项目20个；月投资金额4.9亿元，完成固定资产投资4.8亿元，完成年度目标任务的110.45%。招商引资项目解决就业人数448人，其中自治区内转移就业113人，实现劳务总收入188.3万元。

【电子商务】2022年，县商务局启动推进“波密县人民政府全国电子商务进农村综合示范项目”。至年底，建成并运营波密县电子商务进农村建设项目，实现快递配送105.6万件，其中收件54.7万件、发件50.9万件。电商售卖当地农特产品280余万元。

【特种行业监管】2022年，县商务局开展二手车流通监管。登记备案二手车经营网点1家，从业人员2人，实现年营业收入300万元，年回收二手车100余辆。

【综合执法】2022年，县商务局执法范围涵盖商贸流通业、成品油市场、洗染业、再生资源行业、零售商促销业等8个领域，出动执法人员80余人次，发放宣传资料3000余份。配合市场监督管理、卫生、应急管理和公安等部门，建立波密县农贸市场考勤、值班等内部日常管理制度，建立商务行政执法承诺公示、行政执法案件办理程序、行政处罚流程图等执法工作制度。

10月15日，波密县助企惠民乐购波密促销活动开幕

【成品油市场管理】2022年，县商务局督促指导企业落实《中华人民共和国安全生产法》《危险化学品安全管理条例》等法律法规，执行审核开票及油站值守工作。中国石油林芝分公司波密加油站、中国石油林芝分公司波密2号加油站、顺达加油站、实惠加油站、易贡茶场加油站、松宗镇加油站6家从事成品油销售的企业，按照机动车实名制加油和《西藏自治区零散成品油销售管理办法》进行加油管理，同时与县应急管理局、县消防救援大队和县公安局等部门多次联合开展成品油市场清理整治检查工作，全年未发生因监管措施不到位而引发的安全事故。

【消费促进】2022年，全县实现社会消费品总计3.51亿元，同比下降6.7%，受新冠疫情影响社会消费下降。争取促销资金160万元，其中市级配套90万元、县财政配套70万元。在餐饮、家电家具、商超等行业开展消费促进活动4批次，参与商户50余家，带动消费800余万元。

【新冠疫情防控】2022年，县商务局采购疫情防控物资700余万元，接受社会捐赠防疫物资130余万元，协调调运生活必需品物资1000余吨，采购县域滞销农产品40余万元，帮销农产品5万千克。

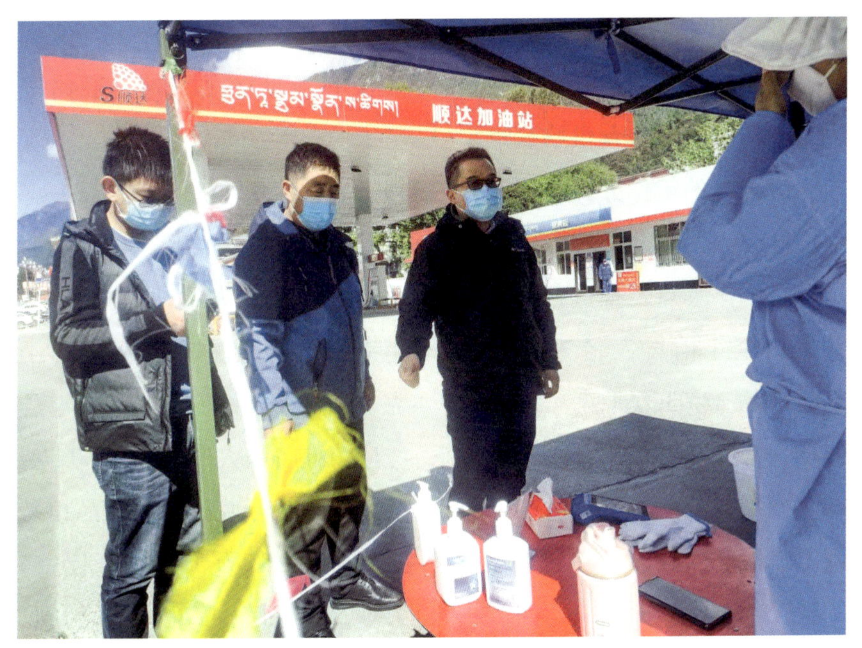

8月24日，县委常务副书记、常务副县长李明（右一）进行疫情防控检查

【机构领导】

局长

王景亮（达斡尔族）

副局长

吴成刚

格　桑（女，藏族）

次仁德吉（女，藏族）

（李学章）

卷烟营销

【概况】2022年，县卷烟营销网点覆盖扎木镇、松宗镇、倾多镇、多吉乡、康玉乡、玉普乡、玉许乡、古乡、八盖乡、易贡乡及通麦小集镇等3个镇7个乡1个小集镇，覆盖率100%。全年卷烟销售数量7232.33万支，销售金额6377.82万元。

【安全生产】2022年，县卷烟营销网点于重要节点、节假日期间，实行负责人带班制、职工轮流值班制，明确责任，全时执勤，做好安全稳定工作。定期开展各类安全学习及安全大排查，每日排查办公大楼、仓库、出租房及食堂等安全重点部位安全隐患。严格执行配送车辆每日检查登记，节假日执行“三交一封”制度。签订职工安全责任书、个人承诺书、驾驶员安全责任书、出租房租户安全责任书。仓库实行双人双锁制，配置微型消防站。

【营销及配送】2022年，县卷烟营销网点全年销售数量7232.33万支，同比增加18%；销售金额6377.82万元，同比增加20%；单箱收入4.33万元，完成全年指标任务。全县有零售客户224户，其中县城零售客户122户，乡镇零售客户102户。跨行结算24户，全县网上订货业务实现全覆盖。成立11个零售户诚信互助小组，全面覆盖县城、乡镇客户。全年新办11户。

配送方面采取“自主配送+邮政配送”模式，县城客户自主配送，乡镇客户由邮政配送，最大限度提升配送效率，降低配送风险。配合林芝市局（公司）“集中订货，一库式配送+分库配送”的物流配送模式，根据淡旺季，适时调整配送线路和送货周期，兼顾墨脱县网点二级配送。

【监督执法】2022年，林芝市局（公司）专卖监督管理科到波密县3个镇、7个乡、1个小集镇开展县乡卷烟市场专项治理工作，粘贴禁止向未成年售烟及禁止售卖电子烟警示语。查获两起未在当地烟草专卖批发企业进货案件，案值8.7万元，查获涉案卷烟3.06万支，罚没金额1.35万元。

【新冠疫情防控】2022年，县卷烟营销网点干部职工定期组织开展疫情防控演练，规范常态化防控措施和处置流程；及时报送人员动态信息；做到科学佩戴口罩、勤洗手；重点做好本网点职工和外来人员出入管理登记、体温测量工作；对办公区域、职工宿舍、公共区域和仓库等重点场所定期消毒；科学储备和发放防疫物资，督促职工做好日常防护措施。

【机构领导】

网点负责人

张红霞（女）

（王孝庭）

粮油商贸

【概况】 2022年，县粮油商贸有限公司围绕县委、县政府及自治区粮食局、市粮食局中心工作，按照年初工作统一部署和要求，坚持“保障粮食供给、端牢中国饭碗”的工作方针，落实各项措施，以保障全县粮食安全为出发点和落脚点，推进各项工作开展。全年销售大米77.1万千克、面粉33.63万千克。组织全体职工学习中共二十大精神12次，开展党员谈心活动2次，慰问退休职工1次。

【党的建设】 2022年，县粮油商贸有限公司党支部组织公司全体党员学习中共二十大报告、新修订的《中国共产党章程》、习近平总书记在党的二十届一中全会上的重要讲话精神，注重运用《党的二十大报告学习辅导百问》《二十大党章修正案学习问答》等辅导材料开展学习，领会中共二十大精神。开展领导与职工、党员与党员、党员与职工之间谈心交心活动，增强工作的责任感和服务意识。开展全体职工学习活动，组织全体职工学习12次，开展党员谈心活动2次，慰问退休职工1次。

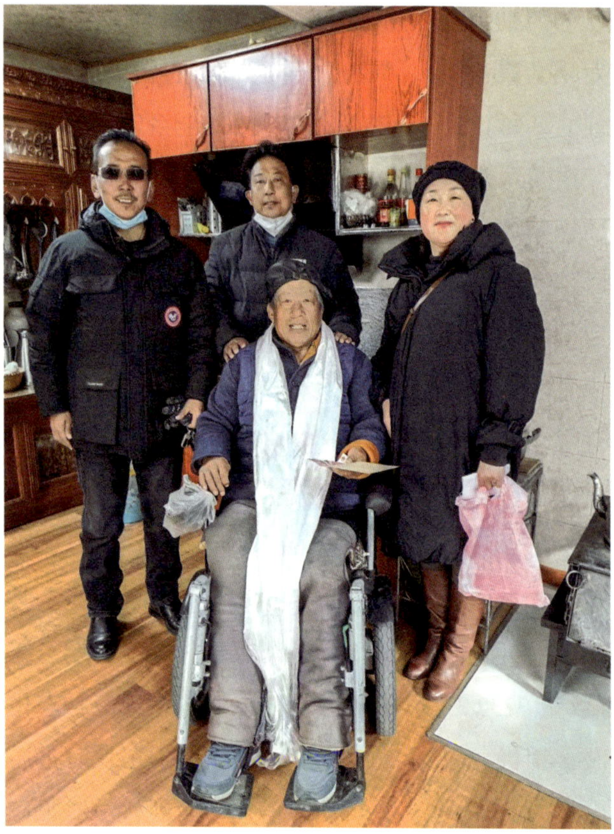

2022年，粮油商贸有限公司开展慰问活动

【粮油销售】 2022年，县粮油商贸有限公司完成粮油销售业务。销售自治区储备粮大米46.78万千克、面粉14.69万千克。销售县级应急储备粮大米15.97万千克、面粉9.42万千克。销售商品粮易贡菜籽油2.87万千克、大米1.55万千克、面粉1.04万千克。收购油菜籽6.54万千克，群众增收40.53万元。完成“放心粮食”进学校工程销售任务，销售大米12.8万千克、面粉8.04万千克、易贡菜籽油1.65万千克。

【储备粮管理】 2022年，县粮油商贸有限公司加强对储粮的日常巡查、防汛度夏检查及节假日重点检查，确保储粮安全。要求各库保管员按照《自治区储备粮管理办法》及保管员责任书，加强储备粮日常管理和检查，确保各级储备粮数量真实、质量良好，储存安全和安全生产零事故。加强对各级储备粮轮换工作的监督检查和入库验收工作。

【机构领导】

总经理

才旺索朗（藏族）

监事会主席

韩月飞（女）

副经理

巴桑卓玛（女，藏族）

普布丁增（藏族）

（韩月飞）

油品供应

【概况】2022年，中石油波密加油站有加油站2个，符合国家环保要求一次和二次油气回收，通过油气回收检测。全年2个加油站销售共计1.59万吨，其中波密站销售7075吨、波密2号站8825吨。

【安全生产】2022年，中石油波密加油站按照自治区117号主席令要求进行经营管理，执行加油实名登记制度。管理散装油加注情况。加强员工全年安全培训，提高安全意识和自我保护能力。加大每日班组的安全及防火巡查，杜绝违规作业。实行24小时带班值班制。

【机构领导】

加油站经理

刘忠恒

（刘忠恒）

顺达加油站

【概况】2022年，县顺达加油站有加油机4台，有50立方米双层储油罐5个。因受新冠疫情影响，全年石油销售额同比下降40%。

【安全生产】2022年，县顺达加油站制定应急预案，应对可能发生事故情况，保证站内不出现任何安全事故和安全隐患。建设完善安全生产责任体系，贯彻执行国家及地方政府有关安全生产、职业安全健康和危险品运输方面的法律法规要求、行业标准和企业规章制度，树立安全第一、预防为主、综合治理思想。

12月12日，波密县卷烟营销网点开展诚信互助小组会议

【队伍建设】2022年，县顺达加油站完善管理制度，定期组织员工学习培训、消防演练、应急演练，确保出现突发情况时第一时间控制现场，把安全风险降到最低。

（张　欣）

实惠加油站

【概况】2022年，县实惠加油站有加油机4台、地卧式双层油罐4个，符合国家环保要求的二次油气回收并通过油气回收检测。建立健全安全生产责任体系，遵循行业标准和企业规章制度。全年销售额4276万元，上缴税金152万元，年利润88万元，销售汽油490吨、柴油4015吨，经营期间油品质量未出现问题。

【企业管理】2022年，县实惠加油站定期组织员工培训学习、组织员工参加各项消防和应急演练，确保发生事故时第一时间控制现场，并把损失降到最低。加强零散成品油管理，购买散装油须由所在乡、镇及派出所或县公安局、县商务局出具购买零散成品油证明。

【服务活动】 2022年，县实惠加油站开展下乡送油活动，解决村民运油难、耗时长、用油贵等困难，工作人员根据乡镇分布情况，合理规划送油路线，将数量达标、质量合格、价格惠农的油品送入农户家中，为村民提供足不出户的用油便利。

【新冠疫情防控】 2022年，县实惠加油站在新冠疫情防控期间开展站内管理“三加强”，加强人员闭环管理，规范店内人员进出秩序和食宿秩序。加强人员健康监测。加强环境消毒消杀，确保每日通风消杀至少3次，不留死角。

实行规范作业“五到位”，应急培训演练到位，设置部分隔离室，配备生活必需品和防疫物资，及时应对处置突发情况，及时报告相关情况。作业人员防护到位，全程规范佩戴口罩、隔离面罩、橡胶手套。顾客（车辆）管理到位，进站顾客测温、佩戴口罩，确保人不离车，通过线上支付（或车内现金支付）方式，落实“非接触式”加油服务。特殊车辆防护到位，针对冷链车辆、疫情防控车辆专区加注，由专区人员执行二级防护措施，实行即加即消杀、一车一消杀。接卸油车辆管理到位，全程执行无接触作业，确保接卸油车辆即卸即离。

【机构领导】

经理

扎西次培（藏族）

站长

扑　巴（藏族）

（贾永清）

文化·旅游

综 述

【概况】 2022年，县文旅局围绕《“十四五”文化和旅游发展规划》，依托“全域旅游示范区”创建工作，加强文化基础设施建设及文化示范村建设，投资开发乡村旅游及与乡村振兴衔接项目，挖掘波密特色生态文化旅游资源和红色旅游资源价值，发展生态旅游业，提升文化旅游业发展水平。全年投资5000余万元，发展文化产业和旅游产业。开展各类主题文化演出活动12场次，受众9200余人次。

【公共文化事业】 2022年，县文旅局投入资金900余万元，实施红楼舞台剧设备采购项目和县文化活动中心礼堂维修改造项目，打造波密县全民健身房，改造县艺术团排练厅，建设多吉乡民间文化艺术之乡，建设多吉乡达大村、松宗镇栋曲村、倾多镇巴康村群众文化示范村。升级改造倾多镇、古乡、康玉乡、玉许乡、易贡乡文化站，建立85支村居文艺演出队。实施文化骨干培训工程，派出5名艺术团成员到山南、林芝接受作词作曲及编导培训2次。安排县艺术团28人，分别到扎木镇11个村开展村级文艺演出队培训，参训成员220余人。围绕喜迎中共二十大、桃花旅游文化节、自治区民运会等主题，创新编排歌舞类节目9个。

【文物工作】 2022年，县文旅局审核并公布波密县第四批文物保护单位，新公布县级文物保护单位6处，经文物管理使用单位推荐，新聘文物看管人员14名。

2022年，波密县开展主题文化演出，推广波密优良传统文化

2022 年，开展非遗进校园活动

挂牌成立波密县文物保护与研究中心，核定事业编制 2 名。落实文物安全责任，联合有关部门及自行开展文物安全检查 65 次，排查并消除文物安全隐患 40 余处。争取资金 21 万元，实施扎木中心县委红楼安防系统专线改造。投入资金 8 万元，翻译红楼日记 17 本。

【非遗工作】 2022 年，县文旅局完善非遗名录体系，新增索朗旺久、泽桑 2 人为第六批县级非遗代表性传承人。成功申报多吉乡完全小学为第二批西藏非物质文化遗产进校园示范基地。申报波密县第七批非物质文化遗产代表性项目。筛选 30 名学生，组建波密县完全小学少儿波央队，投入资金 3.2 万元，赠送少儿波央服装 30 套。投入资金 15 万元，创作完成波央民歌 3 首。

【文化产业和旅游产业】 2022 年，县文旅局召开波密县 2022 年旅游发展大会、波密县旅游协会成立大会、创建米堆冰川 AAAAA 级景区座谈会。投资 72 万元，实施微型民宿项目，投资 20 余万元，实施桃花沟打卡点项目；安排资金 18 万元，完善岗云杉林景区标识标牌及其他旅游服务设施。投资 375 万元，实施林芝市波密县公路沿线乡村旅游基础设施建设提升改造项目竣工结算工作；投资 1000 万元，实施波密县 G318 风景道建设项目竣工结算工作；投资 300 万元，实施波密县易贡乡贡仲村旅游扶贫项目竣工结算工作。投资 200 万元，实施易贡将军楼展览提升项目过程结算工作；投资 800 万元，实施嘎朗村民宿建设项目，完成招投标；投资 600 万元，实施古乡巴卡村建设项目，完成招投标；投资 1500 万元，实施嘎朗村田园综合体建设项目，完成初步设计；投资 400 万元，实施易贡将军楼展览提升项目，完成展陈初步设计和展陈大纲。

【文旅市场监管和秩序规范】 2022 年，文化旅游市场综合行政执法大队开展文旅市场执法检查行动，规范企业经营行为，提高服务质量，优化文旅环境。检查景区景点、宾馆酒店、文

2022 年，县文旅局召开创建米堆冰川 AAAAA 级景区座谈会

娱场所430家次，出动执法人员870人次，下发整改通知180余份。畅通市场举报热线，受理有效投诉6起，均按时办结，办结率100%。

【重要文艺演出活动】2022年，县文旅局开展“辞旧迎新 共赴新程”“喜迎党的二十大 永远跟党走”“感悟中华文化 享受美好旅程 喜迎党的二十大”，以及红楼舞台剧《波密红》等主题文化演出系列活动12场次，受众9200余人次，开展“我们的中国梦 文艺进万家”“我们的中国梦 喜迎二十大”文艺巡演活动，完成送戏下乡演出33场，受众2.1万余人次。组建由65名演员组成的自治区民运会波密县代表队，完成自治区民运会开幕式筹备工作。

【图书馆建设】2022年，县文旅局推进县综合文化活动中心、图书馆及10个乡镇文化站免费开放工作，提升基层公共文化服务水平，办理民生实事。按照全县公共文化服务标准化、均等化要求，基本建成县、乡、村三级公共文化体系网络，免费开放县综合文化活动中心、乡镇文化站10个、村居文化室85个、农家书屋85个，县综合文化活动中心每日开放不少于6小时，乡镇文化站每日免费开放不少于5小时。

【旅游促脱贫】2022年，县文旅局依托波密特色生态文化旅游资源和红色旅游资源，推进文化和旅游深度融合，开发“旅游＋乡村振兴”“旅游＋城镇化建设”“旅游＋特色产品”“旅游＋脱贫攻坚”“旅游＋非遗文化”等项目，借助最美乡村、美丽家园、乡村旅游示范村建设，整合乡村旅游资源，完善旅游基础设施建设，提升旅游服务水平，培育打造集休闲度假、文化体验、参观娱乐于一体的文化旅游休闲目的地。围绕“吃住行游购娱厕”，提升旅游软硬件服务，营造良好的旅游服务环境，鼓励农牧民群众通过开设家庭旅游、民宿等旅游服务参与旅游就业、旅游创业。

2022年，县文旅局开展红楼舞台剧《波密红》演出活动

【旅游品牌推介】2022年，县文旅局发展线上营销方式，利用微博、微信公众号、抖音、网站等新媒体，拓展旅游市场，发挥“两微一抖”平台作用，推出波密观察日志、赏花专题、探店专题等宣传主题，制作、投放多种形式的波密文旅系列宣传作品，微信公众号发布信息110期，阅读量9.3万次；微博发布信息247条，阅读量127万次；抖音发布宣传视频127条，播放量374.6万次，提升了波密旅游知名度。

【机构领导】

局长

白玛四朗（藏族）

副局长

玄桂青（女）

蒋长春

次旺热旦（藏族）

杨怀二（援藏）

县文化旅游市场综合行政执法大队副队长

尼玛措（女，藏族）

（德　吉）

波隅旅游开发有限公司

【概况】2022年，波隅旅游开发有限公司围绕波密县旅游发展，宣传开发波密县旅游资源，建设各类配套设施，转变运营方式，增加旅游业收入，全年公司收入近218万元。注重社会事业开展和环保设施建设，保护旅游生态环境；开发各类合作招商项目，通过招商引资及旅游推介推动旅游事业发展。

【旅游配套设施建设】2022年，波隅旅游开发有限公司通过制作宣传册、宣传海报、“两微一抖”的形式，宣传波密县旅游资源。在岗云杉林景区新增国家AAA级旅游景区标识标牌、千年云杉王指示牌、野生动物警示关怀牌、景区道路指示牌等标识标牌。提升岗云杉林景区旅游品质，对接中国建设银行波密县支行在岗云杉林景区调研开创“旅游+金融”发展模式，转变景区购票模式，落实游客优惠政策，激活营销效能，节约运营成本。

【业务运营】2022年，波隅旅游开发有限公司将酒店、餐厅整体出租，由第三方运营管理，通过收取租金增加固定收入。全年，岗云杉林景区接待游客7622人次，收入37万元，房屋租金收入111.03万元（包含免租部分）。其他收入69万元。投入1.58万元，申请注册“五色波密”品牌标志和波堆桃花谷等19类商标，宣传波密旅游资源，树立波密旅游品牌形象。

12月6日，林芝市旅发局党组书记旦增桑珠（左一）到岗云杉林景区指导工作

【社会事业】2022年，波隅旅游开发有限公司组织开展“夏日炎炎 感恩有您”活动，慰问波密县城市管理和综合执法局及环卫工人，为环卫工人代表赠送慰问金0.4万元。与各乡镇合作发展乡村旅游经济，发放旅游扶持资金23万元，带动7名农牧民、2名大学生就业。贯彻落实西藏自治区《关于贯彻落实〈扎实稳住经济的一揽子政策措施〉的实施细则》文件精神，为旗下20家商户免除7月至12月房屋租金73.5万元。

【环保设施建设】2022年，波隅旅游开发有限公司投入5.47万元，为岗云杉林景区及318沿线8个公共卫生间购买清洁用具，更换损坏设施设备，投入6.4万元与景区附近及G318沿线农牧民签订合同，为7名农牧民提供生态岗位。

【安全生产】2022年，波隅旅游开发有限公司加强岗云杉林景区安全生产工作，预防安全事故，组织景区工作人员专项排查

5月8日，副县长旦增顿珠（左二），西藏世峰集团董事长张世伟（左一）一行到波密县松宗镇调研旅游产业招商引资项目

安全隐患，重点检查灭火器使用、景区电路、景区观光车按时保养检修等安全生产隐患问题并现场整改。组织工作人员开展4次防火演练和疫情防控演练，提升工作人员对突发事件的应急能力，提高工作人员安全意识。

【招商引资】2022年，波隅旅游开发有限公司利用松宗温泉和岗云杉林景区的地理优势和发展空间，对接西藏世峰集团，踏勘松宗小集镇，交流探讨松宗小集镇温泉酒店开发问题并达成合作，将该项目移交至县商务局。对接四川果然新能文化旅游有限公司，将县文旅局驻村点玉许乡玉沙村旅游服务点出租，吸引投资1000万元，打造高端帐篷酒店，为农牧民带来地租收入3万元。

【旅游推介】2022年，波隅旅游开发有限公司推介波密旅游资源，提高岗云杉林景区在区外知名度。派专人到成都、重庆、拉萨、林芝等地开展岗云杉林景区、波密县红色资源宣传推介活动，与西藏中青旅行社、四川大脸猫国际旅行社有限公司、四川川旅旅行社有限公司分社、四川光大国际旅行社4家旅行社签订岗云杉林景区旅游合作协议，邀请5家旅行社到波密实地考察。承接团县委、县妇联开展“粽叶飘香迎端午 亲子携手感党恩”活动，促进岗云杉林景区宣传发展。借助桃花节活动投入7.94万元，购买高端户外露营帐篷、桌椅、设备和高端露营餐具，引进3家旅拍公司，将桃花沟打造成户外帐篷住宿区和全方位、个性化的旅拍基地，通过旅拍、帐篷营地等二次消费项目，促进旅游经济发展。

【新冠疫情防控】2022年，波隅旅游开发有限公司在新冠疫

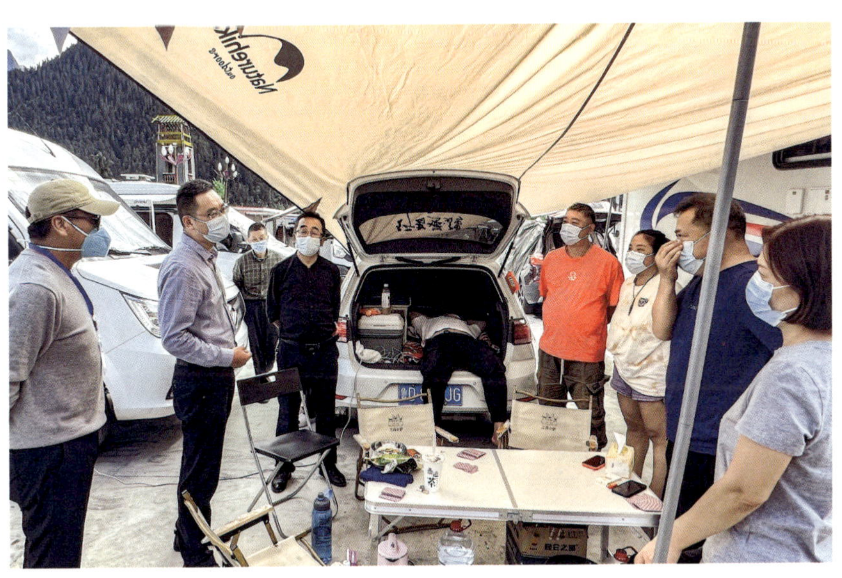

8月21日，县委副书记、县长杨力看望慰问滞留在自驾营地的游客及工作人员

情防控期间，关闭所辖所有景区，成立疫情防控领导小组，做好自驾营地和生产运营自驾营地滞留游客的管控服务工作。投入0.6万元，购买生活物资慰问滞留游客；组织员工捐款0.34万元，捐献价值0.63万元的生活物资，为防疫一线工作者提供生活保障。

【机构领导】

总经理

央青占堆（藏族）

（王文娟）

广播电视台

【概况】 2022年，县广播电视台推进媒体融合纵深发展，深耕“媒体+政务+服务”，提升传播力、引导力、影响力、公信力。4月，波密县融媒体中心挂牌成立，成立后的中心整合原波密广播电视台和新闻中心职能，负责全县新闻宣传工作。

【广播电视宣传】 2022年，县广播电视台（融媒体中心）结合喜迎中共二十大，在《波密新闻》节目相继开设《波密这十年》（3期）、《各乡镇谈十年变化》（10期）专栏。促进媒体融合、媒介融合、产品融合，策划制作新媒体产品1500余期，制作新媒体产品12期。围绕民生无小事，制作新媒体专栏《群众有问题、记者来跑腿》3期。制作播出喜迎中共二十大系列报道、两会、党史学习教育、“三个意识”主题教育、乡村振兴、疫情防控、民生经济社会发展等各类新闻680条，上传林芝广播电视台播出波密新闻187条，上传西藏广播电视台播出波密新闻12条。新冠疫情防控期间，融媒体记者做好疫情防控新闻报道宣传工作，利用各平台权威发声、及时发声、联动发声，宣传疫情防控工作的动态、成效和经验做法，做好疫情防控宣传报道各项工作。策划制作新闻150余条，推出《印象波密》新媒体产品210余条，制作播出新媒体专栏《帕隆江畔的守护者》6期。

11月4日，市委常委、宣传部部长邓晓红（左二）调研波密县融媒体中心建设情况

【广播电视公共服务】 2022年，县广播电视台（融媒体中心）推进波密县城区无线电视数字化转换工作，在关停模拟电视信号和推广数字电视过渡期中，保障广播电视节目正常播放，新增安装无线数字电视接收设备100余套（户）。巩固广播电视“村村通”“寺寺通”成果，做好新增户补点覆盖工作，落实全县“村村通”“寺寺通”设备维护维修，为县城有线模拟电视和有线数字电视用户提供上门维修280余台次，为各乡镇检查维修广播电视设备1500台次，解决农牧民群众看电视难题。落实波密县广播电视“村村通”向“户户通”转型升级工作，通过走访调研县城周围村庄和社区，讨论确定“户户通”

“波密县 2022 年抗击新冠肺炎疫情表彰晚会”

覆盖点。推进“户户通”设备升级安装工作，安装和调试“户户通”升级设备 40 套。加强农村电影放映监督管理，更新电影片源，农村电影放映员到乡镇、村居、寺庙播放红色电影 400 余场次，观影达 5500 余人次。

【应急广播体系建设】 2022 年，波密县投入使用 1 个县级平台、10 个乡镇平台、85 个行政村居终端应急广播。县广播电视台（融媒体中心）利用应急广播向农牧民群众和游客宣传党的政策理论和习近平总书记系列重要讲话精神、国家法规、旅游信息等内容。推进 5G 智慧电台建设，组织县广播电视台（融媒体中心）工作人员学习和使用人工智能手语播报系统，探索利用新技术、新平台宣传好波密声音、讲好波密故事。

【广播电视安全播出】 2022 年，县广播电视台（融媒体中心）贯彻执行《广播电视安全播出管理工作规定》，制定完善广播电视安全播出应急预案，定期开展安全播出培训，在重要节点期间和保障期间安排专人 24 小时值班，保障春节、藏历新年、全国两会、中共二十大等重要时间节点日常广播电视安全播出。同时，加强机房线路、备用电源、信号铁塔等设施管理，排查安全隐患，对发现的问题立即整改，改进升级短板问题。全年未发生广播电视安全播出故障和事故。

【机构领导】

主任

四郎曲珠（藏族）

副主任

陈小河

（陈小河）

中波台

【概况】 2022 年，波密中波台以“将党和国家的声音传入千家万户”为宗旨，围绕安全播出和安全保障两个重点，发挥党的“喉舌作用”。承担 5 套广播节目安全播出任务，全天播音 109 小时 25 分，覆盖波密县及周边乡镇约 2.8 万人，促进波密县经济发展，丰富居民文化生活。

7 月 3 日，自治区广电局一级巡视员金美多吉（左三）一行到中波台开展调研工作

6月9日，自治区广播电视局技术维护队到波密中波台开展巡检巡查

【党的建设】 2022年，波密中波台党支部学习贯彻落实中共十九大和十九届历次全会精神以及中共二十大精神，将党员干部思想政治学习教育纳入全年工作计划，制订《2022年党支部学习计划》和《关于进一步改进作风狠抓落实实施方案》。全年开展集中学习39次，开展改进作风狠抓落实“作风怎么看、工作怎么干”专题研讨和自查总结会各1次，提交书面自查报告16份，召开党员大会5次、支部委员会12次，开展党日活动12次，开展谈心谈话33人次，召开组织生活会1次，发展党员4人，至年底，有正式党员15人。

【责任体系建设】 2022年初，波密中波台研究制定关于进一步改进作风狠抓落实工作、意识形态工作、安全播出工作、党风廉政工作等各类工作方案及预案并组织学习贯彻落实，成立各项工作领导小组，签订台班子管理目标责任书、安全播出目标管理责任书、交通安全目标管理责任书、不参与赌博或带有赌博性质娱乐活动责任书、消防安全目标管理责任书、党风廉政建设责任书、安全生产目标管理责任书，加强组织领导，明确责任分工、完善机制。

【安全播出】 2022年，波密中波台成立波密中波台自查工作小组，自查信号源系统、电源系统、发射机系统及各系统应急预案，对排查的安全隐患立即组织整改并全部完成。全年开展全面检修维护工作10次，组织业务技能培训、应急演练9次，收听收测5次，指标测试2次（均达到甲级指标），邀请发射机厂家工程师开展专题培训4课时、22人次，局技术维护队巡检巡查工

5月19日，波密中波台开展“学习正当时，喜迎党的二十大”主题党日活动

作组专业技能培训2课时、18人次，派遣技术骨干参加自治区广播电视局技能竞赛1人次，业务培训1人次。开展检修维护、业务培训和应急演练等工作，稳定运行各系统设施设备，提高人员整体业务水平，为安全播出工作奠定基础。安全播出机房值班实行技术骨干全天带班制，在重要节点、重点时段由台领导一线带班，将人防技防相结合，确保安全播出工作。2022年，停播率为零秒每百小时，实现全年“零事故”目标。

【设备更新与维护】 2022年，波密中波台结合自治区广播电视局巡检巡查工作组和安全播出督查组的检查要求，更换中央一套广播和西藏藏语广播两个频率的馈线，拆除旧馈线。更换补充发射机房所有线路标识，发电机房切换柜内各线路贴标。更新信号源流程图，完成发电机房新风系统改造，检测台区设施设备防雷情况，清理天线场区、箱式变电站区域灌木杂草，增设灭火器，排除消防隐患。保障发射机房安全，将发射机房原铝合金门更新为人脸识别及指纹门禁系统电动感应门，更换台区老旧警示牌。

【安保工作】 2022年，波密中波台执行安保值班制度，做到安保工作常态化。全年门卫24小时值班，1—3月以及全国两会、国庆以及中共二十大重要保障期及重要播出时段，严格落实24小时领导带班制。同时，每天由值班人员不定期对台区及周边进行巡逻，严格执行值班制度和门卫制度，做好外来人员出入登记和扫码工作。

【新冠疫情防控】 2022年，波密中波台传达学习自治区有关疫情防控工作的文件精神，利用户外显示屏、微信工作群等推送疫情防控政策和要求。年初，购买消毒液、免洗洗手液、体温计等必备物资，加强对大门、办公楼走廊、楼梯、洗手间的卫生清洁与消毒工作。

【机构领导】

台长

　　干尹超

副台长

　　王军强

机房主任

　　刘　丽（女）

（刘　丽）

城建·环保

住房和城乡建设

【概况】 2022年，县住建局围绕高质量发展建设共同富裕示范先行县目标，开展城镇基础设施工程建设，提升城乡居住环境，做好波密县安居保障（人才公寓）建设、高层周转房建设试点先行性工作，各项工作走在全市各区县前列。做好提升居住环境、改造老旧小区等民生工程，提升住宅项目质量，确保施工安全生产、城乡房屋安全管理保持平稳态势。全年办理施工许可证25个，清查公有住房40套。

【城乡建设】 2022年，县住建局依托项目建设，助推波密县城乡发展。全年开复工重点项目6个，总投资1.78亿元。其中：林芝市波密县县城排水防涝设施项目，总投资5000万元；波密县专业技术人才安居工程，总投资1850万元；川藏铁路通麦段安置搬迁点建设项目，总投资1760万元；林芝市波密县市政道路——滨江东路建设项目，总投资3000万元；波密县农村安全饮水改造工程，总投资2998万元；波密县2021年县直周转房建设项目，总投资3200万元。

开展生态文明建设，推进污水、垃圾处理项目5个（波密县玉普乡、倾多镇、通麦小集镇生活垃圾无害化处理设施建设，波密县玉许乡、倾多镇污水处理及收集系统工程），投入资金6900万元，项目竣工验收并移交县城市管理和综合执法局。完成县城26个排污口整治工作。利用扎木镇扎木村扎

2022年5月23日，自治区住房和城乡建设厅党组副书记、厅长格桑（右三）调研波密县市政道路

木片区棚户区改造项目剩余资金904.16万元，投资718万元，实施该片区路网改造、线路改造工程。申请资金1535万元，申报波密县县城北岸道路白改黑建设项目。

【房地产开发经营】2022年，波密县有房地产开发经营公司6家，分别为波密县王朝大酒店有限公司开发的波密县王朝大酒店一期项目，西藏纵横生态旅游实业有限公司开发的波密纵横风情商业街项目，波密县藏地文化艺术传播有限公司开发的波密桃花里小镇项目，墨脱县丽影实业有限公司开发的天宇圆梦苑一期项目，波密县卓龙赞普旅游文化开发有限公司开发的汇景临江项目，林芝香格里拉管理有限公司开发的波密县万业·帕龙苑项目。全年县住建局办理网上房产初始、转移、变更登记172宗。

【保障性住房建设】2022年，县住建局开展波密县周转房、公租房清理工作，清查行动8次，清查公有住房40套，全部完成腾退并分配入住，发现欠缴租金2户，收缴欠租1.18万余元。开展县城内小区公共区域私搭乱建排查行动1次，张贴小区乱堆乱放清理公告100

3月18日，县委副书记、县长杨力（左二）带队检查波密县重点项目在建情况

余份，清理出动50余人次、车辆6次，清理垃圾30余吨。根据城镇低收入家庭租赁补贴相关政策，发放城镇低收入家庭租赁补贴，共21户28人，补贴资金10.08万元。

波密县直干部职工统建住房存量862套（其中周转房400套、公租房626套），住房入住率100%，承租人签订租赁合同率100%。总投资3200万元，推进2021年周转房建设项目，新建县直周转房1栋112套。投入资金10万余元，实施幸福小区应急线路改造项目；投入资金2万余元，完成县城周转房7个变压器安全围挡安装项目。拨付资金300万元，维修10个乡镇公有房；投入资金115万余元，完成县城92套房屋应急维修工作；投入资金272万元，完成县直公有住房维修方案编制及前置手续。

【住房公积金管理】2022年，县住建局完成波密县住房公积金网点延伸工作，为干部职工办理住房公积金贷款、提取、归集等业务。完成全县机关事业单位工作人员西藏特殊津贴增资部分公积金补缴清算工作。

【建筑市场管理】2022年，县住建局办理施工许可证25个、消防审查验收意见书7份、消防验收备案1个、竣工验收备案6个。办理行政处罚10项，金额36万元，其中涉及民工工资实名制管理处罚6项，金额30万元，安全质量监督管理处罚4项，金额6万元。

【工程质量和安全生产监督】2022年，县住建局推行分部分项工程举牌验收制度，印发房屋市政领域安全生产工作检查方案4份，开展房屋市政工程领域安全生产大检查大整治工作，确保全覆盖、无死角。检查企业70次，在建项目103次，验收分步分项工程150余次，发现问题70处，整改70处，下发整改通知书27份、停工通知书3份。

【抗震防灾工作】2022年，县住建局提高波密县城市综合抗震防灾能力，开展自建房安全整治排查行动，排查自建房2391栋，43栋存在安全隐患。排查经营性自建房457栋，14栋存在安全隐患，整改3处，保障农牧民群众生命财产安全。

【助力乡村振兴】2022年，县住建局完成2021年农村住房改造48户，补助资金97万元；实施2022年第二批农村危房改造25户，补助资金75万元。

【机构领导】

局长

旺青格堆（藏族，1月任职）

副局长

嘎玛措姆（女，藏族，1月任职）

李建军（1月任职）

马长庆（1月任职）

工程质量监督检查站站长

王东东（1月任职）

（尼玛卓嘎）

生态环境保护

【概况】2022年，林芝市生态环境局波密县分局围绕发展、稳定、生态、强边四件大事，处理好保护生态和富民利民的关系，紧扣生态安全屏障和美丽波密建设目标，改善生态环境质量，打好污染防治攻坚战，健全体制、加强执法，保障绿色发展。全年开展宣传活动10场次，发放环保宣传资料5150余份。

【生态文明示范区建设】2022年，林芝市生态环境局波密县分局宣传法律法规，落实生态文明创建及生态文明高地建设。依托“波密县环境日”、“6·5”世界环境日、“生态文明宣传月”等活动，整合广播电视、微信公众号、网络短信等新型媒介和宣传展板、宣传册等传统媒介，加强生态文明宣传教育，推动形成节约适度、绿色低碳、文明健康的生活方式和消费模式，营造全社会共同参与生态环境保护的良好风尚。全年开展宣传活动10场次，发放环保宣传资料5150余份。4月，波密县获得自治区级生态文明建设示范县称号，扎木镇等8个乡镇获得自治区级生态文明建设示范乡镇称号，扎木镇扎木村等63个行政村获得自治区级生态文明建设示范村居称号，生态文明建设示范乡镇创建率80%。11月18日，波密县被生态环境部评为第六批生态文明建设示范区。

成立波密县着力创建国家生态文明高地专项组，制定《波密县着力创建国家生态文明高地实施方案》《波密县着力创建国家生态文明高地2022年工作方案》，明确目标任务、责任单位、工作重点。同时，制定《关于进一步做好波密县着力创建国家生态文明高地专项组工作任务清单化调度的通知》，上报市高地办任务调度清单7份。

【生态环境保护责任制落实】2022年，林芝市生态环境局波密县分局加强生态环保责任。县委、县政府采取召开专题会议、推进会议、问题专项整改会议等形式分析研判形势，组织召开县委常委会会议17次、县政府常务会10次、县政府党组会7次、县政府专题会15次、县委中心理论组学习会2次，传达学习研究部署生态环境保护工作。县四大班子领导到基层一线就环保问题进行调查研究，县人大、县政协将生态环境保护工作列为会议审议、现场视察、专题调研的重要内容，组织社会各界人士监督、参与、推动环保工作。县人大常委会听取审议《2021年波密县环境状况和环境保护目标完成情况报告》。严格环境准入条件，严格管理经济项目环保准入工作，办理环境影响评价，落实“一票否决制”，杜绝“三高”项目落地。加强与各建设单位对接，指导反馈建设单位办理项目环评，指导建设单位备案环境影响登记表180个。

【污染防治】 2022年，林芝市生态环境局波密县分局开展大气污染防治攻坚战。在农牧区实施秸秆禁烧、垃圾禁焚。开展餐饮油烟治理、砂石场扬尘防治专项行动，要求餐饮行业立即改正2家，检查砂石场2家，下发限期整改通知书2份。将扬尘污染防治方案纳入施工许可办理前置条件，全年开展扬尘治理专项检查4次，下发限期整改通知书27份。严厉打击生产、销售和使用非标车用燃料行为，经排查，波密县无黑加油站点，报废老旧车辆10辆。开展水污染防治攻坚战。推进《波密县“十四五”农村污水治理规划》编制工作。编制林芝市易贡藏布（含易贡湖）、波堆藏布、德曲、曲宗藏布、勒曲藏布、亚龙藏布、帕隆藏布管理范围划定报告，开工建设波密县玉普乡莫如河河道治理工程、波密县八盖乡八盖藏布龙普卧普段山洪治理工程、波密县波堆藏布重点河段治理工程。推进入河排污口整治工作，24处入河排污口完成污水截流工作。开展土壤污染防治攻坚战。与县城垃圾填埋场、玉许乡垃圾填埋场运营单位签订土壤污染防治目标责任书，全年回收地膜600.3千克，回收棚膜160.79千克，化肥农药使用量保持零增长。全年实施耕地质量提升技术示范1666.67公顷，其中土地深松333.33公顷，高标准农田建设666.67公顷，箭筈豌豆复种666.67公顷，免费发放种子133吨，提升土壤有机质含量，改善农作物品质，提升耕地综合生产能力。完成测土配方施肥示范面积2533公顷。通过增施有机肥、农机深松、轮作等措施改善受污染耕地273.33公顷。开展农业农村污染治理攻坚战。实施“五清”行动（清垃圾、清河道、清杂物、清残垣断壁、清庭院），组织村民3000余人次，拆除破旧、临时搭建建筑63处，围墙整治0.9万余米，清理生活垃圾106吨，清理农村白色垃圾10吨，清理村内水塘10余处，清理村内沟渠58千米，清理村内淤泥约12吨，清理河道、湖泊近60千米，清理村内秸秆乱堆乱放10余处，清理畜禽养殖粪污等废弃物142吨。开展环境基础设施提质增效攻坚战。委托第三方公司负责全县垃圾填埋场、污水处理厂的运维管理，提升环境治理成效。波密县小型医疗废物处置站开展选址工作。

【环境监测】 2022年，林芝市生态环境局波密县分局开展县域、农村试点环境质量监测工作。按照《波密县2022年环境质量监测方案》要求，委托西藏以勒科技有限公司对县城环境空气质量进行监测，监测指标达到《环境空气质量标准》（GB 3095—2012）的Ⅱ级浓度限值。每月进行帕隆藏布江上游500米下游1000米国控断面监测，监测指标达到或优于《地表水环境质量标准》（GB 3838—2002）的Ⅲ类标准限值要求。每月进行县城集中生活饮用水水源地卓龙沟水质监测，监测指标达到或优于《地表水环境质量标准》（GB 3838—2002）中的Ⅲ类标准限值及标准限值。每季度对10个试点行政村环境空气质量和饮用水水源地水质进行监测，监测指标满足《环境空气质量标准》（GB 3095—2012）的Ⅱ级浓度限值、《地表水环境质量标准》（GB 3838—2002）Ⅱ类限值要求及标准限值。每年对10个试点行政村的基本农田、饮用水水源地周边、果园（茶园、菜园）等30个土壤点位环境质量进行1次监测，监测指标满足《土壤环境质量农用地土壤污染风险管控标准》（GB 15618—2018）中的风险筛选值标准限值要求。定期向林芝市生态环境局报送环境质量监测报告，每季度在政府网站公开环境质量监测状况。开展排污单位污染物排放监督性监测工作。委托西藏以勒科技有限公司对县人民医院、普济医院、县城垃圾填埋场、玉许乡垃圾填埋场、县城污水处理厂、角达村藏猪养殖场、木古村藏猪养殖场进行监督性监测。

【环保督察】 2022年，林芝市生态环境局波密县分局在中央环保督察组督察期间，收到转办案件9件，办结7件，阶段办结2件，并及时报送销号资料。根据《西藏自治区贯彻落实第二轮中央生态环境保护督察报告整改方案（报批稿）》，制定印发《波密县第二轮中央生态环境保护督察整改任务清单》，召开专题会议2次，研究部署第二轮生态环境保护督察反馈问题整改工作，各责任单位各司其职，推进问题整改。完成问题整改5项、整改措施11项，剩余9项问题完成整改措施5项，推进整改措施14项。

【执法与管理】 2022年，林芝市生态环境局波密县分局加强生态保护监管。建立环境监管执法台账、波密县固体废物（危险废物）监管执法台账、生态环境行政处罚统计台账，推行环境监管执法“双随机、一公开”制度，对重大建设项目、涉危险废物企业、环境基础设施等环保措施落实情况进行环境监管。全年开展执法检查254家次，出动执法人员526人次，下发限期整改通知书63份，办结行政处罚案件2件，罚没款41万元，受理处置“12369”热线和有关部门移交环境问题21个。

【饮用水源管理】 2022年，林芝市生态环境局波密县分局开展饮用水水源地保护区监督管理，全年监管4次。同时，委托第三方监测公司开展县城饮用水水源地、农村环境试点水源地水质监测工作，监测结果达到《地表水环境质量标准》（GB 3838—2002）中的Ⅲ类以上水质标准，全年未发生饮水安全事故。

【机构领导】
局长
　　扎西达瓦（藏族）
副局长
　　张洪涛
　　卓　玛（女，藏族）

（张洪涛）

市政管理和综合执法

【概况】 2022年，县城市管理和综合执法局开展市政环境卫生治理，包括垃圾清理、垃圾运输、垃圾填埋、污水处理等工作，同时落实城市市容执法管理、市政工程设施管理及燃气领域安全生产监管。全年规范街道流动摊贩342起，维修路灯456盏、灯带2000余米。

【党的建设】 2022年，县城市管理和综合执法局党员有7名，发展入党积极分子1名。将党建工作与城市管理业务工作相融合，以党建促业务，发挥党支部战斗堡垒作用和党员先锋模范作用。

【环卫市场化】 2022年，县城市管理和综合执法局实施城市环卫服务、垃圾填埋场、污水处理厂

7月7日，县委副书记、县长杨力调研县城垃圾填埋场

市场化管理。以公开招标方式选择企业管理环卫工作，实现专业化、精细化管理，推动建立规范高效的环卫评价体系。减轻政府压力，实现市场机制对环卫事业资源配置的有效调节。监督城市卫生管理工作，提高行政效能。

【垃圾填埋场提升改造】2022年3月，县城市管理和综合执法局借鉴广州环投集团垃圾处置工艺和技术，邀请技术专家组到波密县指导垃圾填埋场升级改造工作。3月30日，波密县垃圾填埋场完成升级改造，成为西藏首个采用HDPE膜覆盖密闭工艺的垃圾填埋场。改造完成后，库容使用率提高，填埋场使用寿命延长，节省库容15%~25%，减少渗滤液产生量70%，相比原覆土工艺，单项年运营成本降低75%。同时，控制臭味外溢，防止垃圾飞散。

【执法监督及安全生产】2022年，县城市管理和综合执法局督促各企业商户，规范街道流动摊贩342起，下达限期整改通知书60份，开展污水处理厂日常运营监督检查24次，开展垃圾填埋场日常运营监督检查20次。开展燃气领域专项普法宣传活动15次，发放新修订的《中华人民共和国安全法》宣传资料173份，开展燃气专项检查行动86次，检查餐饮商户165家，发放警示告知书62份，督促餐饮商户安装燃气泄漏报警装置189个。在执法规范化方面，组织全体执法人员参与执法相关法律法规培训21次，购买执法相关法律法规书籍20套，购买执法设备17套。

【市政设施建设及管理】2022年，县城市管理和综合执法局提升城市市容市貌，方便群众出行，维修路灯456盏、灯带2000余米，修补桥梁台柱21个，

11月5日，县委常委、组织部部长刘志强参加桑登村爱心驿站剪彩仪式

修复路面损坏30余处，完成立面美化隐患修复12处。养护园林绿化面积45万平方米，修复公共卫生间损坏设施26处，升级改造滨江公园及海螺酒店附近的2个自驾营地的停车位、水、电、公厕，新增停车位14个，对游客24小时免费开放。打造“党建+工会”品牌，联合波密县总工会在波密县根仲片区、318国道沿线（电信局旁）和桑登村打造3个户外劳动者爱心驿站，方便环卫工人就近休息。

【市容管理】 2022年，县城市管理和综合执法局组织全体干部职工和环卫工人进行大扫除35次，清理城区卫生死角45处，联合其他相关部门、乡镇专项清扫9次。利用环卫特种车辆收集并转运生活垃圾至垃圾填埋场0.9万吨，向县区内各小区、街道新投放垃圾桶32个。全年清理不规范户外广告设置149起，发放关于规范广告设置的通知160余份，发放相关宣传材料400余份，组织相关宣传活动20余次，营造良好广告氛围，维护市容市貌。根据波密县城市建设工作总体部署，以消除存量、遏制增量为目标，开展违法建设拆除工程，拆除排查中发现的违章建筑2处，总面积210平方米。

7月12日，县城市管理和综合执法局组织职工参观廉政教育基地

【综合管理】 2022年，县城市管理和综合执法局简政放权，让群众“少跑路”，开展“送证上门”服务，挨家挨户为建筑垃圾转运个体发放建筑垃圾转运核准证，发放证件62个。参照《西藏自治区城镇污水处理规范化管理考核办法（试行）》文件，根据县城各个污水处理厂实际情况，制定月考核制度和评分标准。规范城区秩序，确保行人、车辆安全，开展牲畜专项治理行动，处理牲畜进城事件86起，抓捕牦牛14头、犏牛136头、马9匹。

【新冠疫情防控】 2022年新冠疫情防控期间，县城市管理和综合执法局对县城主次干道不间断巡回检查，发现并整治环境卫生问题20余处，及时收运各小区生活垃圾200余车，投放垃圾桶16个，处理生活垃圾73.6吨。参与一线防疫志愿服务13人次，派出车辆2辆。2人获得林芝市抗击疫情荣誉证书，7人获得县级荣誉证书。

【机构领导】

局长

尹少飞

副局长

扎　西

监察大队队长

冷　杰

（冷　杰）

应急救援

应急管理

【概况】 2022年，县应急管理局贯彻落实党中央、国务院及自治区、市、县关于安全生产和防灾减灾救灾的决策部署，健全完善安全生产责任体系，夯实应急管理工作基础，加强应急能力建设，提升防灾减灾救灾能力，推进“1+4”专项整治工作。全年未发生较大及以上生产安全事故，安全生产形势保持平稳。全年组织开展各类安全生产检查80余次，行政处罚89.5万元。

【组织领导和责任体系建设】 2022年，县委、县政府召开理论学习中心组学习会、县委常委会会议、县政府党组会议分析形势部署工作，全年召开各类安全生产会议7场次，传达学习习近平总书记关于安全生产和防汛工作的重要指示，听取安全生产工作汇报，分析当前形势，部署重点工作。县主要领导多次专题调研指导安全生产工作，县委副书记、县长督办安全隐患整改，安排县级领导到一线各乡镇、村居实地督导检查指导工作，确保安全责任上肩、任务落实到人。

【重点行业领域专项整治】 2022年，县应急管理局开展安全生产专项整治“三年行动”和安全生产大排查大整治行动，全年全县组织开展各类安全生产检查80余次，发现各类安全生产隐患961处，完成整改960处，1处整改中，行政处罚89.5万元，约谈企业7家次。组织相关部门和各乡镇对居民摸底排查自建房，排查经营性自建房2008栋，

6月18日，县委副书记、县长杨力组织召开波密县6月份安全生产和消防工作部署会

12月3日，在倾多镇德吉村举行波密县森林草原防灭火突发事件路地联动应急演练

居民自建房3624栋，拆除存在严重安全隐患自建房2栋。督促燃气企业建立生产、运营、安全管理制度和应急抢险预案，各燃气公司制订消防演练应急预案，并组织员工进行消防演习，提高对突发事件的应对能力。全年对雪城燃气站督导检查21次，发现隐患40余处，下达限期整改通知书6份，全部整改完毕。

【应急救援体系建设】 2022年，县应急管理局修订印发《波密县突发事件总体应急预案》等8项应急预案，开展森林草原防灭火突发事件路地联动应急演练1次，森林草原防灭火沙盘演练1次，举办“防灾减灾人人抓 平安护航千万家”直升机巡查护航活动，山洪灾害防范预案和地震演练1次，消防重点单位演练68次，校园安全应急演练70余次，参与人数1200余人。推进防灾减灾基础设施建设，投入资金25万元，为5个偏远村庄配备集洒水、灭火、防疫于一体的小型洒水车消防车，为开展应急抢险工作奠定基础。汛期联合多部门，协调驻地交通部队、就近铁路施工企业等处置318国道沿线16起泥石流等自然灾害，保障人民群众生命财产安全和318国道畅通。落实指挥部转隶、人员定岗、工作交接等工作，推动转隶与业务建设互促共进，确保相关工作不断层。

【宣传教育】 2022年，县应急管理局通过“5·12”防灾减灾宣传活动、“安全生产月”等活动，利用广播电视、官方抖音号、微信公众号、政府网站等平台，在县广播电视台播出安全生产相关新闻9条、短视频10余条，政府新闻网发布相关信息30余条，“网信波密”微信公众号推送相关内容50余条，结合新时代文明实践中心工作和安全生产“八进”工作开展安全生产宣讲90余场次、安全生产实践活动50余场次，印发宣传资料6000余份，发放提醒短信5万

5月12日，县应急管理局在波茂广场开展防灾减灾日集中宣传活动

余条，受教育群众4100余人。

【机构领导】

局长

杨　波

副局长

松　杰（女）

唐世优

杨　勇（7月任职）

（松　杰）

消防救援

2022年，县消防救援大队参与“4·17”波密县玉普乡宗坝村雪崩事故救援

【概况】2022年，县消防救援大队开展应急救援、火灾防控等工作，在重要节日期间完成消防安保任务，在新冠疫情防控期间完成涉疫消杀任务，参与多项事故救援任务等。全年检查社会单位1294家次，推送消防提示短信30万余条，针对学校开展专项消防宣传活动3次，培训师生1000余人。

【党的建设】2022年，县消防救援大队传达学习贯彻习近平总书记重要指示精神和支队、县委的决策部署，新冠疫情防控期间成立战时抗疫党员突击队和中共二十大消防安保党员先锋队，设立党员模范先锋岗5个，签订请战书、疫情防控责任书、党员承诺书100余份，发挥党员打头阵、冲在前的模范带头作用。坚持以习近平新时代中国特色社会主义思想和习近平总书记系列重要讲话精神为主线，学习宣传贯彻中共二十大精神，开展“喜迎二十大、忠诚保平安”主题教育，开展党委理论学习中心组学习13次、专题授课20余次、研讨交流10余次，举办专题读书会5次，开展参观县委中心红楼、祭扫烈士陵园、走访革命前辈和烈士家属等参观学习活动3次，加强理想信念教育、对党忠诚教育、革命传统教育和党的理论教育。举办党员“政治生日”仪式，通过重温入党誓词、宣读入党志愿书，牢固树立新党员政治意识和政治信仰。

【应急救援】2022年，县消防救援大队接处警72起，抢救疏散被困人员4人，完成中共二十大、北京冬奥会、冬残奥会、全国两会、“三大节日”等系列消防安保任务，参与处置“4·17”波密县宗坝村雪崩事故救援、“7·18”波密县扎木镇达兴村车辆事故救援等一系列急难险重任务。新冠疫情防控期间，处置涉疫勤务10起，出动消防救援人员55人次、消防车辆14辆次，消杀面积90余万平方米，用水140余吨。

【火灾防控】2022年，县消防救援大队与县党政主要领导、分管领导开展联合检查12次，组织多部门单位开展联合督查检查23次，开展“三合一”场所、村居自建房、易燃易爆场所、娱乐场所、寺庙文博单位、中小学校等消防安全专项检查，督促整

2022 年，县消防救援大队进行“9·1”波密县巴琼村民房火灾救援

改火灾隐患或违法行为 600 余处，停业 2 家，约谈重点行业从业人员 60 人。全年大队检查社会单位 1294 家次，发现火灾隐患或违法行为 1541 处，督促整改火灾隐患或违法行为 1515 处，下发责令改正通知书 836 份，责令三停单位 3 家，下发行政处罚决定书 9 份，罚款 5.15 万元，临时查封 3 家。全年推送消防提示短信 30 万余条，推送消防宣传及安全提示 30 余次，播出消防公益短片和消防宣传提示语 300 余条，张贴各类宣传海报 5000 余份，发放宣传资料、宣传纪念品 3 万余份。到中小学校、企事业单位、农牧区，开展消防安全知识讲座、疏散演练、消防安全管理培训 100 余场次，受教育 2.5 万余人次，提升群众防范意识、自救能力。开展“开学第一课”活动，针对学校开展专项消防宣传活动 3 次，培训师生 1000 余人，配发消防安全教育读本 1500 册。发挥消防科普教育基地作用，消防救援队和消防站开放 3 次，组织 200 余人参观、学习、体验消防工作。

【后勤保障】 2022 年，县消防救援大队争取各项经费 238 万元，装备器材储备库开工建设，完成滑板基础施工；投入 79 万元用于消防员之家、浴室、营区硬化等建设，优化环境；投入 30 余万元用于大队装备器材购置。全年完成 3 次车辆装备巡检，防止车辆装备“带病上路”。加强作战一线后勤保障，储备各类物资 1000 余件（套），为指战员提供充足应急药品、食物、防寒物资等储备，为持续作战做好准备。

【机构领导】

大队长

沈 烊

扎木消防救援站站长

张 珩

4 月 14 日，自治区消防救援总队副总队长何峰一行到波密县消防救援大队调研指导工作

扎木消防救援站指导员

陈思憬

（李宗昌）

森林消防

【概况】2022年，县森林消防中队完成年度中心任务，加强训练工作，开展正规化建设，做好后勤保障，提升全面建设。于鹏武、陈子明、索朗边巴被评为波密县“最美劳动者”，刘根森被评为波密县“向好向善好青年”，并被支队评为年度“优秀新闻报道员（文书）”，县森林消防中队被授予县“精神文明单位”称号，连续四年被总队评为“基层建设标兵中队”，党支部被评为中央和国家机关工委“四强党支部”。

【森林防火灭火】2022年，县森林消防中队加强与县应急管理、林业、气象、水利等部门沟通协调，针对驻地火情汛情震情形势，定期完善各类应急预案，适时组织实案化演练，确保有效履行职责使命。开展战备拉动、联合演训，确保遇到任务能够快速出动、高效救援。全年中队出动500余人次，动用车辆100余台，完成墨脱帮辛乡“3·7”森林火灾扑救、松宗镇被困人员搜救、波密县粮食局防火演练、波密县森林草原防灭火突发事件应急演练，配合波密县电力公司清理318国道古乡至索通段高压线下过高树木和枯树倒木，以及多起玉许乡、古乡等乡镇、林区烟点清理等任务。

12月3日，县森林消防中队参加波密县灭火演练

【森林防火管控】2022年，县森林消防中队到中铁、中交、国家电网、建设银行等单位开展防火常识授课、防火宣传和装备操作培训，检修各乡镇灭火水泵，提升驻地半专业化森林防灭火力量能力。定期开展318国道沿线和重点景区林区洒水增湿作业，清理可燃物。配合县公安局开展党的二十大安保执勤活动，配合县应急、林草等部门，检查各乡镇村防火安全，重点对棚户区、煨桑点等消防设施完善情况和林区电线线路安全情况进行检查、排除安全隐患。出动300余人次参与防火执勤，发放各类宣传用品1万余件（套），清理林下可燃物40余吨、清除枯树倒木1000余棵，教育群众3000余人，降低森林火灾风险隐患。

【森林消防宣传】2022年，县森林消防中队依托冬季大练兵、抗疫、节日值守、防火专项行动、遂行应急救援任务等大项活动，在“学习强国”学习平台、《西藏商报》、应急管理部、应急管理部森林消防局、林芝融媒、“网信波密”微信公众号、抖音号、微博和今日头条等平台发稿725篇，其中中央级媒体刊稿35篇，省部级媒体刊稿70余篇。

【队伍建设】2022年，县森林消防中队加强与地方政府、企事业协调对接，争取资金用于中队场地建设、并购置集成化装备库、训练馆、卡拉OK练歌房、荣誉室、退役军人服务站等设施建设及救援指挥车等。参与地方各项体育竞赛，王国庆参加市“桃花杯”游泳比赛，两个项目分别取得第一名和第三名成绩，在波密县 2022 年首届迷你马拉松比赛中，中队队员取得男子组前三名的成绩。王国庆、陈子明被选拔为市运动员备战自治区全运会。

【新冠疫情防控】 2022 年，县森林消防中队落实新冠疫情防控各项措施，选派队员配合县防疫部门到通麦开展疫情防控工作。

【机构领导】

中队长

于鹏武

政治指导员

罗　黎

（晋　美）

气象服务

【概况】 2022 年，县气象局做好气象监测、预报预警工作，关注灾害性、关键性、转折性天气，向县委、县政府、各乡镇、村居和社会各界发布气象预报预警，全年发布强降水蓝色预警 19 期、道路结冰黄色预警 15 期。联合县应急管理局、县自然资源局、县水利局发布山洪地质灾害气象预警信息 21 期、重要天气预报 44 期、降水实况 70 期、道路交通安全服务信息 13 期、各类专题预报 22 期，推送气象预报预警手机短信 30 万余条，为全县经济社会发展提供气象服务保障，发挥防灾减灾第一道防线作用。

【党的建设】 2022 年，县气象局学习习近平新时代中国特色社会主义思想、习近平总书记关于气象工作重要指示精神、中共十九大、中共二十大精神，围绕“稳定、发展、生态、强边”四件大事和“气象高质量发展”目标要求，执行上级决策部署，部署安排落实气象业务服务工作，融入地方经济社会发展，做好气象保障服务工作。开展好思想政治、业务服务、财务知识等学习，每日督促干部职工完成“学习强国”学习。开展线上答题考试 6 次，集体学习 49 次，主题党日活动 12 次，谈心谈话 1 次。举行学习中共二十大精神专题宣讲会，交流学习心得。加强政治建设，执行中央八项规定，杜绝出现违规问题，通报警示案例 6 次。履行党风廉政建设主体责任，执行财务制度和“三人决策”制度，确保资金用于事业发展，做好分管领导和上级财务部门请示汇报，确保资金合规使用。参加市、县组织的廉政活动，提高廉政建设水平。

【气象项目建设】 2022 年，县气象局完成台站建设工作，完成 5 个新建站点的协调、选址及建设工作及通麦自动站搬迁工作，提升川藏、滇藏铁路建设、森林防火、特色产业、地质灾害等领域监测预报预警基础能力。完成易贡、康玉 2 个自动站的北斗通信设备安装和观测场改造。与县农业农村局合作建成“低氟茶树新品种试种”项目，在气象局院内建成 2 亩茶园，开展实时茶树种植气象服务工作，助力茶产业良好发展。在西藏波密高原藏天麻产业开发有限公司天麻种植基地和羊肚菌种植基地内建成农田气候站并投入使用，为天麻、羊肚菌种植产业发展提供气象保障服务。

【气象预报预警】 2022 年，县气象局将气象服务放在工作首位，全年发布各类预警信号 53 期，制作发布春运专题预报、川藏铁路服务专报、节日专题预报、森林气象服务专报等专题预报预警产品 131 期。围绕波密县“2+3+1”（茶产业、藏猪产业 + 天麻、羊肚菌、灵芝菌产业 + 养殖业）产业发展布局，调研气象服务需求，将从事茶叶种植、天麻种植、羊肚菌种植、灵芝菌种植、川藏铁路、滇藏铁路业务的企业共108名工作人员纳入“直通式”气象服务，通过“波密县气象服务群”推送预报预警信息，做好重大产业项目建设和国家重大工程建设气象服务保障。更新手机短信用户名单，将新换届的县、乡、村三级领导及驻村工作队656人次纳入手机短信预报预警发布名单，报送预报预警信息，根据各部门实际更新应急联系人名单，确保气象信息送达，预警信息接收人数722人，涵盖党政领导、各单位负责人、乡镇干部、气象信息员、各村两委班子、驻村队员、铁路建设单位、特色产业单位和企业等。与水文观测站共享资料，水文观测站每日向县气象局推送最新水位、流量等水文信息，在预报预警信息中一并发布，为县委、县政府领导和相关部门提供防汛抗旱决策部署依据，助力汛期防汛抗旱工作。

【气象监测】 2022年，县气象局协调易贡乡政府和茶叶种植企业，在易贡乡白玉沟（约5平方千米茶叶种植）建设1个自动气象站（该自动站为通麦站拆迁后留下的原有监测设备），助力气象服务工作。协调政府及企业，推进波密天麻“气候好产品”创建工作。加强气象设备维护保障和巡查，维护25个自动站点，确保监测到位。开展应急观测演练、停电应急演练、故障维护维修演练，提高业务人员熟练程度，提升应急处置能力。做好人影设备维护保养和应急准备。

【气象科普宣传】 2022年，县气象局利用好“3·23”“5·12”“12·4”等节点开展科普宣传，发放宣传品6000余份，提高全县防灾减灾能力和水平。

【安全生产】 2022年，县气象局履行防雷监管职责，针对多处炸药库防雷安全隐患问题，联合县应急管理局、县铁路办、县公安局等部门，督促铁路建设单位完成整改，确保防雷安全。组织辖区加油站、液化气站等易燃易爆危化企业防雷安全检查工作2次，加强监管责任，提升危化企业防雷减灾意识和能力。

【机构领导】

局长

李　波

（田苑媛）

交通·通信·邮政

交通运输

综 述

【概况】 2022年，波密县公路通车总里程1165.9千米。其中，国道241千米，省道350.402千米，县道139.48千米，乡道104.42千米，村道330.6千米。桥梁99座。乡镇通达率、通畅率均为100%，行政村居通达率为100%，通畅率为95.29%。

7月29日，县交通运输局副局长西热江措在多吉乡组织西巴村达大村应急便桥项目验收工作

【项目建设】 2022年，县交通运输局续建项目1个，为古乡松绕村曲扩桥至尺当自然村应急通道工程项目，投入资金498万元，建设长0.64千米、宽4.5米的四级砂石路面（含钢架桥1座等附属设施）。项目于4月开工建设，年内完成产值450万元。新建项目3个，分别为林芝市波密县S303（K55+500）至八盖乡卧普村公路改建工程，路线全长1.82千米，总投资753.11万元，12月15日取得施工许可进场实施。波密县八盖乡雄吉钢架桥项目，新建桥梁桥长68米、桥面净宽3.7米，投入资金250万元，4月开工建设，7月竣工验收通车。波密县多吉乡西巴村达大村应急抢险便桥工程，桥梁长40米、宽3.5米，投入资金195万元，4月开工建设，7月底竣工验收通车。

【道路运输】 2022年，县交通运输局通过现场调研方式制订2022年波密县农村客运班线开通计划，新开通农村客运班线1条（波密至玉普），12月5日完成班线开通，涉及新增通客车建制村3个，惠及农牧民群众900余人。结合县域非法营运市场现

9月14日，县交通运输局局长次仁顿珠组织开展疫情防控期间非法营运打击工作

状，做好前期市场调研，征求相关县级领导及相关部门意见建议，形成《波密县客运市场巡游出租车、城市公交车改革工作方案》，经县政府第15次党组会议、县委十届第34次常委会会议研究通过，通过招投标方式选定第三方公司，负责波密县巡游出租汽车、城市公交车开通工作，治理县客运市场经营乱象，建立管理科学、经营规范、服务优质、安全可持续的道路运输体系。

【公路养护】2022年，县交通运输局开展建设项目管理工作，为农牧民群众服务。落实“四好农村路”精细化养护，提升农村公路养护水平。全年排查农村公路50余条，投入人员60余人次，清扫路面2000余平方米，清理边沟400余米，清理土石方100立方米，整修路肩500平方米。排查出安全隐患15处，消除安全隐患15处。实施养护工程1个，投入资金60万元，实施小修保养项目7个，投入资金177万元，防范发生道路安全事故，为群众提供安全舒畅的公路交通环境。

【交通执法】2022年，县交通运输局落实路政巡查制度，依托重要节日活动专项整治和日常巡查检查，加强路政法规宣传，集中治理公路脏、乱、差等突出问题。采取源头防控、流动巡查、联合执法等有效途径和措施，重点加强对砂石料开采企业及超载运输车辆、机动车维修企业、客货运输企业等行业监管领域的执法检查，坚决制止超限超载车辆上路行驶，遏制非法装载、货物脱落、抛撒滴漏、超限运输等违法行为，全年开展执法监督检查20余次，出动执法人员70余人次，查获违法行为16起，宣传教育200余人次，保障行业监管领域规范运营。

5月25日，波密县交通运输局组织开展农村公路养护工人培训

县公安局开展路检路巡，设立3个流动执勤小组，在重点时段重点防范，依法整治各类道路交通违法行为，确保道路交通安全。加强道路交通网格化管理，按照“属地管理、分级管理、责任到人”的原则，落实林芝市“12289”网格机制和13类基础台账，制定管理道路网格化、管理内容标准化、管理人员责任化、管理成效星级化措施，前移交通管理关口，确保网格化管理纵深推进。按照事故预防“减量控大”专项工作要求以及林芝市道路交通“网格化”工作部署，根据分片包干责任制、“50千米1警车”制度，合理布警、调整勤务，提高重点路段、路口，及危险路段、事故多发点段的见警率、管事率。

2022年，发生道路交通事故632起，同比增长94.4%。其中：一般事故28起，同比下降44%；轻微事故523起，同比增长110.8%；单方事故81起，同比增长200%。刑事案件立案19起，事故中死亡9人，道路交通事故全部录入公安交通管理综合应用平台。全年查处道路交通违法行为2484起，同比增长160.9%。行政案件112起，同比增长33.7%。电子抓拍违章9161起。推进交通管理“放管服”改革措施，做好机动车核发、驾驶证更换、驾驶证转入、驾驶证信息更改、驾驶证遗失和补发、摩托车行驶证补发等相关业务。车辆管理所全年受理相关业务1144笔，组织驾考中心开展机动车驾驶证科目一考试7场，科目二、科目三、科目四考试各6场，考试通过学员238人。

【安全生产】2022年，县交通运输局组织人员参加法律进工地活动，到川藏铁路及川藏铁路配套公路各建设项目开展法律宣讲检查，为期一周，为平稳推进项目奠定基础。加强节假日节点执法监督检查，做好“三大节日”、劳动节、国庆节等节点客运企业安全生产工作，保障人民群众健康安全有序出行，未发生安全责任事故，未发生旅客滞留和服务质量有责投诉事件。

【新冠疫情防控】2022年，县交通运输局做好新冠疫情防控工作。开展疫情防控期间离藏人员转运工作，结合疫情防控期间客运车辆停运及社会人员运输需求，合理安排应急保障车辆闭环运输离藏、返波密人员，做好疫情防控、人员运送工作。落实疫情防控期间重点货物运输车辆保通保畅工作，制定印发《波密县交通运输局关于疫情防控期间运输车辆的管控工作方案》，分别在玉普乡米堆村、通麦小集镇、波密县便民停车场设置货物运输车辆分流转运点，确保疫情防控

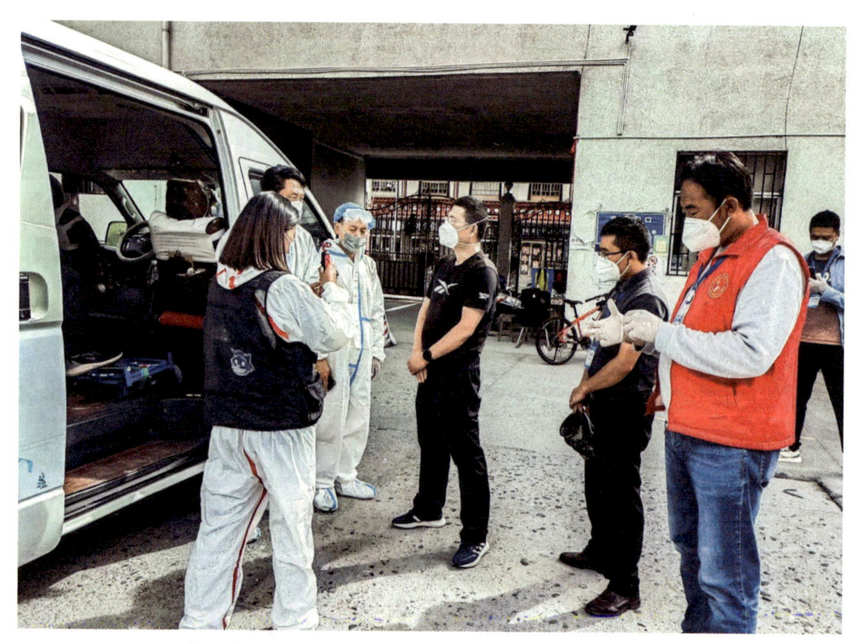

8月21日，副县长张旋坤（右三）、县交通运输局局长次仁顿珠（右二）组织开展疫情防控期间离藏人员闭环转运工作

期间重点货物运输工作有序畅通。加强安全生产宣传教育，组织开展警示教育活动，组织安全生产学习教育，全年开展学习教育10余次。同时利用集中宣传、普法下乡等活动，开展《西藏自治区公路管理条例》《西藏自治区道路运输管理条例》等法律法规宣传，开展宣传10余次。

【机构领导】

局长

于云波（藏族，7月离任）

次仁顿珠（藏族，7月任职）

副队长

丹增赤来（藏族，7月离任）

陈　俊（黎族，7月任职）

副局长

邹　蓝（女）

西热江措（藏族）

（刘志亚）

扎墨公路养护管理

【概况】 2022年，扎墨公路养护管理段管养路线为S303线K868+195—K1003+200，共计135千米，其中K889+961—K967+946路段公路改建。全年管养路段为S303线K868+195—K889+961，共21.77千米，四级油路和K967+946—K1003+200，共35.25千米。

7月20日，工作人员在K884+850处切割路面，修补坑槽

【党的建设】 2022年，扎墨公路养护管理段学习并领会把握中共二十大精神。通过开设一个宣传专栏、上一次专题党课、开展一次学习交流会、撰写一篇心得体会“四个一活动”掀起中共二十大精神学习热潮。组织开展集中学习、集中讨论、理论测试、深入养护一线进行宣讲、党员撰写学习心得体会等活动，使全体党员干部职工对中共二十大精神有深刻认识，统一思想、明确方向，为全面实现各项目标任务提供支撑、奠定基础。

【日常保养】 2022年，扎墨公路养护管理段整修路肩1110平方米，整理边坡210平方米，清理边沟2850米，清理路肩边坡杂草杂物3210平方米，清扫路面2.93万平方米，清理小型泥石流、碎落物340立方米，清洗标志牌35块，打扫院内卫生3万平方米，巡查灾害路段1860

7月2日，扎墨公路养护管理段在K985+600处清理塌方

千米，清理沿线白色垃圾 70 千克，安全检查 20 次。

【小修工程】 2022 年，扎墨公路养护管理段修补沥青路面坑槽 59.32 平方米，新增片石浆砌挡墙 850 立方米，砂石路面填补路基下沉 2680.7 立方米，修补混凝土路肩 33.96 立方米，修补砂石路面坑槽 38813.5 平方米，修复浆砌边沟 18.76 立方米，开挖土质边沟 2900 米。

【抢险保通】 2022 年，扎墨公路养护管理段年清理塌方量 476.8 立方米，路基冲毁 1 处，填方 337.5 立方米，挡墙冲毁 1200 立方米、铅丝笼护基 40 立方米。出动机械 8 台，车辆 6 台，人员 24 人次。

【机构领导】

书记

旺　杰（藏族）

段长

益西旦增（藏族）

副段长

佐　落（藏族）

（邓丽佳）

林芝公路分局扎木机械化养护队

【概况】 林芝公路分局扎木机械化养护队主要负责 G219 线、G559 线、S204 线和 S303 线养护生产抢险保通任务，持续做好日常养护、小修工程、安全生产等各项工作。

【日常养护】 2022 年，林芝公路分局扎木机械化养护队清扫路面 70 万平方米，清理边沟 19 万余米，修剪清理路肩带、边坡草木 18 万余平方米，清理白色垃圾 604 千克，清理碎落石、零星塌方、零星泥石流 4347.9 立方米，整理边坡 1.54 万平方米，整理路肩 100 平方米，疏通涵洞 42 道，清洗交通安全设施 730 块，修补便道 528 平方米，桥隧日常检查维护 637 次，巡视查路查灾 3300 余千米。

【小修工程】 2022 年，林芝公路分局扎木机械化养护队修补砂石路面坑槽 7500 平方米，修补沥青路面 2629.8 平方米，修复混凝土路面 2735.97 平方米，恢复混凝土路面 3179.94 平方米，新修浆砌下挡墙加基础 259.84 立方米，恢复浆砌下挡墙 817 立方米，修复混凝土挡墙 465.49 立方米，恢复挡墙基础 226.8 立方米，更换波形护栏 857 米，修复防撞墙 211.4 米，涵洞台帽刷漆 460.67 立方米，补画轮廓线 8100 平方米，警示柱刷漆 1404.72 平方米，更换里程碑 60 块，警示墩刷漆 2726.98 平方米。

【抢险保通】 2022 年，林芝公路分局扎木机械化养护队清理积雪 136.5 万立方米，清理雪崩 6.20 万立方米，清除积冰 5303 立方

8 月 8 日，林芝公路分局扎木机械化养护队在 G219 线清理泥石流

米，铺撒融雪剂16.1吨，清理泥石流6.78万立方米，清理塌方1.31万立方米，投入机械603台次、人员1119人次。救助社会车辆80辆、人员10余人。

【安全生产】2022年，林芝公路分局扎木机械化养护队以安全生产风险专项整治三年行动为契机，加强对管养路段内桥梁、隧道、涵洞等公路附属设施进行全线安全隐患排查，排查隐患1049处。为预防和遏制火灾事故发生，确保消防设施完好，安全生产领导小组不定时排查队部及各工区办公场所、油材料仓库、柴火堆放区、配电房等处的安全隐患，营造安全和谐稳定氛围。全年在队部及各工区范围内更换失效灭火器19个。10月12日开展"2022年国际减灾日"，排查治理管养路段的灾害风险隐患，派出宣传员4人、车辆1台，悬挂宣传横幅5条，召开学习会议3次。以"遵守安全生产法当好第一责任人"为主题开展"安全宣传月"系列活动，在"安全生产月"和"安全生产西藏行"活动期间，出动13人、车辆3台，接受群众咨询30余次，发放宣传资料（手册）200份，悬挂宣传横幅4条，形成"人人事事讲安全 齐心协力促安全"的安全生产氛围。组织安全生产"双控"专干人员对管养路段国道219线、国道559线、省道204线、省道303线风险等级评估，更新公路基础固有风险管控信息台账，绘制管养路段风险等级分布图。公路基础设施列入重大风险0处、较大风险7处、一般风险63处、较小风险91处，风险管控率100%。围绕"抓消防安全，保高质量发展"主题，开展消防安全学习宣传及消防安全隐患排查系列工作，投入人员9人、车辆2台，悬挂宣传横幅6条，粘贴宣传海报10张，更换失效灭火器2个。落实习近平总书记关于开展自然灾害综合风险普查工作的重要指示精神，利用普查专项经费制作宣传展板、宣传手册、宣传横幅，加强公路承灾体普查宣传。同时采购GPS、测距仪等设备。

2月6日，工作人员在G559线救助社会车辆

【路政执法】2022年，林芝公路分局扎木机械化养护队组织干部职工和一线养护人员开展《中华人民共和国安全生产法》等相关法律法规专题学习活动11次，参与人数263人。结合"4·15"全民国家安全教育日、"5·26"我爱路主题宣传日等重要时间节点开展形式多样的普法宣传教育活动，通过发放宣传资料（手册）、用LED电子显示屏滚动播放宣传标语、悬挂宣传横幅、摆放宣传展板、回答群众咨询、观看宣传教育片等方式，向群众和干部职工宣传和讲解《中华人民共和国公路法》《中华人民共和国安全生产法》等公路法律法规知识，提升社会大众法律观念和法治意识，派出宣传人员32人次、车辆7台次，悬挂宣传横幅24条，发放宣传资料（手册）650余份，设立宣传展板8块，解答群众咨询100余次。学习《中国共产党章程》《中国共产

党纪律处分条例》《关于新形势下党内政治生活的若干准则》等党内法律法规，教育引导干部职工提高政治意识、规矩意识、纪律意识。开展学习活动3次，50余人参与。学习自治区党委书记王君正和自治区党委常委、宣传部部长汪海洲关于法治宣传教育工作重要讲话精神，增强做好普法宣传教育工作的责任感和使命感，开展学习活动2次，56人参与学习。

【机务管理】 2022年，林芝公路分局扎木机械化养护队每月组织机械操作手、车辆驾驶人员进行安全教育培训，使安全教育理念入脑入心。严把油材料申请、报批、使用的登记程序，做到有据可依、有据可查。建立高素质养护机械设备操作队伍，采取“以工代训，以老带新”方式加强机械操作手培训，发挥“传、帮、带”作用，提高操作手技能水平，适应机械化、专业化公路养护需要。以业内资料“标准化、统一化、精确化”为目标，专人负责机械设备档案管理工作，做到一机一档，人机固定，账、卡、物相符。填写机械设备各运转记录，准确报送各类报表。完善机械设备管理制度、油材料管理制度，做好仓库出入库登记。

【机构领导】

党支部书记、副队长

加　措（藏族）

（四郎达珍）

客　运

【概况】 2022年，县客运公司有县际班车36台、农村客运车6台。全县乡镇通畅率93%，行政村通畅率89%。8月13日，根据新冠疫情防控要求暂停运营，在此期间与相关部门协调并制订计划措施，按照防疫要求运送滞留乘客、返波密乘客344趟3400余人。

【县际班线、农村客运】 2022年，县客运公司运营及发展县际班线和农村班线。县城—巴宜区的县际班线客运投入1000万元，购置县际班线客车36台，日均发车12班次，日均输送旅客70余名。

开通农村客运班线6条，分别为玉许乡、倾多镇、易贡乡、多吉乡、松宗镇、玉普乡农村客运班线，十七座农村客运班线车辆6辆，乡镇通客车率80%。6月，筹备玉普乡线路，做好运营前期准备工作，至年底投入运营，运送玉普乡农牧民群众，沿线涉及新开通建制村6个（米堆村、米美村、宗巴村、阿西村、格巴村、达巴村），玉普乡米堆村距县城82千米，车程90分钟，投放十七座客运班车1辆，为沿线1700余名农牧民提供日常出行需求，对乘坐农村客运车辆60岁（含以上）老人及1.3米以下儿童不收取车费。

【新车采购】 2022年，县客运公司以旧换新县际班线车辆3台，新增波密至玉普农村班线车辆1台，按照县班线客运改革资

6月17日，县客运公司举行爱心接送考生公益活动

12月6日，县交通运输局组织人员到县客运公司检查安全生产并指导公司日常工作

金和旅客日常出行情况，确定采购县际客运班线车辆为十一座车型，确定采购农村客运车辆为十七座车型。12月初，派专人到林芝市办理新车上户、运营车辆档案交接等工作，办理车辆过户、上户、变更等手续，12月中旬投入市场运营。

【安全生产】 2022年，县客运公司遵守国家法律法规和安全生产操作规程守法经营，落实各级交通主管部门的安全生产管理规定，组织学习安全生产知识，控制和减少道路交通事故的发生。定期组织开展车辆安全状况技术鉴定，检查车辆轮胎、防滑链、GPS安全锤等随车设备情况，同时向驾驶员普及灭火器、灭火沙、安全锤的使用操作规范等知识。召开安全生产会议4场次，安全例会20次，对驾驶员进行安全生产教育及培训。组织开展安全生产及消防应急演练1次，疫情防控演练1次，强化从业人员安全防范意识，提升应急处突能力。

【新冠疫情防控】 2022年8月13日，县客运公司暂停业务，响应西藏自治区疫情防控政策，降低病毒传播风险。同时制订滞留乘客、返波密乘客运送计划，及时与上级业务主管部门协调相关事宜，实行“点对点”定点定时发车、“中途不上不下”闭环输送措施，做好滞留乘客、返波密乘客运送工作。减轻出发地及目的地疫情防控压力，降低交叉感染风险。在上下车前对行李进行消毒，疫情防控期间运送旅客往返344趟、3400余人。

【机构领导】

副总经理

朗卡邓珠（藏族）

（索朗旺旦）

电 信

【概况】 2022年，县电信局收入份额43.9%，移动业务份额38.86%，宽带用户份额49.8%；全年完成主营业务收入1980万元，其中产业数字化收入占25%；新建18座5G基站（业务未开通），新建和改造21座4G基站，全县4G基站数量110座，优化4G网络。互联网出口带宽（波密电信局核心网—市公司核心网）达80G。承建玉许乡等14个行政村140路数字乡村高清视频监控、波密县公安局机房改造等项目。全年未发生重大施工安全事故和重大通信安全事故。

【党的建设】 2022年，县电信局党支部按照林芝电信分公司党建工作要求，组织各类支部、党小组会议，电信公司举办党建翼联活动、重大会议精神宣传贯彻等会议20场次，参与县委组织部、分公司组织的各类党建活动。响应和应对新冠疫情防控工作，履行县委、县政府各项要求，完成各项任务。

【通信保障】 2022年，县电信局局站、通麦中继站、松宗中继站为西藏电信一干、二干重要通信节点，承担地方重要通信保障工作，完成中国共产党成立101周年和西藏和平解放71周年庆祝活动通信保障，完成各类自然灾害引起的通信抢通22次。

【通信服务与市场监管】 2022年，县电信局未收到重大或越级通信服务投诉，公众市场、政企市场通信服务综合满意度较好。在自治区通管局和市通管局监管下，按照相关要求组织合法经营，坚决不打价格战，未发生违规经营现象。

（拉巴扎西）

移　动

【概况】 2022年，波密县移动分公司保障波密县移动通信发展，做好网络基站建设服务，排查安全风险隐患，完成业务发展和为移动客户提供网络保障的社会责任，确保全年无安全事故发生。全年拥有客户1.03万户，有线宽带5919户。

【网络服务】 2022年12月，波密县移动公司建设川藏铁路波密辖区内4个标段4G网络基站16座，网络质量提升72个小区，其中12座基站解决川藏铁路第六、第七标段通信问题，为川藏铁路各标段的办公、生活网络提供网络保障。配合波密县政府、川藏铁路、县应急管理局等单位开展应急通信保障5次，出动应急通信车、应急小基站6次，出动应急保障人员47人次，保障波密县森防应急演练、川藏铁路第六标段隧道应急等活动的开展。10月，开通波密县康玉乡拉瓦西村移动4G信号，为期5天，解决波密县最偏远行政村半年多无手机信号的问题，为群众提供优质通信服务。

【安全生产】 2022年8月，新冠疫情防控期间，波密县移动分公司安排8人，协调县交运局等单位，调拨隔离门磁为波密县隔离酒店安装智能隔离门磁，减轻酒店驻点人员的工作压力。保障疫情防控期间视讯会议26场次，保障会议正常召开。联系县教育局，为1800余名移动用户家长免费提供10G流量，减轻家长话费负担，确保学校师生“停课不停学”。为波密县卫生系统300余户移动号码提供10G免费流量，缓解医护人员流量使用压力。至年底，波密县移动分公司全年无安全事故。

12月2日，波密县电信局组织群众开展电信防诈活动

【机构领导】

负责人

秦红叶

（秦红叶）

联　通

【概况】 2022年，波密县联通营业部推进经营模式转型、规模效益发展、提升盈利能力、改善客户感知，做好网络安全运行维护，加大网络基础设施建设，推进各项工作，顺利完成工作目标。

【服务保障】 2022年，新冠疫情防控期间，波密县联通营业部全体员工坚守工作岗位，确保疫情防控期间群众通信服务不受影响。建立县乡村三级网络全覆盖，确保消息快速、准确传递，安排专人维护政府部门通信保障畅通。

【网络维护】 2022年，波密县联通网络运行安全稳定，保障县各类用户通信服务需求。整改各项维护工作中发现的问题，规范日常维护工作，确保网络维护的专业性。全年完成多次网络优化工作，保证网络安全运行。完善2022年通信应急预案，在雨季加强网络巡查和网络安全检查工作，组织各专业工作人员做好设备的预检预修工作，加强对网络风险的诊断和预警。提升网络运行质量，确保网络通信畅通和网络信息安全。

【网络建设】 2022年，波密县联通营业部实现波密县网络覆盖无通信盲点，通信光缆、电缆、移动信号覆盖城区及各乡镇，信息接入畅通。对网络进行升级改造，其中以速率最快的4G网络覆盖波密县，提升信号质量。全面提升光改1000M端口，波密县部分居民小区及政府部门上网速度明显加快。

【服务提升】 2022年，波密县联通营业部组织开展宣传进企业、进农村、进小区活动，贯彻国家要求的提速降费工作。完善服务人员考核机制，稳定服务人员队伍。加强培训辅导，确保熟知各项指标及沟通服务技巧，围绕提升群众感知为工作重心开展工作。加强客响中心人员专业技术技能培训，促进客响人员技能提升。开展“五自”（自建、自营、自维、自优、自修）活动，检验学习效果，以前台服务评价为支撑达标要求，以用户口碑为支撑考核标准，服务指标显著提升，网络健壮性稳定性高。开展外延性服务渠道，推出网上营业厅、手机营业厅、自助缴费、自助查询、业务办理、网上商城等电子服务新举措，增强用户使用电子渠道和选购联通通信产品的便利性。

【机构领导】

营业部经理

扎西多吉（藏族）

（达瓦罗布）

邮　政

【概况】 2022年，中国邮政波密县分公司经营状况良好，实现业务收入329万元，同比增长7.16%。金融、寄递、电商分销、函件集邮收入均实现正增长。

【服务社会】 2022年，中国邮政波密县分公司结合乡村振兴工作，推进藏天麻、羊肚菌、松茸等生鲜产品寄递工作。藏天麻售出5000千克，实现收入75万元；羊肚菌售出2550千克，实现收入52万元。推进9个乡镇邮政网点服务能力建设，确保全县村村通邮，满足居民普遍服务要求。

【机构领导】

副总经理

羊奉生（5月任职）

（中国邮政波密县分公司）

银行　保险

中国银行波密县支行

【概况】 2022年，中国银行波密县支行支持波密县经济建设和社会发展，服务波密县及周边县城医保、交通、部队、个体工商户及小微企业、普惠金融等领域的金融需求，提升品牌美誉度，各项工作均取得成效。

【党的建设】 2022年，中国银行波密县支行按照中共二十大报告中的相关要求，加强党建水平，围绕中国银行林芝分行党委的党务工作计划开展党建工作，发挥党建引领突出作用，强化“党建+”的重要职责，创新基层党建理念思路，探索党建业务融合发展新模式，找准工作的着力点、突破口，以实干实绩推动中共二十大精神在中国银行波密县支行落地。2022年新发展入党积极分子2人。

【业务工作】 2022年，中国银行波密县支行开展人民币存款、贷款、结算业务，办理票据贴现，代理发行金融债券，代理发行、兑付、销售政府债券，人民币信用卡业务，代理收付款项及代理保险业务，保管箱业务，外汇业务以及经中国银行保险监督管理委员会批准，并经上级机构授权的业务。完成利润指标，加强数字化程度及手机银行业务，资金质量及客户基数逐渐提高增长。投放各类复工复产、消费类贷款，助力基础设施建设、医疗、援藏工作等领域经济建设及发展。

【内部管理】 2022年，中国银行波密县支行组织传达学习中国银行西藏分行员工工作会议精神，落实关心关爱员工行动，主动对接解决支行职工工作生活中遇到的问题，解决职工周转房紧缺及家具配置问题。组织开展“青年成长沟通会”、党员谈心谈话会4次，听取员工对支行的工作建议和意见。开展风险管理及员工培训工作，集中学习案例警示教育12次、业务风险提示学习36次、廉洁警示教育4次，加强风险管控和内控合规文化建设，推进业务持续健康发展。

【特色工作】 2022年，中国银行波密县支行拓展电子业务覆盖范围，满足当地客户金融服务需求，提升服务水平。在营业网点大厅设置智能柜台2个，办理自助发卡、网上银行、手机银行、短信通知、理财投资、外汇买卖等多项业务，方便客户自助办理业务。布放便携式移动柜台1个，到波密县各乡镇村等地，开展上门激活等业务20余次。为偏远山区客户、行动不便老人及残疾人等办理社保等多项业务，提供上门服务金融需求，拓宽金融覆盖面。

结合金融工作为民谋利建设行动，拓宽场景建设，开展支付结算业务。针对县城及周边乡镇干部群众、商圈，推出“中银智慧付”、来聚财及个人经营类贷款、银税贷等产品，宣传医保电子凭证业务，在提供便捷服务的同时，推进波密县经济数字化转型。开展八一拥军送温暖活动，走访慰问属地部队官兵，密切军企关系。参与县人社局社保卡发放工作，拓展移动便民示范工程建设，投身特约商户拓展及维护行动，提高消费者对金融产品的认知能力和风险防范意识。制定并执行金融精准扶贫工作推广方案，协助做好偏远乡村农牧民信息采集、社保卡两端激活及具体使用等工作，解决农牧民群众消费类贷款融资方面的困难，做好相关贷款政策解释工作，对羊肚菌、天麻、茶叶、藏香猪等当地产业项目进行融资扶持并配合销售宣传。

【运营管理】 2022年，中国银行波密县支行加强稳存增存，提升存贷款质量。加强分层营销力度，按照员工对标，制订财政、医保、人社、发改、城投等重点单位的客户对接计划，集中对接医保、援藏、城投等重点客户。依托产品优势，争取财政性存款，采取措施提高支行同类存款同业占比水平。依托金融产品，推进与部队客户合作关系，主动营销、慰问属地部队，军人保障卡、代发薪、个人网银、手机银行等业务处理工作实现增长。拓展短信通知、网上银行、信用卡等业务，巩固深化业务合作伙伴关系。对接波密县乡卫生院等机构，拓展波密县行政事业类客户。

【金融知识宣传】 2022年，中国银行波密县支行开展预防电信网络诈骗宣传活动，开展金融知识进校园、社区、农牧区等活动，开展各类反假币、零钞兑换、反电信网络诈骗等金融知识宣传12次，提升金融消费者风险责任意识、权利意识和风险管理能力，降低金融风险，构建和谐稳定的金融消费环境。

【新冠疫情防控】 2022年，中国银行波密县支行开展新冠疫情防控期间金融服务，加强疫情防控工作，保障客户和员工的身体健康。加强营业网点防护。根据当地疫情情况采取相应级别的网点防疫措施，加强办公场所管理。实施全口径出入管理，严格各类出入口管控，做好防疫消杀。加强员工个人防护。要求全体员工自觉遵守疫情防控措施，科学佩戴口罩，减少人员密集，加强体育锻炼，增强自身免疫力。做好物资储备，加强物资储备管理，采购储备医用外科口罩、一次性手套、洗手液等常用

2022年，中国银行波密县支行向群众发放宣传折页

防疫物资，确保物资充足。波密县玉许乡防疫物资紧缺期间，组织员工捐赠防疫物资，支持当地疫情防控工作。

【机构领导】

行长

陆俊松

（郭雪妮）

中国农业银行波密县支行

【概况】 2022年，中国农业银行波密县支行开展服务乡村振兴、服务地方经济、经营管理等工作。全行各项存款余额30.65亿元，较年初增加116.2万元，增长61.1%；各项贷款余额21.18亿元，较年初增加1.55亿元，增长7.9%。

【风险管控】 2022年，中国农业银行波密县支行利用晨会、夕会等时间学习保密知识、员工行为管理、反洗钱、警示教育等，提高全行服务水平，增强风险防范意识。参与波密县各单位组织的集中宣传活动，利用集中宣传扩大反洗钱、电信诈骗等知识的宣传面，提高风险防范意识。丰富风险管理办法，确保管理措施落地。加强网点安全管理，按季开展保卫安全大检查。落实值班制度，加大金库、储油间等隐患较大区域的风险检查，稳步推进同楼异地守库行动开展，按要求开展涉稳涉恐资金监管，深化反洗钱培训、认识电信诈骗团伙的手段，加强与监管部门、公检法机关协同配合，防范各类风险事件发生。

【金融服务】 2022年，中国农业银行波密县支行服务当地经济快速发展。全年发放农户贷款2.13亿元，余额4.33亿元，较年初增加2846万元，支持农牧民发展生产，同时在各村开展“3+2”流动金融服务800余次。重点做好川藏铁路、川藏配套公路等重大项目金融服务，全年向川藏铁路中标单位供应链上游客户发放“保理e融”业务111笔，金额1.08亿元，面向各项目部正式员工发放综合消费贷款及网捷贷97笔，金额2855.33万元，在川藏铁路沿线开展流动金融服务30余次。推动旅游业与金融业融合，全年发放“3·18”幸福旅游贷2笔，金额140万元。发放公司类贷款3笔，金额1688万元，推动文化旅游与乡村振兴发展。支持农村产业发展，发放农牧民产业、酒店及民宿贷款43笔，金额2359万元。

【运营管理】 2022年，中国农业银行波密县支行对内部员工开展各项大检查，对相关责任人进行移交问责。重点做好贷前调查、贷中审查和贷后管理工作，确保每个责任链条牢不可破。排查涉黑涉恶行为，加强与县域监管部门沟通，加强员工“八小时之外”生活监督。全年全行员工无参与涉黑涉恶现象出现。

【机构领导】

行长

贺　松

副行长

黄　毅

罗　倩（女）

纪委书记

达瓦平措（藏族）

（旦增曲珍）

中国建设银行扎木支行

【概况】 2022年，中国建设银行扎木支行落实总分行2022年工作会议及波密县2022年经济工作会议精神，服务地方经济、社会、民生等领域建设，重点提高群众金融服务获得感，做好普惠金融、乡村振兴、支持当地特色产业、防范金融风险等工作。至年底，各项存款余额1.33亿元，较年初增加5575.73万元，增长72.38%，各项贷款余额5.42

亿元，较年初增加5.25亿元，增长3088.24%，无不良贷款。

【党的建设】 2022年，中国建设银行扎木支行把抓好作风建设作为重要政治任务，开展纠治“四风”学习教育工作，增强支部党员纪律规矩意识，提升遵规守纪的政治自觉、思想自觉和行动自觉。将改进作风与开展“我为群众办实事”实践活动相结合，与全面提升党建工作质量和群众职工满意度相结合，向群众问需问计，服务中心大局。

【特色工作】 2022年，中国建设银行扎木支行开放“劳动者港湾”，致敬劳动者。主动开放、共享自身资源为交警、环卫工人、快递小哥提供饮水、休息桌椅、无线网络、手机充电器、老花镜等服务设施，提供雨具、急救箱等应急设施，提供开放卫生间、母婴室、婴儿车等便民设施，为劳动者提供“累了能歇脚，渴了能喝水，没电能充电，饭凉能加热”的服务保障。

【内控合规管理】 2022年，中国建设银行扎木支行结合员工网格化管理，制定任务清单及工作推进表，网点负责人经常性开展员工谈心谈话，兼职纪检特派员按周召开廉洁晨会，营运主管按季开展员工行为排查，分享并督促员工学习警示教育及案件防控，结合日常提醒、集中观看廉政警示教育片，抓好警示教育，筑牢思想防线。

【普惠金融】 2022年，中国建设银行扎木支行与多部门联合宣传“普惠金融”产品，拓宽小微企业融资渠道。全年投放贷款110笔，金额4804.9万元，支持波密县小微企业和个体工商户发展。

【金融知识宣传】 2022年，中国建设银行扎木支行联合县公安局反诈中心，开展“反诈拒赌，安全支付”“打击治理电信网络诈骗、跨境赌博，我们在行动”宣传活动2次，老油库警务站、城西警务站辖区居民共200余人参加，采用横幅、海报、电子屏幕、宣传折页等方式，营造反诈宣传氛围。开展送金融知识进乡村，到古乡卡拉村开展“金融知识进乡村”活动，现场为客户解答广大人民群众关心的存款安全、网络交易安全、有效防范电信诈骗等常见金融知识，扩大金融服务范围，提升宣传效果。

【机构领导】

行长

王　黎

副行长

拉巴次仁（藏族）

（王　黎）

人保财险波密县营销服务部

【概况】 2022年，人保财险波密县营销服务部拓展完善服务范围，办理车险、农牧民意外伤害保险、特殊种植业保险、农牧民农房保险、涉农保险等承保业务和后续保险服务。全年完成保费1609.7万元。

【农险工作】 2022年，人保财险波密县营销服务部为0.5万户农牧民家庭提供养殖业、种植业和财产保险等险种的风险保障，共2940.84万元。建立健全政策性农业保险工作长效机制，提高农户投保率和理赔兑现率，防范和化解农业生产风险，推动政策性农业保险发展。开展农牧民养殖业、种植业保险承保、出险查勘、承保牲畜打耳标等涉农保险业务，联动各乡镇、机关单位，加大政策性农业保险重要意义和有关政策宣传，引导农户自愿投保，提高各险种投保率。加强保险条款宣传，确保投保农户明确权利义务，为开展保险工作营造良好舆论环境。开展商业涉农保

10 月 25 日，人保财险波密县营销部工作人员在玉许乡海定村进行 2023 年涉农保险宣传及统计工作

险，如农牧民小额意外保险和农房商业保险等。简化报案流程，优化操作步骤。案件理赔权限由市公司下放至各县域营销服务部，各乡镇农保员处理各乡镇涉农保险案件理赔事宜，缩短理赔周期，提高理赔速度。全年政策性涉农保险理赔金额 1067.51 万元。

【车险工作】 2022 年，人保财险波密县营销服务部完成车险保费 161.73 万元。在开展基础家私车业务的基础上，中标波密县政府公车统保项目，成为林芝市首个县域公车统保的营销服务部，做好正常承保业务，辅以审车及优化理赔等服务项目。

【非车险工作】 2022 年，人保财险波密县营销服务部完成非车险保费 524.87 万元。做好个人意外险、团体意外险、电动车责任保险等常规非车险业务，同时宣传农牧民小额意外保险、学生幼儿保险、火灾公众责任保险、农民工工资履约保证保险、诉讼保全保险、建筑施工人员意外保险等险种，支持地方经济建设和保障地方社会稳定。

【保险服务乡村振兴】 2022 年，人保财险波密县营销服务部完成扶贫业务赔付 50.3 万元。在全县范围内宣传推广乡村振兴保，扎木镇、康玉乡、玉普乡 3 个乡镇投保乡村振兴保，其中扎木镇是林芝市首个乡村振兴保投保乡镇，完成赔款 25 万元。对接政府单位，为全县 2.5 万名农牧民购买意外保险。对接县人社局，为登记在册的未就业大学生提供就业机会，提供大学生就业岗位 5 个。承担国有企业社会责任，开展金融领域巩固脱贫成果工作，被波密县委、县政府授予 2022 年度优秀服务行业单位称号。

【新冠疫情防控】 2022 年，人保财险波密县营销服务部在新

8 月 10 日，人保财险波密县营销部工作人员在松宗镇岗巴村查看小麦受灾情况

冠疫情防控期间，对接政府单位，为波密县852名防疫一线人员购买安疫保，为波密县111名防疫一线人员进行理赔，赔款金额22.2万元。配合政府做好疫情防控管理，为90名防疫一线人员赠送安疫保，价值6300元，捐赠生活物品2000元，受到县委、县政府高度评价，何海艳获得波密县抗疫先进个人称号。

【机构领导】

经理

何海艳（女）

农险负责人

白玛占堆（藏族）

（陈祺平）

中国人寿林芝分公司波密营销部

【概况】 2022年4月，中国人寿林芝分公司筹建波密县营销服务部。至年底，实现总保费22.56万元，其中个人长险新单保费3.1万元，短期险保费19.46万元，其中包括波密县小学、初中、幼儿园学生保险保费9.34万元，其余保费为建筑工程保险及个人意外险保费。短险赔付理赔金额59.21万元。

【党的建设】 2022年，中国人寿波密营销部把学习贯彻中共二十大精神作为首要政治任务，开展“学习二十大，我这样说”等活动，要求全体干部职工深学细悟原文内容。制订党建工作计划及学习计划，将学习任务分解至每周，第一时间学习贯彻习近平总书记重要讲话、重要指示和党中央重大决策部署。按照“三会一课”制度及支部学习制度，每月召开支部委员会，每季度召开党员大会，将党史学习教育贯穿于全年党建工作中，采取集中辅导、参观见学、观看视频和个人自学相结合方式，每周开展学习，把干部职工的思想和行动统一到总公司、自治区公司的决策部署上来，党员干部结合网络、“学习强国”App、党报党刊等媒介开展个人学习。以党建带群建，加强和改进党的群团工作。林芝公司班子成员贯彻执行党风廉政建设相关文件精神，执行党风廉政建设责任制规定，把作风建设作为永恒课题，自觉履行“一岗双责”，贯彻落实中央八项规定精神，防范和整治“四风”，加强节假日等关键节点的检查和提醒，谨防违规违纪现象。

【防范化解重大风险】 2022年，中国人寿波密营销部开展重点风险自查整改工作，结合非法集资宣传月，对3个渠道销售人员、员工及前来办理业务的客户宣讲反洗钱、防范非法集资、扫黑除恶、电信诈骗等相关金融知识，提升销售人

10月15日，中国人寿林芝公司波密营销服务部在多吉乡开展保险宣讲工作

员、管理人员及客户风险意识。每日登录并处理反洗钱管理系统中的可疑待办、客户等级复评，做好日常事务，按需做好客户尽职调查及客户身份重新识别工作。

【机构领导】

负责人

仁　青

（仁　青）

教育·体育

综 述

【概况】 2022年，波密县各级各类学校共43所，在校学生5923人。其中，初级中学1所，在校生1278人，毛入学率101.94%；小学11所，其中县级小学1所、乡镇小学10所，在校生3257人，毛入学率100%；幼儿园31所，其中县直幼儿园2所、附设9所、村级幼儿园20所，在园幼儿1388人，毛入园率90.83%。全县教职工537人，其中中学138人、小学313人、幼儿园86人；教师中男教师230人，女教师307人；全县少数民族教师363人，汉族教师174人；全县教师中高级职称70人，中级职称164人，初级职称237人，未评66人；本科以上学历392人，占教师总数的72.9%，大专以上学历占教师总数的99.6%，学历合格率100%。

【党的建设】 2022年，波密县教育系统共有党组织16个，其中党组1个、党支部15个，实现党的组织全覆盖。党员257人，占教师总数的48.77%。组织政治理论学习180余场次，制定党建有关工作方案45份，修订完善“三重一大”事项集体决策制度15个，印制支部工作手册15本，选派13名党组织书记参加各级理论培训班。组织师生开展“喜迎二十大 建功新时代”系列活动，开展唱红歌活动10余场次、与国旗合影活动14场次、绘制主题黑板报100余个。以学习宣传贯彻中共二十大精神为重点，全年

11月11日，波密县教育局组织召开学习宣传贯彻党的二十大精神主题辅导报告会

县教育系统学习中共二十大精神20余场次，组织研讨50余场次，撰写心得体会500余篇。

【德育工作】2022年，县教育局利用和发挥波密红色资源，组织学生参观县委红楼、易贡将军楼等红色遗址5次。开展民族团结、反分裂斗争、铸牢中华民族共同体意识等教育。推进德育室建设，落实七大板块内容建设，推进乡村“复兴少年宫”建设，为8所乡村“复兴少年宫”授牌。推进学校法治宣传教育，发挥法治副校长优势，开展专题讲座20余次。联合波密县部队，开展系列国防教育活动。

【教育教学质量提升】2022年，波密县初中升学率、小学升学率均为100%。参加中考人数365人，总录取人数244人，高中总录取率83.97%，其中全国其他地方高中班录取率4.85%、自治区内重点高中录取率19.9%、自治区区内普通高中录取率59.9%。全县小学毕业班报考全国其他地方西藏初中班，统一考试人数336人，16人被录取。借助网络平台联合广州市黄埔区天韵小学开展联合教研2次和专题讲座1次。开展“波密县首届幼儿教师说课竞赛”“首届小学科学实验教学大赛”“波密县线上课例大赛”，参赛教师90人，其中获县级荣誉26人，获市一等奖1人、优秀奖1人。组织开展“基础教育精品课遴选”活动，参与遴选教师200人，涉及18门学科，遴选出县级精品课22节、市级精品课2节、自治区级精品课2节。部署推进学前教育普及普惠工作，开展幼教培训10场次、参与教师200人次。

6月15日，波密县召开2022年西藏初中班（校）招生全区统一考试林芝考区波密县考点工作部署暨考务培训会

【落实“双减”政策】2022年，县教育局建立工作定期调度机制，研究解决“双减”工作中的困难和问题。加强课后服务，实现义务教育阶段全覆盖；落实经费保障，制定《波密县义务教育课后服务经费保障机制》，将资金纳入年度预算。制定分层作业制度，压减学生作业总量和时长并进行公示。通过微信群、家长会等宣传解读“双减”政策，受众4800余人。组织开展“双减”专题讲座，参与教师380人，组织各学校填写“双减”满意度问卷1228份，学生和家长满意人数占98.21%。

【教育信息化建设】2022年，县教育局打造“信息化+”工作模式，利用“双师课堂”、视频监控系统等自建设备和钉钉、腾讯会议等信息化平台开展线上教学、教研、巡课、督导等活动130余次。开展信息化工作培训活动6次，参与培训6000余人次。投入150.4万元完成波密县29所乡村幼儿园教学用一体机及相关设备采购。

5月17日，县教育局组织全县教师通过现场听讲座和互联网直播形式开展第一批县级教育科研课题“互联网+”实训活动

新冠疫情防控期间，研究制定《波密县中小学停课不停学线上教学方案》，全县12所中小学5800余名师生参与线上教学。

【教师队伍建设】2022年，县教育局选派教师参加国培13人次，外出跟岗4人次，县级培训134人次，师德师风、国家通用语言文字、教材网络培训等2140人次。调整教师工作岗位10人，统筹调配新调入和新分配教师19人。推介评审副高职称教师11人、中级职称教师34人。选拔8名优秀教师开展校际轮岗交流，促进教师编制、职称流动。发挥老教师“传帮带”作用，老教师上示范课21节，讨论解决新教师问题18个。执行《波密县教师调动管理办法（试行）》，研究报请县政府同意，调出县外教师7人，外调教师占2021年分配教师的2.4%，合理控制师资外流现象。

【教育经费投入】2022年，波密县支持教育事业发展，投入资金3316.25万元，占全年财政收入的25%，同比增长98.9%。

【教育项目建设】2022年，县教育局申报并实施建设项目14个，总投资9111万元。完成投资5415万元，占总投资的59%，完成项目9个，分别为波密县八盖乡、易贡乡、松宗镇、古乡中心小学4所高海拔乡镇学校供暖项目及玉普乡、康玉乡、易贡乡、古乡、玉许乡第二小学5所学校周转房项目，占总项目的64%。完工项目均投入使用。

【教育“三包”】2022年，波密县享受“三包”助学金学生共5241人，其中学前阶段1189人，义务教育阶段4052人。随班就读28人。享受营养改善计划资金学生共3849人，均为义务教育阶段。调整“三包”助学金年生均标准，自2022年春季学期始，执行学前教育阶段3720元，义务教育阶段4220元标准。营养改善计划资金年生均标准于2022年秋季学期开始，调整为1000元。全年落实“三包”伙食费1264.84万元，装备费274.99万元，作业本及其他学习用品费21.99万元，营养改善计划资金308.45万元。

【教育精准扶贫】2022年，县教育局完成2021—2022学年“建档立卡大学生”免费教育补助资金兑现，为168名自治区内外建档立卡大学生兑现资金96.65万元，其中自治区级及市级资金88.32万元，县级资金8.33万元。组织各学校宣传脱贫攻坚相关政策，通过走村入户向学校困难学子家庭捐赠米、面、油等慰问品，向家长解读惠民政策、扶贫政策、教育政策。提供16个保育员岗位供波密大学生就业，选派2名干部参加波密县创优争先强基础惠民生活动第十一批驻村工作。

【"控辍保学"】2022年，县教育局主导建立校、班、家庭三级控辍网络，实行周（月）报制度和定期通报制度。学期初对学生学籍实行电子学籍管理，建立并更新"波密县0～23周岁人口受教育情况数据库"，动态掌握学生入学、上学情况，确保每一名学生完成九年义务教育。建立控辍保学责任体系，教育局与乡镇政府共同完成"控辍保学"，让辍学、失学儿童及时返校接受文化教育。

【教育支援】2022年，县教育局联合广州市教育局线上线下相结合，组织开展教学竞赛、教学研讨、专题培训等，保障师资队伍建设。选派完成广州大学第九、十批紧缺学科支教实习生30名，填补县中学、县完全小学紧缺学科教师需求。推进广东省教育厅"校地共建"项目，落实各项教育帮扶资金，对接广州市花都区教育局落实教育帮扶资金15万元，投入24万元援藏资金改善波密县玉普乡中心小学校园文化建设水平。对接广州企业，向波密县中学捐赠300套课桌椅，改善办学条件。

【学校安全管理】2022年，县教育局落实校园安全主体责任，制定并印发各类方案、预案、通知32份。联合相关部门建立联动联防机制，围绕"吃住行、教学娱、水电火、毒疫渗"12个方面开展大排查大整治。全年到学校督导检查80余次、开展联合检查10余次，开展各类隐患排查整治活动260余次，发现各类问题隐患280余处，立项19个，共投入455.29万元，解决学校安全隐患问题，整改率100%。利用校园广播、板报、主题班会课、微信群等形式开展各类安全教育，开展各类应急演练70余次，参与人数6000余人。推荐市级平安单位1个、市级平安校园2所、县级平安校园4所。

【体育工作】2022年，县体育局依托阳光体育，监督学校"三操一活动"（早操、课间操、锅庄操、30分钟大课间活动）落实情况，利用课外活动时间开展田径、足球、羽毛球、篮球、跳绳等体育兴趣小组活动。完成波密县2022年春季学期中小学生视力监测工作，投入资金7.9万元，筛查14所中小学校学生4180人，监测覆盖率97%。

【新冠疫情防控】2022年，县教育局完善新冠疫情防控工作体系，设立8个专项小组，召开专题会议20余次，完成春季、秋季开学疫情防控评估工作86校次，到学校实地督导疫情工作30余次，发现并整改问题20余个。建立健全教职员工和学生假期行踪和健康监测机制，落实校园防控各项措施，做好师生员工核酸检测。加强物资储备，投入100万元，为全县43所学校配备充足的防疫物资。落实防外溢工作，通过电话和在线收集信息方式了解掌握700余名波密籍就读自治区外大学生、160余名全国其他地方西藏班学生信息动态。对需要出藏的学生讲解出藏政策300余次，及时对接县防外溢办、县客运公司，确保学生安全准时到达林芝市。成立疫情防控党员先锋队15支，参与志愿服务75人。

【机构领导】

局长

兰　建

副局长

白玛桑吉（女，藏族）

钟文娟（女，7月离任）

杨　昆

麦剑文（援藏，7月离任）

陈道宇（援藏，7月任职）

（赵　昆）

县中学

【概况】2022年，县中学加强

11月20日，林芝市教育局党组副书记、局长巴桑次仁（左二）及市教育局有关科室负责人到波密县中学，就学校学习贯彻党的二十大精神、疫情防控、集中供暖、教育教学等工作进行督导调研

课堂考评工作，在师资队伍建设方面开展师德师风学习活动及“一考三评”工作，做好教学管理，提升教师素养，抓好校园文化建设，加强德育工作及安全教育工作。在新冠疫情防控期间，开展线上教学，保障全体师生身体健康与生命安全。在学考中，县中学上线西藏班28人。

【党的建设】 2022年，县中学贯彻落实习近平新时代中国特色社会主义思想，支部组织召开党建工作部署会议2次，开展“两学一做”暨支部理论学习18次。全年支部班子研究“三重一大”事项60余件，落实“三会一课”制度、党费收缴制度、党员学习制度、党员发展制度等。实施“双培养”工程，将5名骨干教师发展为入党积极分子。发挥群团组织作用，工会发展管理工会会员139人，学校团总支发展管理共青团员31人，发展管理少先队员850人。召开作风建设专题部署会、推进会各1次，开展作风建设专题理论学习5次、理论考试4次、交流发言1次。开展学习身边师德典型，弘扬“学为人师、行为世范”精神，引导广大教师守教育初心，担育人使命。开展师德师风专题学习2次，与全校140名教师签订廉洁从教承诺书，规范教师从教行为。成立波密县中学学习贯彻落实中共二十大精神工作领导小组，健全工作开展机制，召开专题学习会4次，交流研讨1次，撰写心得体会125篇，发放学习笔记本135本，悬挂摆放横幅10余条、展板10余个。

【教学工作】 2022年，县中学

10月16日，波密县中学教师在多媒体教室集中收听收看党的二十大开幕会

抓好课堂考评，采取校级领导带领中层管理及一线教师随机推门听课形式进行考评，课后开展评课，提高教师执教能力。创新教学方式，开展分层教学、分层辅导和分层作业，加强教学针对性，重点抓好毕业班工作。新学期初召开九年级质量分析会，肯定成绩，指出不足，明确目标。开展“理想树”活动，提升学生积极性、主动性和创造性。

【师资队伍建设】2022 年，县中学加强师德师风建设，利用宣传手册、电子屏幕、微信公众号等宣传平台，开展学习身边师德典型，与教师签订廉洁从教承诺书，开展师德师风专题学习，组织教师学习中华人民共和国教师法、中小学教师职业道德规范、《中共中央 国务院关于全面深化新时代教师队伍建设改革的意见》等。开展“一考三评”工作，提高教师专业素养。

【校园文化建设】2022 年 3 月 28 日，县中学举办庆祝“3·28”西藏百万农奴解放纪念日活动。10 月，组织开展“喜迎党的二十大”系列主题教育实践活动，通过画手抄报、办黑板报、悬挂横幅、组织开展师生足球赛等形式表达师生的爱国热情。

【德育工作】2022 年，县中学开展爱国主义教育、铸牢中华民族共同体意识系列活动、主题团课、感恩教育、助残等活动。利用班会、黑板报、宣传框窗栏、校园广播、多媒体等多种途径，开展德育教育活动，促进校园文化建设。丰富安全教育内容，开展防疫、防火、防震、防校园暴力、交通、大型活动、饮食安全教育。设立安全教育专栏、班级黑板报安全专刊，通过广播和升旗仪式上的安全教育讲话，以及发放“致家长的一封信”等方式宣传安全教育。开展全体师生应急疏散演练，加强学生组织纪律和安全意识教育。加强家校联系，以安全教育为主题召开家长会，增长家长的安全教育知识，提高安全防范意识，共同构建家校安全教育平台，合力做好学生安全教育工作。

5 月 17 日，林芝市教育局党组副书记、副局长吴珍珠（右二）带领市教育局教研室、特邀教研员一行到波密县中学进行中考备考调研

【新冠疫情防控】2022 年 8 月，县中学开展新冠疫情防控工作，巩固联防联控机制，完善应急预案，组织开展演练，防止疫情在校园扩散，保障全体师生身体健康与生命安全。8 月，波密县中学实行线上直播教学，9 月底实行错峰错时开学。严格做好学生健康监测，落实“日报告”“零报告”制度，落实因病缺课（勤）病因追查和登记等防控措施，掌握学生健康状况。加强师生员工个人防护，加强防疫宣传培训工作，利用电子屏幕、教室液晶一体机、电子横幅、数字广

播系统等电教设备，播放宣传培训视频、“七步洗手法”、科学佩戴口罩方法等重要防疫知识与技能。

【机构领导】

书记

洪长风

校长

扎西多吉（藏族）

副校长

黎世川

白玛拉珍（门巴族）

（范　梅）

县完全小学

【概况】 2022年，县完全小学共有教学班29个，在校学生共1325人。其中，农牧区学生1011人，城镇学生259人，住校学生306人，享受“三包”政策的学生1087人（包括农牧民子女、城镇低保、养护段工人子女）。学校以“为学校的可持续发展奠定基础，为学生的终身幸福奠定基础”为办学理念，以“全面贯彻党的教育方针、政策，让孩子快乐成长，办人民满意的教育”为办学宗旨，持续推进素质教育，建设团结、勤奋、文明、创新的和谐校园。

【教学工作】 2022年，县完全小学设立语文、数学、藏文、综合（由英语、道德与法治、科学、体育、美术、音乐组成）教研组。完善教研制度，明确教研项目，教学人员全员参与教研活动，每周开展教研活动1次，明确教研计划。定期开展公开课、说课、集体备课等活动，教学与实践有机结合。以教研活动为载体，以课堂活动为主轴，加强教师教学基本功培养，助力教师成长。推进教师队伍建设，打造优秀教师团队。

【师资队伍建设】 2022年，县完全小学有教职工106人，专任教师106人，书记1人，校长1人，副校长2人。教师职称结构中，高级教师18人，一级教师32人，二级教师48人，员级教师8人；教师学历情况为硕士研究生1人，大学本科78人，大专27人，学历合格率100%。建立青年教师、骨干教师、新教师成长档案，以老带新，结对互助。组织校本培训和校本教研，举办教师素质提升暨教师技能竞赛，20余名教师参加比赛。提升教师理论水平、专业素质和道德水平。做好教学工作计划，开展教科研提高教师的教学能力。

【校园文化建设】 2022年，全校教师根据学校教务处制定的“周末兴趣班”方案，利用周末休息时间，对学生进行无偿培训。学生不仅学到学习知识、扩展视野、培养兴趣，还锻炼沟通能力、表达能力、人际交往能力、动手能力等，培养审美能力、表现力、创造力。

7月11日，波密县完全小学开展“乐学大冲关”低年级趣味知识竞赛

【“控辍保学”】2022年，县完全小学提高学校义务教育巩固率，降低辍学率，保障未成年人依法接受义务教育的合法权益，保障学校施教区内学生教育健康发展，全年施教区内适龄儿童入学率100%，残疾儿童入学率超98%，留守儿童、困难家庭子女入学率100%，做到“适龄生进得来、在校生留得住、辍学生劝得返”。

【德育工作】2022年，县完全小学开展以“中华民族传统文化”“特色乡土文化”“民族文化”三大板块特色校园文化建设和班级文化建设，弘扬中华民族传统美德，结合养成教育，教育引导学生坚定“小雷锋永远跟党走”的信念，践行社会主义核心价值观的“六爱·五感恩”主题活动、开展“寻找雷锋足迹·弘扬雷锋精神”“学雷锋系列活动”“缅怀革命先烈·争当四好少年”清明节祭扫烈士墓活动、参观县委红楼、气象局、非遗文化等社会实践活动及“3·28”手抄报作品展活动。以“做一个有道德的人”主题实践活动为主线，注重学生行为规范养成教育，通过学校少先队活动，利用重大节日、纪念日，组织学生参加“波卓波央”比赛、“红歌合唱”比赛，引导学生了解中华优秀传统文化的历史渊源、发展脉络、精神内涵，

6月1日，波密县完全小学开展庆六一活动

增强文化自觉和文化自信。

【法治安全教育】2022年，县完全小学把法治教育纳入素质教育之中，与德育工作相结合，与社会实践活动相结合，组织开展系列活动。定期组织开展法律知识竞赛、演讲比赛、学生带法回家、征文等活动，利用“两会”（团会、班会），“两活动”（班团活动、课外活动）进行法治教育。开展法治专题讲座、专题黑板报、主题班会等安全文明校园创建活动，培养学生自我保护和自我约束能力。配合相关部门加强校园及周边环境治安综合治理，开展警校共建，建立健全校内外共同关心青少年学生健康成长的良好运行机制，把法治教育与公民道德教育、日常行为规范教育相结合，培养现代文明中学生。

【机构领导】

书记

孟　红

校长

尼玛次仁（藏族）

副校长

嘎玛罗布（藏族）

江杜宏（藏族）

（赵元元）

县第二双语幼儿园

【概况】2022年，县第二双语幼儿园设有小班、中班，大班3个年段共有7个班级，在园幼儿198人；教职工38人，其中专任教师24人、保育员7人、保安2人、厨房后勤5人。

【党的建设】2022年，县第二双语幼儿园党支部带领全体党员

7月1日，波密县第二双语幼儿园开展“童心向党 喜迎七一”活动

教师开展党建主题活动18次，发挥党支部政治核心作用、战斗堡垒作用和党员先锋模范作用。

【学科建设】2022年，县第二双语幼儿园以《幼儿园教育指导纲要（试行）》《3～6岁儿童学习与发展指南》为教育教学重要依据，根据幼儿发展实际需要，开展学习雷锋主题教育1次。开展“西藏百万农奴解放纪念日”爱国主义教育、清明节、中秋节、端午节、春节、藏历新年传统文化爱国主义教育活动18次。开展防溺水安全教育、预防火灾安全教育、地震紧急疏散演练、消防紧急疏散演练活动48次。举行参观消防队社会实践教育活动1次。

【人才培养】2022年，县第二双语幼儿园探索园本培训模式，以教师原有的专业素养为基础，精选教师乐于接受的培训内容，选择适合教师不同年龄特点的培训方式，与林芝市幼儿园实施团队合作、梯队式成长园本培训4次。

【队伍建设】2022年，县第二双语幼儿园推动教师师风师德建设，促进改进作狠抓落实工作，建立教师作风档案，加强业务能力培训，围绕新冠疫情防控知识、师德及作风、幼儿园保育技能等开展集中培训6次，培训教职员工160人次。组织教师教学技能比赛、临时工职业技能比赛4次，参赛教师和临时工52人次。加强师德师风建设，学习师德师风典型案例2次，观看师德师风警示教育专题片4次。提升教师业务能力，开展区域创设研讨、说课稿撰写、集体备课教研活动20次。

【校园文化建设】2022年，县第二双语幼儿园开展才艺比赛3次、讲童话故事比赛1次。落实每周一升旗制度，利用国旗下的讲话对幼儿进行正面教育，开展爱国主义教育、安全教育、文明礼貌教育、诚实守信教育等。

【安全与后勤管理】2022年，县第二双语幼儿园开展新冠疫情防控模拟演练1次、各类安全

7月6日，波密县第二双语幼儿园举行“喜迎二十大 我们毕业啦”毕业典礼

主题教育9次、自然灾害紧急疏散演练8次、防火紧急疏散演练10次。开展校园安全隐患大排查3次、卫生运动大扫除11次，召开食品安全专题会议8次，开展食品安全自查12次。定期调查幼儿饮食爱好，定期调整吃食，确保饮食平衡，维护幼儿健康。

【机构领导】

园长

扎西拉珍（女，藏族）

副园长

巴桑曲杰（藏族）

扎西措姆（女，藏族）

（王瑞华）

县第一双语幼儿园

【概况】 2022年，县第一双语幼儿园从观念、制度、教研、课程改革等方面开展工作，加强教学管理，加强理论学习和教学研究，提高教师的基本素质，完成各项教学任务。

【队伍建设】 2022年，县第一双语幼儿园师资队伍稳定，整体素质提高。依托师德建设，开展树师德标兵活动，发现身边的爱岗敬业、潜心钻研、热心服务、关爱孩子等具备优良师德表现的教师。以岗位练兵活动为契机，通过基础技能培训和学习，提升教师自弹自唱、儿童歌舞编导、教学挂图设计、玩具制作等技能。开展教学技能培训，提高教师教学的设计与组织、教育理论与教学行为等业务能力。

【校园建设】 2022年，县第一双语幼儿园同时推进基础设施和校园文化建设。基础设施建设方面，改造厨房、幼儿活动场地、房屋防水、水电等部分硬件设施。校园文化建设方面，以幼儿为主体，建设优良的园风、教风、学风，优化校园文化环境，营造文明和谐的育人环境。以制度建设构建和谐校园，管理制度由“以事为核心”转变为“以人为核心”，激发教师主体意识，增强教师自我管理和约束能力。健全各项检查、考核、奖惩制度和各类突发事件应急预案，建立检查、评比、奖惩机制和评价体系。

【安全与后勤管理】 2022年，县第一双语幼儿园成立安全领导小组，加强规范管理，完善制度建设，强化安全管理，开展各类安全常识教育及安全应急演练，加强幼儿自我保护意识，建立健全各项规章制度，明确工作职责。定期和不定期排查安全隐患，落实保安、门卫职责，加强管理，强化安全责任意识，做好来访人员询问登记工作，确保幼儿及教职工安全以及校园财产安全，全年未发生安全事故。开展新入园幼儿体检和各类流行疾病

11月15日，为提高幼儿参加体育锻炼的兴趣、增强幼儿体质，县第一双语幼儿园举办“冬季趣味运动会”

6月13日，县第一双语组织大班的幼儿到波密县完全小学参观

预防工作，加强卫生消毒工作和食堂管理，确保饮食安全，不使用未检测、不合格食品原材料，做好食堂消毒消杀工作，执行食堂工作人员每年体检制，确保持证上岗。定期检查、消毒玩教具设施。

【机构领导】

园长

索朗央宗（女，藏族）

副园长

樊燕青（女）

方晓勇（藏族）

（方晓勇）

卫生健康

综 述

【概况】 2022年，县卫健委贯彻落实新时代卫生健康工作方针，做好疾病预防控制，健全医疗服务体系，抓好卫生管理监督，做好妇幼保健工作，抗击新冠疫情，统筹管理各级医疗机构，提升基层医疗服务能力和水平，保障群众身体健康和生命安全。

【基本公共卫生服务】 2022年，县卫健委开展0～6岁儿童、老年人、孕产妇健康管理等基本公共卫生服务工作。10个家庭医生签约服务团队247名医生，辖区内高血压、糖尿病、精神障碍等慢性病患者、重点人群签约率均为100%，为农牧民就近提供医疗服务。

【疾病预防控制】 2022年，县卫健委开展艾滋病、结核病、精神障碍等疾病防治工作。全年报告法定传染病94例，艾滋病自愿咨询检测12人，哨点及高危场所从业人员干预检测118人，医院艾滋梅毒抗体检测及其他就诊检测554人，孕产妇检测126人。结核病筛查1次，可疑及确诊结核病患者11人。服务管理麻风病患者45人，服务管理建档大骨节病患者106人，服务管理精神障碍患者69人。

【医疗组团式援藏】 2022年，县卫健委依托医疗“组团式”及柔性援藏，建立“引进来教与走出去学”“师带徒”人才培养长效机制，通过“市包县”“院包科”组团援藏模式，结合医院建设和发展需求，明确内科、

4月13日，县委常委、组织部部长刘志强（左二）主持召开波密县医疗人才“组团式”援藏工作推进会

6月16日，县人民医院门诊楼前组织开展"穗波一家亲 健康光明行"活动启动仪式

外科、妇产科等7个科室为主攻方向，推进外科、妇产科微创诊疗中心建设，发展微创诊疗技术，指导开展新技术、新项目30余项，手术示教100余次。邀请广州市医疗团队开展"穗波一家亲 健康光明行"活动，免费筛查白内障患者232人，完成手术108例。争取广州帮助支援，捐赠药物器材、防疫物资等价值25万余元。全年门诊就诊总人数2.39万人次，手术144例。

【医疗卫生服务体系建设】2022年，县人民医院与林芝市人民医院签署快速转运救治协议书，建立胸痛、创伤、卒中、重症孕产妇救治、危重儿童和新生儿救治共五大中心快速转运体系。波密县玉许乡卫生院与林芝市藏医院签订林芝市首个市乡藏医对口支援协议，从技术指导、制度健全、人才培养、藏药调剂等方面建立为期3年的长效帮扶机制。优化整合县域医疗卫生资源，提升基层医疗机构服务能力水平。

【基层卫生管理】2022年，县卫健委指导各行政村严格按照选举办法和程序，完成85个村居公共卫生委员会组建任务，明确组织架构、工作职责和制度等，督促各乡镇卫生院采取"线上集中教与线下下村讲"相结合方式，实现公共卫生委员会成员培训全覆盖。

【重点人群健康监测】2022年，县卫健委依托基本公共卫生服务、家庭医生签约服务管理等，统筹各级医疗机构开展建档立卡脱贫户、边缘户等重点人群的健康监测工作，年内实现服务管理全覆盖，防止因病返贫、因病致贫。

【卫生监督】2022年，县卫健委围绕常态化疫情防控、医疗废物管理、卫生健康业务等加强卫生监督执法，提高卫生监

5月26日，村民委员会公共卫生委员会揭牌仪式在扎木镇东若村组织开展，县委常委、常务副县长白玛旺扎（左一）出席会议并讲话

督执法效能。年内开展各类督导检查30余次，下达整改意见书8份，办理医疗机构执业许可证3个、饮用水许可证1个、母婴保健技术许可证1个、审批诊所增设科室、法人换证3个。

【藏医药事业】2022年，波密县藏医院完善各项规章制度，开展放血、火罐、针灸等一系列独具藏医特色外治理疗项目。投资170余万元，新建并投入使用波密县藏医院“治未病”专科、藏药材加工房，以及玉许乡卫生院、倾多镇卫生院藏医馆改扩建项目，提升全县藏医药服务能力。

【妇幼保健工作】2022年，全县活产数349人（双胎3例），其中，住院分娩346人，住院分娩率100%，无孕产妇死亡，5岁以下儿童死亡1例，完成35～64岁已婚孕龄妇女宫颈癌筛查1130人、乳腺癌筛查1124人，出生缺陷检查14对，0～6岁儿童眼保健及视力检查1058人次，13～14周岁在校女生HPV疫苗免费接种382人次，发放住院分娩补助256人35.84万元，两项扶助政策的“一孩双女”330户31.68万元，计划生育家庭特别扶助42人25.65万元。

8月26日，广州市支援西藏林芝波密抗疫医疗队抵达波密县

【新冠疫情防控】2022年，县卫健委建立上下“一盘棋”的联防联控防疫机制，指导组建医疗救治、环境消杀等专班，投入800余万元采购波密县移动PCR实验室及县人民医院、疾控中心96孔核酸检测扩增仪和提取仪、生物安全柜等设备设施。新冠疫情防控期间，通过“线上+线下，理论+实操”方式，完成相关培训10余次，参训人数700余人次。医疗救治组采取“一人一方案”，指导部分患者服用常用药进行救治，治愈率100%；选派26人驰援拉萨市疫情防控工作。

【机构领导】

主任

牛海燕（女）

副主任

占华剑（援藏，7月任职）

陈恩宽（援藏，7月离任）

尼玛拉姆（女，藏族，7月离任）

车南拉加（藏族）

次仁央金（女，藏族，7月任职）

王身利

（徐翠翠）

县疾控中心

【概况】2022年，县疾控中心落实“预防为主”工作方针，完善疾病预防控制体系，履行防病工作职能，做好新冠疫情防控工作，落实重大疾病防控措施，保障全县群众身体健康。

7月，自治区疾控中心在波密县检查指导疫情防控工作

【新冠疫情防控】2022年，县疾控中心开展流行病学调查，推进校园和养老院等人群聚集性场所疫情防控工作，派出援藏专家、专业技术人员8人次，对波密县养老院、波密县小学开展肺结核预防控制宣教和2022年春夏季学校常见传染病防控培训2次，受训人员93人。完成波密县2所幼儿园和波密县小学的全流程疫情防控督导，处置一起学生疑似水痘和流行性腮腺炎疫情。派出援藏专家和专业技术人员5人，对县小升初考试、县初中学业水平考试期间的卫生保障工作进行宣教培训，培训教职工166人次。考试期间，派专业技术人员2人进行驻点卫生保障。年内开展业务培训8次，受训人员200余人次。专业人员将理论与实操相结合，对各诊所、后备疫情防控骨干进行培训，完成培训100余人次。

【柔性援藏】2022年，县疾控中心在广州市疾控中心援藏专家帮助下，处置突发新冠疫情43起。建立一整套快速反应、精准防控、系统规范的疫情防控工作体系，通过“师带徒、手把手教”方式培养疫情防控后备干部和专业技术人才。

【免疫规划】2022年，县疾控中心每日上报全县新冠疫苗接种数据和库存数据，督导各乡镇卫生院做好疫苗冷链运输、领取、出入库登记等。落实AFP疫情监测，每10天进行AFP主动监测1次，年内未发现AFP病例。

【传染病管理与网络直报】2022年，县疾控中心加强对疫情上报单位各乡镇卫生院管理，督促各乡镇卫生院建立疫情报告相关制度，完善各项登记步骤，杜绝传染病漏报、迟报、谎报和瞒报。全年报告法定传染病94例，其中乙类传染病发病36例，占发病总数的38%，丙类传染病发病54例，占发病总数的58%，其他传染性疾病4例，占发病总数的4%。

9月，县主要领导在疾控中心召开疫情防控部署会

【艾滋病防控】 2022年，县疾控中心报告结核病可疑及确诊病例11人，未发现HIV和梅毒感染者，艾滋病自愿咨询检测12人，未发现HIV和梅毒阳性，未发现HIV、梅毒感染者，波密县哨点和高危场所从业人员干预118人，检测118人，梅毒阳性5人，发放避孕套320个，宣传材料100份，县人民医院艾滋梅毒抗体检测数及其他就诊检测人数554人，梅毒阳性2人，孕产期检测126人，无HIV感染者和梅毒感染者。7个乡镇卫生院艾滋病自愿咨询实验室均正常运行。

【麻风、结核病防治】 2022年，县疾控中心开展中小学、幼儿园、各乡镇新生和65岁以上糖尿病人结核病筛查1次，筛查1091人。每月对医疗机构结核病诊治情况开展一次常规督导，发放38名结核病患者交通营养补助2.28万元，全年在管存活麻风病人45人，愈前愈后死亡69人。

【农村饮用水监测】 2022年，县疾控中心采集水样41份，其中农村水样32份，城市水样6份，学校水样3份，枯水期乡镇监测点覆盖率100%。在41份送检水样中，含1个及以上检测项目不合格36份，总体水样合格率12.2%。26项检测结果中，总大肠杆菌、耐热大肠菌、大肠埃希菌、菌落总数、肉眼可见物5项合格率分别为14.6%、19.5%、46.3%、85.4%和73.2%，其余22项检测指标合格率均为100%。

【地方病监测】 2022年，县疾控中心在管建档管理大骨节病患者106人，其中达到手术指征70人。工作人员到5个大骨节病区行政村开展政策宣传、疑难解答、手术劝导2次。

【包虫病防治】 2022年，县疾控中心在管包虫病病例20人，其中，需继续服药患者10人（服药患者5人、禁忌证2人、拒绝服药3人），需要手术救治患者4人（手术禁忌2人、拒绝手术2人），随访患者6人，县级督导检查1次。

【鼠疫防控】 2022年，县疾控中心对多吉乡角落村、康玉乡乌那村牧场和部分虫草采挖点开展保护性灭獭及宣教工作，采用GPS监测面积0.97平方千米，见旱獭3只，平均密度为每只300平方米。鼠疫监测狗血清采样30份，检测结果均为阴性。对多吉乡卫生院、川藏铁路二公局总局和中交二公局分局、部分村民分别进行鼠疫防治工作检查指导及健康宣传。

【慢病监测】 2022年，波密县有12家医疗机构承担死因监测工作，全年报告死亡病例70例。做好高血压及糖尿病防治工作，10家基层医疗机构建立居民健康档案，将高血压、糖尿病和重型精神障碍患者纳入随访管理服务，制定35岁以上人群首诊测血压工作方案和双向转诊工作方案。开展精神障碍患者复查和确诊工作1次，复查患者18人，排查疑似患者3人，新增确诊患者3人，至年底，服务管理精神障碍患者69人。

【健康教育与促进】 2022年，县疾控中心利用大众媒体开展卫生防病宣传和健康教育工作3次，利用波茂广场大型电子显示屏滚动播放传染病（新冠感染、鼠疫、结核病、艾滋病）、公民健康素养66条，播放慢性病综合防控等健康教育宣传片300次。以各类疾病防控日为主线，组织开展健康宣教活动，悬挂横幅10条，制作宣传资料5种，发放宣传单6000余张。

【控烟专项行动】 2022年，县疾控中心营造全县机关单位、公共场所不吸烟、不敬烟、不送烟的氛围，统一制作、发放、张贴“禁止吸烟”标识牌100块，在“世界无烟日”联合创卫办、扎木镇卫生院开展控烟宣传活动1场次。

【机构领导】

主任

索那旺堆（怒族，12月任职）

边巴次仁（藏族，12月免职）

副主任

向秋旺姆（女，藏族）

索朗旺堆（藏族）

（何选平）

县人民医院

【概况】2022年，县人民医院开展各项医疗业务及服务，全年总收入3195.05万元，同比增长17.27%，其中事业收入1296.1万元（门急诊收入1024.29万元，住院收入271.81万元）。全年总支出3111.09万元，其中人员经费支出1560.44万元，占总支出的50.16%。医疗业务方面，门急诊就诊病人2.89万人次，住院总人数685人次，出院685人次，手术175例。同时重视宣传和服务改善，通过微信公众号、网信波密等平台加强宣传，制定并开展改善医疗服务行动，开放专家门诊，开展便民服务等，促进医疗业务提升。

9月14日，波密县第二批抗疫医疗队出征

【新冠疫情防控】2022年8月，波密县出现新冠疫情，县人民医院为定点收治医院，设置患者救治、院感防控、药械保障、医技护理、后勤保障等5个专项工作组，做到快速反应、分级分区、科学处置、集中收治、分类救治，收治的阳性患者救治后全部康复出院。落实全民“应检尽检”，抽调14名医务人员投入PCR实验室工作中，实验室实行24小时三班倒工作制。组织24小时采样人员、流动采样人员，标本转运外勤员、医疗废物转运员、院区消杀员，后勤保障人员等。根据林芝市卫健委工作

11月29日，波密县抗疫医疗队凯旋合影

部署，分2批共组织派遣17名医务人员到拉萨支援抗击新冠疫情工作。

【医疗帮扶】 2022年，广州市卫生健康委加强组团式医疗援藏，至10月底，县人民医院有8名组团式医疗援藏专家和4名柔性援藏医疗专家。医疗队以“市包县”“院包科”组团援藏模式，结合医院建设和发展需求，确定外科、儿科、妇产科、医务科等7个科室为“以院包科”主攻方向。基于区域医疗中心定位，组织梳理制定医院能治病种目录及转院病种目录，开展常见病医疗服务能力及质量提升。重点推进外科、妇产科微创诊疗中心建设，购置腹腔镜、宫腔镜等器械，发展微创诊疗技术。走进扎木镇、玉许乡、松宗镇、老干部局等单位开展健康义诊活动，服务干部群众1万余人次，发放药品价值约15万元。

【医共体建设】 2022年4月，县人民医院召开波密县医共体第一季度工作会议，研究人事管理制度、家庭医生签约、新冠疫情防控、新冠疫苗接种、采购流程等事项，商讨固定资产管理、村医管理相关事项，部署各类卫生惠民政策推广、基建设施建设、项目维修、救护车管理和用车安全问题，对各乡镇卫生院部署2022年“两癌”筛查、健康体检、孕妇血红蛋白监测、儿童先心病筛查、骨关节疾病筛查等基本卫生公共任务。推进与林芝市人民医院的医联体工作，与林芝市人民医院签订转运协议，建立胸痛中心、创伤中心、卒中中心、重症孕产妇救治、危重儿童和新生儿救治中心共五大中心快速转运体系。

【机构领导】

支部书记

尼玛扎西（藏族）

院长

占华剑（援藏干部）

副院长

张顺德

扎西次旦（藏族，12月任职）

（巴桑元旦）

县藏医院

【概况】 2022年，县藏医院突出藏医特色，提高医疗质量，加强优质服务，确保医疗安全，优化就医环境，更新医疗设备，引进新技术、新项目，提高医疗护理质量。同时配合新冠疫情防控工作，参与县域内PCR实验室等工作，并派出2批支援拉萨医疗队，完成援助任务。全年门诊就诊8265人次，住院610人，外治理疗3689人次。

【医疗业务】 2022年，县藏医院严控药品使用量，严防大处方、滥用药、开单提成、吃回扣等违规违纪现象，促进各项业务规范开展，提高重点项目业务指标。

2022年9月，波密县藏医院支援拉萨抗疫医疗队出征

【人才培养】 2022年，县藏医院完善以广州医科大学附属中医医院为主导的帮扶机制。选派2名医疗援藏专家到县藏医院参与帮扶工作。帮扶期间接待门诊患者1149人，开展新项目、新技术2个。组织临床业务技能培训11次。选派2名业务骨干到广州医科大学附属中医医院参与业务培训，为期3个月。选派2名医护人员到林芝市藏医院参与业务提升培训，为期3个月。

【基础设施建设】 2022年，县藏医院争取资金加大项目投资，提升医疗硬件服务能力。投资100万元，推进藏医院治未病科室改造项目，基本改造项目竣工。投资25万元，完成药浴药材加工间竣工验收，并正常投入使用。完成860万元的藏医院1号楼提升服务能力改造项目的前期准备工作。

【藏医特色工作】 2022年，县藏医院藏药浴收治患者280人。其中，四肢关节疾病患者198人，神经炎患者2人，腰椎、颈椎疾病患者60人，中风、脑出血后遗症患者6人，肾寒患者5人，肌肉劳损患者1人，静脉曲张患者1人，股骨头坏死患者2人，糖尿病患者1人，高血压患者2人，胃肠功能紊乱患者1人，骨折1人，共1960余次。通过治疗，缓解病症249人，治疗效果明显31人。

12月，波密县藏医院举行疫情防控荣誉证书颁发仪式

【新冠疫情防控】 2022年9月，县藏医院启动应急响应，全体干部职工参与疫情防控工作，完成县域内PCR实验室等防疫任务。9月，参与援助任务，派出2批支援拉萨医疗队6人，开展为期60余天的防疫救治工作，并在拉萨市两所医院参与救治工作，完成各项援助任务。县藏医院根据藏医《四部医典》相关理论，结合临床实际，依托260种以上的藏医药品种，在新冠疫情防控期间整理文献，配制12味奇效汤3000余份，发放九味防瘟丸、外用防瘟香包等200余份。

【机构领导】

院长

梁玖灿

副院长

格日才旦（藏族）

（土丁尕索）

社会事务

民 政

【概况】 2022年，县民政局围绕民政“三聚三基”（三聚：聚焦脱贫攻坚、聚焦特殊群体、聚焦群众关切，三基：抓基层、打基础、苦练基本功）要求，做好最低生活保障等社会救助，健全完善救助工作机制，通过大量走访调研，准确掌握救助对象实际情况，精准落实救助资金发放工作，宣传讲解相关政策，提高基层治理效能。全年发放城乡低保金163.03万元，特困金215.33万元，残疾人“两项补贴”217.58万元。

【党的建设】 2022年，县民政局根据“133”党建工作思路，加强作风建设，采取集中学习与个人自学相结合、学习与讨论相结合、学习与调研相结合、学习与干好工作相结合方式，开展政治纪律、警示教育和廉政教育等学习教育活动。开展集中研讨2次，党支部集中学习23次，签订“民政干部转作风、强素质、争一流”承诺书19份。全局干部职工增强“四个意识”、坚定“四个自信”、做到“两个维护”，树立全心全意为人民服务的宗旨和“以民为本、为民解困、为民服务”工作理念。

【社会救助】 2022年，县民政局落实城乡低保兜底保障政策，提高救助保障标准和社会化发放工作，对低保对象实行动态管理，定期开展复核工作，确保实施精准救助。全年有城乡

12月19日，县民政局党支部书记、局长卓玛央金带队，开展“进村入户访民情 大走访中解民忧”暨宣传贯彻中共二十大精神进农村宣讲活动

低保对象98户238人，其中农村低保对象76户185人，城市低保对象22户53人。发放城乡低保金163.03万元，其中农村低保金99.31万元，城市低保金63.72万元。取消城乡低保15户48人，新增城乡低保8户20人。完善“一门受理、协同办理”工作机制，在乡镇设立社会救助受理窗口，受理困难群众救助申请，依法转办相关经办机构办理。完善临时救助制度，发挥乡镇临时救助备用金作用，全年办理临时救助103户481人，发放临时救助金94.5万元。开展城市流浪乞讨人员救助工作，协调、联动公安、城管等部门，加强城市主街道等重点区域和场所巡查，及时发现有求助意愿的流浪乞讨人员，提供必要服务，保障其基本生活权益，全年实施救助56人，救助金额1.2万元。推动“党建+社会救助”试点工作，以玉普乡阿西村、倾多镇德吉村和栋曲村、多吉乡扩拉村和扎木镇居委会5个村居为试点，聚焦行动不便、救助政策掌握不透彻等特殊群体未能享受相应政策待遇突出问题，通过开展摸排走访、共享数据信息、主动上门、探访照料等多样化服务，精准掌握潜在救助对象，由“人找政策”向“政策找人”转变。5个试点村居救助站新纳入低保1户1人，临时救助14户33人，兑现救助资金6.47万元。

4月1—2日，市民政局党组副书记、局长尹斌（右三）带队到波密县调研指导养老服务、兜底保障等民政工作

【社会福利】2022年，全县有特困人员178人，集中供养67人，其中农村特困人员161人、城镇特困人员17人，共发放特困金215.33万元。特困去世取消7人，新增特困3人。为全县60周岁以上失能老人和70周岁以上高龄老人发放高龄失能补贴，共22人，金额1.32万元。发放特困户安葬费8人，金额8.2万元。充实服务人员队伍，年初招聘专业厨师、工勤人员等4人。开展老人兴趣小组活动，举办“民族团结一家亲”“欢度国庆迎重阳”“喜迎党的二十大”等主题活动。

落实安全生产、消防安全责任制，定期围绕安全管理制度、电源电路、消防设施等方面，抽查养老机构安全隐患，定期联合县应急管理局、县疫情防控办、县消防大队等部门开展疫情防控、安全生产、消防等检查12次，实现风险可控、隐患可控。全年组织灭火和应急疏散演练3次，疫情防控演练2次，观看安全警示教育2次，参加人数200余人次。组织各乡镇民政专干、“双语”社工站工作人员到各乡镇、村居、辖区街道、商户、广场、住宅区等人员密集场所流动开展防范养老诈骗宣传活动，受教育群众400余人，发放宣传资料500余份。

推进“医养结合”新型养老模式，波密县特困人员集中供养服务中心与市、县5家医院签订“绿色通道”协议，与县人民医院、县藏医院、县疾病预防控制中心3家签订医养结合服务协议，为县特困中心的65名老人进行健康体检，完善全部老人健康档案。与县藏医院联合为17名特困老人进行藏药浴浸泡治疗和保健强身理疗，共7天。做好残疾人福利工作，发放残疾人“两项补贴”217.58万元，其中发放困难残疾人生活补贴128.38万元、4289人次，发放重度残疾人护理补贴89.2万元、1491人次。发放残疾人辅助器具187件。发放残疾人机动燃油车补贴96人，金额3.65万元。兑现重度残疾人“阳光家园”居家托养服务资金45人，金额6.75万元。发放残协专干1—3季度补贴76人，金额13.64万元。发放残疾大学生补贴2人，金额9500元。发放市级创业就业扶持补贴5人，金额6万元。发放县级创业扶持补贴5人，金额8万元。开展残疾儿童康复筛查活动，为27名0～8岁残疾儿童进行康复筛查，根据自愿原则，将13名残疾儿童转介至林芝市康复中心训练。

推进儿童福利事业。全县共有事实无人抚养儿童16人，发放基本生活保障资金7.74万元。加强未成年人保护工作组织领导，召开波密县未成年人保护工作领导小组2022年第一次全体会议，确保未成年人保护工作各项活动正常开展和有效落实。开展“关爱困境儿童 筑梦健康成长”活动，针对孤儿、事实无人抚养儿童等“一小”领域，在寒假、春节、藏历新年期间，开展为期5天的困境儿童关爱活动，为29名困境儿童发放慰问金8700元，每人300元。

1月11—13日，县民政局工作人员组成服务队到八盖乡、易贡乡及易贡茶场低保家庭、孤儿和散居特困等民政对象家中进行走访慰问

【社会事务】2022年，县民政局开展婚姻登记工作，对有事实婚姻，因行动不便、身体残疾等特殊原因未办理结婚登记夫妻开展上门登记服务，为33对夫妻办理结婚登记，解答疑问32次，发放宣传资料500余份。全年受理结婚登记233对，离婚登记30对，补发结婚证24对。办证合格率100%。

【社会治理】2022年，县民政局推进社会工作建设，加强社区工作站建设，全县“双语”社工站完成建档19户72人，实施个案服务5例，服务居民群众288人次，服务时长387.5小时。社会工作者参与林芝市指导中心线上、线下培训学习，提高社会工作者专业知识素养，做到“扶弱济贫”的社会使命，参与学习17场，参与线上线下督导10场。做好基层社会治理，规范行政区划道路命名，开展地名征集工作，制定县城13条街道、2个广场命名方案，征求意见建议6条。指导10个乡镇84个行政村、1个居委会公共卫生委员会完成成员推选工作。

5月15—20日，市民政局局长尹斌（后排右一）带队到八盖乡养老院、雄吉村、竹玉村开展五月“亲民月”活动

【社会工作】2022年，县民政局开展“七色花”困境儿童救助工作，对接“七色花”困境儿童救助项目，通过前期摸底、入户走访，开展困境儿童救助，收集摸排困境儿童24人，入户走访4户，帮助治疗困境儿童2人。举办系列社会工作主题活动，开展“办实事、迎新春、关爱儿童促成长”小组活动、“观影迎新年 社工传温情”观影活动、“五社联动齐发力 共创幸福家园梦”社区宣传服务活动、“倾听心声，助残扶残”茶话会、“林芝社工总动员 护航夕阳保健康”防范养老诈骗宣传活动及“情系困难群众 携手抗疫送温暖”共6次主题活动，服务居民群众288人次。社会工作与志愿服务融合发展，构建“党委领导，政府主导，社会参与”的社会工作管理和志愿服务格局。推动波密县社会工作平稳发展，扩大志愿服务规模，通过社区活动招募、微信官方公众平台招募及志愿者协会联合招募等方式，招募志愿者12人。

【项目工作】2022年，县民政局推进养老托育服务设施建设。根据年内目标任务布局，投入2000余万元，推进养老托育服务设施建设。全年建成松宗镇、倾多镇农村幸福院2个，建设特困中心提升改造项目、八盖乡农村幸福院项目2个。

【新冠疫情防控】2022年，县民政局召开民政系统安全生产及疫情防控部署会，落实24小时值班制度和特困中心定人、定点、定时消毒机制，加强养老机构日常管理和常态化工作，开展安全生产排查。开通24小时社会救助热线电话，开展非接触式服务“线上办”、打破户籍“跨域办”、方便群众“个性办”、部门协同“联合办”等民政救助活动，救助63起，受理滞留人员求助30起，转办42起，受理困难群众求助2起，群众满意度100%。开展社会临时救助32人次，发放救助金4万余元。启动乡镇临时救助备用金救助74人，发放生活物资、防护医疗物资、日常急用药品等价值4.5万元。为全县城乡低保户、特困人员增发一次性生活补贴每人2次600元，共发放49.54万元，惠及416人次。县社工站联合波密县爱心企业，向10户低保、特困户发放生活慰问和防疫物资等价值0.33万元。

【机构领导】

局长

卓玛央金（女，藏族）

副局长

梅贞平（1月离任）

何　彬（7月任职）

肖国凤（女）

尼玛拉姆（女，藏族，7月任职）

县特困人员集中供养服务中心主任

索朗普赤（女，藏族）

县居民家庭经济状况核对中心（社会救助站）主任（站长）

次仁卓玛（女，藏族）

（德吉卓嘎）

人力资源和社会保障

【概况】 2022年，县人社局打造优质就业创业环境，构建利企惠民的社会保障体系，健全完善人事人才工作体制，构建和谐的社会劳动关系，搭建便捷高效的人力资源服务平台，助力高校毕业生创业就业，推动人社各项工作有序发展。全年为创业高校毕业生申报补贴资金102万元，受理劳资纠纷投诉举报案件107起。

【就业创业服务】 2022年，县人社局以电话咨询、户籍核查、走村入户等方式，全面摸底掌握高校毕业生基本信息、困难情况、就业意愿等。核实自治区教育厅移交的波密县400名应届高校毕业生信息，其中本科学历114人、大专学历286人，涉及教育、管理、医学、农业、传播等专业。按学年制毕业385人，因延迟、未上大学等原因未能按期毕业15人。根据波密县籍高校毕业生名单，制定完善“一对一、多对一”就业帮扶方案，其中波密县288名科级及以上领导干部帮扶288名波密籍高校毕业生，开展1次职业指导、做好1次家访、提供1次培训或见习机会、进行3次岗位推介工作。开展电话跟踪回访，了解高校毕业生工作生活情况，在自治区外就业毕业生40人，电话跟踪回访40人。

4月19日，自治区政府党组成员、政府副主席王勇（右一）到县双创中心检查指导工作，县委副书记、县长杨力参加指导

加强宣传引导，以政策激励促进毕业生就业。引导波密县未就业高校毕业生转变观念，组织开展“五进一送”宣讲活动，解读就业创业各项优惠政策，开展帮扶责任人培训，邀请县就业创业典型分享经验。70余人参与活动，发放宣传册200余份，解答疑惑10余次。搭建高校毕业生劳动和人事服务平台，为高校毕业生提供就业创业政策咨询服务，营造良好的就业创业环境。全年解答高校毕业生政策咨询500余人次。通过微信公众号、乡镇就业工作群、高校毕业生之家微信群等新媒体，发出《致波密籍2022届高校毕业生的一封信》，为毕业生档案转递、求职招聘、就业创业优惠政策等问题进行指导服务。做好高校毕业生就业创业优惠政策补贴申报，为17名创业高校毕业生申报补贴资金102万元。引导高校毕业生转变就业观念，制定《关于进一步激励建档立卡贫困人口转移就业和高校毕业生就业的实施方案（修订）》，鼓励高校毕业生创业

就业，符合条件的每人最高申领3000元创业就业奖励，申请人数20人，发放就业奖励资金6万元，兑现农牧民创业资金26.2万元，涉及131人。

县人社局搭建就业服务平台，拓宽服务渠道，发挥10个乡镇劳动就业服务所和85个村居服务站作用，与劳务公司联合建立一体化就业服务体系。同西藏天惠人力资源管理发展有限公司签订劳务合作协议，在自治区内设置就业服务站点1个，以“春风行动”“就业援助月”活动为契机，举办专题招聘会，提供1700余个优质岗位，其中5名高校毕业生现场签约。为确保疫情防控和就业创业服务两手抓、两不误，举办“职，等你来”2022届高校毕业生线上专场招聘会，提供165个岗位，涉及文员、广告、医务等。依托波密县公共实训基地，与西藏雪堆白技工学校签订合作协议。为33名高校毕业生开展计算机日常办公操作培训，提高毕业生工作效率。

县人社局充分掌握并开发就业岗位，扩充岗位容量。做好机关事业单位空编制申报工作，急需紧缺人才引进岗位10个、高校毕业生公开招录岗位45个。争取援藏帮扶，提供优质岗位，援藏省市提供企业岗位300余个。对接波密县各机关事业单位和企业，开发适合高校毕业生岗位918个。与各机关事业单位沟通协调，开发见习岗位32个，补充招录27名政府聘用高校毕业生。征集自治区内外岗位信息，依托微信公众平台、微信交流群、乡镇劳动就业服务所等多种渠道，发布各类岗位信息1967个。其中，自治区内企业岗位1700个。做好农牧民转移就业，推进就业服务体系“一体化”工作，在建立农牧民转移就业基地11个基础上，建立85个村居转移就业服务站和10个乡镇转移就业服务所，同西藏天惠人力资源管理发展有限公司签订劳务框架协议，建立就业服务站，实现“岗位、中介、务工群众”紧密对接。同时，依托波密县双创中心和入驻企业，加大对农牧民转移就业的工作力度，依托就业平台实现就业360人。对接广东第九批、第十批援藏工作队波密工作组，以“政府＋对口援藏＋劳务协作”模式开展就业援藏帮扶工作，发布广东相关企业就业岗位300余个，实现自治区外就业77人。与县发改委、县住建局等项目单位对接，加强劳动监察力度，落实建筑领域工人实名制管理制度，确保达到400万元以下建设项目本地农牧民用工占比80%，重点建设项目本地农牧民用工占比45%要求。实现县域内政府投资建设项目建筑领域吸纳农牧民转移就业2697人，其中，400万元以下建设项目吸纳农牧民就业2209人。川藏铁路累计吸纳农牧民就业398人。依托特色旅游文化产业、清洁能源产业、物流边贸产业、

3月12日，波密县2022“春风行动”专场招聘会举办

高原生物产业、现代服务业、绿色工业、高新数字产业等行业发展，拓宽就业渠道，实现稳定就业和持续增收，全县通过产业发展带动农牧民转移就业500余人。依托波密县气候环境，利用冬虫夏草、天麻、羊肚菌、松茸、贝母等林下资源丰富优势，鼓励农牧民就近就地采集，增加可支配收入，通过林下资源促进农牧民转移就业2203人。

【技能培训】 2022年，县人社局开展农牧民技能培训工作，结合县直部门及企业工种需求，依托精准培训，开展“订单定向”技能培训，突出实用型、技能型人才培训，形成主动衔接、共同参与、上下联动的技能培训工作格局，提高农牧民群众就业技能和综合素质。全年开展餐饮、挖掘机、新冠疫情防控等技能培训27期，培训学员2839人，促进就业1562人。

【人才队伍建设】 2022年，县人社局合理优化岗位设置。结合波密县发展需要，根据事业单位职能、所承担任务及事业发展需要，科学合理设置岗位，通过分析不同岗位的工作特点、技术要求和责任大小，合理确定各类岗位的人员结构比例。完成波密县五个大系列及19个事业机构初审，设置专业技术岗位正高级6个，副高级120个、中级309个、初级370个。完成波密县事业单位管理岗位认定转岗工作，波密县事业单位人员转聘管理岗位91人。加强干部队伍建设，机关事业人员记过处分2人，辞职2人，县内调动33人，跨县调入15人，跨县调出5人，新录用事业人员37人，按期转正事业人员34人，机关单位工人退休6人，请休假登记866人次。参加年度考核1109人，其中，优秀167人，基本合格1人，不定等次52人，合格889人。加强公益性岗位人员管理工作，公益性岗位指标191个，实有人数191人。全年退休11人，辞职2人，辞退2人，新申请15人，调动3人，调剂8人，请休假登记65人次，建立完善新录用公益性岗位人员档案资料15人，查阅复印档案资料50人次。首次组织开展跨县调入人员知识测试，提高干部人才综合业务知识，参与测试人员12人。做好西藏自治区少数民族专业技术人才特殊培养人选选拔工作，通过县级选拔资格3人，通过自治区专家终审选拔1人。落实专技人员职称晋升，事业单位专业技术人员初级职称398人、中级职称219人、高级职称57人。通过“西藏自治区专业技术人员职称评审信息系统”审核职称评审数据3315人次。

【工资福利】 2022年，县人社局完成干部职工薪资核算，调整薪酬结构，调整事业人员及机关

4月25日，县人社局主办的倾多镇栋曲村藏餐厨师培训班正式结业

11 月 1 日，县人社局组织召开波密县事业单位制度改革暨岗位认定转岗工作培训会

事业工人正常晋升工资 525 人，调整事业人员初、中、高级职称工资 11 人，调整机关事业工人技师、高级职称工资 7 人，调整事业人员各项津贴（纪检，信访、畜牧兽医医疗、护士岗位津贴）219 人，调整跨县调入人员工资 18 人，调整事业人员及机关事业单位工人学历浮动工资 58 人，调整期满援藏人员工资 12 人，调整第十批援藏人员工资 11 人。按月按时按标准发放公益性岗位人员、三支一扶人员、四类人员和大学生村居科技专干人员工资（含绩效奖金、安家费）319 人，确保按时发放干部职工福利。

【劳动关系】 2022 年，县人社局通过走访、座谈和问卷调查开展劳动关系状况调研，宣传《保障农民工工资支付条例》等法规。全年调研 40 家企业和施工单位劳动关系，走访 7 个乡镇，发放宣传资料 400 余份，为 700 余名劳动者进行政策解答。建立预警机制，研判县域内各时段劳动关系形势，动态跟踪全县餐饮、酒店、交通运输和建筑等行业进行劳动关系情况，了解企业复工复产和劳动用工情况，排查矛盾纠纷隐患，依法灵活处理疫情防控期间的劳动用工、工资待遇等问题，用好各项稳岗政策，为企业复工复产创造良好条件。加强纠纷化解，落实工程领域建设农民工保证金征缴和退还制度，规范项目审批程序，源头化解。备案农民工工资担保函 19 份，涉及金额 1209.75 万元。实缴民工工资保证金 3 个项目，涉及金额 551 万元。退还保证金 124.61 万元。加强用工备案工作，防范重点工程、重点领域因工资拖欠引发的矛盾纠纷。川藏铁路建设项目累计备案农民工

1 月 20—21 日，林芝市检查组到波密县开展川藏铁路建设项目保障农民工工资支付工作情况专项执法检查

3066人。落实分账管理，督促各建设单位执行分账管理制度，项目总造价的20%存入农民工工资专用账户，确保工资足额按时发放。

【劳动监察】 2022年，县人社局落实工程建设领域农民工工资支付制度，以《保障农民工工资支付条例》《中华人民共和国劳动法》《中华人民共和国劳动合同法》《中华人民共和国劳动争议调解仲裁法》等法律支撑为保障，加强监督管理，快速联合惩治，保障农民工合法权益。加强监督检查，开展各类专项检查行动7次，开展拖欠农民工工资支付工作自查3次，下发责令整改通知书5份、询问通知书7份。联合各行业主管部门督导检查工程项目56个，涉及劳动用工人数1500余人，补签劳动合同300余份。联合县委宣传部及网安大队等部门做好舆论监督，确保发现一起处理一起，杜绝出现因拖欠工资而产生的负面影响。加强服务保障，提升办事效率，畅通维权渠道，设立24小时投诉专线接受群众举报。全年受理劳资纠纷投诉举报案件107起，涉及人数880人，涉及金额1268.52万余元，结案102起。超过约定支付日期5起，信访转办案件13起，涉及

6月30日，县人社局化解劳资纠纷，为2名工人发放工资

人数23人，涉及金额129.2万余元，全部结案。核查欠薪线索管理系统案件74起，涉及人数400人，金额587.15万元，结案73起，协调处理1起。劳动仲裁11起，结案9起，按程序处理中1起，中止审理1起。联合县法院、县检察院设立农民工法律维权服务岗，为农民工提供法律援助服务。

【惠民政策落实】 2022年，县人社局落实各项惠农政策，加强组织领导和宣传培训。发放惠农政策资料袋1000余个，通过设置宣传栏、发放明白册等形式，宣传各项惠民政策，保障群众知情权。加大公开公示力度，增强工作透明度，公示行政村享受惠民政策户数、金额等信息，增强群众获得感。

【社会保障】 2022年，县人社局推进社会保险参保缴费扩面，机关事业单位养老保险参保完成率102%，企业职工基本养老保险参保完成率169%，失业保险完成率103%，工伤保险参保完成率125%，城乡居民基本养老保险参保完成率100%。宣传工伤保险政策，督促建筑企业及时购买工伤保险，解决农民工后顾之忧。审核城乡符合待遇领取条件的新申报人员信息，做好资格认证，确保养老金正常发放。全年发放人数2361人，涉及金额693.8万元。做好社保基金风险防控，建立常态化警示教育机制，追缴死亡冒领及重复领取待遇资金。对接公安部门，实现信

息共享机制，每月比对死亡人员户口注销情况，乡镇人员及时办理停止待遇申领工作。开展打击欺诈骗保行为，联系公安部门开展欺诈骗保集中宣讲和宣传，及时追回冒领多发社保基金，追回死亡冒领172人，35.29万元，追回重复领取待遇2人，2.53万元。推广运用社保卡，通过政策宣传、发布通知等形式，推动城乡居民、企业职工及机关事业单位参保人员申领社保卡和电子社保卡，发放社保卡3.52万张，申领电子社保卡1.35万张。金融功能激活2.59万张。统计完善全县离退休工人基本信息261人，发放228名离退休工人“三大节日”慰问金22.8万元，慰问困难离退休工人10人，发放慰问金1万元，探望2名去世离退休工人家属，发放慰问金2000元，探望卧病在家离退休工人2人，发放慰问金1000元，发放216名离退休工人的护理费2.16万元。申报离退休干部职工4批，批退28人（机关工人6人，企业及公益性岗位18人，个体4人），申报机关事业单位离退休去世人员丧葬抚恤金6人，金额112.39万元。

【机构领导】

局长

赵选贺（12月任职）

刘　俊（6月离任）

副局长

梅贞平

索朗次旺（藏族，6月任职）

吴万祥（6月离任）

（李贞桦）

医疗保障

【概况】2022年，县医保局创建“民心医保·护航一生”党建品牌，建立党建网格化管理制度，实行党员“包乡镇、包药店、包医疗机构”制度，全年发放便民联系卡1.2万张，电话受理异地备案1200人次，电话咨询8650人次，各项工作稳步推进。

【党的建设】2022年，县医保局以党建领引医保各项工作，创建“民心医保·护航一生”党建品牌。党组研究确定“1+1+4”工作思路（“1”：以“民心医保·护航一生”党建品牌为引领，“1”：以“岗位大练兵”活动为主线，“4”：以“热情服务零距离、业务受理零推诿、业务办理零差错、政策宣传零死角”工作法为目标），将党建与业务相融合，加强医保行风建设，做好医保业务经办、政策宣传、服务能力、基金监管等工作。全年开展岗位大练兵3次。建立党建网格化管理制度，实行党员“包乡镇、包药店、包医疗机构”制度，拓宽服务范围。通过发放便民联系卡，推行“电话办”“微信办”等一系列“非接触式”办理新模式。开展改进作风狠抓落实工作，召开改进作风狠抓落实工作部署会，制定《波密县医保局党组2022年进一步改进作风

4月2日，县医保局党支部联合扎西岗党支部开展“我为群众办实事 结对帮扶暖人心”主题党日活动

7月23日，自治区医保局党组成员、副局长宋卫东（左二）一行到县医保局检查指导工作

狠抓落实工作实施方案》。推行“一窗受理、一单结算、一站办结”综合柜员制，落实首问责任制、一次性告知，实现医保服务厅窗口政策咨询、异地备案、信息查询变更、系统录入、待遇报销等“一站式”服务，提高医保窗口经办服务能力和效率。组织主题交流研讨，根据“大讨论、大调研”活动计划，在全局范围内开展改进作风狠抓落实方面主题交流研讨活动2期，撰写交流研讨材料8份。结合“四查四问”“三破三立”“提升五种能力”“健全六项机制”“实施八个专项整治”等方面进行查摆，制订个人问题清单及整改措施。梳理单位廉政风险点，开展党风廉政教育主题党日活动2次，参观波密县廉政教育基地，观看警示教育片3次，召开全面从严治党专题会议2次，听取党组班子成员履行“一岗双责”情况汇报。

【城乡居民和职工基本医疗保险】 2022年，全县城乡居民参保缴费人数2.66万人，参保率97.17%（其中脱贫户、医保6065人员、孤儿、低保户、特困人员、重度残疾人等特殊人群参保率100%）。职工参保人数2980人（含退休、企事业单位），参保率达100%。全年完成城乡居民基本医疗保险统筹基金待遇支付2.18万人次，金额2663.02万元。大病保险待遇支付1513人次，金额285.32万元。医疗救助待遇支付1749人次，金额129.95万元。城镇职工医疗保险各项待遇支付5.3万人次，金额1583.77万元。

【医保信息化建设】 2022年，县医保局推动医保服务社会化和便民化，提高经办效率，提升群众满意度。组织12名乡镇卫生院医保工作人员到县人民医院开展“一站式一单制”医保结算系

7月16日，县医保局工作人员到玉普乡卫生院对“一站式”医保结算系统进行培训指导

统培训，县医保局工作人员到10个乡镇卫生院培训指导医保系统结算工作，讲解医保政策，梳理解决乡镇卫生院相关难点堵点问题，实现群众乡镇内刷卡就医。10个乡镇卫生院“一站式一单制”医保直接结算2723人次，金额26.65万元。

5月17日，县医保局召开林芝市首次欺诈骗保行政处罚听证会

【医保助力疫情防控】 2022年，县医保局向县人民医院（含乡镇卫生院）拨款，用于疫苗接种。拨付新冠专项治疗费，用于治疗确诊患者，确保患者及收治医院不因费用问题影响就医，减轻医疗机构资金压力。7名党员干部参与新冠疫情防控志愿服务工作，组织定点药店赠送中药汤剂800余袋。

【医保助力乡村振兴】 2022年，县医保局做好三类人员（边缘易致贫户、脱贫不稳定户、突发严重困难户）医保动态监测，防止因病返贫致贫。联系乡村振兴部门，将新认定的9户25人纳入医保动态监测范围，动态监测共38户149人。全年执行三类人员医保待遇128人次，金额45.35万元，重特大疾病待遇234人次，金额183.2万元。组织召开医疗救助（一事一议）专题会，完成救助15人，金额22.53万元，发挥医疗救助工作“托底线，救急难”作用，减轻困难群众看病负担。

【医保基金监管】 2022年，县医保局加强基金使用监管，打击欺诈骗保，守住基金安全底线。开展“织密基金监管 共筑医保防护线”基金监管集中宣传月活动，在19家两定医药机构张贴投诉举报电话、《医疗保障基金使用监督管理条例》、海报和宣传册。开展日常监督检查45家次，出动执法人员58人次，查处问题19个。与县卫健委、县市场监督管理局、县公安局开展联合检查6次，形成监管合力。办结欺诈骗保案1件，解除医保定点服务协议1家，追回违法所得资金1.5万元，罚金4.6万元。

【医保业务服务】 2022年，县医保局提升医保服务窗口经办服务水平，在医保办事服务厅设立为民服务“三区”（窗口服务区、政策咨询区、办事等待区），完善用品及设施，提升服务质量。全年接待办事群众5600人次。推行“一窗受理、一单结算、一站办结”的综合柜员制，办理1860件。建立特殊人群帮办代办机制，提供帮办服务540人次，开展“红色邮寄”活动，办理邮寄35件。

【医保政策宣传】 2022年，县医保局协调各乡镇整合医保干事、驻村工作队、第一书记、乡村振兴专干等基层力量，开展医保政策宣讲200多场次，受众1.18万人，利用微信公众号、“学习强国”学习平台、抖音等新媒体平台，宣传医保政策、医保动态42条次，制作抖音小视

6 月 1 日，县医保局在波茂广场开展法治宣传活动

频，宣传政策、答疑解惑，帮助农牧民群众和职工掌握医保政策，提高参保率。开展“织密基金监管网 共筑医保防护线”医保基金监管集中宣传月活动，发放打击欺诈骗保宣传资料 3500 册，参与活动群众 2300 余人次，为 150 名群众义诊，发放药品和口罩，价值 2000 元。

【医保电子凭证】 2022 年，县医保局扩大电子医保卡覆盖范围，提高参保人员激活率，发布推广电子医保卡全覆盖活动通知，实现线上多码融合，线下多卡共用，提升医保服务水平。在全县范围内开通并使用职工医保电子凭证，推广城乡居民申领医保电子凭证。

【药械采购监督】 2022 年，县医保局加强公立医院药械采购监管，及时督促公立医院开展国家组织药品集中带量线上采购。与自治区药品采购中心对接，为 1 名罕见病患者用药进行谈判，减轻患者家庭负担，与自治区药采中心和供药厂家多次对接，满足医疗服务和用药需求。组织波密县定点医疗机构药械集中带量采购 440 次，金额 1213.45 万元。

【机构领导】

局长

李雪鹏（女）

副局长

李　辉（7 月任职）

乔德吉（女，藏族）

（李　健）

退役军人事务

【概况】 2022 年，县退役军人事务局开展退役军人“四尊崇、五关爱、六必访”（四尊崇：新兵入伍做好欢送仪式，举行座谈，挂光荣牌，拍集体照；五关爱：退役返乡做好迎接仪式，谈心谈话，宣讲政策，推介岗位，高效办事；六必访：日常关怀做好退役返乡必访，立功受奖必访，英模典型必访，重要节日必访，遇到困难必访、重大变故必访），为退役军人办实事，引领全县退役军人事务工作平稳发展。同时开展退役军人事务工作对口援藏工作，做好广州市退役军人事务局到波密县召开调研座谈会工作，广州市退役军人事务局捐赠项目资金 40 万元。

【退役政策宣传】 2022 年，县退役军人事务局开展“法律政策进军营”活动 1 次，发放宣传资料 100 余份。在波茂广场等人员密集处开展法律政策宣讲活动 10 余次，接待咨询 60 余人次，发放宣传资料 500 余份。组织全县 10 个退役军人服务站退役军人事务工作者开展业务、保密等相关技能培训 1 次。

7月5日，县退役军人事务局召开广州市退役军人事务局到波密县调研座谈会

【双拥工作】2022年，在“三大节日”期间，县党政主要领导走访慰问驻地军警部队，送去慰问品4.76万元。建军节期间，助力部队建设项目12项，投入资金7.88万元。联合驻地人民解放军开展关爱退役军人巡诊活动3次，惠及退役军人及家属。落实2022年议军会议精神，为驻地部队解决实际困难5项，投入资金15万余元。投入31.19万元，修建穗波双拥主题广场及路面辅道，落实市委议军会议精神，投入60万元，修建部队战士活动之家。投入44.13万元，解决部队生活困难需求，投入5万元，装修县森林消防中队活动室。

【退役帮扶援助】2022年，县退役军人事务局为全县农村籍60周岁以上退役士兵发放生活补助金，为重点优抚对象（三属、伤残）发放抚恤金，走访慰问退役军人及其他优抚对象。开展常态化联系退役军人和其他优抚对象10人次。协调驻地武警部队帮扶困难退役军人，发放5000元。

【退役军人教育培训】2022年，县退役军人事务局协调县人社局，开展55周岁以下未就业退役军人驾驶技能培训，参训人数38人，帮助退役军人学习提升新技能，拓宽就业渠道。全年为退役军人推荐就业机会22次，实现退役军人再就业10人。

【退役待遇保障】2022年，县退役军人事务局为退役士兵发放2021年度家属优待金及一次性就业金。发放消防转隶官兵家属优待金。发放2021年入伍士兵家属优待金。

【军人荣誉激励】2022年，县退役军人事务局联合县人武部开展送喜报活动，为6户立功受奖现役军人家庭送去慰问金2000元。

【重大纪念活动】2022年，县退役军人事务局在清明节、烈士纪念日期间，在今日头条、抖音、网上祭扫App、波密县“两

7月31日，县双拥办在波茂广场举办2022年八一建军节文艺会演

微一端”、网信波密、波密县广播电视台等网络平台设置网络祭奠英烈专栏，参与网上祭奠1.43万人。组织干部群众、部队官兵、公安干警和中小学生代表700余人，分批次到波密烈士陵园、波密松宗烈士陵园及通麦十英雄纪念碑开展褒扬纪念活动。聘请专职管理人员6人，投入经费3.17万元，为3处烈士纪念场所更换烈士墓碑、修缮烈士纪念馆展陈、清理及改造陵园环境。

【退役军人服务站建设】 2022年，县退役军人事务局投入6万元，按照示范型服务中心（站）标准，建立波密县消防救援大队退役军人服务站与波密县森林消防中队退役军人服务站。

【优待证申领】 2022年，县退役军人事务局为符合条件的退役军人和烈士遗属、因公牺牲军人遗属、病故军人遗属发放优待证。

【机构领导】

局长

米　玛（藏族）

副局长

次仁旺姆（女，藏族）

代舒芸（女，7月任职）

（张　花）

乡镇概况

扎木镇

【概况】 扎木镇位于波密县政府驻地，东邻松宗镇，西接古乡，地处318国道和559国道交会处，是连接藏东南的重要交通枢纽，位置优越，交通便利，是波密县政治、经济、文化中心。平均海拔2720米，总面积995.78平方千米，耕地面积5.11平方千米，森林覆盖面积442.02平方千米，草场面积113.59平方千米。主要农作物有小麦、青稞、油菜、豌豆、荞麦等。林下资源丰富，是波密天麻、灵芝、松茸、羊肚菌等名贵林下资源的主产区。旅游资源有嘎瓦龙风景区、卓龙风景区、岗云杉林、多东寺等，民俗文化资源丰富。

2022年，扎木镇下辖10个行政村、1个居委会，共有自然村31个，农牧民户籍人口737户2870人，城镇户籍人口2935户6057人。有双联户310个，其中居委会250个；有党总支2个，党支部22个，党员586人，其中农牧民党员455人。全年全镇农村经济总收入8487.1万元，同比增长8%；农牧民人均纯收入23465.16元，同比增长3.9%。

【党的建设】 2022年，扎木镇在党员教育管理方面开展农牧民党员档案排查整顿“回头看”2次，整顿档案524份。规范镇机关党支部、寺管会党支部党员档案56份。开展“支部书记大走访”活动120余次，签订党员不信仰宗教承诺书580份。聚焦基层治理、乡村振兴中的热点难点，开展镇级培训4场次，实现59名村主干全覆盖。组织村干部参加自治区、市、县级培训14次、46人次。制定扎木镇联系离退休干部职工服务动态台账，联系离退休干部8人。做好党员发展，全年收到入党申请书14份，其中新冠疫情防控期间6份，新增入党积极分子6名、发展对象1名、预备党员15名、正式党员13名。做好基层治理，研究制定《扎木镇党员“三包”工作方案》《扎木镇群众信息报告制度》，结合安全生产、森林防火、疫情防控等工作，践行党的群众路线，按照“包片、包户、包人”构建党员密切联系服务群众的长效机制，严格执行日报告制度。按照“网格化+双联户”模式，在居委会形成联防联控、群防群治的疫情防控格局。党风廉政建设方面，围绕“营造风清气正的政治生态、建设忠诚干净担当的高素质干部队伍”目标，召开推进全面从严治党专题部署会，制订《扎木镇2022年全面从严治党工作计划》，明确目标任务和重点举措，落实党风廉政建设责任制。全年签订廉政目标责任书580份，参观烈士陵园、波密县廉政警示教育基地等实践教育活动6次，开展廉政谈话5次、50人次，观看廉政影音资料30次、800余人次。

【产业发展】2022年，扎木镇实地调研产业发展170余次，解决各类问题400余个，帮助各村居理清发展思路32条，发展致富带头人16个。按照“联村共建”模式，在康木村推出波密县仿野生藏天麻2号基地0.22平方千米，通过土地流转带动群众增收16.85万元，雇佣农牧民群众200余人次，实现务工增收4万元。在康木村打造“易地搬迁党建示范村”基层党建特色品牌，该村林下仿野生藏天麻种植、牵马旅游服务，每年村集体经济保底收入20.3万元。按照“支部+群众”模式，在岗巴村探索高度自治的基层治理模式，通过支部组织群众、发动群众，村民自发筹资修建帐篷营地，在试营业27天内，带动75户343名群众增收9万元。

【项目建设及招商引资】2022年，扎木镇争取并投入资金3369.4万元，开展项目建设19个。在康木村318国道建设首个红色主题乡村振兴长廊、自驾营地，在东若村318国道试点打造波密县首个红色芳华驿站。

【基础设施建设】2022年，扎木镇11个行政村居实现水电路讯网邮全面覆盖，实现主干道路硬化，通达率100%。完成各村饮用水水源地水质监测工作，检测结果达到生活饮用水标准。开展水源地清淤100余次，保障农牧民群众用水需求。实现人居环境整治工作，完成政策资金拨付。

2022年，扎木镇岗巴村云杉·喜德林卡帐篷营地正式运营

【基层组织建设】2022年，扎木镇推进组织建设与乡村振兴衔接，成立扎木镇抓党建促乡村振兴工作小组，研究制定《扎木镇2022年党建引领乡村振兴调研工作方案》，明确党委班子成员调研任务分工，细化调研行程，到11个行政村居展开调研，形成《扎木镇2022年党建引领乡村振兴基层党建调研报告》，制定并完善乡村振兴“组织振兴”一村一策方案11份。完成镇机关党支部、寺管会党支部支委会改选，同时结合驻村工作、新冠疫情防控工作成立临时党支部2个。完善镇党委班子成员联系镇域各党支部联系点方案，实现23个党支部均有党建指导员。组织召开2021年度11个行政村居的基层党组织组织生活会和民主评议党员、2021年度党史学习教育专题民主生活会。全年召开机关党支部学习会9次、支部党员大会6次、支部委员会10次，开展书记讲党课4次，在中共二十大召开之际，开展“奋进

2022 年，扎木镇第十届人民代表大会闭幕，图为人大代表合影

新征程 建功新时代”主题党日活动，丰富党员群众文化生活。

【乡村振兴】2022 年，扎木镇以党建引领乡村振兴，在岗巴村探索党建引领高度自治的基层治理新模式。通过支部组织群众、发动群众，岗巴村村民自发筹资修建帐篷露营地。东若村完善“红色为基、旅游并进、一村建成、辐射周边”红心党建品牌。建设运营 318 国道波密段首个红色芳华驿站项目，拓展提供洗浴室、自动售货机、自助充电桩、旅游咨询等配套服务。结合东若村村集体经济现状，制定企业用工制度，完善治理体系，打造“党建引领 村企共建”新模式。在康木村围绕“红心党建 + 乡村旅游”，打造“易地搬迁党建示范村 强基础惠民生固边疆”基层党建特色品牌，将波密红色文化融入该村乡村振兴文化长廊，以波密县城后花园和沿线游客集散分流为突破口，提出“一村三片区”发展布局。围绕在乡村振兴工作中发现的问题召开座谈会，总结成功经验做法，分析乡村振兴瓶颈，定制乡村振兴组织振兴“一村一策”方案。

【科教文卫】2022 年，扎木镇发展教育事业，签订教育工作目标责任书，完善“控辍保学”责任追究制、奖惩制和“一把手”抓教育制，保持中小学入学率、巩固率、毕业率 100%，建档立卡高校毕业生就业率 100%。发展文化事业，申报县级文物保护单位 1 个，成立基层文艺演出队 12 支，在“三大节日”“3·28”西藏百万农奴解放纪念日、中共二十大等节点开展文艺会演、巡演 30 余场次，观看群众 7000 余人次。利用村级活动场所投影仪，为农牧民群众放映电影 50 余场次，满足农牧民群众文化生活需要。做好医疗卫生服务，建立居民健康档案，农村新型合作医疗参合率、筹资率、报销率、

2022 年，扎木镇开展党建引领乡村振兴基层党建调研活动

免疫规划接种率、各项政策落实率均为100%。

【社会保障】 2022年，扎木镇为康木村23户群众维修住房及挡墙。争取援藏资金63万元，帮助解决达兴村、娘那村线路改造。争取资金61万余元改造通木村、岗巴村河道清淤和河道决堤隐患。向县水利局争取资金64万元，为养护段65户群众、扎木村8户群众解决农田灌溉及生活用水问题。向县农业农村局争取资金177838.66元，维修54户群众受灾温室大棚。促进转移就业，全年西藏波密高原藏天麻产业开发有限公司带动群众转移就业900余人次，实现务工增收18万余元，针对高校毕业生就业问题，对56名应届毕业大学生建立科级领导与大学生一对一帮扶机制，就业55人，未就业1人，就业率98.2%。落实惠民政策，向192人发放生态就业岗位工资67万余元，发放低保金4.26万元、特困供养金7.15万元、残疾人两项补贴27.72万元。面向10名创业群众发放一次性创业补贴2万元。全年申请临时救助10户39人，发放资金7.7万元，申报社会救助2户8人，发放资金4.5万元。

【生态环保】 2022年，扎木镇以双联户为单位形成联防共治格局，全年排查9000余次，对乱圈乱占乱建人员口头教育200余次，排查线索123条，移交53条，劝阻辖区内乱圈乱占乱建现象60余起，拆除违法乱搭乱建10余处，联合下发整改责任通知书27份。落实森林保护工作，召开森林草原防灭火工作会议6次，研究制定方案、预案4套，签订森林防火责任书24份、林下资源采集及交易管理目标责任书22份，形成“群防群治、联防联控，末端发力、终端见效”工作格局，维修灭火设备39个，发放防灭火物资88个（台），督导检查40余次，发现问题28个，解决28个，解决率100%。开展河湖长制工作，设立“村河长、村组织专管员、保洁员、巡查员”职务。全年开展巡河700余次，整治河道白色垃圾污染50余次，整治垃圾围坝40余次。常态化巩固人居环境整治成果，制定《扎木镇城乡环境综合治理实施方案》，巡逻排查30余次，摸排卫生死角20余处，组织人力1000余人次、动用机械设备22辆，清理帕隆藏布江沿线垃圾30余次，清理318国道沿线白色垃圾40余次，拆除乱搭乱挂经幡12次，确保辖区环境整洁。

【安全生产】 2022年，扎木镇召开安全生产专题部署会，研究制定《2022年扎木镇安全生产工作要点》，签订安全生产目标责任书和消防安全目标管理责任书11份。全年多东寺、施工场所、菜农片区、煨桑点等重点风险隐患区域，开展用火用电等安全生产排查、检查600余次，排查各类安全隐患50处，整改50处。并排查棚户区用火用电安全422户，完成422户安全隐患整改。推进“平安交通”建设，排查道路交通安全隐患16处，解决16处，解决率100%。开展交通安全劝导200余次。开展自建房安全隐患排查565栋，发现隐患3处。针对318国道沿线流动游客以及多东寺、川藏、滇藏铁路建设涉及的项目、景区、民宿等，排查风险隐患260余次，为旅客提供安全舒适住宿环境。“安全生产月”活动期间，组织宣传教育活动2次，发放宣传品100个，宣传横幅7幅，发放宣传单600余份，组织干部群众开展综合应急演练22场次。

【人民武装】 2022年，扎木镇关怀退役军人，走访慰问退役军人，发放慰问物资，帮助解决医疗、创业就业问题，推荐岗位，促进就业。开展兵役登记和征兵工作。全年召开征兵宣传会22

次，发放宣传资料600余份，兵役登记完成率100%。

【强基惠民工作】2022年，扎木镇召开2022年第十批驻村工作总结暨第十一批驻村工作动员部署会，安排第十一批驻村干部16人，成立第十一批驻村工作队临时党支部。将驻村任务与维稳安保、安全生产、疫情防控、森林防火等重点工作结合起来，实行月度考核、考勤制度，共督导考核39次，下发督查通报2次、工作提醒4次。镇驻村办指导各工作队明确工作重点、解决工作难点，同时在工作队轮换之际，摸排11个行政村居基本生活情况，争取资金21.56万元，完成11个行政村居的“五小建设”，改善驻村生活工作环境。倡导文明风尚，将严禁牲畜进城、乱搭乱挂经幡等纳入村规民约，全年开展垃圾分类宣传1000余次，组织垃圾清扫230余次，参与群众3400余人次，评选文明家庭2户。

【群众思想教育】2022年初，扎木镇召开意识形态工作安排部署会，制订完善《扎木镇2022年意识形态工作计划》，全年开展意识形态宣传教育30余场次，受教育群众6000余人次。组织基层宣讲员、驻村工作队、村干部等105人成立宣讲队11支，以推进国家通用语言文字教育为载体，学习宣传贯彻习近平新时代中国特色社会主义思想、中央第七次西藏工作座谈会精神、新时代党的治藏方略、中共二十大精神、中共二十届一中全会精神210余场次，受众2万余人次，悬挂宣传横幅130余条，发放宣传单7000余张，制作宣传栏12期。开展志愿服务工作，在新时代文明实践志愿服务队的基础上，成立疫情防控专项服务队12支。全年全镇620余名新时代文明实践志愿者开展志愿服务活动2000余场次，受益群众1万余人次。实现新时代文明实践站（所）全覆盖，建成新时代文明实践所1处，村居级新时代文明实践站11处。全年全镇各级党组织依托新时代文明实践站（所）开展各类学习宣传活动110余场次，受众人数7200余人次。

2022年，扎木镇“喜迎党的二十大、老兵永远跟党走”宣传活动举行

【新冠疫情防控】2022年，扎木镇召开新冠疫情防控部署会、专题会、学习会等43场次，完善应急预案、方案12份，结合“三包”政策，成立疫情防控专项工作组12个、防疫守护队12支、疫情防控志愿服务队33支、生活物资保障组4组，宣传宣讲疫情防控知识、政策800余场次，受众6万余人次。

【机构领导】

党委书记
　　张　虎
党委副书记、镇长
　　洛　桑（藏族）
党委委员、人大主席
　　扎西旺杰（藏族）
党委副书记
　　李　克
党委委员、多东寺寺管会主任
　　冯　勇

党委委员、派出所所长

洛桑赤列（藏族，1月任职）

党委委员、纪委书记、监察室主任

赵树兵

党委委员、组织委员、宣传委员

赵庆伟（7月离任）

党委委员、组织委员、宣传委员

王衍鑫（7月任职）

党委委员、政法委员、统战委员

永青卓嘎（女，藏族）

党委委员

洛桑旺久（藏族）

党委委员、副镇长

徐　靖

人大专职副主席

白玛四郎（藏族）

副镇长

苏　宇（10月离任）

（王衍鑫）

倾多镇

【概况】 倾多镇位于波密县西北部，总面积1881.34平方千米。镇政府驻地为巴康村，距波密县城36千米，距林芝市220千米。主要农作物有小麦、青稞、油菜等。辖区内遍布冰川、森林、河流。全镇动植物资源共400余种，为波密县松茸的主产区，中草药材资源如天麻、虫草、贝母、知母、党参、茯苓、大黄部分开发利用。有各种树木80余种，其中云杉、高山松、华山松、高山栎、柏木、杨树、桦、樟、臭椿、乔松、铁杉为常见种类，原始森林中的云杉、冷杉大多数树龄180年以上，树高70～80米，树胸径超过2米，单株蓄积量30立方米。野生动物80余种，其中被国家列为重点保护动物的有獐、梅花鹿、棕熊、金丝猴、豹、高鼻羚羊、小熊猫、獭、黑颈鹤等。波堆藏布、亚龙藏布川流而过，建有波堆电站1座。

2022年，全镇总人口1092户4786人（“三岩”搬迁群众9户77人）。全镇有基层党支部17个，中共党员526名，其中农牧民党员461名。

【党的建设】 2022年，倾多镇落实党委主体责任，专题研究党风廉政建设工作2次，听取党委班子落实“一岗双责”和纪委落实监督责任情况2次。支持纪委常态化开展“四风”问题专项整治4次，通报各类典型“四风”案例、侵害群众利益的不正之风和腐败案件22件，在“三大节日”等行动（活动节日）期间，检查公车使用登记台账和信访箱12次。组织党员干部职工观看反腐倡廉警示教育片《失守》1次，参观波密监狱党风廉政教育基地1次，专题党课2次。落实全面从严治党责任，配合完成县委第二巡察组巡察倾多镇顶仲、达龙村整改工作，制定下发《完善村级事务管理规范化工作的实施方案》，研究制定班子成员联系村制度，13名班子成员指导村级党的建设、产业发展等工作

7月4日，倾多镇举办以“喜迎二十大 建功新时代 党建联盟 助力发展”为主题的庆祝中国共产党成立101周年主题党日暨文艺会演活动

30余次。加强村级后备干部培养，储备90名村级后备干部。

【产业发展】2022年，倾多镇实施“产业强镇”战略，发展灵芝产业、旅游产业和特色种养殖业。依托倾多镇巴康村聂赤赞普农副产品种植农牧民专业合作社，整合扶贫产业、特色产业发展专项资金7144万元，建成倾多镇联村共建产业示范园区规模面积0.33平方千米，争取投入资金1300万元，配套建设产品加工厂房、办公场所，购置粉碎机、破壁机等设备设施。全年实现灵芝菌干货产量3750千克，产值300万元，灵芝孢子粉产量3900千克，产值780万元，为13个村分红39万元，兑现土地流转费用32.5万元，雇用当地农牧民群众（包括“三岩”搬迁群众）1300余人次，带动增收25万余元。

4月2日，倾多镇举行联村共建产业园区分红仪式，为巴康村、达龙村、德吉村等7个村集体分红39.12万元

【城乡建设】2022年，倾多镇围绕创建自治区卫生乡镇加大投入，完善卫生设施，建设完成公厕6个、农户卫生厕所495户。全面启动垃圾转运站使用，投入资金14万元整治修复村级垃圾填埋坑13个，清理转运垃圾303吨，做到镇域垃圾日产日清，降低环境污染。

【项目建设】2022年，倾多镇做好川藏铁路、川配公路和波堆河系统治理等重大项目服务保障工作。铁路建设项目、川配公路等重大项目参工人数700余人次，长期参运机械308台，长期聘用工人32人，群众通过转移就业、机械和房屋租赁、土地流转等方式，直接收益5000余万元。通过结对帮建的方式，为帮建村修建水渠、维修道路、加固桥梁等投入资金100余万元，体现群众在服务、参与、保障重大项目建设中实现增收致富。

【基础设施建设】2022年，倾多镇争取栋曲村、达龙村整村推进乡村振兴示范村建设项目，包括纳村援藏小康示范村建设项目，申报古通村、德吉村道路、排污管网、亮化等以工代赈基础设施建设项目。争取资金226万元，解决扎西村人畜饮水、农田灌溉等问题，争取资金200万元，解决朱西农田、草场保护性河坝建设项目。推进“五小工程”，整合各类资金46.05万元，为13个驻村工作队改善生活和工作环境。

【招商引资】2022年，倾多镇提升优化服务意识，搭建沟通平台，安排专人定期走访招商企业，为企业用工、群众务工创造便利条件，营造良好的招商引资环境。全年引进仙芝谷、藏芝星和净康农业3家企业落户，吸纳就业人员5500余人次。精准扩宽产业大招商，实现以商招商，意向性新签订新进产业项目2个。

1 月 12 日，十届县委第一轮第二巡察组巡察倾多镇顶仲村、达龙村工作反馈会召开

【基层组织建设】 2022 年，倾多镇利用川藏铁路项目建设契机，与西藏波密监狱开展联合共建活动。创建“党建引领谋发展 凝心聚力助振兴”“警地共建 共保平安”党建品牌，同 6 个村建立结对共建机制，制定组织建设、产业发展、为民办实事、创建品牌四个方面联建帮扶方案，将如纳、古通等 4 个村打造成有特色、有亮点的党建示范村。拓宽“党建 +”工作内涵，成立倾多镇非公企业联合党支部，落实“组织联建、产业联抓、资源联用、活动联办”为主的“四联”运行模式，以支部建设助力企业发展，推动“两新”组织经济发展与党建工作互促共赢。开展软弱涣散党组织整顿工作，专题研究整顿软弱涣散党组织工作 2 次，通过实地调研指导、电话调度等方式督导检查 6 次，推动倾多镇寺管会和扎西村晋位升级。

【乡村振兴】 2022 年，倾多镇打造乡村振兴核心示范区建设，以实施川藏铁路倾多段建设项目、巴康村藏王桃源良种繁育农牧民专业合作社、联村共建产业园灵芝菌种植为契机，通过家门口转移就业、机械设备、房屋租赁、土地流转等方式，实现全镇村集体经营性收入 600 余万元，5 个村集体经济收入 10 万元以上，提升村级组织“造血”功能，拓宽群众增收渠道。全年全镇建立“三类人”档案 7 户 31 人，对 316 户贫困户实行返贫监测月报制度，确保实时动态监测。针对 7 个致贫户，制定帮扶措施，争取政策性救助，通过各类扶贫项目兑现分红 5.13 万元，对接川藏铁路各项目部负责人与镇“三类人”开展结对认亲活动，为帮扶户走访慰问物品和资金 3 万余元，就业帮扶 2 人，兑现劳务工资 4 万余元。推进顶仲村 4 户“天保”搬迁房屋重建项目、巴康村“三岩”搬迁房屋维修及配套设施建设项目。

【科教文卫】 2022 年，倾多镇

10 月 24 日，林芝市政协副主席、波密县委书记旦增拉姆（右一）到倾多镇扎西村开展调研工作，并走访慰问 2 户“三岩”搬迁群众

在科技方面发挥全镇26名科技特派员作用，组织农牧民开展果树嫁接、犏奶牛养殖、温室大棚管理等农技培训20余场次。镇平安建设办联合派出所、人民法庭和司法所到各村、中心小学以及川藏铁路项目建设6标段各项目部开展《中华人民共和国宪法》《中华人民共和国民法典》等法律法规宣讲教育12场次，宣传防范网络诈骗、禁毒知识教育8场次，普及防灾救灾和自救互救、避险逃生等知识宣传教育20余场次，破除封建迷信宣传教育活动5场次。

在教育方面，探索建立分管教育领导联系学校制度，实行控辍保学目标责任制，与13个行政村签订控辍保学责任书，定期为6名重度残疾儿童开展“送教上门”工作，确保全年无辍学学生，保障青少年接受义务教育权利。

在文化方面，加强村级文化振兴，围绕“3·28”“七一”“十一”等重大节庆活动，组织13个村文艺演出队举办各类主题活动30余次、戏曲进乡村活动6场次，满足群众文化需要、丰富群众文化生活。

在卫生方面，全年卫生院藏医、西医门诊接诊量4558人次，住院62人次，农村新型合作医疗制度参保率、报销率100%；完善13个行政村村级卫生室服务功能，开展村医培训3次，卫生院到各村开展诊疗活动7次，受益群众893人次。

【社会保障】2022年，倾多镇加强转移就业工作，调查摸底新增劳动力。全年转移就业人数1323人，就业率100%。做好重点户帮扶和临时困难户等救济工作。为22户44人申报临时救助资金11.91万元，为240名残疾人员发放两项补贴44.11万元，为5户困难群众发放医疗救助资金4.89万元，为散居特困户15户15人发放资金11.61万元。做好新农保扩面征缴工作，提高群众参保率。全年参保1399人，收缴保费30.07万元。

【生态环保】2022年，全镇粮食总产量4750.11吨，蔬菜种植面积0.29平方千米，虫草采挖30千克，松茸、天麻等林下资源采集5000千克，创收500余万元。全年新增藏猪2503头、能繁母猪1302头。扶持发展农业种植基地3个，如纳村饲草料基地、栋曲村油菜青稞基地、如纳村和扎西村油菜基地，创收29万元。完成栋曲村、叶巴村2.43平方千米高标准农田建设，完成叶巴村、扎西村茶叶种植270棵。实施亚隆沟联村共建犏奶牛养殖项目，创新发展和管理模式，实行项目资金不投基础设施、不建集中大型养殖场，确保农牧民群众百

3月14日，副县长旦增顿珠（右二）带队到倾多镇扎西村调研指导农村生态旅游发展项目

分百参与到产业中，做产业发展“主人”。全年完成全镇829户463.73平方千米草奖信息录入工作，完成耕地补贴69.32万元，种粮直补资金29.34万元。完成牦牛、犏牛和黄牛经济杂交369头，2021年经济牦牛杂交产成活犊牛107头牦牛、58头黄牛。完成春季、秋季预防针注射工作，注射黄牛1888头、犏牛4218头、牦牛1039头、猪4025头。

【安全生产】2022年，倾多镇发挥镇、村两级人民调解委员会委员和双联户的作用，掌握社情民意，及时发现调处和整治矛盾纠纷、社会治安隐患。全年调处矛盾纠纷50余起，受理信访案件5起，解决3起，排查解决不稳定隐患20处、安全生产隐患25处。建立纠纷调处回访制，主动上门回访每一起结案的矛盾纠纷。完善基层网格化建设，落实“第一责任人”责任，在全镇13个村、川藏铁路4个分部，建立健全森林防火、抢险救灾、治安巡逻于一体的平安守护队18个、180余人，签订目标责任状18份，并对川藏铁路各分部签订安全生产、生态环保、疫情防控、森林防火责任书4份。

【人民武装】2022年，倾多镇落实议武工作会制度，完成基干民兵整组工作任务，开展民兵点验工作3次，组织镇村干部、基干民兵学习国防、军队建设、武装工作会议精神4次，完成全镇适龄青年兵役登记及报名参加兵役工作。对接广东越秀区争取援助资金10万元，成立镇村两级退役军人服务站，建立退役军人个人信息档案资料，落实各项优抚安置政策。

【强基惠民工作】2022年，倾多镇第十一批驻村工作队围绕驻村工作队五项重点任务，巩固前十批驻村工作经验成果，推动驻村工作成效。有14家派驻单位向全镇13个村居派驻13支工作队、40名驻村队工作队队员、2名大学生村官。加强国家通用语言文字培训。各驻村工作队发挥辅助培训作用，制定、完善各村国家通用语言文字教育方案、计划，以村级组织活动场所为主阵地，采取开办文化补习夜校、结对帮学等形式，开展国家通用语言文字学习140余场次，参学党员群众800余人次。开展宣讲工作。各驻村工作队采取日常走村入户、到田间地头形式，开展“铸牢中华民族共同体意识”宣讲活动，宣讲党的民族宗教政策160余场次，受教育群众4000余人次，引导各村群众铸牢中华民族共同体意识。

【群众思想教育】2022年，倾多镇开展“进一步改进作风狠抓落实工作”和党史学习教育。全年召开党委理论学习中心组学习12次、干部例会学习44次，开展集中宣讲、专题党课13次，订阅发放“应知应会”手册100余册，全镇各支部专题学习研讨交流86次，举办党员政治教育培训班14次，专题研究党建工作会议4次，依托新时代文明实践所（站），开展学习教育300余场次，受众4000余人次，提升党员干部政治理论素养。

【新冠疫情防控】2022年，倾多镇每天安排21名镇村干部24小时值班值守。加强宣传，开展防疫政策知识宣传160余场次，张贴防控知识宣传单4000余份，利用电子屏、“村村通”喇叭等滚动播报疫情防控知识1000余次，受教育群众2万余人次。推进复工复产工作，推进完成农牧业各项生产工作，复工复产项目6个，帮助销售农畜产品，为群众创收30万余元。

【机构领导】

党委书记

尼玛次仁（藏族）

党委副书记、镇长

张　亮

党委委员、人大主席

次仁拉姆（女，藏族）

党委副书记、三级主任科员

伍金次仁（藏族，7 月离任）

党委副书记

朱晨晨（7 月任职）

党委委员、纪委书记

方　宪

党委委员、组织委员、宣传委员

范万平

党委委员、政法委员、统战委员

央　珍（女，藏族）

党委委员、三级主任科员

扎西卓玛（女，藏族）

党委委员、副镇长

吴明帅

副镇长

朱晨晨（7 月离任）

罗珠尼玛（藏族，7 月任职）

人大专职副主席

索郎顿珠（藏族）

（张　鑫）

松宗镇

【概况】 松宗镇地处波密县东南部青藏高原的藏南山地与藏东横断山脉峡谷区接合部，地形属于深切割高山河谷地貌，属高原温带半湿润气候，距波密县城 42 千米。辖区面积 826.72 平方千米，林地面积 319.45 平方千米，草场面积 89.9 平方千米，耕地面积 4.67 平方千米。林下资源丰富，名贵藏药材和野生食用菌种类繁多，天麻、松茸较为著名。旅游资源有山峰呈梯状分布的盔甲山、宋东巴热山、朗秋冰川、姊妹温泉、栋亚喊泉等。红色资源丰富，有西藏军区步兵学校旧址、西藏波密分工委办公室旧址、波密通车剪彩处、某部队生产训练场旧址、松宗烈士陵园等历史红色遗址。全镇共有 9 个行政村、21 个自然村，农牧民 458 户 2104 人，党员 404 名（含预备党员 9 名）。全年全镇国民经济收入 8332.88 万元，其中，第一产业收入 5156.44 万元，第二产业收入 1237.66 万元，第三产业收入 1938.78 万元。人均纯收 25780.37 元。

【党的建设】 2022 年，松宗镇党委坚持党建引领，推进创建 5 个基层党组织示范点，完成 9 个村党建“一村一品牌”思路。成立镇党委书记任组长、镇党委副书记为副组长，各村党支部书记、党务工作者为成员的党建工作领导小组，建立党建工作责任清单，落实“六个基本”建设工作，推动管党治党形成合力。年初组织召开松宗镇 2022 年党建工作部署会议，总结 2021 年的工作成绩及不足，安排部署 2022 年基层党建工作，制订印发《松宗镇 2022 年党建工作实施方案》《松宗镇 2022 年党建工作计划》，与各党支部书记签订松宗镇 2022 年基层党建工作目标责任书，要求各党支部对照要求，严格落实，建好、建强各个基层党组织。定期、不定期对各村党支部党建工作任务开展常态化督促检查 56 次，通过问题倒逼的方式推进各村及时整改。10 月，岗巴村整顿软弱涣散党组织通过考核验收。完善整改党员档案 385 人次，摸排“带病”入党 2 人、异地入党 1 人、未满 18 周岁入党 3 人。开展党员家庭户大走访 80 余场次，实现党员家庭多轮全覆盖。学习中共十九大、中共二十大精神和习近平新时代中国特色社会主义思想，确保松宗镇落实党中央、自治区党委、市委和县委安排部署。建立“镇党委主责导学，支部主体领学，党员主动自学”三级学习机制。领导干部带头写体会、谈感悟、讲党课，影响带动全体党员干部。全年召开党委理论学习中心组学习会 11 次、专题学习 20 次、专题研讨 7 次、书记带头讲党课4次，开展党员政治教育培训4期，发放必读书目550余册。通过松宗烈士陵园、波密通车剪彩广场、西藏军区步兵学校旧址等红色资源，开展沉浸式现场体验式教学6次。调整充实新时代文明实践志愿服务队13个，组建退役军人志愿服务队1个、智慧松宗宣讲团1个，培养自治区基层宣讲员18人。开展专题学习135场次，受教育党员干部群众4486人次。“智慧松宗”官方抖音平台发布作品295条，获赞2.4万余个，浏览量300余万次。开展观影活动、宣讲等190余场次，参与党员群众5585人次。构建以党建引领、军地共建为基础，驻地部队、乡镇、行业部门、企业、村等多要素融合发展的“五方N家”党建共建群体，推进波密县东翼“红三角”抱团发展和新时代“六区”建设。开展联合学习2次、共建主题党日2次、合力为民办实事8次。

10月14日，县长杨力在角达藏猪养殖场检查指导工作（潘迎雪 摄）

【产业发展】 2022年，松宗镇提出“3+1”产业发展思路，即盘活土地、资产、资源，提高招商引资质量。通过盘活收储地、已征地、闲置地、各村连片的具备开发条件地块，盘活梳理低效闲置资产及稀缺资源，提升招商营商环境和质量。通过建立标准化生产、特色化经营、品牌化销售的现代化产业体系，将种植养殖业相结合，形成生态特色产业循环利用农业。在产业、就业、消费帮扶等方面做好利益联结，发挥藏猪养殖和羊肚菌种植等产业优势和带动作用，联村抱团，整合各村资源，带动群众增收致富。西藏五丰园农牧科技有限公司惠及5个行政村218户农牧民群众（包含57户脱贫户）。全年收购波密县8个乡镇群众小麦、麦麸、玉米、青饲料等1200吨，增加群众收入432万元。106吨波密藏香猪肉发到其他省市，价值595万元。

【城乡建设】 2022年，松宗镇基于318线上文旅为主的综合性重镇、波密县东南部主要的旅游和物资集散地，波密县特色产品供应加工业基地、红色情怀温泉康养小镇建设，组织班子成员走访调研40余次，征求意见建议250余条，召开规划座谈会6场次，完成《波密县松宗镇朗秋冰川生态旅游区规划》《松宗镇边疆明珠小镇建设规划》、松宗镇各村乡村振兴“一村一策”编制工作等，统筹优化空间布局，促进生产、生活、生态协调发展。

【项目建设及招商引资】 2022年，松宗镇协调解决用地、用工、民企等矛盾，优化调整项目，做好招商引资工作。找准农产品粤港澳大湾区供应主链，西藏五丰园农牧科技有限公司向粤港澳大湾区供应藏香猪相关事宜进行基地认证，完成出口食品生产备案证明。引进农旅企业、物流企业入驻，推进食品加工厂和屠宰场、栋曲村朗秋岗日嘎布冰川假日营地酒店民宿项目。全年松宗小集镇吸引47家商户入驻，其中餐饮类21家、商超类9家、机械维修类9家、其他8家。本地经营38家。为推动招商引资和重点项目快速落地，完成0.67平方千米土地前期准备工作。实行一个项目对接1名党委班子成员、1名村干部、1名驻村工作队队员的“三对一”服务机制，签约完成松宗镇物流园区、松宗镇制氧厂等项目。

【基础设施建设】 2022年，松宗镇筹措资金改善松宗镇乡村水利设施、基础设施、公共服务设施薄弱问题。栋亚村饮水管道建设投资21.37万元，新建DN110PE管972米、蓄水池1座、沉砂池1座、闸阀井4座。格尼—多格水渠维修投资100万元，含水渠加高及修复1652.66米，机闸一体钢板闸门大30个，机闸一体钢板闸门小64个，临时便道2250平方米，施工仓库133平方米。纳玉村水渠维修投资85万元，新建蓄水池1座，新建输水管道3542米、闸阀井6座。角达村、角通村灌溉维修项目投资41.14万元，含取水口加高、混凝土挡墙、蓄水池清淤，解决5个行政村水利基础设施。栋曲村人畜分离牛舍建设投资260万元，新建牛舍38栋，拆除旧牛棚及其他脏乱差建筑40余座，在确保建设环境优美、宜居宜业美丽乡村的同时，提高群众生活质量。栋曲村村道硬化投资399万元，含新建村道硬化道路1.29万平方米、公示牌1座，畅通栋曲村交通，解决群众出行困难。

【基层组织建设】 2022年，松宗镇规范“三会一课”，开展培训讲解“三会一课”等党内政治生活细则，镇主要领导每月到各村开展督导工作，解决党支部活动“灯下黑”、组织生活不经常的问题。以党的基层组织建设带动各类基层组织建设。树立将栋曲村打造成生态文明建设基层党组织示范点目标任务，将栋亚村打造成林芝市乡村振兴百佳基层党建示范点党组织和民族团结进步基层党组织示范点目标任务，将纳玉村打造成高原特色经济高质量发展基层党组织示范点目标任务，将松宗镇打造成军地共建基层党组织示范点目标任务，落实各村“十四五”时期组织振兴“一村一策”方案，打造一批“一村一品”党建品牌。制定《松宗镇“联村共建、抱团发展”工作方案》，将各村资源整合，加快村集体经济发展，全年实现村集体经济经营性收入1000余万元，纯收入120余万元，10万元以上村集体经济7个。建立党支部联系点制度，督导、调研镇党委村“两委”工

2月2日，林芝市政协副主席、波密县委书记旦增拉姆到栋亚村慰问村两委和驻村工作队 （苏锦辉 摄）

作80余次，制定《村党支部书记素能提升行动工作方案》《松宗镇村干部冬季集中教育工作方案》，对村“两委”班子开展培训30余场次，确保村“两委”班子成员熟悉农村工作、会干农村工作、干好农村工作。抓好村干部国家通用语言文字教育培训，做好“一学一述一评”工作，修订完善村规民约，制定《松宗镇村级事务规范化管理方案》和《松宗镇党风廉政建设约谈提醒制度》等，促使班子成员和各党组织书记履职责任增强，提高党建工作实效。

【乡村振兴】 2022年，松宗镇建设自治区首个镇级乡村振兴馆，于1月开馆。建立《松宗镇防返贫监测和预警机制》，在全镇范围内开展摸排，全年摸排“三类人员”4户11人，其中边缘易致贫户3户10人，突发严重困难户1户1人。从扶志与扶智、教育帮扶、医疗帮扶、社会帮扶、产业扶持、“四对一”结对帮扶等方面，制定针对性帮扶措施，落实帮扶责任人，跟踪记录监测对象返贫致贫风险、“三类人员”消除、帮扶措施落实等。开展全国防返贫监测系统日常维护及信息录入工作。及时对遭遇突发事件、意外事故、罹患重病等特殊情况予以临时救助，为多格村低保户巴永和德巴村困难群众贡桑罗布申请临时救助2万元，并纳入低保户。为角通村布土安排1万元临时救助和2000元困难党员救助资金，组织镇干部捐款1万元，县工商联对接林芝市共多庆山建设有限公司负责人，送去慰问金8000元。在新冠疫情防控期间，发放“三类人员”生活物资，农家乐和粮油加工厂分红3750元。促进搬迁群众与迁入地群众交往交流交融，做好“三岩”搬迁群众产业链接机制，每年为每户产业分红1万元。

1月3日，国家脱贫攻坚成果同乡村振兴有效衔接考核检查组到松宗镇栋亚村养鸡合作社检查指导工作 （扎西白珍 摄）

【科教文卫】 2022年，松宗镇推进科技兴镇，提高农牧民科技知识掌握水平，开展农牧民科技知识宣传、指导工作，联系县相关部门开展农业种植、农业机械、化肥、农药的正确使用及种植养殖专项培训、畜禽遗传基因培训、兽医培训、藏餐制作等，其中全年开展科技特派员培训140余人次。要求驻村工作队协同科技特派员不定期开展科技培训指导，提高农牧民科技水平。全年开展指导23次、科普知识宣传150余次。加强日常管理，定期不定期检查科技特派员、农业技术员、兽医工作开展情况。推广农牧业生产机械化并落实配套资金、完善服务体系，为群众兑现各项科技补贴资金。

推进教育体育工作，开展素质教育工作、师风师德建设和学风建设及优秀师生评选工作，褒扬正面典型，发挥榜样示范引领作用。协助做好教育统计工作，配备专人维护体育设施。全年镇党委、镇政府主要领导到学校检查指导各项工作30余次，落实教育工作领导责任制，召开专题会议研究教育工作5次，听取学校党建工作汇报2次，联系企业为学校捐赠10万元，制定《松宗镇控辍保学方案》，签订控辍保学责任书，学生就学率100%，教育惠民资金兑现率100%。开展乡镇本级体育赛事，组织参加上级部门组织的体育赛事。

推进文化工作，围绕“318线上文旅为主的综合性重镇”定位，镇党委、镇政府领导携镇旅游干事结合松宗实际开展调研20余次，召开会议2次，制订《松宗镇“十四五”文旅产业发展计划》，配合文旅局开展旅游市场执法检查工作，组织文艺演出队开展活动100余场次，开发松宗镇红色旅游路线，栋曲村结合朗秋冰川旅游资源，开展招商引资及旅游附属产业发展，带动村集体增收15万余元。通过乡村振兴实施文化振兴、生态振兴吸引游客，购买群众特色产品，带动20户群众增收5万余元。围绕松宗乡村振兴馆、松宗烈士陵园、步兵学校遗址红色资源及松宗寺等文物保护单位，开拓红色文化旅游路线，承接各类工作组参观学习及市委党校、县委党校举办的各类培训班，带动松宗小集镇市场经济及群众就业，增收5万余元。

5月18日，松宗镇举行“乡愁·记忆”老物件捐赠仪式

（何晨东　摄）

推进医疗保障工作，松宗镇卫生院落实药物制度，规范基本公共卫生服务工作，落实乡村一体化管理，设立藏医独立门诊，配合做好创卫各项工作。全年农牧民合作医疗参保率100%，开展疫苗接种和疫苗查漏补种工作，免疫规划接种率100%。全年镇基本公共卫生服务完成率、家庭签约医生服务率、履约服务率、重大公共卫生及疫情防控预控预检分诊率、村医考核及培训率、产妇住院分娩率等均为100%。

【社会保障】2022年，松宗镇开展民生保障工作，做好民政政策宣传、信息公开，落实社会救助体系中各项政策措施。规范各村村务公开、村务监督。落实《波密县散居特困人员轮流照看机制》，做好辖区城乡居民养老保险待遇申领工作及年度资格认证工作，完成涉及待遇追缴工作任务，做好社保宣传、信息公开、社会救助工作，开展扶贫帮扶活动，推动“一站式”一单结算系统建设。完成残疾人系统更新工作和残疾人培训任务，做好儿童0～6岁、残疾人前期筛选等工作。

退役军人服务保障方面，开展退役军人“五关爱”活动，镇退役军人事务所到全镇36名退役军人家中走访慰问，核实建立完善“一人一档”档案信息。建立退役军人信访诉求台账，定期排查矛盾隐患，解决退役军人需求，引导其参加高职扩招国家免费提升学习2次，向退役军人提供就业信息18次，农牧民退役军人实现就业。开展“感党恩、听党话、老兵永远跟党走”活动，宣讲退役军人相关优惠政策，组建新时代文明实践退役军人志愿服务队，全年退役军人志愿服务队参与乡村振兴、环境整治、疫情防控等活动500余次。

推进就业创业及农牧民转移就业。全年组织农牧民群众开展职业技能培训1场，人数100人，实现农牧民转移就业400人，转移就业收入296.62万元，完成全年目标任务。完成农牧民跨省转移就业5人，完成全年目标任务。应届高校毕业生16人，其中建档立卡高校毕业生2人，就业率均为100%。

【生态环保】2022年，松宗镇制定《松宗镇创建自治区级卫生乡镇实施方案》。围绕“共建清洁家园·喜迎党的二十大”“美丽乡村·清洁家园”为主题开展村庄清洁行动，安排公益性岗位人员，落实常态化保护机制，建立网格化巡察台账并按时填写日常巡察记录，落实河湖长制、林长制工作，定期报送河湖清“四乱”（乱占、乱采、乱堆、乱建）情况。整治环境卫生，全年开展卫生清洁活动100余场次，清理垃圾200余吨，悬挂国旗600余面，排查环境隐患100余次，营造人居环境整治“全民参与、全民受益”氛围。

【安全生产】2022年，松宗镇调整充实安全生产工作领导小组，召开安排部署会议10余次，开展学习10余次、宣传30余次，制定应急救援预案并针对安全生产领域开展演练10余次，建立健全安全生产专项整治计划、方案，安排专人负责救灾物资，建立出入库台账。利用森防突击队、应急救援队、护林员等群防群治力量，加强安全生产排查整治工作。加强建筑施工、地质灾害、农村自建房、食品安全、道路交通安全、森林防火等领域安全隐患排查，全年排查安全隐患3000余次，发现并整改隐患15处。建立多元联动机制，成立松宗镇多元化调解中心，开展普法教育宣传20次，举行“法律明白人”培训28次，开展平安建设宣传39次，打击整治养老诈骗宣传100余次，宣传国家安全、反分裂活动120余场次。排查矛盾纠纷1320场次，化解矛盾纠纷9件，涉及资金500余万元，调解率100%。每周二、四确定为镇领导班子信访接待日。镇政府联合驻村工作队、村“两委”排查梳理可能存在的信访事项，拓宽信息来源渠道，动员各级党员干部排查苗头性问题及群体事件，建立台账，通过教育、引导群众，将矛盾纠纷在基层化解。开展农民工工资支付宣传50余次，领导排查信访安全隐患375次，接待群众来访190人次，全年无信访事件发生。

2月7日，角达村向镇党委、镇政府献锦旗（何晨东　摄）

【人民武装】2022年，松宗镇

配备人武部长1名、人武干事1名，完善必要设施。将民兵改革和建设纳入镇规划计划，制定年度武装工作要点，明确工作任务。召开专题会议，研究部署民兵整顿，年初将文化程度高、军事素质好的青年民兵编入基干民兵队伍。制订民兵政治教育计划，开展集中教育活动12场次，对民兵预备役人员进行党的政策理论知识、形势战备、民兵职能性质等内容的思想政治教育。组织民兵参与防汛、森林防火、疫情防控、汛期巡逻50余次，开展泥石流抢险4次。配合县征兵办做好年度征兵工作，成立征兵工作领导小组，召开征兵宣传部署会议。推进完成兵役登记工作，加强宣传工作，悬挂征兵宣传条幅50余条，张贴宣传海报150余张。通过微信平台转发征兵政策200余条，入户宣传500余人次。发展预征对象，对适龄青年特别是大学毕业生进行家访，讲解国家征兵政策。推进新兵入伍“四尊崇”活动，在全镇营造“一人当兵、全家光荣，一人当兵、全家受益”氛围。

【干部队伍建设】2022年，松宗镇调整优化干部考核机制。扩大干部考核范围，将编制内所有行政干部、事业人员以及乡村振兴专干、农牧科技专干、大学生村官、三支一扶、驻村工作队、村干部等全部纳入考核范围。明确干部考核具体内容，涵盖个人自评、科室评价、考勤纪实、领导评价、民主测评、业务评价、学习评价等方面标准，设置具体评判要点。定期开展考核，建立健全《2022年松宗镇机关干部考核实施方案（试行）》，成立松宗镇干部考核工作领导小组，在全镇构建“差异化”考评、“日常化”管理、“集中化”攻坚的立体式考核评价体系，每月开展一次考核。加强考核结果正向激励，将年度领导班子和干部考核结果与干部任用、职级晋升等挂钩。对全镇干部、乡村振兴专干、科技专干、农牧专干进行业务培训3次。组织干部到乡村振兴馆、西藏五丰园农牧科技有限公司、川藏铁路配套建设点等接受教育12次。实施结对帮带工程，建立“1+N”导师帮带机制，由镇主要领导、班子成员与专招生、乡村振兴专干、农牧专干、科技专干等结成帮扶对子，指导工作计划、工作总结、调研文章等文字材料200余次。

【强基惠民工作】2022年，松宗镇调整充实强基础惠民生活动领导小组，召开驻村工作安排部署会议，主要领导到各村开展调研，5月初完成驻村工作轮换，派出干部28人，其中县级部门5人，涉及栋亚村、角达村、多格村3个行政村。松宗镇政府派出干部和乡村振兴专干23人，其中乡村振兴专干9人、干部14人。协助村“两委”开展工作，松宗镇驻村办多次召开驻村工业务培训会，培训驻村“五项重点任务”等。各村坚持贯彻“日报告、周研判、事即处”制度，镇党政班子成员定期到各村排查各类安全隐患和矛盾纠纷，保障群众生命财产安全。印发《松宗镇完善村级事务管理规范化工作的实施方案》，规范村干部队伍管理、党员队伍管理、村级民主议事程序、档案管理、公章管理、村级活动场所管理、驻村工作队管理。镇党委定期检查村“两委”工作开展情况，指导驻村工作队开展带领群众增收致富、铸牢中华民族共同体等各项驻村工作。

【群众思想教育】2022年，松宗镇落实领导干部讲党课、支部周学习、谈心谈话制度。开展集中宣讲，宣讲习近平新时代中国特色社会主义思想，中共十九届五中、六中全会精神，中共二十大精神以及中央第七次西藏工作座谈会精神和习近平总书记视察西藏重要讲话重要指示精神。开展群众性精神文明创建活动，全年各驻村工作队、村“两委”开展多轮宣讲，覆盖率100%。利用红色资源、新时代文明实践阵地，把学习习近平新时代中国特色社会主义思想、习近平总书记视察西藏重要讲话精神重要指示精神、中共二十大精神、新时代文明实践活动，红色历史结合起来，丰富活动载体，开展观看红色电影、党员座谈、老党员讲党课、戏曲进乡村等活动，组织党员干部群众到波密通车剪彩点、烈士陵园、西藏军区步兵学校旧址、西藏波密分工委办公室旧址等历史红色遗址开展政治教育、党性教育。全年开展观看红色电影、戏曲下乡、参观红色遗址等系列活动1800余场次，覆盖群众6000余人次。

9月6日，松宗镇“流动小卖部”为过往车辆提供物资保障服务
（白旭梅　摄）

【新冠疫情防控】2022年，松宗镇召开全镇新冠肺炎疫情防控工作安排部署会议，制定疫情防控工作方案、预案，建立“乡镇+村+双联户”网格化管理疫情防控工作机制，优化包保和“三包”工作，建立1名县级领导包保负总责，3名班子成员包片区，驻村科级干部包村机制。解决群众问题1359件次7199人次，排查整改隐患41处。建立“1名人员做统筹，其他人员分工负责”联动模式，提高采样工作效率。在小集镇设立游客临时服务中心，帮助游客解决实际困难。围绕群众“急难愁盼”事项，建立动态应急保障机制，建立各村物资保障群，实行“群众点单、各村派单、党员接单”菜单式服务，上门配送生活用品和药品1235次，代购大米、面条、肉、蔬菜等各种生活用品10万余元。

【机构领导】

党委书记
　　王　斌
党委副书记、镇长
　　克　珠（藏族）
党委委员、人大主席
　　樊银波
副书记
　　王军平
党委委员、派出所所长
　　张　辉
党委委员、纪委书记
　　杨奇强
党委委员、组织委员、宣传委员
　　白旭梅（女）
党委委员、政法委员、统战委员
　　江安平措（藏族）
党委委员
　　于发哲
党委委员、副镇长
　　扎西白珍（女，藏族）
人大专职副主席
　　杨家国

副镇长

扎西罗布（藏族）

（陈　梅）

古　乡

【概况】古乡地处波密县西部、318国道两旁，是318国道最精华观赏段。辖区面积890.85平方千米，林地面积376.67平方千米，草地面积100.4平方千米，耕地面积2.99平方千米。古乡气候温暖湿润，阳光水汽充足，气候条件优越。农业经济以农为主，以牧为辅，农作物以小麦、青稞、玉米、土豆、油菜等为主，牧业以犏奶牛、黄牛、牦牛、藏猪等为主。林下资源丰富，是波密天麻、灵芝菌、松茸等10余种名贵林下资源主产区。旅游资源有嘎朗湖风景区、古乡湖景区、岗云杉林景区、索通村马蹄形大拐弯景区等自然景观。乡政府驻地海拔2600米，距县城30千米，下辖6个行政村、18个自然村，均沿帕隆藏布江两岸分布，有农牧民307户1464人。古乡党委共辖有2个党总支、12个党支部，党员273名，其中农民党员235名。

2022年，农村经济总收入6258.91万元，同比增长16.11%，农牧民人均纯收入达3.21万元，同比增长9.93%。农牧民群众车辆拥有率超62%，运输带动群众增收2600万元。

【党的建设】2022年，古乡党委落实党委会会议制度，重大决策、重大项目、干部推荐和岗位调整、5000元以上重大资金支出等事项均由乡党委会会议决定。全年召开乡党委会议15次，定期听取乡人大、乡政府、乡纪委汇报工作，集中商议“三重一大”事项56件。落实党风廉政建设责任制，制定责任清单，涉及7大项42点，形成乡党委书记负总责，分管领导各负其责，纪委监督的领导体制和工作机制。全年开展党风廉政自查自纠工作8次，落实全面从严治党主体责任，坚决惩治腐败，协助处分违规违纪农牧民党员2人。推进进一步改进作风狠抓落实工作，设置干部工作公开栏，跟进干部工作整改落实情况。全年全乡干部查找整改事项120余项、提出整改措施130余条，为民办实事200余件。

【基层组织建设】2022年，古乡党委加强党建示范村建设工作，落实“红色318”基层党建工作思路，打造古村、雪瓦卡村、索通村为“基层百佳党组织”示范点，索通村、松绕村为“民族团结创建党组织”，雪瓦卡村为“高原经济高质量发展基层党组织”，嘎朗村为“生态文明建设基层党组织”，巴卡村为“军地共建基层党组织”。培

12月6日，林芝市人大常委会副主任肖鹤一行到古乡宣讲中共二十大精神

养灯塔党员带头人12人，创建红旗支部8个。推进学习型党组织建设，全年乡党委开展理论学习中心组学习会12次、机关支部学习会15次，参与学习干部600余人次，村级开展学习90余次，覆盖党员群众8000余人次。

【产业发展】2022年，古乡党委、政府将茶叶和旅游作为古乡特色产业和富民产业，辅以蜜蜂养殖、木梨和优质瓜果蔬菜种植。壮大村集体经济发展规模，引导产业种植合作社规模化发展。巴卡村、索通村两个茶叶种植合作社茶苗长势良好，通过“党支部＋党员＋企业＋农户”模式，调动群众参与茶叶种植积极性。全乡茶叶种植面积1.07平方千米，茶产业基本实现规模化发展，覆盖雪瓦卡村、巴卡村、索通村、松绕村4个村，藏芝星茶艺及产品展示厅投入使用，金茶树茶叶苗圃基地初具规模。索通、松绕村养殖蜜蜂180余箱，全年收获蜂蜜1200余千克，产值40余万元。嘎朗村种植木梨0.27平方千米，产量1000余千克，产值3万余元。巴卡村、松绕村发展0.67平方千米林下仿野生天麻试种植。全乡有家庭旅馆、酒店48家，包括全县规格标准最高的松赞林卡酒店，有接待床位1400余张，直接参与旅游业群众200余人。全乡接待游客3万余人次，旅游收入400余万元。

【城乡建设】2022年，古乡总投资6600余万元，建成雪瓦卡村、巴卡村、古村乡村振兴示范点，完成嘎朗村环湖整治和整村推进项目。解决古村、巴卡村、嘎朗村群众生活用水困难问题。完成索通村群众生活用水及配套茶田水源灌溉项目。

【项目建设及招商引资】2022年，古乡落实属地管理责任，配合辖区内重点项目施工，动员农牧民群众参与川藏铁路项目施工建设，参与群众190余人，运输方面收入2600余万元。促进“茶旅融合”发展，开展招商引资，引进企业投资1600余万元，打造高品质酒店经营单位——隐世山居酒店管理有限公司，促进古乡旅游服务业升级。

【基础设施建设】2022年，古乡党委、政府争取资金50万元，建成古乡五人制足球场，丰富干部群众业余生活。推进“五小”项目建设，改建松绕村村委会伙房和村级活动场所，改善村“两委”干部和驻村工作队工作生活环境，推进松绕村道路及桥梁改建工作。谋划索通乔那自然村道路硬化建设项目，办理相关手续。建设规划雪瓦卡村饮水提升项目，重新

5月25日，自治区政协副主席多吉次珠到古乡雪瓦卡村调研茶产业发展情况

选定水源地。

【乡村振兴】2022年，古乡开展巩固脱贫攻坚成果与乡村振兴衔接工作，完成巴卡村、古村、雪瓦卡村乡村振兴示范村项目。古村完成围栏建设项目，制作乡村振兴宣传栏1个。雪瓦卡村修建入户道路，为群众修建厕所并配备热水器，建设赛马场观众看台，完成400米围墙粉刷和画作，美化乡村人居环境。嘎朗村完成嘎朗湖环湖整治项目、乡村振兴“整村推进”项目、基础设施建设项目、给排水（排污）设施建设项目和人畜分离及庭院整治建设项目。松绕村改造村级活动场所，完成道路修建项目、桥梁建设项目、改建村委会伙房项目。“三岩”搬迁项目整合资金30万元，在巴卡村和嘎朗村为21户134名搬迁群众修建伙房3座，为符合条件的16名搬迁群众发放岗位工资，解决就业岗位1个，乡主要领导和分管领导开展入户调研、召开会议、谈心谈话30余次，引导群众融入新的生产生活环境。

12月20日，古乡与西藏天路公司选派代表举行足球联谊赛

【科教文卫】2022年，古乡推进教育事业，落实“控辍保学”工作，小学适龄儿童入学率、巩固率和初中适龄入学率均为100%，加强职业教育招生劝学工作，联系武警帮扶单位，定向帮扶古乡巴卡村大学生6人、中学生2人。修建古乡小学教师宿舍，改善小学教师住宿生活条件。引导农牧民群众参与各类技术培训150余人次，引导群众学习现代农业种植和茶叶种植技术，提升群众科技增收能力。推进文化事业建设，成立基层文艺演出队6支，在“三大节日”“3·28”百万农奴解放纪念日、中共二十大等重要节点开展文艺会演、巡演20余场次，受益干部群众6000余人次。利用新建五人制足球场，与县直有关单位、辖区内重点项目施工单位和各村群众，开展足球友谊赛10余场次，丰富干部群众业余生活。推进医疗卫生工作发展，落实基本药物制度，合作医疗覆盖率、个人筹资率、农牧民住院费和门诊报销比例均为100%。乡卫生院组织村医开展新冠疫情防控核酸采样相关工作培训2次，组织鼠疫等相关流行病防治培训1次，参与村医40余人次。乡卫生院组织医务人员下村巡诊3次，参与健康巡诊农牧民1200余人。乡卫生院开展藏药浴1次，治疗患者8人。

【社会保障】2022年10月中旬，古乡提升民政服务能力，为嘎朗村、巴卡村和松绕村3户群众落实民政救助资金每户1万元，新冠疫情防控期间为11户生活困难群众提供生活物资和药品价值4500元。对嘎朗村突发疾病的群众申请帮扶资金1.5万元。加强生态补偿保护修复，全乡有生态岗位就业人员96人，落实各项就业创业政策，办理就业创业证14份，申报创业担保贷款2笔共10万余元，为4名返乡人员申报创业补贴9.6万元，调动群众就业创业积极性。引导300余人次农牧民群众从事劳务输出、旅游业和交通运输业等，提高农牧民经济收入和生活水平。

【生态环保】2022年3月，古乡成立创卫工作领导小组，制定和印发《古乡创建自治区卫生乡（镇）和村（居）工作实施方案》，促进落实创卫工作。全年开展环保宣传120余次、环保检查40余次，查处整改不合格排污点8个。制作创卫宣传横幅50余条、宣传栏30余个，利用每周环境日活动，开展生态保护党员先行、美丽村庄清洁等各类活动60余场次，参与群众2500余人次，清运垃圾200余吨。

【平安建设】2022年，古乡开展以道路交通安全、森林防火、重点项目领域为主的安全生产工作。交通安全方面，联合派出所在318国道急转弯及交通事故多发地段设立警示牌、警示标志牌11处。开展各类车辆交通检查1200余台次，在自然灾害期间及发生安全事故期间，维持交通秩序210次。排查安全隐患450余次，化解安全隐患30余处，整治道路隐患、施工领域安全隐患10余处。森林防火方面，调整充实乡森防领导小组，完善森林火情应急预案，加大防灾救灾物资储备，组织安全生产部署会和森防工作推进会6次，整改森林防火隐患点7处，加强各村护林员每日森防巡逻和排查，确保没有重大森林火灾事件发生。重点项目建设方面，经常性督导检查川藏铁路重点建设施工项目及新建基础设施项目，乡党政主要领导、平安办工作人员到各工区检查200余次，发现问题20余处，提出意见建议50余条，与川藏铁路重点项目施工单位负责人签订安全生产责任书8份，细化各单位安全生产责任。矛盾纠纷化解排查方面，依托司法所，对川藏铁路等7个重点项目的施工人员和外来务工人员开展法治宣传教育，传达政法工作会议精神等10余次，受教干部群众350余人。组织各村开展走访380余次，排查矛盾纠纷300余次，调解各类矛盾纠纷150余次，涉及群众资金3000余万元，服务群众1300余人。排查各类安全隐患500余次，化解安全隐患30余处，服务群众450余人。应急防汛方面，常态化开展应急演练，全年党委、政府联合乡派出所、卫生院开展急演练7次，组织各村开展各类应急演练30余次，提升安全隐患应急能力。在汛期来临前，为各村发放防汛物资铅丝笼40卷、铁丝65

11月30日，县委常委、县人大常委会主任王芳，县人大常委会副主任小普琼一行带领各乡镇人大主席到古乡检查指导工作

卷、编织袋8500个，确保全乡防汛物资配备充足。

【人民武装】2022年，古乡利用乡活动室和民兵之家，组织全乡干部和民兵重点学习习近平总书记系列重要讲话精神、习近平新时代中国特色社会主义思想和强军思想10余次。在全民国防教育日、国家公祭日和八一建军节等重要时间节点，开展全民国防教育，组织国防知识进机关、进校园、进村庄活动5场次，乡村两级开展各类宣传200余次。组织全体乡村干部、基干民兵学习国防和军队建设、武装工作会议精神8场次，参与干部群众500余人次。对全乡符合条件的公民进行筛选登记，完成民兵编组工作。八一建军节组织全乡退役军人开展国防教育宣传活动，为退役军人送上茶叶等慰问品。开展征兵宣传工作，悬挂宣传条幅24条，发放宣传手册240份，到各村进行宣传，张贴宣传海报20张。

【干部队伍建设】2022年，古乡结合政治教育、文化素质提升等开展党员骨干培训6次，组织6个行政村30名村“两委”干部开展乡一级培训10余次，开展国家通用语言考试1次，村级开展学习150余次，组织测试30余次。选派2名班子成员兼任乡机关党支部书记及驻村联合党支部书记，挑选优秀骨干党员进入乡机关党支部班子，推动机关支部规范化建设。

【强基惠民工作】2022年，古乡加强对驻村干部队伍的建设和管理，在市、县定点选派驻村队伍的基础上，结合各村重点难点问题和干部工作实际，把具备履职条件的15名干部（含6名专干）选派到6个行政村开展驻村工作，各驻村工作队提高为民办实事的工作能力和服务水平。全年乡党委组织各驻村工作队开展各类培训6次，参与培训驻村干部、村“两委”干部70余人次。乡主要领导协助各驻村工作队为群众排忧解难、化解矛盾，为村理清发展思路，争取项目，全年6个村开展为民办事服务130余件，加强基层组织力量，确保基层稳定。

【机构领导】

乡党委书记
　　雍　伟
乡党委副书记、乡长
　　旦　增（藏族）
乡党委副书记
　　索朗多吉（藏族）
乡党委委员、人大主席
　　次仁措姆（女，藏族）
乡党委委员、统战委员、政法委员
　　樊西豫（女，藏族）
乡党委委员、纪委书记
　　张允琛
乡党委委员、组织委员、宣传委员
　　张宇飞
乡党委委员
　　张　恒
乡党委委员、副乡长
　　高晓腾
副乡长
　　次仁平措（藏族）
人大专职副主席
　　赵志强
农牧综合服务中心主任
　　伟　色（藏族）

（王乔虹）

玉许乡

【概况】玉许乡位于波密县西北部，地处波堆河流域，乡政府驻地距波密县城74千米。辖区面积2391.71平方千米，是波密县面积最大的乡。平均海拔3000米，境内野生动物有獐、熊、狼、鹦鹉、鹿等，有树种28科64属174种，药材植物7品种200余种。海拔2400～3800米，自上而下阶梯式分布白桦林、紫桦林、云杉林、杜鹃灌木林等，自然资源丰富。主要景点有许木寺、贡果寺、玉仁寺、许木鱼庄、则普冰川、白玉冰川群、林珠藏布沟和冰碛丘陵群等自然人文景观。2022年，全乡下辖14个行政村，分别为白玉村、林琼村、热西村、麦差村、沙仁村、玉沙村、海定村、扎西岗村、则普村、普热村、帮肯村、亚它村、达拉村、棠木村，包含32个自然村。全乡总户数1132户6203人。全乡经济总收入1.81亿元，同比增长7.5%，农牧民人均纯收入2.35万元，同比增长7.2%，粮食总产量7328.85吨，同比增长6.6%。

【党的建设】 2022年，玉许乡把强化理论武装作为提升干部素养的基础工程，开展改进作风狠抓落实活动，巩固党史学习教育、"四讲四爱"群众教育等主题教育实践活动成果，构建"党委书记抓总、班子成员指导、驻村干部抓推进、村书记抓落实"的纵向管理体系，通过召开乡党委会、理论学习中心组学习会等形式开展集中学习，依托"学习强国"学习平台开展自学，推动全乡理论学习深化。全年召开党建工作专题部署会2次、乡党委会议9次、理论学习中心组学习会8次，开展主题研讨8次，派员参加市、县党校学习培训8次20人次。

【产业发展】 2022年，玉许乡种植面积15.27平方千米，包括小麦种植8平方千米、青稞种植6.68平方千米、油菜种植0.59平方千米，兑现耕地地力保护补贴112.16万元。亚它村良种基地初具规模，对外销售"山东7号"良种14.2万千克，收入85.2万元。加大畜禽良种繁育建设，加快畜牧良种推广，配种（人工授精）犏牛114头、黄牛116头。以"合作社+散养户"模式，推动藏猪养殖产业发展，至年底，林琼藏猪合作社存栏生猪3840头、能繁母猪455头。全乡散养生猪4561头、能繁母猪1400余头。生态旅游业方面，结合则普冰川、桃花沟腹地、林珠藏布等资源优势，制订旅游产业发展规划，推动全域旅游与美丽乡村建设融合，与西藏朗卡冰泉生物科技开发股份有限公司达成合作协议。

【城乡建设】 2022年，玉许乡改善城乡面貌，投资1865万元实施林琼村天保搬迁房屋改造工程，投资30余万元，维修全乡干部周转房。总投资640万元，完成波密县2021年玉许乡则普村乡村振兴重点帮扶村建设项目。总投资3541万元，落地海定村2022年乡村振兴整村推进建设项目，提升海定村公共服务能力。预计投资1705.28万元，完成玉许乡帮肯村美丽宜居村庄建设项目前期规划设计。

【项目建设与招商引资】 2022

11月3日，县委书记旦增拉姆在玉许乡调研，详细了解基层党建、村集体经济发展、基础设施建设、生态旅游资源开发等工作情况

年，玉许乡投资145万元，实施扎西岗村河道治理工程；投资800余万元，实施达拉村泥石流治理工程；投资3000余万元，实施波堆河玉许乡段重点河道治理项目，带动相关村群众增收致富200余万元。与松赞集团等沟通对接，引进玉许乡松赞绿谷文化旅游开发项目和果然桃花沟项目，重点实施酒店、民宿集群、摄影基地、客栈等产业。

4月18日，玉许乡召开波密县波堆藏布重点河段治理工程设计交桩暨协调会

【基础设施建设】 2022年，玉许乡加强基础设施建设，投资72万元加强热西村小型农田灌溉设施，改善热西村农田灌溉条件，提升农业生产能力。投资232.74万元，实施小集镇、热西村、玉沙村、棠木村、亚它村、则普村人居饮用水维修改造工程，保障群众喝上“安全水”。投资69.98万元，实施麦差村、扎西岗村线路改造工程，保障群众用上“放心电”。投资8.36万元，改造提升玉沙村、扎西岗村通信网络，保障群众连上“高速网”。

【基层组织建设】 2022年，玉许乡开展“党建工作联系点”活动26次，解决实际困难及问题50余个。对20个基层党组织进行测评，评定软弱涣散基层党组织1个。虫草采挖和新冠疫情防控期间，设置临时党支部3个，开展乡、村两级党建教育培训26次，开展“支部书记大走访”，确保全乡整体工作特殊时期行动统一。补选配齐村干部1人，培养村级后备干部49人，村转干1人，选派乡机关干部14人、乡村振兴专干14人下沉各村协助开展村级工作，优化人员队伍配置。结合七一、国庆、中共二十大等重要节点，组织广大党员干部群众参与“3·28”西藏百万农奴解放纪念日、“5·23”西藏和平解放纪念日、七一、八一、十一等各项活动70余场次，参加党员群众6000余人次。完善落实《玉许乡干部管理条例》《理论学习中心组学习制度》等规章制度，指导各村结合实际建立健全《村规民约》《后备干部管理制度》等，督促落实理论学习、议事决策、“四议两公开”、“三会一课”、“党员三包”等基本制度，推动基层党建工作规范化。推进村级组织活动场所标准化建设，投资20余万元，实施驻村工作“五小工程”，投资52.9万元，对14个村级组织活动场所进行标准化提档升级，构建以玉许党建展厅、村级组织活动场所为代表的红色党建阵地，打造“红色玉许”党建品牌。推动村干部能力素质提升、国家通用语言文字学习、党员政治教育培训、“一学一述一评”等工作落实。

【乡村振兴】 2022年，玉许乡开展防返贫监测帮扶集中排查。

围绕“两不愁三保障”和饮水安全问题，将脱贫不稳定户、边缘易致贫户和突发严重困难户纳入监测范围，落实帮扶措施，全年完成防返贫监测帮扶集中排查1078户5480人，覆盖率100%，纳入监测突发严重困难户1户4人。开展扶贫项目资产清查，落实《关于加强扶贫项目资产后续管理工作的通知》要求，组织精干力量组成清查工作专班，开展进村入户大清查工作，共清查入户类扶贫项目资产213项、产业发展类扶贫项目资产3项，完善扶贫项目资产后续管理档案。推进乡村振兴建设，开展乡村振兴专题调研20余次，编制完成乡级和行政村“一村一策”规划15份，因地制宜谋划布局乡村建设项目，绘就乡村振兴建设蓝图，解决乡村基础设施不平衡、公共服务不平衡、产业发展不平衡、群众收入不平衡4个方面问题，规划储备乡村建设项目97个，涉及基础设施、农牧特色产业、生态文明、公共服务等领域，规划投资4.19亿元。

【科教文卫】2022年，玉许乡开展科技工作，组织农牧民参加科技培训，动员科技特派员、兽医、农业技术员等基层科技工作者宣传农牧科技知识，引导群众科学种植养殖。推广农牧生产机械并协助落实资金补贴，推动农牧科技发展。开展科技特派员、农业技术员、兽医等工作者年度考核工作，依据考核结果兑现科技补贴资金。推动教育文化事业发展，巩固提升国家义务教育基本均衡发展成果，制定3～15周岁适龄入学的当地、外挂人员户口册，实现学生动态管理，提升入学率。开展助学助教活动，为全乡58名应届大学生发放助学金2.57万元。新冠疫情防控期间，开展爱心送学护航活动3次，保障268名玉许乡学生平安返校复学复课。开展文化惠民活动，投入25.62万元，购置村级文艺演出队演出服装，全年重要节假日开展文艺下村等各类活动10余次。发展医疗卫生事业，提升基层医疗卫生机构服务水平，推进重点人群“三病”筛查及基本公共卫生服务，研究实施乡卫生院提档升级、藏医药浴室维修改造等项目，改善乡卫生院基础条件。家庭医生签约全覆盖，其中精准扶贫户签约率100%，高血压、糖尿病患者、重型精神障碍、孕产妇等各类重点人群签约率98%。

【社会保障】2022年，玉许乡推进民生保障工作，养老保险、农村医疗保险等民生保险缴交率居全县前列，报销医保9.11万元，征缴城乡居民基本养老保险参保金36.7万元，征缴率持续攀升。发放农村低保金约19.87万元，共44人。发放特

12月15日，自治区政府副主席罗梅一行到玉许乡调研指导医疗卫生工作

困人员护理费7.2万元，共21人。发放无人抚养儿童监护补贴1.8万元，共3人。申请困难群众临时救助金7万元，共8户。做好残疾人、孤儿、死亡人口动态更新，落实应补尽补、应退则退政策，加强补贴补助对象排查清退，解决社会弱势群众生产生活困难。群众就业方面，开展公共就业服务体系网络建设。举办汽车驾驶员培训、中式烹调师、藏式厨师培训4次，惠及群众161人，90余人实现自主就业。2月，大学生桑登次仁获“西藏自治区就业创业工作先进个人”称号。实现转移就业1901人，其中跨市就业128人、跨省就业22人，累计转移就业2317人次；累计就业收入2344.39万元，超额完成目标任务。提升高校毕业生就业率，实现就业52人。普惠金融方面，依托小额信贷，助力乡村振兴。全年为全乡281户农牧民群众发放贷款3785万元，其中小额信贷3125万元，农村个人生产经营贷款540万元。群众存款余额2455万元。整治欠薪方面，调整充实乡整治欠薪领导小组，推进根治欠薪专项行动，保障农民工群体切身利益。开展乡整治欠薪领导小组实地检查9次，发现解决拖欠工资情况1起，督促发放工资79.24万元。

【生态环保】2022年，玉许乡依法加强生态环境监管，开展专项领域排查整顿，调研督促整改林琼村砂石场扬尘污染环境问题，打好蓝天保卫战。投资2500万元，建成并投入使用玉许乡小集镇生活污水处理厂，打好碧水保卫战。推进“放管服”改革，引进企业规范管理乡垃圾填埋场，督查施工工地环境9次，现场整改问题5个，打好净土保卫战。改善人居环境，组织干部群众开展植树活动和村居环境大扫除活动，推动周边生态环境恢复，激发群众生态环保意识。全年开展人居环境整治活动200余次，定期开展卫生死角大清理活动35次，防疫期间环境消杀53次。种植树木3000余株，成活率90%以上。推行林、河（湖）长制。设立乡级总林长1个、副林长1个、乡村两级林长41个、村级护林员1040个，14个行政村均成立群众性护林队，参与林下可燃物清理工作1000余人次，出动清理车辆200余台（辆）次，清理林下可燃物80余吨，实现森林资源管护全覆盖。同时，宣传《中华人民共和国森林法》《林芝市森林草原防火条例》等相关法律法规，向群众推送电子版防火宣传册、音视频100余次，发放宣传资料1000余份，实现群众森防教育全覆盖。开展各级河长巡河人次243次，总巡河里程421千米。加强土地治理，加强未批先建违建房屋排查，合理规划国土空间，配合县国土执法大队工作人员调研农村房屋违建情况，制止查处违法用地4次，开展谈话6次，下发责令改正违法行为通知书2份。开展农村房屋风险普查，完成全乡14个行政村农村房屋风险普查，自建房排查录入系统664户，依法管理国有土地环境。

【安全生产】2022年，玉许乡调整安全生产工作领导小组和工作机构，制订细化全乡安全生产工作计划、方案，加强安全生产知识学习。每季度召开安全生产工作会议1次，分析形势、研究部署安全生产各项工作。开展道路交通、建筑施工、森林草原防灭火、地质灾害、校园安全等重点行业领域安全隐患专项排查整治工作，确保重点行业领域绝对安全。组织开展安全生产、汛期防灾减灾、森林草原防灭火等安全防范知识宣传活动，提升干部群众安全生产意识。建立应急救援和森林草原防灭火突击队15支，协助应急救援和消防队伍做好辖区内安全生产应急处置工作。落实消防安全责任，定期开展火灾应急演练，更新配备14个村和乡政府办公场所灭火器，定期检修全乡消防器材，保障消防设备正常运转。加强护林员职责监督，推动护林员全面落实巡护工作。全年辖区内未发生一般安全事故和森林火灾。

【人民武装】2022年，玉许乡开展爱国主义、"五种革命精神"教育，突出重点抓好民兵干部、民兵应急分队、民兵预备役人员的国防教育。乡人武部调整充实乡民兵编制，制定《2022年民兵整组方案》，确保乡人民武装力量完备。宣传2022年义务兵征兵工作及做好兵役登记工作，登记全乡范围内志愿报名且符合条件人员，利用"三大节日"、八一建军节等时间节点，慰问退役军人、现役军人家属，发放退役军人专属纪念水壶。乡党委专题研究部署武装工作2次，召开党管武装工作暨民兵组织整顿部署大会1次，组织普通民兵集中学习2次，开展国防教育35次，受教育群众3600余人次，组织民兵力量参与疫情防控、防火防汛、虫草采集等巡逻100余次，开展防汛减灾知识教育、森林防火教育、新冠疫情防控知识教育和针对性演练4次。

【干部队伍建设】2022年，玉许乡优化政务环境，便民服务厅接待群众咨询4000余人次，为群众办理事项5000余件。同时，自觉接受人大监督，承办涉及民生改善、基础设施建设、乡村振兴等方面代表意见建议13条，答复率、满意率100%。成立以乡党委书记为组长、班子成员为组员的党风廉政建设工作领导小组，与班子成员和各村党支部签订党风廉政建设责任书，把党风廉政建设与乡党委、乡政府制定各项目标任务同部署、同落实、同考核。

【强基惠民工作】2022年，玉许乡轮换驻村工作队，选派第十一批驻村工作队6支26人，县级选派驻村工作队8支17人，于5月7日完成轮换。全年强基经费280万元，其中用于村级文化活动场所标准化建设52.9万元，文艺演出队经费28万元，产业发展经费177.1万元，党员教育培训、群众教育培训、国家通用语言文字学习、中共二十大精神宣传16.4万元等。推进第十批驻村工作七项重点任务和第十一批驻村工作五项重点任务，采取召开会议、入户走访等各种方式，累计为群众解决困难、办实事1000余件次。

【群众思想教育】2022年，玉许乡围绕习近平新时代中国特色社会主义思想，结合中共十九届历次全会精神、中共二十大精神，采取"乡党委+村党支部+双联户+微信群"线上与线下相结合、集中与入户相结合的宣讲形式，开展各项宣传工作。全年开展各项政策、工作宣讲187场次，受众1.13万余人次。组织乡、村两级新时代文明实践志愿服务人员110余人，参与疫情防控、政策宣讲、安全巡逻等工作。组织开展各类帮扶活动20次，发放教育、宣传资料等500余张（本），悬挂横幅50条，张贴标语80张，悬挂迎接中共二十大旗帜140面。各微信群推送宣传教育及新时代文明实践活动藏语、汉语两种语言宣传材料10份，抖音发布各类工作视频20条。

【新冠疫情防控】2022年，玉许乡启动新冠疫情防控应急预案，统筹安排部署疫情防控和日常办公等各项工作，取得全乡"零输入""零感染"的疫情

10 月 13 日，玉许乡组织召开抗击新冠疫情表彰大会

防控成果。组织宣讲防疫政策、知识等 460 余次，提升个人安全防护意识。制作藏易通“专属名片”1420 个，恢复常态化疫情防控状态后，及时制定工作方案，指导落实常态化疫情防控和复工复产各项工作。各村组建巡逻队，宣传防疫知识，督促落实防护措施。协调县农业农村局为群众调运配送化肥 109 吨，冬播种子 3.6 千克，保障农牧民群众生产生活需求。点对点为 11 个工地转运各类建材 20 余次，确保施工人员健康和材料供应，助力辖区内乡村振兴、灌溉水渠、农村饮用水、河道治理等重点项目推进。

【机构领导】

党委书记

益西江成（藏族）

党委副书记、乡长

王　雷

党委副书记

张　鹏（7 月离任）

畅　豪（7 月任职）

党委委员、人大主席

王烈川

党委委员、寺管会主任

次仁顿珠（藏族，5 月离任）

扎西顿珠（藏族，7 月任）

扎西顿珠（藏族，9 月离任）

朱　广（12 月任职）

党委委员、纪委书记

李平安

党委委员、派出所所长

格桑旦增（藏族）

党委委员、统战委员、政法委员

丁增桑姆（女，藏族）

党委委员

扎西顿珠（藏族，7 月离任）

张小康（7 月任职）

党委委员、组织委员、宣传委员

畅　豪（7 月离任）

陈　臣（7 月任职）

党委委员、副乡长

四朗登巴（藏族）

副乡长

邓曾曲珍

人大专职副主席

张　斌（5 月离任）

益西卓玛（7 月任职）

便民服务中心（退役军人服务站）主任（站长）

白玛德吉（9 月任职）

（李宇豪）

八盖乡

【概况】2022 年，八盖乡共有 261 户 1323 人。辖区面积 2060.27 平方千米。草场面积为 281 平方千米，牲畜总头数为 1.26 万头，其中黄牛 1515 头、牦牛 472 头、犏牛 1390 头、马 286 匹、藏香猪 8972 头。全乡耕地面积为 3.4 平方千米；农作物总播种面积为 2.49 平方千米，粮油总产量为 1119.05 吨，其中粮食作物产量为 1106.12 吨；全乡蔬菜种植面积为 0.11 平方千米，年产量为 131.15 吨。主要农作物有青稞、小麦、马铃薯、油菜、玉米、荞麦、豌豆等，特色农牧产业和特色资源（含自然资源）粮油加工厂、藏香猪养殖项目和天麻、松茸、灵芝、手掌参、三七、五味子等。下辖 7 个行政村、11 个自然村。

11 月 19 日，八盖乡扶贫农家乐项目收益分红，惠及建档立卡脱贫户 89 户 379 人，发放收益分红 4 万元

有“双联户”29 个，党支部 9 个，党员 250 人，其中农牧民党员 205 人。2022 年，农村经济总收入 3397.67 万元，同比增长 11.29%；农牧民人均纯收入 2.13 万元，同比增长 11.34%；农牧民人均收入 1.7 万元，同比增长 12.36%。

【党的建设】 2022 年，八盖乡召开意识形态部署会、推进会 5 次，明确意识形态阶段重点工作。以党委会、支部会议、党员大会等多种形式为载体开展中共十九大及十九届历次全会精神、中共二十大精神和习近平新时代中国特色社会主义思想学习活动 70 余次，覆盖党员 2000 余人次。建立党委理论学习中心组“督学、述学、考学”学习制度。探索形式多样的学、讲、研讨交流、考学方法，提升党内学习质量，开展学习 10 次、理论测试 6 次、交流研讨 5 次。依托新时代文明实践活动，建立健全文明实践队伍和阵地，开展形式多样的实践活动 330 余次。在重大节庆日、迎接中共二十大期间，组织村级文艺演出队开展文艺演出 15 场次。理论宣讲员结合铸牢中华民族共同体意识、反分裂斗争、新旧西藏对比、学习贯彻中共二十大精神，全年开展宣讲活动 190 余次，覆盖农牧民群众 4200 余人次。开展“扫黄打非”“清风”“正道”专项行动 5 次。发放防网络诈骗宣传单 500 余份，受教育人数 300 余人次。聚焦干部驻村工作，制定《八盖乡干部驻村工作方案》，组织召开驻村工作培训暨党建业务知识培训会议，组织驻村干部学习《西藏自治区驻村（社区）干部管理办法》，印发《八盖乡第十一批驻村工作队督导方案》，通过督导倒逼驻村干部压实驻村

12 月 12 日，八盖乡组织开展 2022 年度基层党支部书记抓党建述职评议会

责任，乡强基办开展督导4次，包村领导开展督导16次。

【产业发展】2022年，八盖乡雅砻藏香猪原种养殖基地加强“藏香猪原种保护”，全年藏猪存栏数630余头，出栏80余头，猪肉产量1.5吨，比2021年存栏增长215%，带动43户建档立卡脱贫户实现户均增收465.1元，带动日卡村村集体经济增收2.1万元。开展天麻、灵芝菌、羊肚菌仿野生种植，探索林下经济高质量发展，在巴瑞村种植灵芝菌866.67平方米，产生经济效益7.5万元，雄吉村仿野生天麻种植2000平方米。

【城乡建设】2022年，八盖乡结合波密县2020—2035年国土空间规划，调研各村情况，研究乡村规划布局优化措施，持续完善村庄规划编制工作，明确村庄类型、现状人口、规划人口、现状建设用地等。

【项目建设】2022年，八盖乡开展2.13平方千米高标准农田建设工作，涉及7个村，项目总投资900余万元。加强水利基础设施建设，投资125万元，维修改造巴瑞村、卧普村人饮项目，解决400余人饮水安全难题。雄吉村人饮维修改造项目总投资140万元，惠及雄吉村及小集镇周边520余人。申请900万元资金，修筑八盖藏布龙普至卧普段山洪治理工程防洪堤2.5千米，完成70%建设项目。收缴水费1.56万余元，用于乡级水利设施维护保养。投资29万余元，修建7个村文化室的卫生间及浴室，提升村级活动场所保障。

【基础设施建设】2022年，八盖乡开展钢架桥建设项目、线路改造及政府高低压线路改造。争取4个村牧场钢架桥项目。雄吉村投入250万元，修建郎玉自然村通往牧场钢架桥，256名群众生产条件得到改善，降低放牧风险，保障生命财产安全。解决农牧民群众低电压用户表箱破损、线路老化、线径偏细等问题，保障农牧民安全优质用电，争取投资280万元，对八盖乡7个行政村258户群众、乡政府进行入户线路改造。项目安装完成7个村吸顶灯1368套、五孔插座2736个、照明开关1368套、配电箱及相应电气管线228台、160千伏安变压器1台、100千伏安变压器1台、50千伏安变压器1台、电杆组立55根、避雷器2组、高供高计架子及相应线路架设2组。

【基层组织建设】2022年，八盖乡组织召开党委会、专题会、季度推进会研究部署党建工作9

6月30日，八盖乡小集镇安全饮水工程提档升级，受益人口500余人

次，制订《八盖乡2022年党建工作计划》《八盖乡2022年发展党员计划》《八盖乡2022年村干部国家通用语言培训实施方案》《“十四五”期间“一村一策”组织振兴方案》等，确保基层党建工作的推进。巩固“一学一述一评”工作成果，开展村干部国家通用语言学习集中轮训4次60人次，组建26个结对帮学小组，通过集中授课、单独辅导开展村干部国家通用语言培训90次覆盖1100人次。建立村干部国家通用语言水平销号台账，加强49名村干部听、说、读、写能力的学习培训。开展违规违纪发展党员专项整治工作，排查整治全乡246名党员，发现94名党员档案存在问题，党员发展流程存在问题3人，形成党员调查报告25份、复函14份、补办政审11份、补办入党申请书1份、党员身份认定请示1份。各驻村工作队联合村“两委”开展党员家庭大走访、支部书记大走访活动20次，排查170户210名党员，未发现不合格党员。整合村党群服务中心、综治中心、新时代文明实践所、人民调解委员会“二中心一所一会”资源，全乡246名党员中23名党员纳入23个网格中，结合党员三包机制，推广藏易通、平安守护，在服务群众、防范风险、化解难题、平安创建等工作中发挥作用，在协调矛盾纠纷、政策宣传、疫情防控、护林防火、文明村创建等各项中心工作取得成效。以创建党建示范点作为推进基层党建工作的重要载体，形成“党委书记亲自抓、包村领导指导抓、示范村支部书记直接抓”工作机制，创建塔鲁村乡村振兴百家基层党建示范点、雄吉村民族团结示范点。通过“三会一课”、主题党日等，采取集中学习和个人自学方式，组织党员开展政治教育学习，集中学习60余次。培养入党申请人4人，培养入党积极分子6人，确定发展对象转为预备党员6人，预备党员转正17人。所有党员按时收缴使用党费资金，未出现党员欠缴、漏缴现象。转接组织关系20人次，所有转接手续齐备，理顺组织关系。持续排查整顿软弱涣散基层党组织。

干部队伍建设方面，巩固党的群众路线教育实践活动成果。落实乡干部联村联户制度，乡党委书记走访78户农牧民群众。解决党员干部在思想作风、学风、工作作风、领导作风、生活作风中存在的突出问题。落实干部上班签到、请销假等制度，开展7次进一步改进作风狠抓落实工作应知应会理论知识测试，组织党员领导干部开展“作风怎么看工作怎么干”“学习贯彻党的二十大精神”等专题研讨会3次。落实联系离退休干部制度，乡党委班子与离退休干部联系4次，了解有关情况，听取意见建议。八盖乡直机关有干部职工33名，乡中心小学有教职工20名，乡卫生院有医生8名，派出所有干警3名，辅警2名。配齐配强7个行政村村“两委”班子和监委班子，村干部共49人。

加强党风廉政工作，党委书记听取党委班子成员“一岗双责”、乡纪委履职情况汇报1次。加强工作纪律督查，开展“五个紧盯”“萨嘎达瓦”扶贫领域等监督检查47次，排查问题线索。组织党员干部集中观看典型违法违纪《零容忍》《作风建设永远在路上》等警示教育片，集中学习违规违纪典型案例通报9次，集中观看警示教育片2场次。组织干部开展主题演讲活动1次、研讨交流会5次。乡党委通过班子查、互相谈查找问题，乡党员干部围绕“四查四问”建立整改台账。健全完善“发现问题—整改落实—情况反馈—总结评估”的闭环机制。开展“大调研、大讨论、大落实”活动4次，形成调研报告2份，针对调研问题提出整改情况。贯彻群众路线，按照既定措施完成全乡重点工作清单2个，明确2项民生实事落实到位。

【乡村振兴】2022年，八盖乡开展“三类人员”防返贫监测排查工作，1户符合监测户退出标准，于5月退出监测户。举办2022年防返贫监测排查和巩固脱贫攻坚成果数据采集视频培训会，对全乡91户脱贫户进行入户走访、信息登记。龙普村推进人居环境整治，总投资535.71万元，加强基础设施建设，完善生产生活便利设施，推进美丽乡村各项建设。优化乡村道路，改善通行环境，提升交通安全，完善配套设施。龙普村道路硬化4946.8平方米，排水边沟1869米，配备照明路灯50套，路基厚土施工。开展人畜分离，营造干净清爽的生活环境。龙普村新建牛棚猪圈19户，配套人畜分离点照明设施、饮水设施及相关附属设施。进行棚户搬迁，完成牛棚猪圈新建改造10户。整治庭院环境，改善户容庭貌，实现生态宜居美丽乡村。改造大门19套、栏杆灯38套，改造卫生间地面、顶面、墙面、外墙19户，铺设排污管道，新建化粪池。设置垃圾分类回收站5套，及时清理村内生活垃圾。

【科教文卫】2022年，八盖乡完善7个村级公共服务中心管理，投资36万余元，升级改造卧普村村文化室，完善组织活动、党内活动配套硬件设施。加强“村村通”广播电视管理，全乡7个文化书屋接待阅读群众500人次以上。加强教育事业建设，实施“党建+教师队伍建设”工程，听取乡中心小学党建工作汇报1次，开展日常督导7次。全年考入大学11人，其中本科2人、专科9人，考上高中班1人，发放慰问金1.48万元。申请茅台助学奖学金、滋穗计划、林芝市优秀高中生等5人次1.3万元。市政协副主席、县委书记旦增拉姆对接企业，资助1名大学生在校期间学杂费、生活费，发放慰问金（含物资折合）1万余元。做好控辍保学工作，八盖乡无脱贫户、监测户等群体出现子女辍学现象。开展校园安全隐患排查治理工作和平安校园创建活动，加强学校“三防”建设，遏制中小学生溺水等安全事故发生。推动疫情防控期间乡中心小学供暖工程复工复产。加强卫生事业建设，解决乡卫生院无法使用医保卡就医难题。设立独立藏医门诊，提升藏医药服务能力。乡卫生院联合驻村工作队开展鼠疫等传染病防治宣讲14场次。为行动不便人群开展入户诊断及健康心理疏导活动，实现绝大多数小病在乡镇解决的目标。

1月3—4日，八盖乡以领导班子成员带队，成立3个考核组，对全乡7个村49名村干部、7名第一书记、5名乡村振兴专干年度工作进行全面考核和测评

【社会保障】2022年，八盖乡完善社会保障，为4名群众申请3.1万元民政救助金。落实各项惠民政策，重度残疾人护理

补贴19人，困难残疾人护理补贴31人，享受农村低保户4户12人。全乡有五保户9户，集中供养4户，分散供养5户。全乡城乡居民基本医疗保险应参保缴费人数745人，缴费540人，缴费金额11.64万元。排查自建房隐患260处，发现并整改隐患2处。申请危房改造补贴6.8万元；与县住建局签订周转房租赁合同37份。就业方面，开展茶叶种植技术现场培训，卧普村、塔鲁村、巴瑞村参与农牧民60余人。开展农牧民土石方机械（挖掘机）操作技能培训，参与培训农牧民30余人。乡转移就业407人次，实现增收328万元。

【生态环保】2022年，八盖乡充实调整环保工作领导组，建立乡环保办工作制度。落实工作职责，强化“三线一单”管理确保制度落到实处，责任分工明确。召开专题会，研究讨论环保事宜，对各村进行环保知识培训。乡村干部下村指导开展环保专项检查5次，实地察看施工地、各行政村，了解环境保护情况，落实各方环保责任，加强生态环境安全保障。开展人居环境整治工作，全面覆盖7个村。组织各村开展“垃圾点大排查大清洁党员先行”“喜迎二十大 共建美丽家园”等主题党日活动20余次，参与人数600余人次。申报人居环境改造项目，为雄吉村、龙普村争取到由中央投资，波密县乡村振兴局主管的1095万元资金，用于改善道路通行环境，推进人畜分离工程，整治脏乱环境场地，改善户容庭貌。竹玉村人居环境整治计划投资500万元，完成项目前期测量。

9月，乡政府线路改造完成验收，261户1323人受益；11月，八盖乡3个村实现户户通国电

【安全生产】2022年，八盖乡落实安全生产责任制，签订八盖乡安全生产目标责任书22份。乡领导班子带队到施工现场、各村督查63次。乡应急办排查32次。强化消防检查，重点对小学、超市等11个重点目标进行消防安全检查8次，发现并整改问题13个。开展“减轻灾害风险 守护美好家园”应急演练暨消防安全知识培训，参与演练55人，营造关注消防安全的良好氛围。开展森林防火，加强宣传教育。驻村工作队、农牧民宣讲员宣传新修订的《中华人民共和国森林法》《森林防火条例》以及相关实施办法等森林防火法律、法规28场次，覆盖群众1300余人。签订八盖乡森林防火目标管理责任书22份，拉防火宣传横幅17条，贴防火标语200余张。乡森防办督导检查各村森林防火责任落实和应急准备情况9次。落实护林员巡逻制度，明确管护区域和管护责任，开展“清林”活动，以各村为单位，组织村干部、党员志愿者、生态护林员和普通群众开展林下可燃物集中清除活动30余次，清理林下可燃物23吨。

【人民武装】2022年，八盖乡召开乡人武工作专题会议，研究八盖乡民兵改革和建设事宜，开展民兵整组工作，民兵整组新编普通民兵，整组乡抢险救援班。改进依法征兵的工作方法和政策措施，以人武部长、人武干事、退役老兵现身说法方式开展征兵宣传14场次，动员适龄青年报名。开展庆八一系列活动，乡党委、政府关心慰问乡内退伍老兵，举行退伍老兵座谈会。

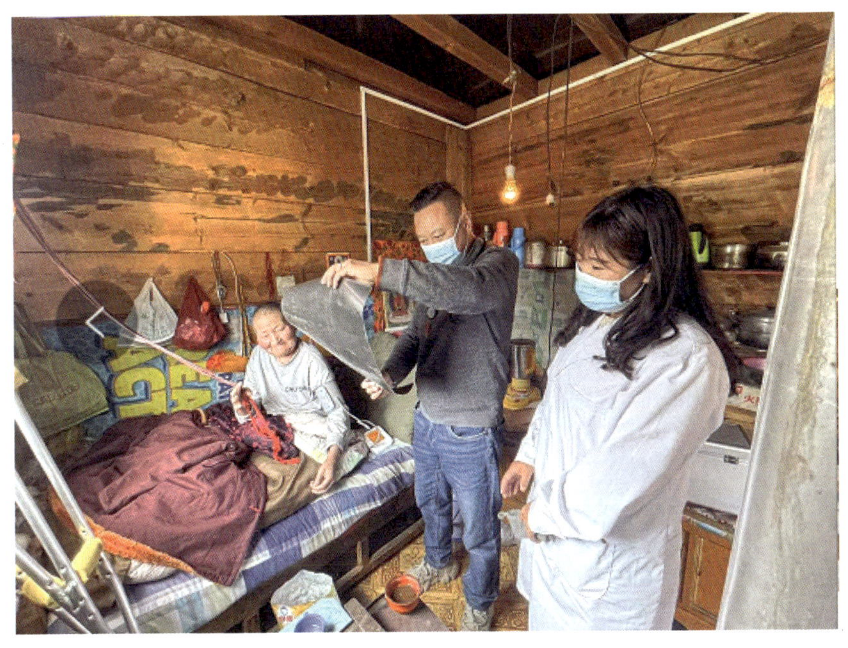

5月25日，市“粤林育才”项目——乡镇卫生院医疗培训班在乡卫生院举行

【强基惠民工作】2022年，八盖乡选派第十一批21名驻村干部驻村。各驻村工作队以习近平新时代中国特色社会主义思想为指导，深入开展中共二十大、十九大、十九届历次全会精神、中央第七次西藏工作座谈会、自治区第十次党代会、自治区十届三次全会、市委二届三次全会等重要指示精神的宣传学习工作。围绕抓好“四件大事”、实现“四个确保”，推进“四个创建”，做到“四个走在前列”，从驻村“五项任务”入手，厘清发展思路、创新工作方式，开展为民办事服务工作上千次，组织开展新时代文明实践活动200余次，服务群众1000余人，为八盖乡7个行政村基层社会稳定、民族团结、党组织建设、村风文明、生态环保、社会保障、村级自治等发挥作用。

【群众思想教育】2022年，八盖乡开展法制宣传，结合各种宣传日，利用科普、广播、横幅、宣传材料等形式，宣传《中华人民共和国民法典》《中华人民共和国反家庭暴力法》《中华人民共和国校园安全法》《中华人民共和国食品安全法》《中华人民共和国禁毒法》《中华人民共和国消防法》等法律法规5场次，参与人数370余人次，发放宣传资料340余份，张贴宣传海报14张。开展打击养老保险、国家安全主题宣传活动32场次，开展知识竞赛类活动1次，发放纸质宣传300余册。开展线上答题活动2次，参与人数60余人。加强民族团结工作，乡党委理论学习中心组将民族工作内容纳入学习日程，开展主题宣传活动7场次，受教育群众1100余人次。围绕综治安全宣传月、国家安全教育日、打击养老保险诈骗、平安建设活动主题，在农牧民群众中开展宣传活动32场次，参与群众3700余人次，发放宣传资料340余份，张贴宣传海报14张。

【新冠疫情防控】2022年，八盖乡成立新冠疫情防控工作领导小组，建立乡、村领导分片包干工作责任制。以联户为单位开展的“双联户长监督制”，划分4个片区、23个网格，明确4名班子成员、23名网格员包片负责。检查超市、小学、工地等疫情防控落实情况11次。向各村发放医用口罩2万余个，储备消毒物资1950余瓶、口罩1.3万个。开展突发状况应急演练，提升干部对突出情况的处置能力。普及宣传防疫知识，转发疫情防控宣传知识200余条，播报疫情防控政策14次，覆盖群众2600余人次。

【机构领导】

党委书记

蔡　林

党委副书记、乡长、四级调研员

索朗次仁（藏族）

党委委员、人大主席

罗布次仁（藏族）

党委副书记、三级主任科员

措　姆（女，藏族）

党委委员、派出所所长

张　辉

党委委员、纪委书记

姜　波

党委委员、组织委员、宣传委员

李　豪

党委委员、政法委员、统战委员

刘　杰

副乡长、三级主任科员

卓　玛（女，藏族）

党委委员

肖德超

人大专职副主席

扎西央宗（女，藏族）

农牧综合服务中心主任

洛松曲珍（女，藏族）

（索朗旺姆）

多吉乡

【概况】 多吉乡位于波密县东北部，总面积1223.64平方千米，下辖9个行政村，总人口712户3325人，党员403人，是以农牧业生产为主的半农半牧乡。多吉乡提出建成“路地共建示范区、文化旅游开拓区、特色农牧业推进区、生态文明创建区、基层治理深化区”的“五区”建设规划，围绕“打造川藏铁路发展带”，发展铁路经济，打造路地共建示范区。供应重大项目生活物资，以农牧民粮油菜肉合作社为基础，盘活达大村、德吉村4.67万平方米温室，合作社与运营公司协议总营业额5%作为纯收入分成给合作社，全年收入12万元。以林芝市单体最大木古村养猪场为总领，带动毛江村自营养猪场及全乡饲料业销路。以木古村57.53万平方米种子基地为核心，发展传统高原特色种植业。全年农村经济总收入9132.87万元，农牧民人均可支配收入2.37万元。

【党的建设】 2022年，多吉乡党委加强学习中共二十大精神，乡党委班子发挥表率作用，组织召开专题学习会2次、开展理论测试1次，按照联系党支部制度，各班子成员到所联系党支部开展宣讲。发挥非遗之乡文化底蕴，“曲艺”说白传承人索朗益西将非遗文化与中共二十大精神相融合，共开展“非遗文化进千家 二十大精神全覆盖”表演活动10场次，覆盖党员群众1200余人次。

加强队伍建设，开展“一学一述一评”工作，推进村干部素质能力提升工程。6月以来，开展乡、村两级国家通用语言文字培训60场次，覆盖党员群众1400余人次。乡、村两级开展国家通用语言文字考核20次，全面检验学习成果。结合村干部年终考核工作，组织全体村干部向党员群众述职。及时召开多吉乡基层党支部书记述职大会，总结全乡2022年各党支部工作，安排部署2023年全乡基层党建任务，全面检验“一学一述一评”成效。培养后备干部力量，推进人才储备实现人才振兴，形成56人的村干部后备干部库，建立后备干部动态跟踪培养机制，帮助其成才成长。加强党员教育培养工作，全年发展党员11名，按期转正19名。开展党员队伍“净化”工程，排查党员档案358份，排查出异地入党1人，做不予承认党员身份处理，剩余问题均按照县委组织部要求整改完成。加强党员管理，配合县纪委查处违规违纪党员7人，按要求完成处理。

推进基层党建建设，加强组织规范。对照党支部建设标准逐一推进，全面落实基层党建重点任务。找准软弱涣散问题症结，梳理村集体财务账目，核实查明村集体欠款，逐步分解问题，制订工作计划，及时兑现工程欠款、务工款、机械款等有关资金。兑现相关欠款28.14万元，消除软弱涣散症结。达大村党支部软弱涣散整顿工作于10月通过乡、县两级考核验收。打造基层党建示范点，木古村党支部创建林芝市百佳基层党建示范点、波密县高原特色高质量经济发展基层党组织，德吉村党支部创建波密县民族团结进步基层党组织、西巴村党支部创建生态文明建设基层党组织。

【路地共建】 2022年，多吉乡推进村集体经济发展。通过铁路建设盘活多吉乡村集体经济，形成全乡村集体经济内循环。成立运输车队、机械队等9个，以村为单位，联系协调市监、交通、税务等部门及时办理各项资格证照，确保群众能够及时拿到报酬，全年增收2000万元。保障项目建设正常进行。做好矛盾纠纷调处工作，促进乡域和谐。针对群众对参工参建政策不明问题，由乡主管、包片领导、派出所、司法所到各村宣教20余次。合理处置因参工参建引起的地界、村与村、多吉乡与其他乡镇各类矛盾纠纷50余起。调和当地群众与企业关于参工参建比例、机械租赁施工价格以及洞渣转换系数、运输价格、资金支付等冲突矛盾。通过联席会议，路地双方共同分析研判矛盾纠纷点，并予以解决，促进路地团结共建进程。严厉处置违法违规行为，联合乡派出所、县交警队开展超载超速、无证驾驶等违法行为查处10次，整治聚众扰工30人次，提升群众法治意识。同时，做好征地工作，全年全乡征地15万平方米，涉及资金708万元，保障重点项目施工。加强支部联建，支部共同举行主题党日活动，在儿童节、端午节、国庆节等重要时间节点，联合举行主题党日活动，加深支部合作和了解，全年举行主题党日4次，参与党员70余人次。在达大村大棚认领一块共建示范田，双方共同劳作，将产出作物慰问全乡困难党员或群众。开展支部助学活动。6月，中交二公局主动向乡小学捐赠物资10万元。10月12日，川配施工方在乡党委组织下，开展支部助学活动，为全乡新入学大学生发放奖学金和

4月22日，川藏铁路7标经理部党支部与多吉乡党委“路地共建”联合党支部进行第一次理论联学

11 月 29 日，市委副书记、市长巴塔调研多吉乡非遗文化

行李箱。

【文化事业】 2022 年，多吉乡投入资金 70 余万元，升级改造非遗展厅和文化广场，投入资金 40 余万元，将达大村打造成为全县“群众文化示范村”。选派村级文艺演出队 60 人，参加林芝市第二十届桃花旅游节文艺会演，多吉乡自治区级非遗“热巴”“达颇夏卓”作为压轴节目登场。中央电视台“美丽中华行”栏目到多吉乡记录非遗文化，单独采访、拍摄曲艺说白和达颇夏卓，展现“非遗之乡”文化事业。

【生态文明】 2022 年，多吉乡做好环保督察整改工作。对照整改清单，开展排查工作，采取“村级自查、乡级排查、领导督查”方式，做好排查和后续整改工作。开展环保工作，固定每周五为村庄清洁日，开展清扫活动 150 余次，清理垃圾 9.6 吨。将环保与主题党日相结合，组织全乡党员干部群众开展“巡河我先行 干净曲宗河”主题党日活动，发动党员群众 600 余人次，清扫河道近 15 千米，出动大卡车 3 辆，挖掘机、拖拉机等 10 余辆，守护多吉母亲河。

【民生项目】 2022 年，多吉乡推进各项民生事业和民生工程，增强农牧民群众新福祉。全年落实各类大小民生项目 30 余个，涉及资金近 1500 万元，提升全乡农牧民群众获得感、幸福感。落实乡村振兴项目 2 个，总投资 245 万元，提升全乡基础设施建设水平。

【综合治理】 2022 年，多吉乡重点加强信访工作。开展领导干部“大接访”活动。全年接访 22 次，接待来访群众 43 人

2022 年 11 月 9 日，多吉乡便民服务超市开业

次。做好宗教领域工作，加强寺庙僧人教育管理。强化“遵行四条标准 争做先进僧尼”和“三个意识”主题教育实践活动常态化工作，教育引导广大僧人增强“五个认同”，自觉增强中华民族共同体意识、国家意识、公民意识、法治意识。落实安全生产各项工作举措。关注重要时间、重要节点和重要场所的安全生产工作，全年到各处工地检查24次，常态化巡查监测地质灾害点17处，排查一般安全隐患4个，均整改完成。加强农牧民群众用火用电安全检查工作，重点关注10人及以上的群众自建房，持续排查用火用电情况，共排查700余户，发现问题20余个，均整改到位。推进民族团结工作，按照“民族团结九进”活动要求，把铸牢中华民族共同体意识贯穿民族工作各方面各环节，加强民族团结进步教育。毛江村党支部书记、村委会主任仁青旺久获自治区级民族团结先进个人。推进森林防火工作。组织村民定期对村道、乡道两边林下可燃物进行清理，共计开展100余场次，清理可燃物10吨。国网从毛江村、木古村、帕雄村、角落村、德吉村聘请5名护林员，对5个村的林区进行专项看护，确保林区安全。

【机构领导】

乡党委书记

唐家祥

乡党委副书记、乡长

丁增卓玛（女，藏族）

乡党委副书记

旦增平措（藏族）

乡党委委员、人大主席

邬志强

乡党委委员、派出所所长

阿旺党登（藏族）

乡党委委员、寺管会主任

达嘎巴珠（藏族，5月离任）

乡党委委员、寺管会主任

李荣金（瑶族，7月任职）

乡党委委员、纪委书记、派出监察室主任

次　央（女，藏族）

乡党委委员、组宣委员

白玛罗布（藏族）

乡党委委员

陆海军

乡党委委员、政法统战委员

郭雯振

乡党委委员、副乡长

洛桑达娃（藏族）

乡人大专职副主席

冯晓娟（女）

副乡长

扎西旺秋（藏族）

（邓　安）

康玉乡

【概况】康玉乡地处怒江流域，东临昌都八宿县，北接昌都洛隆县，距县城143千米，总面积1646.59平方千米，平均海拔3900余米。全乡下辖乌那、通堆、达曲、宗热、拉瓦西5个行政村和1座苯忠拉康。全乡有376户1841人，有党支部7个（机关党支部1个，学校党支部1个，村级党支部5个），党员194人。全乡有脱贫户24户69人，有小学生153名、学龄前儿童32名、残疾人106名、孤儿4名。

康玉乡属于半农半牧地区，耕地面积2.52平方千米，主要农作物为小麦、青稞等；草场面积458平方千米，至年底，有牛、马、骡、猪等牲畜9322头（只、匹），存栏9225头（只、匹），出栏97头（只、匹）。有住宿及餐饮商户4家，批发零售业商户5家。全乡野生动物种类繁多，有白唇鹿、麝、岩羊、黑熊等多种国家一级、二级重点保护野生动物。林下资源以虫草、贝母、雪莲花等名贵中药材为主，是农牧民群众主要的经济来源。全年全乡农村经济总收入6447.83万元，同比增长7.51%；

农牧民人均可支配收入2.56万元，同比增长10.34%。

【项目建设】 2022年，康玉乡总投资145万元，实施完成人居饮水提升项目，总投资523万元，完成拉瓦西村乡村振兴重点帮扶村建设项目，总投资200万元，完成并投入使用拉瓦西村入户蔬菜温室大棚项目，总投资97.6万元，完成拉瓦西村围墙改造项目。实施国家重大项目为川藏铁路配套建设及303省道改扩建项目（康玉乡段）。

【基层组织建设】 2022年，康玉乡党员194人（含预备党员9人），其中，乡直机关党员23人（含预备党员3人），乡中心小学党员8人（含预备党员4人），农牧民党员163人（含预备党员2人）。按期转为正式党员6人、确定预备党员8人。开展干部教育工作，创新党建工作模式，通过互学互促以及“带出去”的方式，年初组织23名村干部在5个行政村内互相学习、评比，年底组织19名乡、村干部到各兄弟乡镇、村学习。发放各类党员干部学习教材、宣传资料152本。结合改进作风狠抓落实工作，乡党委开展学习讨论8次，各党支部开展专题研讨7次，党组织书记带头讲党课、开展专题辅导23场次，开展系列爱国主义教育活动。加强党支部建设，成立乡软弱涣散村级党组织整顿工作领导小组，形成包村领导干部总体抓、村“两委”班子、驻村工作队具体抓的整顿工作机制，推进各项整顿工作。

12月19—23日，康玉乡开展“党建交流促提升　学习借鉴共奋进”活动

【乡村振兴】 2022年，康玉乡完成拉瓦西村乡村振兴重点帮扶村建设项目，投入使用拉瓦西村入户蔬菜温室大棚。探索企地共建发展模式，通过举办联谊活动，接受各项目部捐赠资金6万元，以川配工程项目施工为契机，协调施工单位大型机械扩建平整村道、疏通泥石流路段，助推康玉乡乡村振兴建设和经济社会发展。巩固拓展脱贫攻坚成果同乡村振兴有效衔接，按时完成全乡359户1793人返贫监测排查任务。开展“一村一策”编制工作，各村制定《乡村建设“一村一策”工作方案》《“十四五”期间“一村一策”组织振兴方案》。

【科教文卫】 2022年，康玉乡加强教育建设，有乡中心小学1座，占地总面积2.5万平方米，其中建筑面积2035平方米，学生185人（小学生153人，学龄前儿童32人），小学适龄儿童入学率、巩固率均为100%；学校配专职教师20人，临时聘用人员12人，本科学历教师7人，大专学历教师13人。乡小学建有塑胶足球场、塑胶篮球场，食堂、职工之家等设施。加强控辍保学工作，康玉乡全年劝回学生35人，出动人力20人次，劝学

4月4日，爱心企业凯捷集团为康玉乡中心小学师生捐赠生活用品

成功率100%。

加强文化宣传建设，推进村级文化活动场所建设。2月28日，开展庆祝藏历新年文艺会演。3月8日，开展“最美巾帼，用爱守护”主题活动，通过文艺表演、知识讲座、志愿劳动等方式庆祝妇女节。7月18日，举行“奋进新征程、喜迎二十大、共筑中国梦”文艺会演活动。10月1日，举行“喜迎二十大，欢度国庆节”升旗仪式和“我与国旗合个影”活动。全年申请乡镇文化站免费开放资金4.2万元，打造乡文化大舞台。推进申报拉瓦西村文化室的建设，争取建设资金30万元。规范其余4个行政村的村级文化活动场所使用，规范牌匾、标语悬挂。

加强医疗卫生建设，全乡5个行政村配备10名村医，各类藏药、西药药品及B超、镜检等各类药品和设备齐全。乡卫生院到各村为儿童接种常规疫苗，新生儿疫苗接种率100%，新生儿成活率99.8%。新型农村合作医疗保险参保率98%。药房、医疗室、救助室、藏医门诊和产房得到全面分开，改善农牧民就医治疗环境。

【社会保障】2022年，康玉乡医疗保险参保1729人次，参保率96.21%，实现基本医疗保险全覆盖。全乡106名残疾人全部持有残疾证，按时发放三级、四级残疾人每人每月100元的生活补贴，落实一级、二级重度残疾人每人每月300元的生活及护理补贴。按时足额发放五保金、低保金，发放率100%，组织人员定期不定期慰问五保户、低保户、“三老”人员。

【生态环保】2022年，康玉乡落实生态保护责任，推进美丽康玉建设。全年开展环境卫生整治活动53次，整治脏乱问题10处，清理卫生死角15个，清理生活垃圾10余吨。组织学习自治区、市、县相关文件2000余人次，悬挂宣传横幅、张贴宣传标语及宣传画24条（张）。发放生态岗位补助8.93万元，发放耕地地力保护补贴14.87万元。

【安全生产】2022年，康玉乡开展各类专项整治和安全生产大检查26次，出动人员150余人次，排查安全隐患15处，并限期整改，整改率100%。处置雪崩、泥石流险情5处，清淤800余立方米，开展果扎拉路段救援工作26场次，救援被困车辆80余台。与各村签订消防安全责任书5份，与各项目部签订安全生产目标管理责任书、森林草原防火目标责任书5份。组织召开消防安全形势评估专题会议1次，组织乡干部、派出所民警到各村、学校、寺庙宣传消防安全知识7次。在全乡开展食药安全检查工作4次，查处并销毁过期食品、“三无”产品30余千克。

7月13日，县法治宣讲团赴康玉乡开展“平安建设助力国家重点项目之送法进工区宣讲活动”

【人民武装】2022年，康玉乡开展征兵工作，完成全乡适龄青年的兵役登记，兵役登记率100%，筛选符合应征报名条件青年。开展“国庆关怀慰问，情暖退役老兵”活动，节日期间慰问退役军人。为现役军人家属及优抚对象发放优待金。

【强基惠民工作】2022年，康玉乡发挥驻村工作队的协助作用，各驻村工作队在维护社会稳定、化解群众矛盾、寻找致富门路、宣传惠民政策、开展主题教育、解决农牧区基础设施建设、助推乡村振兴等方面发挥作用，为群众办实事、解难事100余件。康玉乡强基办收到各驻村工作队报送简报信息101期，各类实施方案20余个。在春节、藏历新年、妇女节、“3·28”百万农奴解放纪念日、七一、国庆等重要节日，各驻村工作队开展送温暖、送祝福活动，举办一系列红歌合唱、锅庄、演讲等文艺活动。

【新冠疫情防控】2022年，康玉乡做好防疫宣讲等工作。倡导社会各界爱心企业、人士捐资捐物，收到各类疫情防控物资，价值13.9万元。推选2名优秀联户长作为疫情防控协管员，协助乡疫情防控办及派出所开展疫情防控工作，发挥联户长群防群治作用。

【机构领导】

乡党委书记

朱果夫

乡党委副书记、乡长

罗布次仁（藏族）

乡党委委员、人大主席

刘星源

乡党委副书记

刘松松

乡党委委员、组宣委员

9月1日，广州市增城区援助波密县康玉乡抗疫医疗物资捐赠仪式在波密县举行

贾俊兵

乡党委委员、纪委书记

普　尺（女，藏族）

乡党委委员

次旺德吉（女，藏族）

乡党委委员、政法统战委员

邓行翔

乡党委委员、副乡长

次　仁（女，藏族，7月离任）

副乡长

郭　炎

乡人大专职副主席

索朗顿珠（藏族）

（陈金纯）

玉普乡

【概况】 玉普乡属波密县、林芝市“东大门”，总面积2075.18平方千米，耕地面积3.16平方千米，林业管护面积323.89平方千米。下辖6个行政村17个自然村，共485户1765人。全乡有党支部10个，党员246人（其中农牧民党员187人）。全年全乡农村经济总收入5104.47万元，人均可支配收入2.25万元。牲畜1.13万个绵羊单位。全年无动物疫情、安全事故、食品安全事件和森林火灾发生。

【党的建设】 2022年，玉普乡采取乡党委理论学习中心组打造分享式集体学习、“玉普红墙”打造现场感悟式学习和“学习强国”学习平台，打造自觉式学习“三结合”模式，助推乡域机关党员干部学懂弄通做实习近平新时代中国特色社会主义思想、中共十九届历次全会精神、中共二十大精神等政治理论知识，落实驻村工作队、第一书记、乡村振兴专干等队伍学习教育。全年开展线下集中学习28场次、玉普“红墙”现场感悟“十八军进藏史”学习1场次、红色经典书籍读书会2场次。运用乡级视频监控调度暨“天翼大喇叭”智慧平台、红色大喇叭等设备，采取每日播报习近平总书记相关论述讲话、红色歌曲等，实现政治理论学习全覆盖，播放总时长4800余分钟。根据影视作品通俗易懂、接受程度高等特点，采取“小屏幕+大荧屏”学习模式，指导机关党员干部通过手机终端观看“学习强国”学习平台相关视频，指导各村播放红色影视作品。全年乡域在岗28名机关干部观看政治理论视频200余次、200余课时，各村播放红色影视作品15场次。组建1个乡级宣讲团、6个村级宣讲队，围绕民族团结、反分裂斗争、感党恩、社会主义核心价值观等内容，定期、不定期集中召开宣传宣讲会、“草坝会”等，全年乡村两级开展集中宣传160余场次、教育干部群众3500余人次。

【产业发展】 2022年，玉普乡

7月25日，玉普乡党委书记索朗罗布实查看茶树种植项目

推动米堆冰川旅游经济发展，开展马帮运营整顿，制定《玉普乡米堆村马帮运营管理办法（试行）》，调处化解旅游纠纷16起，推动米堆冰川景区第三期文旅融合产业项目施工，开展景区环境卫生整治。米堆冰川接待游客总量5.5万余人次，旅游接待总收入666.18万元（含景区门票和马帮收入）。探索推进种植产业，实施抱团式发展模式，创新试行海拔3300米庭院茶树种植，探索进行乡域3.87万平方米的玉米和2万平方米高山桃种植，茶树、高山桃生长态势良好，玉米收割111.65吨。

【项目建设】2022年，玉普乡发展高原特色农牧经济产业，制定并完善玉普乡牦牛经济杂交项目实施方案，聘请市农业推广站技术人员开展牦牛经济杂交与技术培训工作，培养技术能手6人，完成犏牛改良149头、黄牛改良77头，犏奶牛扩繁养殖基地主体建筑陆续建设，夯实乡域雅江雪牛育养售工作基础。

【基层组织建设】2022年，玉普乡开展干部选拔任用推荐工作，向县委组织部推荐优秀干部4人，落实28名在家机关干部、18名驻村干部请销假审批管理，组织开展干部谈心谈话4场次，掌握干部思想动态。推进党员干部政治教育培训，结合工作表现、乡域发展需要、学用转化情况等方面信息，推荐选派47名党员干部参加自治区内外、市、县政治教育培训，选取3名骨干机关干部组建工作观摩交流团到巴宜区开展雅江雪牛养殖交流学习1次。围绕中共十九届历次全会精神、上级会议精神、习近平总书记重要讲话精神等，开展乡村两级政治教育65场次。实施村干部国家通用语言使用能力培训，发挥驻村工作队“传、帮、带”优势，推进村干部国家通用语言能力学习教育54场次、教育村干部270人次，实现村主要干部基本掌握国家通用语言文字使用能力，提升村“两委”班子成员国家通用语言文字使用能力。加强党员发展管理，持续开展异地入党、带病入党、弄虚作假等违规违纪入党行为摸排10场次，做好违规违纪发展党员专项整治后半段工作，完成184名农牧民党员、20名机关党员档案整改工作，依规依纪清退农牧民党员12人、承认党员身份3人，严把党员发展“入口关”，发展党员9人。持续推进基层党组织示范点创建，立足各村实际，制定6个党支部组织振兴“一村一策”方案，以党委班子成员联系支部工作为依托，乡党委班子成员定期不定期到各村督导检查示范点创建工作

4月15日，格巴村组织党员开展“破冰”行动

20余次，推动阿西村与驻地部队完成国道应急抢险工作、达巴村犏奶牛扩繁养殖基地开工、宗坝村自治区级乡村振兴村建设、米堆村党建促乡村旅游发展等工作。

【乡村振兴】2022年，玉普乡实现65户212人“两不愁三保障”目标，落实防返贫动态监测机制，组织驻村工作队等基层队伍定期不定期入户走访落实日常动态监测，年内对577人次脱贫户、一般户、“三类人”开展入户摸排，对贡乔、索朗卓玛等重病群众纳入监测范围，解决阿境房屋重建资金等实际问题，实现无返贫。组织村两委、驻村工作队召开村民大会、入户走访等形式收集群众村规民约修订意见60余条，将疫情防控内容纳入村规民约，推动基层群众自治，健全完善村规民约6个。推进米美村乡村振兴帮扶村建设，采取“集体动员+个别动员”方式做实做通群众思想工作，治理村域乱圈乱占侵占村集体土地行为，收回村集体建设用地865.73万平方米（含2万平方米历史遗留无持证者占地），开展人居环境整治，完成牛棚整村搬迁，建造饲草棚晒麦场，村道由2.5米拓宽至6米，提升改造村道围墙，完善生态公园建设等硬件设施，实现牛不进村、群众休闲有去处，建设和美乡村提升村容村貌。推进宗坝村自治区级乡村振兴村级项目建设，乡党委班子定期不定期到一线检查指导压落实，驻村工作队、村“两委”班子开展群众思想工作，促进乡村振兴村级子项目开展。牛棚建设率90%（建成77个牛棚），人畜分离、排水完成率70%，开展基础设施、庭院整治，改善村容村貌。

【科教文卫】2022年，玉普乡对接上级部门、社会爱心企业、爱心计划助力困难学生上学读书，做好2022—2023年第一学年疫情防控期间学生送学工作，年内乡域新晋大学生18人、滋蕙计划助学补贴4人（共享受3000元），企业资助学生1人（1000元），向县工商联上报困难大学生6人，上报高中优秀学生奖1人，送学400余人。依托百万农奴解放纪念日等重大节假日，组织6个村文艺演出队开展文艺演出活动，发掘弘扬民俗文化，组织开展村级文化节活动，年内举行文艺演出12场次、举办阿西村民俗文化节等节庆活动2场。加强与广州市花都区政府对接沟通，利用2022年度对口帮扶资金，为群众购买“林芝市扶贫特惠农牧民住房保险”和“乡村振兴保”个人险，覆盖1800余人、400余栋房屋，为宗坝村“三类人员”阿境修建房屋，增强政府社会兜底效能。做好民政救助工作，宣传民政救助政策，组织专班开展核实工作，按照程序召开乡党委会议表决，通过有关救助事宜，年内救助困难群众3人，发放救助金3.6万元。

【社会保障】2022年，玉普乡推动宣传、培训和转移工作，推动牧民群众就业观念转变、劳动技能提升、工作地点多样化。全年开展就业宣传150余场次，推送就业信息150余条，组织农牧民参加技能培训143人次，实现农牧民转移就业524人。做好民政救助，宣传民政救助政策，组织专班开展核实工作。

【生态环保】2022年，玉普乡围绕“最美国道318线”保障维护，乡域7个党支部统筹组织7支党员志愿服务队，到乡域内318国道和帕隆藏布河段开展志愿服务活动8场次，加强乡村两级河长工作，落实巡河工作100余次，清理各类垃圾80余吨，净化乡域国道河道环境。各村依托乡村振兴村级项目、人居环境整治，以主题党日志愿活动为载体，运用垃圾转运点、畜禽粪便无害化处理坑等设备，开展房前屋后家园美化净化行动，清理村域人为垃圾、牲畜排泄物15吨，实现美化村容村貌。

【安全生产】2022年，玉普乡基于乡域夏季泥石流频发、冬季冰雪路面较长、秋冬风干物燥隐患较多等情况，聚合军警民开展“扫雷”“破冰”行动，组织统筹驻村工作队、村“两委”、护林员等队伍定期开展房屋火灾、电线隐患、森林火灾巡逻排查，保障乘客、游客、群众生命财产安全，开展“扫雷”“破冰”等行动8场次，清理泥石1.4万立方米，排查火灾等安全隐患60余次。

【人民武装】2022年，玉普乡以学习贯彻中共二十大精神为重点，依托主题党日、村民大会、宣传会等载体，组织民兵党员学习习近平强军思想，党中央、国务院、中央军委关于加强国防后备力量的方针、政策和上级党委、人武部门有关决策部署，持续提高民兵党性修养。全年开展民兵政治教育24场次。成立民兵整组专班，制订方案计划，整合村“两委”班子、“双联户”户长等队伍，采取调查摸排形式开展民兵潜力调查和民兵出入队工作，组织乡域内民兵完成年度体检和政治审查，完成民兵“一人一档”材料，完成乡域内边防民兵连、排组建工作，组建民兵连、民兵排。乡征兵办严格政审程序，配合县人武部做好应征青年体检复查、核酸检测等保障工作，逐个进行核实，保证兵源质量。完成玉普乡2022年度兵役登记及征兵各项工作。

【干部队伍建设】2022年，玉普乡机关党政干部有44人，其中行政编制人员21人，事业编制人员23人。妇女干部25名，占56.8%。年龄构成为，36～45岁3人，占6.8%；26～35岁29人，占65.9%；25岁及以下12人，占27.2%，平均年龄28.8岁。文化结构为，大学学历34名，占77.2%；大专学历10名，占22.7%。中共党员32人，占72.7%。

【强基惠民工作】2022年，玉普乡组织各驻村工作队召开工作会议10次，听取各驻村工作队长工作汇报6次。乡强基办按月开展工作督查，对于群众“急、难、愁、盼”事项，要求驻村工作队立改立办，限期整改。完善队员请假和轮休工作制度，确保重大节点全员在岗，日常工作3人以上在岗。以群众喜闻乐见的方式，开展各类宣讲200余场次，覆盖群众7500余人次，引导群众增进“五个认同”（增强各族人民对伟大祖国、中华民族、中华文化、中国共产党、中国特色社会主义的认同）、树立“三个离不开思想”（汉族离不开少数民族，少数民族离不开汉族，各少数民族之间也相互离不开）。采取开办文化补习、结对帮学等形式，开展国家通用语言文字学习教育102场次，参学村干部、农牧民党员510人次，进一步铸牢中华民族共同体意识。协助村组织加强“六个基本”建设，推动“三会一课”、“四议两公开”、主题党日、民主评议党员等组织制度规范落实，持续整顿软弱涣散基层党组织，帮助村干部提升能力、树立威信，协助做好违规违纪发展党员整治工作“回头看”工作。

【调解纠纷与群众思想教育】2022年，玉普乡完成阿西村“三级和议”示范点打造，健全完善“三级和议”流程图，

3月28日，达巴村开展西藏百万农奴解放纪念日升旗活动

制定激励奖励制度，组织三级和议员排查矛盾纠纷400余次，成功化解以阿西村达巴村地界纠纷、米堆村然乌镇瓦巴村资源纠纷为代表的矛盾纠纷30余起，矛盾纠纷化解率100%。推动群众教育工作与新时代文明实践活动、志愿服务活动等活动结合，教育引导群众崇尚科学、破除迷信、移风易俗、改变陋习，树立科学文明健康的生活理念，年内各村开展集中宣讲96场次，田间地头宣讲40余次，入户宣讲190余次，受教育群众2500余人次。推进“法律进寺庙”工作，组织乡司法所等业务骨干定期不定期到辖内日昂寺向僧尼及信教群众解读宗教领域相关法律法规、党的民族宗教政策和民族团结有关知识，年内开展“法律进寺庙”活动8场次。

【新冠疫情防控】2022年，玉普乡发挥机关党员先锋模范作用，开展新冠肺炎疫情防控工作，发挥党员队伍作用，巩固村域防疫成果，落实人员聚集地等场所区域消毒消杀，农牧区未发生疫情。对必备生产生活物资实行统购统销，帮助乡域485户农牧民群众、9个施工主体购置柴（汽）油、生鲜蔬菜等必备生产生活物资，统购物资22万余元。

【机构领导】

乡党委书记

索朗罗布（藏族）

乡党委副书记、乡长

王学位

乡党委副书记

白玛央金（女，藏族）

乡党委委员、人大主席

马富杰

乡党委委员

旺杰旦增（藏族）

乡党委委员、统战委员、政法委员

次仁拉宗（女，藏族）

乡党委委员、副乡长

邓彪权

乡便民服务中心主任

欧珠多吉（藏族，9月任职）

（次卓玛）

易贡乡

【概况】易贡乡位于波密西北部，临近318国道，坐落于易贡湖畔，距波密县136千米，平均海拔2100米。全乡总面积2771.01平方千米，耕地5.11平方千米，草场275.6平方千米，林地992.55平方千米。下辖5个行政村、11个自然村，有411户1598人，1个党总支部，7个党支部、338名党员，其中农牧民党员246人。境内有2座寺庙（桑林寺、成色寺），在编僧人2人。2022年，全乡经济总收入7326.04万元，同比增长5.9%；农牧民人均可支配收入3.02万元，同比增长7.3%。

【党的建设】2022年，易贡乡开展党委理论学习中心组学习12次、机关支部学习交流32次，形成专题简报50余篇，撰写读书笔记和心得体会70余篇。组织干部群众500余人次观看中共二十大开幕会，撰写心得体会13篇。乡党委班子宣讲中共二十大精神13次，受教育群众1000余人次。各驻村工作队配合村党支部开展中共二十大精神学习宣讲活动20余次，受教育党员、群众1000余人次。易贡乡将党风廉政建设工作纳入乡党委、政府日常工作日程，在乡党委理论学习中心组、机关支部学习会上集中学习违反中央八项规定典型案例10余次，组织收看廉政教育专题片《守住第一次》《零容忍》。对党员干部进行廉政提醒4次，通报批评违反工作纪律的事业干部1人，将相关问题上报县人社局，按照《事业干部管理办法》严肃问责。配合波密县纪委核实、调查江拉村3名党员违纪违法问题，开展脱贫攻坚与乡村振兴有效衔接专项监督，对通加村乡村振兴村道项目、人畜分离建设项目监督检查4次，要求整改问题2项。督导检查重点区域，严格规范消毒、人员登记、人员管控等工作。选派1名纪检干事到林芝市纪委监委跟案学习，提高纪检干部专业知识和能力目标。

12月27日，林芝市百佳基层党建示范点、波密县“红心党建”示范点揭牌仪式在易贡乡通加村举行

【产业发展】2022年，易贡乡指导沙玛村发展反季节易贡辣椒种植项目，共投入88万元，其中为民办实事经费68万元、争取县政府资金20万元，丰富易贡辣椒产品，拓宽辣椒销售渠道。指导格通村建立全乡首个村集体超市，投入10.5万元，其中集体经济资金5.5万元、发动群众自筹资金5万元，每年为集体稳定增收5万元，带动1户困难群众稳定就业。引进茶企业，完成易贡乡绿丰合作社移交工作，将50万元中央扶持资金用于建设茶叶仓库，完成仓库建设并与茶企业达成租赁约定，年租金2.5万元。协助江拉村对接个体企业承包12.07万平方米村集体果园，带动村集体经济年均增收5万余元。协助沙玛村引进外来企业发展麒麟瓜种植产业，流转土地4.87万平方米，建设温室大棚120余个，每亩租金850元，年租金6.21万元，带动该村群众就近务工增收10余万元。协助贡仲村对接专业养殖户承包村集体荒地12.47万平方米建设养殖场，每亩每年租金200元，为村集体增加收入3万余元。

【项目建设】2022年，易贡乡分别向县委组织部和县农牧局争取资金12.5万元、33.2万元，用于通加村老茶园改造保护项目，保护和传播原十八军在易贡种茶的红色历史。争取资金80万元，用于改造提升贡仲村农行营业所至寺庙路口道路建设。争

9月20日，市政协副主席、县委书记旦增拉姆一行到白玉沟绿丰合作社调研茶叶种植情况

取资金174万元，用于“三岩”搬迁群众伙房改造。主动争取资金30万元，为江拉村“三岩”搬迁群众修建道路。推进格通村、沙玛村、江拉村3处拦河坝建设项目。

【基础设施建设】 2022年，易贡乡争取资金30万元，采购发放垃圾桶600个，解决乡村垃圾乱堆乱放问题。争取资金100万元，改造江拉村、通加村高低压线路，解决群众用电难问题。争取资金48万元，为贡仲村安装路灯90盏，保障群众夜间出行安全。

【基层组织建设】 2022年，易贡乡开展“书记抓书记”工作，召开专题会议4次，听取各支部基层党建工作开展情况汇报10次。拓展“红色318党建”工作思路，发挥“六支队伍”在乡村振兴战略中的中流砥柱作用，发挥村党支部书记“领头雁”、第一书记“尖兵”作用。争取资金300万元，用于格通村村级文化场所标准化建设，加强联系群众、凝聚群众、服务群众的平台基础。加强组织领导，推进通加村特色党建工作，帮助通加村党支部成为林芝市“百佳基层党建示范点”。指导推动易贡乡寺庙管理委员会成立党支部，结合支部书记大走访活动，排查违规违纪发展党员，及时上报处置异地入党人员1名。

【乡村振兴】 2022年，易贡乡落实乡党委书记抓乡村振兴第一责任人责任，建立健全乡村振兴工作体系，组织学习习近平总书记关于乡村振兴重要论述4次，宣传相关政策10余次。完成159名生态岗位人员考核工作，兑现岗位资金55.65万元。制定完善乡村振兴“一村一策”方案5份。完成2021年度巩固拓展脱贫攻坚成果同乡村振兴有效衔接考核反馈问题整改16条。开展防返贫监测工作，完成防返贫

4月13日，自治区党委副书记、人大常委会主任洛桑江村到易贡乡通加村调研红色资源——老茶树

监测帮扶工作大排查及系统录入工作，列入监测对象2户。

【科教文卫】 2022年，易贡乡有小学1座、幼儿园3座，共320名学生（其中小学生245名、幼儿园幼儿75名），小学适龄儿童入学率99%，巩固率98%。学校占地总面积1.45万平方米，其中建筑面积5880平方米。学校配专职教师23人，其中，本科学历教师14人，占63.64%；大专学历教师9人，占36.36%。完善教育教学设施，新建或维修学校塑胶足球场、塑胶篮球场，以及校园绿化、厕所、食堂、宿舍等设施。考上西藏班1人，实现易贡乡五年来考入西藏班“零”的突破。乡卫生院新增一体化体检仪、便携式家庭签约服务仪器、医保一体化结算系统等大批基础医疗设备。新建藏医特色理疗馆，接种疫苗留观室各1间，成立家庭医生签约服务团队，为400余名群众提供家庭医生签约服务，门诊接诊2000余人，住院患者12人，急诊7人，随访慢性病患者184人次。

【社会保障】 2022年，易贡乡共有特困户11户11人，均为分散供养，发放特困金2.13万元。低保户10户28人，动态调整3户7人，发放低保金5.5万元。提供民政医疗救助服务6户，救助金额4.5万元。兑现残疾人“两项补贴”78人，金额16.08万元。兑现精神障碍患者监护人补贴5人，金额1.2万元。在5个行政村分设农牧民就业服务站5处，组织开展挖掘机培训班2次、早餐培训1次，为近百名农牧民群众提供就业技能培训。为1名“三岩”搬迁人员提供乡农业保险员工作岗位，完成养老保险金收缴工作1547人次，追缴社保冒领12人次2760元。

6月10日，易贡乡藏式早餐培训班结业仪式在易贡乡文化站举行

【生态环保】 2022年，易贡乡开展“相约绿色扮靓易贡”植树节活动，发动5个村70余人种植柳树600余棵。开展每周五环境日活动，组织各村、学校、小集镇商户集体大扫除，落实门前“四包”责任。将通麦小集镇垃圾转运工作移交第三方管理，开展“六乱治理”，开展整治活动80余次，清理垃圾30余吨。投入13万元，对各村垃圾临时堆放点进行规范化改造。向县林业局争取资金200万元，用于绿化项目。组织学习习近平生态文明思想和生态环保文件1500余人次，悬挂宣传横幅、张贴宣传标语、宣传画60余张。落实河（湖）长制，开展巡河200余次，推进地质灾害排查和河道治理清淤工作。

【安全生产】 2022年，易贡乡召开安全生产学习会8次，召开安全生产专题会议4次，开展安全生产大检查40余次，下发整改通知书1份。加强市场监管，落实食品安全责任，加强食品安全知识宣传教育，开展宣传20

余次，开展专项整治与日常监管10余次，处理过期食品1.6吨。

【人民武装】2022年，易贡乡推进征兵工作，召开乡村两级宣传会议14次，微信转发征兵信息300余条次，村文化室喇叭播放250余条次，张贴横幅9条，入户宣传35次，营造征兵宣传氛围。开展兵役登记及应征青年报名参军工作，将民兵预备役思想政治建设纳入易贡乡年度工作计划，组织民兵干部学习11次、业务培训2次、国防教育2次。发挥民兵突击队作用，在疫情防控期间组织民兵协助开展核酸检测，参与防疫政策宣传15场次，受教育群众1000余人次，参与疫情值班、巡逻，登记外来车辆200余辆、外来人员4500余人次，参与日常护村、护校、护林、护路、抗旱防汛等活动，建设平安易贡。开展"帮困慰问"，为退役军人发放慰问品，价值700元。走访慰问通麦驻地部队，送去价值2000元的慰问品。

【干部队伍建设】2022年，易贡乡开展干部队伍建设，推进作风改进，组织召开改进作风狠抓落实工作部署会、推进会及领导小组会议11次，理论学习中心组学习12次，召开"作风怎么看 工作怎么干"专题研讨会1次、围绕"四查四问"专题研讨1次，41人参加研讨。安装藏语、汉语两种语言"作风举报箱"6处，张贴宣传标语15条，悬挂横幅20条。创新干部管理方法路径，创新使用人脸（指纹）识别打卡器，准确掌握干部的在岗动态，管理好干部考勤纪律。查摆、梳理干部职工在日常工作、能力素质、生活作风等方面存在问题20个，形成个人问题清单，进行整改销号。

【强基惠民工作】2022年，易贡乡各驻村工作队进驻后，开展全覆盖入户走访工作，形成户档5本，梳理农牧民群众急难愁盼问题30余条，均制定解决措施。落实5项任务，组织学习宣传中共十九大、中共十九届历次全会精神、中共二十大精神、中央第七次西藏工作座谈会精神及自治区十次党代会精神210余场次，受教育群众5000余人次。通过开办夜校、结对帮学等方式开展国家通用语言文字培训学习，开展学习480余课时，全乡26名村干部中，有22名能听懂会说国家通用语言文字。协助村"两委"召开维稳工作部署会、推进会20余次，制定各类方案、预案10份、值班表5份，协助开展维稳巡逻385次，协助排查重点领域42次，调处化解各类矛盾纠纷12件。

【宣传教育】2022年，易贡乡以元旦、"3·28"百万农奴解放纪念日、"9月民族团结宣传月"、"庆祝中共二十大胜利召开"、国庆节等重要节点为依托，开展宣传，参与人数1300余人次。开

10月1日，易贡乡组织党员群众参观红色走廊，重温红色党史

展“帮带促学”藏语、汉语两种语言学习12次，推进国家通用语言文字学习12次。开展“法律八进”普法宣传教育工作10场次，受众800余人次，营造学法、知法、守法、懂法、用法的良好社会氛围。

【新冠疫情防控】2022年，易贡乡党委、乡政府推进新冠疫情防控工作，召开疫情防控工作部署会、推进会、调度会等专题会议16次，投入一线工作人员151人次，后备力量20人次。组织成立党员突击队6支、党员先锋队11支，大学生志愿者服务队1支、志愿服务车队1支。利用6处应急广播和1辆政策流动宣传车，分时段播报新冠疫情防控政策等重要内容500余次，制作疫情防控工作短视频25个，发放“明白卡”800张，覆盖群众800余户。组建成立工作专班，投入资金20.5万元、人员123人次，确保“两乡一场”人员生命财产安全。

【机构领导】

乡党委书记
　　刘仕林

8月27日，国务院督导组一行到通麦检查站检查疫情防控工作，林芝市委书记敖刘全，市政协副主席、波密县委书记旦增拉姆，波密县委副书记、县长杨力参加检查

乡党委副书记、乡长
　　拉巴次仁（藏族）
乡党委委员、人大主席
　　贾芳丽（女）
乡党委委员、寺管会主任
　　尼　玛（门巴族 7月19日任易贡乡党委委员；7月25日任寺管会主任）
乡党委副书记
　　白　拉（女，藏族）
乡党委委员、纪委书记、监察室主任
　　王来永
乡党委委员、组织委员、宣传委员
　　潘威威
乡党委委员
　　索朗群培（藏族）
乡党委委员、政法委员、统战委员
　　顿　珠（藏族）
乡党委委员、副乡长
　　何　磊
副乡长
　　顿珠次仁（藏族）
人大专职副主席
　　达瓦卓玛（女，藏族）
乡文化旅游综合服务中心主任
　　格　列（藏族）

（卓玛玉珍）

2022年波密县受县级以上表彰的先进集体

2022年波密县受县级以上表彰的先进集体一览表

表1

单位名称	获奖名称	授予时间	授予单位
波密县总工会户外劳动者爱心驿站	2022年“最美工会户外劳动者服务站点”	2022.12	全国总工会
波密县总工会	优秀组织单位	2022.8	林芝市总工会
波密县人民检察院	全市百佳基层党建示范点	2022.1	中共林芝市委组织部
波密县统计局	第七次全国人口普查先进集体	2022.7	国务院第七次全国人口普查领导小组
波密县疾病预防控制中心	西藏自治区科学技术奖	2022.1	西藏自治区人民政府
波密县民政局	第五届林芝市文明单位	2022	林芝市文明办
波密县民政局	“十三五”妇女儿童发展规划先进集体	2022	林芝市妇联
波密县医保局	全市百佳基层党建示范点	2022.10	林芝市委组织部
波密县自然资源局	2022年度先进县（区）局	2022.3	林芝市自然资源局
波密县教育局	全区实施妇女儿童发展规划先进集体	2022.2	西藏自治区政府妇女儿童工作委员会

2022年波密县受县级以上表彰的先进个人

2022年波密县受县级以上表彰的先进个人一览表

表2

姓名	所在单位	获得荣誉	授予单位	授予时间
旦　增	西藏波密监狱	全国司法行政系统劳动模范	人力资源和社会保障部、司法部	2022.6
庄　斌	波密县发改委	第九批援藏先进个人	自治区党委、自治区政府	2022.7

续表 2

姓名	所在单位	获得荣誉	授予单位	授予时间
邹勇刚	波密县委	第九批援藏先进个人	自治区党委、自治区政府	2022.7
钟泳薪	波密县委	第九批援藏先进个人	自治区党委、自治区政府	2022.7
丘永光	波密县农业农村局	第九批援藏先进个人	自治区党委、自治区政府	2022.7
占华剑	波密县人民医院	第九批援藏先进个人	自治区党委、自治区政府	2022.7
张　通	县人民医院	第九批援藏先进个人	自治区党委、自治区政府	2022.7
次仁卓玛	县水利局	全区水利系统先进个人	西藏自治区水利局	2022.3
郑继波	波密中波台	首届西藏广播电视技术能手竞赛单项三等奖	西藏自治区广播电视局	2022.4
吴　晓	波密县委宣传部	2022 年新时代文明实践工作先进个人	西藏自治区精神文明建设指导委员会	2022.9
黎世川	波密县中学	林芝市优秀校长	林芝市委、市政府	2022.9
泽仁拉姆	波密县中学	林芝市最美巾帼抗疫者	林芝市妇联	2022.11
扎西尼玛	波密县多吉乡中心小学	摔跤 第一名（古典式 77 公斤级）	西藏自治区第十三届运动会暨第五届民族传统体育运动会组委会	2022.8
益西旦增	波密县中学	珍珠球 二等奖	西藏自治区第十三届运动会暨第五届民族传统体育运动会组委会	2022.8
张　谋	波密县完全小学	林芝市小学科学实验教学大赛一等奖	林芝市教育局	2022.4
巴桑次仁	波密县完全小学	2021 年青少年禁毒知识竞赛先进个人	西藏自治区禁毒委员会办公室	2022.4
索朗旺姆	波密县教育局	林芝市优秀教师	林芝市政府	2022.9
次成久美	波密县完全小学	林芝市优秀班主任	林芝市政府	2022.9
崔钰东	波密县玉许乡中心小学	林芝市师德标兵	林芝市政府	2022.9
普　布	波密县倾多镇中心小学	林芝市最美乡村教师	林芝市政府	2022.9
格日才旦	波密县藏医院	拉萨市抗击新冠肺炎疫情优秀援助医疗队员	拉萨市委、市政府	2022.9
土丁尕索	波密县藏医院	拉萨市抗击新冠肺炎疫情优秀援助医疗队员	拉萨市委、市政府	2022.9
西热旺久	波密县藏医院	拉萨市抗击新冠肺炎疫情优秀援助医疗队员	拉萨市委、市政府	2022.9
丁增曲珍	波密县藏医院	拉萨市抗击新冠肺炎疫情优秀援助医疗队员	拉萨市委、市政府	2022.9

续表 2

姓名	所在单位	获得荣誉	授予单位	授予时间
孙万春	波密县藏医院	拉萨市抗击新冠肺炎疫情优秀援助医疗队员	拉萨市委、市政府	2022.9
旦增赤列	波密县藏医院	拉萨市抗击新冠肺炎疫情优秀援助医疗队员	拉萨市委、市政府	2022.9
罗 艳	波密县八盖乡卫生院	拉萨市抗击新冠肺炎疫情优秀援助医疗队员	拉萨市委、市政府	2022.9
张国荣	波密县自然资源局	逆行出征践初心 大爱无疆担使命	林芝市应对疫情工作领导小组	2022.9
吴 卓	波密县自然资源局	逆行出征践初心 大爱无疆担使命	林芝市应对疫情工作领导小组	2022.9
次仁扎西	波密县自然资源局	逆行出征践初心 大爱无疆担使命	林芝市应对疫情工作领导小组	2022.9
付昭浩	波密县委宣传部	逆行出征践初心 大爱无疆担使命	林芝市应对疫情工作领导小组	2022.9
左齐玉	波密县委宣传部	逆行出征践初心 大爱无疆担使命	林芝市应对疫情工作领导小组	2022.9
扎 西	波密县委宣传部	逆行出征践初心 大爱无疆担使命	林芝市应对疫情工作领导小组	2022.9
陈 伟	波密县委宣传部	逆行出征践初心 大爱无疆担使命	林芝市应对疫情工作领导小组	2022.9
桑登多吉	波密县委宣传部	逆行出征践初心 大爱无疆担使命	林芝市应对疫情工作领导小组	2022.9
尼 玛	波密县委宣传部	逆行出征践初心 大爱无疆担使命	林芝市应对疫情工作领导小组	2022.9
吴 晓	波密县委宣传部	逆行出征践初心 大爱无疆担使命	林芝市应对疫情工作领导小组	2022.9
雷淑娟	波密县政协	首批林芝市民族团结进步模范家庭	林芝市民宗局	2022.12
青 程	多吉乡帕雄村	首批林芝市民族团结进步模范家庭	林芝市民宗局	2022.12
姜清全	古乡嘎朗村	首批林芝市民族团结进步模范家庭	林芝市民宗局	2022.12
尼玛拉姆	易贡乡贡仲村	首批林芝市民族团结进步模范家庭	林芝市民宗局	2022.12
赵小纬	玉普乡米堆村	首批林芝市民族团结进步模范家庭	林芝市民宗局	2022.12
益西江成	玉许乡	首批林芝市民族团结进步模范家庭	林芝市民宗局	2022.12
张文豪	中铁四局	林芝市民族团结进步模范个人	林芝市民宗局	2022.12
杨 文	波密县公安局法制室	林芝市民族团结进步模范个人	林芝市民宗局	2022.12

林芝市抗击新冠疫情先进个人

2022 年波密县获评林芝市抗击新冠疫情先进个人一览表

（林芝市委、市政府 2022 年 9 月公布）

表 3

姓名	所在单位
牛海燕	波密县卫生健康委员会
占华剑	波密县卫生健康委员会
车南拉加	波密县卫生健康委员会
边巴次仁	波密县疾控中心
索朗旺堆	波密县疾控中心
刘文辉	波密县疾控中心
伍业健	波密县疾控中心
李红兰	波密县疾控中心
扎西卓嘎	波密县疾控中心
张向宇	波密县人民医院
黄德华	波密县人民医院
陈　戎	波密县人民医院
曹远景	波密县人民医院
何德全	波密县人民医院
杨泽祥	波密县人民医院
卜红阳	波密县人民医院
仁青卓玛	波密县人民医院
次　拥	波密县人民医院
普布扎西	波密县人民医院
崔亮芳	波密县人民医院
玛达丽那	波密县人民医院
土丁尕索	波密县藏医院
徐子钧	波密县藏医院

续表 3

姓名	所在单位
西热旺久	波密县藏医院
丁增曲珍	波密县藏医院
格日才旦	波密县藏医院
孙万春	波密县藏医院
尹美晨	波密县藏医院
旦增赤列	波密县藏医院
扎西普尺	波密县扎木镇卫生院
米　玛	波密县倾多镇卫生院
嘎玛曲珍	波密县八盖乡卫生院
罗　艳	波密县八盖乡卫生院
旦　增	波密县多吉乡卫生院
多吉占堆	波密县玉许乡卫生院
丹志旺堆	波密县古乡卫生院
西绕巴姆	波密县康玉乡卫生院
强巴央珍	波密县易贡乡卫生院
贡　吉	波密县玉普乡卫生院
氏达次仁	波密县松宗镇卫生院
屈晓炜	波密县委办
赵选贺	波密县委办
赤　列	波密县委统战部
杨　昆	波密县教育局
王胜坤	波密县财政局
何　彬	波密县民政局
尼玛拉姆	波密县民政局
张长春	波密县司法局
李学章	波密县商务局
白玛四朗	波密县文旅局

续表 3

姓名	所在单位
次仁扎西	波密县自然资源局
次仁顿珠	波密县交通运输局
索朗扎西	波密县水利局
文　桥	波密县农业农村局
贡　布	波密县乡村振兴局
王　娅	波密县市场监督管理局
索朗旺久	波密县城市管理和综合执法局
索朗玉珍	波密县城市管理和综合执法局
胡　宝	波密县人民检察院
达瓦曲达	波密县公安局玉普一级公安检查站
张　辉	波密县公安局
杨春建	波密县公安局
平　扎	波密县公安局县城派出所
屈建波	波密县公安局松宗镇派出所
张其林	波密县公安局玉许乡派出所
罗桑旦巴	波密县公安局
陈　卓	波密县公安局城西便民警务站
田晓春	波密县公安局康玉乡派出所
杨果颖	波密县公安局多吉乡派出所
洛桑次仁	波密县公安局波茂广场便民警务站
白玛丁增	波密县公安局玉普一级公安检查站
德吉拉姆	波密县公安局
桂桑措姆	波密县公安局
洛松曲吉	波密县公安局扎墨路便民警务站
贾俊兵	波密县康玉乡
四朗登巴	波密县玉许乡
次仁拉姆	波密县倾多镇

续表 3

姓名	所在单位
土旦尼玛	波密县倾多镇
顿　珠	波密县易贡乡
克　珠	波密县松宗镇
肖德超	波密县八盖乡
旦增平措	波密县多吉乡
马富杰	波密县玉普乡
白玛央金	波密县玉普乡
巴桑扎西	波密县倾多镇
普布次仁	波密县古乡司法所
王希曦	波密县机关后勤服务中心
李红艳	波密县融媒体中心

波密县人民代表大会常务委员会工作报告

——2023 年 2 月 14 日在波密县第十三届人民代表大会第四次会议上

波密县人大常委会主任 王 芳

各位代表：

受县十三届人大常委会委托，我向大会报告工作，请予审议。

2022 年主要工作回顾

2022 年是党和国家历史上具有里程碑意义的一年，也是波密发展史上极其特殊、极不平凡的一年。这一年，党中央召开党的二十大，全面总结过去五年工作伟大成就和新时代十年伟大变革，擘画了以中国式现代化全面推进中华民族伟大复兴的宏伟蓝图，指引并激励我们不断夺取新征程上的新胜利。这一年，自治区党委召开人大工作会议，王君正书记发表重要讲话，为加强和改进新时代全区人大工作提供了有力指导。这一年，面对突如其来的新冠疫情，县委全面落实“疫情要防住、经济要稳住、发展要安全”的要求，坚持统筹兼顾、“双线”发力，实现疫情防控和经济社会发展双胜利。这一年，是本届人大常委会依法履职的第一年。一年来，在县委的坚强领导下，县人大常委会坚持以习近平新时代中国特色社会主义思想为指导，深入学习贯彻党的二十大精神，贯彻落实习近平总书记关于坚持和完善人民代表大会制度的重要思想、西藏工作的重要指示和新时代党的治藏方略，贯彻落实中央、区党委人大工作会议精神，坚持党的领导、人民当家作主、依法治国有机统一，秉持与县委同向、与人民同心、与代表同行、与时代同步的理念，有效履行法定职责，召开县人大常委会会议 8 次、主任会议 9 次，听取审议专项工作报告 15 项，检查法律法规实施情况 2 部，开展视察调研 8 次，作出决议决定和审议意见 16 项，为全县经济社会高质量发展和民主法治建设作出了积极努力。

一、坚持党的领导，在把牢正确方向中提升政治能力

常委会立足政治机关定位，提高政治站位，强化政治担当，坚决贯彻落实县委决策部署，自觉坚持党对人大工作的全面领导，以强有力的政治引领推动人大工作行稳致远。

坚定正确政治方向。县委定期听取和研究人大工作，进一步加强对人大工作的领导、支持和保障。人大常委会党组严格履行政治责任，充分发挥把方向、管大局、保落实作用，坚持重大事项、重点工作和重要活动及时主动向县委请示报告，自觉就拟定年度工作要点、补选县级人大代表、组织代表集中视察等工作向县委请示报告10次，积极主动向县委报告人大全面工作，并按照县委要求抓好贯彻落实。深刻领会县委重要会议、重要文件精神，紧紧围绕县委中心工作和全县改革发展稳定大局，统筹安排决定、监督和任免事项，时刻与县委保持同频共振、同向发力。

坚决贯彻县委部署。牢固树立县委工作重点就是人大工作中心理念，始终紧扣县委中心工作履职尽责。积极响应县委号召，全面投入防疫大局，组织15名人大机关干部投身一线，用心用情用力做好卡点值守、跟车护送、隔离人员服务保障等工作，常委会领导全员下沉、包保督导，全力以赴推动疫情防控和经济恢复。常委会班子成员按要求参与日常维稳值班带班，在党的二十大召开期间等重要时段，深入联系点开展维稳督导和蹲点，助推全县社会局势持续和谐稳定。赴宣讲点向各族群众宣讲党的二十大精神5场次，及时把党的最新思想、最新理论、最新观点传递到基层一线，引导广大干部群众更加感党恩、听党话、跟党走。

科学决定重大事项。坚持谋大事、议大事、抓大事，及时审议事关全县全局性、根本性、长远性的重大事项，依法作出开展“八五”法治宣传教育、批准2022年波密县本级财政预算调整方案等11项决议决定，把县委的主张通过法定程序转化为全县人民的共同意志和统一行动，为推动波密县法治建设和经济社会高质量发展提供了有力保障。

依法做好人事任免。坚持党管干部与人大依法任免有机统一，全年累计任免国家机关工作人员53人次，圆满实现了县委人事安排意图。坚持宪法宣誓制度，组织新任命人员宪法宣誓6批35人次，增强被任命人员的宪法意识、公仆意识、使命意识、廉政意识。认真开展代表资格审查和补选工作，依法补选8名县人大代表，终止2名县人大代表资格。

二、聚焦主责主业，在服务中心大局中凸显监督实效

常委会紧扣高质量发展要求，坚持高站位把握、广视角谋划、小切口安排、深层次推进，开展精准监督、务实监督，用实干诠释助推发展的人大担当。

聚焦经济运行开展监督。着眼经济平稳运行，听取审议国民经济和社会发展计划执行情况、预算执行情况、预算调整、财政决算等报告，提出加大预算管理力度、严格预算执行等审议意见12条。听取和审议县政府国有资产管理情况综合报告，开展国有企业国有资产专题调研，推动政府摸清“家底”，加强管理。发挥审计经济社会监督作用，听取审议本级预算执行和其他财政收支情况的审计工作报告。紧扣审计整改工作，围绕审计查出突出问题整改情况赴扎木镇、县教育局、县城市投资有限责任公司开展跟踪调研，推动审计报告指出问题整改到位。

聚焦民生关切开展监督。贯彻以人民为中心的发展思想，着力解决群众“急难愁盼”的事项，

使人大监督既有力度更有温度。深入川藏铁路（波密段）多个项目现场开展重点项目建设情况专题调研，全力助推复工复产复业。认真贯彻《中华人民共和国乡村振兴促进法》《西藏自治区乡村振兴促进条例》，听取县政府关于乡村振兴促进工作情况的报告，组织12名代表对乡村振兴项目建设、示范村建设等情况进行现场视察，建议相关部门巩固拓展脱贫攻坚成果，不折不扣抓好脱贫攻坚同乡村振兴有效衔接。着眼“学有所教”，专题调研全县教育“双减”工作情况，督促办好人民满意教育。坚持安全第一、生命至上，深入波密县中学、完全小学和八盖乡小学开展中小学食品安全情况专题调研，督促学校筑牢安全底线，全力保障学校师生身体健康。

聚焦生态改善开展监督。坚决打好“净土保卫战”，开展土壤污染防治法执法检查，推动土壤资源有序利用，切实守住土壤环境安全。围绕波密生态文明高地建设情况开展专题调研，推动《西藏自治区国家生态文明高地建设条例》在全县贯彻实施。听取和审议政府2021年度环境状况和环境保护目标完成情况报告，重点关注饮用水水源地保护、中央环保督察反馈问题整改落实情况，督促政府持续压实生态保护责任，筑牢生态安全屏障。

聚焦法治建设开展监督。开展统计法执法检查报告审议意见落实情况跟踪检查，对禁毒法、基本医疗卫生与健康促进法的贯彻落实情况开展执法检查，提出建设性可行性意见建议7条，有力推动法律法规在波密全面贯彻实施。紧扣司法公正主题，听取县人民法院关于民事审判工作情况报告和县人民检察院关于适用认罪认罚从宽制度落实情况报告、关于检察公益诉讼工作情况报告，督促“两院”坚持司法为民，完善审判和检察工作机制，不断提高司法水平，营造有利于波密经济社会发展的法治环境。

三、突出履职保障，在发展全过程人民民主中彰显代表作用

常委会认真践行全过程人民民主理念，着眼更好发挥代表主体作用，持续加强服务保障和履职能力建设。

扩大代表有序政治参与。波密县人大常委会作为林芝市首批确定的3个市级基层立法联系点之一，充分发挥联动作用，深入参与区、市地方法规的宣传贯彻、调研论证、意见征集活动，全力协助立良法、立善法，在《西藏自治区公安机关警务辅助人员管理条例（草案）》《西藏自治区平安建设条例（草案）》《林芝市雅鲁藏布江保护条例（草案）》立法调研工作中，通过召开座谈会、组织代表专题研讨等形式，梳理上报6条修改意见。不断深化“双联系”制度，常委会领导定期走访固定联系的代表12人次，详细了解基层人大工作开展情况，工作合力不断增强。邀请代表列席会议、参加执法检查或视察调研等各类履职活动73人次，拓展了代表参与常委会工作的深度广度，切实保障代表知情权、参与权、监督权。面对来势汹汹的新冠疫情，全县530余名各级人大代表临危不惧、冲锋在前，带头落实疫情防控措施，积极投身联防联控，主动参与捐款捐物，累计上门宣传和排查8万余人次，捐款捐物20余万元，用实际行动践行了“人民选我当代表，我当代表为人民”的使命担当。

着力保障代表依法履职。常委会不断深化“人大代表之家”“人大代表联络站”作为收集村情民意重要平台的功能内涵，把听取民意的触角延伸到离群众最近的地方。投入108万元对全县11个“人大代表之家”、13个“人大代表联络站”进行提档升级，实现“家”“站”活动阵地乡镇全覆盖，切实做到设施齐备、制度配套、台账健

全、人员到位，助力代表在推动基层民主政治建设中释放能量、发挥作用。一年来，县乡人大依托“家”“站”广泛开展接待选民、议事议政、代表向选民述职等活动60余场次，接待群众500余人次，收集意见建议30余条，畅通了民意表达渠道，切实打通代表联系人民群众“最后一公里”。坚持“请进来、走出去”，接待宁夏回族自治区、青海省和山南市乃东区等区内外人大考察团10批次，组织人大代表团2批16人次赴山南市、拉萨市、那曲市、阿里地区考察学习，通过相互交流，着力拓宽代表眼界，汲取先进经验，在互学互鉴中提升标杆。制定出台波密县县乡两级人大代表履职经费保障及管理办法，明确将县乡人大代表日常履职经费和个人履职补贴按年度列入县级财政预算，为代表依法履职提供了经费保障。首次为无固定收入的农牧民县乡人大代表兑现联系群众的通讯、交通补贴39.22万元，进一步提高了代表履职积极性。

提高代表建议办理质量。健全代表建议办理工作机制，坚持会议集中交办、领导重点督办、听取办理报告、回访办理成效等做法，推动代表建议办理真正落地见效。县委、县政府高度重视代表建议办理工作，充分保障代表权利，把代表建议办理情况纳入年度目标责任考核。县人大积极协调，强化督查，县十三届人大三次会议期间收到的47件代表建议全部办复，做到了件件有落实、事事有回音。农村线路改造升级、康玉乡用电困难等一批群众反映强烈、久拖不决的老大难问题得到了有效解决，取得了办成一件建议、推动一项工作、惠及一方群众、赢得一片民心的良好社会效果。

四、加强自身建设，在凝聚工作合力中提升人大水平

常委会牢牢把握新时代新任务新要求，强化政治引领，深入改进作风，夯实基层基础，以自身建设新成效推动全县人大工作整体发展。

政治思想建设不断加强。坚持把学习贯彻习近平新时代中国特色社会主义思想和党的二十大精神作为“第一议题”，深细研读习近平法治思想、习近平总书记关于坚持和完善人民代表大会制度的重要思想，系统领会中央、区党委人大工作会议精神，切实用党的创新理论武装头脑、指导实践、推动工作。通过采取理论学习中心组集体学习、专题辅导、个人自学、撰写心得体会等多种方式，累计开展各类理论学习18场次、研讨交流5场次、交流发言38人次，推动理论学习入脑入心。召开全县人大系统党的二十大精神宣讲会，坚持用党的创新理论指引和推进人大工作，“四个意识”更加牢固，“四个自信”更加坚定，“两个维护”更加坚决。

机关工作效能持续提升。认真按照区党委、市委和县委关于进一步改进作风狠抓落实工作的部署要求，聚焦“四查四问”总目标，坚持用制度抓落实、促规范，修订完善常委会议事规则、机关干部管理等4项制度，持续用力精文简会，改进文风会风，机关运行更加规范有序。组织机关党员干部到县委红楼接受红色教育，努力从党的光辉历程、非凡成就和伟大精神中汲取奋进力量，用“两路”精神、老西藏精神激励人大机关干部牢固树立“人大是一线”意识，营造奋发有为、干净担当的良好氛围。

工作联动协同更加紧密。自觉接受上级人大工作指导，配合做好全国人大农委赴藏专题调研相关事宜，配合区、市人大对《中华人民共和国国家安全法》《中华人民共和国环境保护法》等6部法律法规开展执法检查，配合区、市人大开展大学生就业情况和城乡居民最低生活保障情况、“四个创建”“四个走在前列”工作推进情况、寺庙财

税监管工作推进情况等专题调研。立足新一届人大开局起步的重要阶段，坚持人大工作“一盘棋”思想，加强对乡镇人大工作的联系和指导，凝聚人大工作合力。针对换届后乡镇人大工作者新人较多情况，给各乡镇人大配发《人大常委会组成人员手册》《县乡人民代表大会议事程序》工具用书，为乡镇人大依法履职提供智力支撑。先后召开全县乡镇人大工作推进会、代表建议业务培训会和现场观摩会，着力提升业务能力和水平，促进乡镇人大工作规范化建设。

各位代表！县人大及其常委会过去一年工作取得的成绩，根本在于习近平新时代中国特色社会主义思想的科学引领，是县委正确领导的结果，是上级人大有力指导的结果，是全体代表、常委会组成人员、专门委员会组成人员和人大机关干部履职尽责、辛勤工作的结果，是“一府一委两院”和乡镇人大通力配合、团结协作的结果，是社会各界和全县人民充分信任、大力支持的结果。在此，我谨代表县人大常委会向大家表示衷心的感谢和崇高的敬意！

在总结成绩的同时，我们也清醒地认识到，面对党对人大工作提出的新要求和人民群众的新期待，常委会工作还存在一些不足和短板，主要表现在：常委会会议审议质量还需进一步提高；监督工作的计划性、系统性还不够，持续跟踪问效有待进一步强化；人大代表主体作用的发挥仍需进一步提升，代表联系群众的广度深度有待进一步延伸等等。对此，常委会将在今后的工作中认真调查研究，切实加以改进。

2023年主要工作任务

2023年是贯彻落实党的二十大精神的开局之年，是实施“十四五”规划承上启下的重要之年，做好今年工作意义重大、责任重大。县人大常委会工作的总体要求是：坚持以习近平新时代中国特色社会主义思想为指导，全面学习贯彻党的二十大精神，深入贯彻落实习近平法治思想、习近平总书记关于坚持和完善人民代表大会制度的重要思想，全面贯彻落实中央人大工作会议精神，认真贯彻落实区党委十届三次、区党委人大工作会议及市委二届三次全会精神，按照县委十届三次全会决策部署，增强“四个意识”、坚定“四个自信”、做到“两个维护”，坚持党的领导、人民当家作主、依法治国有机统一，全面履行宪法法律赋予的各项职责，坚定不移发展全过程人民民主，不断加强和改进新时代人大工作，充分发挥根本政治制度的治理效能，为奋力开创社会主义现代化波密新篇章提供更加坚强有力的法治保障，努力在新的赶考之路上交出不负历史、不负时代、不负人民的高分答卷。

一、以更高站位坚持党的领导，在筑牢政治忠诚上保持定力

坚持党的全面领导这一最高政治原则，站在忠诚捍卫“两个确立”、忠实践行“两个维护”的高度，把学懂弄通做实习近平新时代中国特色社会主义思想和党的二十大精神作为首要政治任务，把学习贯彻习近平总书记关于坚持和完善人民代表大会制度的重要思想、西藏工作的重要指示和新时代党的治藏方略作为必修课、基本功，不断提高政治判断力、政治领悟力、政治执行力，更加自觉在思想上政治上行动上同以习近平同志为核心的党中央保持高度一致。严格执行重大事项请示报告制度，坚决执行县委决策部署，依法行使重大事项决定权和人事任免权，自觉维护县委总揽全局、协调各方的领导核心地位。认真贯彻落实中央、区党委人大工作会议精神，协助县委筹备好县委人大工作会议。

二、以更实举措增强监督质效，在服务发展大局上精准发力

坚持围绕中心、服务大局、突出重点，综合运用专项审议、视察调研、执法检查、专题询问等多种监督方式，打好监督“组合拳”，做好监督“后半篇文章”，增强监督刚性，提升监督质效。围绕铸牢中华民族共同体意识，开展《中华人民共和国国家通用语言文字法》执法检查和民族团结进步创建工作专题调研。围绕经济社会高质量发展，强化对财政预决算、计划执行的审查监督，加强对审计查出问题整改情况的跟踪监督和国有资产管理情况的监督，对乡村振兴、产业发展、项目建设等工作开展调研。围绕保障改善民生，重点对教育、卫生、医疗等方面开展监督，加强对民生实事项目实施情况的跟踪问效，专题视察2023年“民生十件实事”推进落实情况。围绕生态文明建设，持续听取审议全县环境状况和环境保护目标完成情况的报告，加强对中央、自治区、林芝市环保督察反馈问题整改的跟踪监督。围绕促进公平正义，加强宪法法律宣传教育，督促实施好“八五”普法，保障宪法法律实施。听取审议县监察委员会、人民法院和人民检察院的专项工作报告，配合上级人大开展立法调研、执法检查，做好规范性文件备案审查工作。

三、以更优服务支持代表履职，在为民担当作为上深挖潜力

坚持代表主体地位，加强代表工作能力建设，不断推进代表工作机制、载体和服务创新，丰富人大代表联系人民群众的内容和形式，更好发挥代表在发展全过程人民民主、反映群众诉求、解决民生难题中的积极作用，做到民有所呼、我有所应。完善“双联系”工作机制，推动常委会组成人员联系代表、代表联系人民群众经常化、规范化，让县委、县政府通过代表能经常听到来自基层和群众的声音。持续推进代表履职服务平台建设和管理，巩固拓展代表“家”“站”建设成果，不断夯实代表履职的工作基础。加强代表履职培训，丰富闭会期间代表活动，完善代表履职评价体系和激励机制，督促代表更好依法履职。提高代表议案建议质量，完善代表建议督办机制，把“内容高质量、办理高质量”要求落到实处。

四、以更高标准加强自身建设，在打造“四个机关”上持续用力

始终牢牢把握新时代人大“政治机关、国家权力机关、工作机关、代表机关”定位要求，以政治建设为统领，突出抓好组织建设、制度建设、作风建设，筑牢思想政治根基，提升履职能力水平，着力打造一支政治坚定、服务人民、尊崇法治、发扬民主、勤勉尽责的人大干部队伍。全面加强党的建设，认真落实全面从严治党要求，严格落实中央八项规定及其实施细则精神，巩固深化进一步改进作风狠抓落实工作成果，着力发扬“干在实处、走在前列”精神，大力营造勤政务实、风清气正、团结干事的良好氛围。强化学习教育培训，丰富拓展学习内容，努力提高常委会组成人员和机关干部的政治思想素质和依法履职能力。健全完善常委会工作制度和议事程序，改进视察、调研和执法检查方式方法，推进人大规范化建设。强化上级人大工作联系，加大对乡镇人大工作的指导力度，密切工作协同联动，切实提升全县人大工作整体水平。

各位代表！新征程呼唤新担当，新使命激励新作为。让我们更加紧密地团结在以习近平同志为核心的党中央周围，不断坚持和完善人民代表大会制度，不断发展全过程人民民主，在县委的坚强领导下，牢记使命、砥砺奋进，锐意进取、担当实干，推动新时代人大工作与时俱进、创新发展，为奋力开创社会主义现代化波密新篇章贡献人大智慧和力量。

中国人民政治协商会议
第十届波密县委员会常务委员会工作报告

——在政协第十届波密县委员会第三次会议上

（2023 年 2 月 9 日）

波密县政协主席　尼玛扎西

各位委员：

我受政协第十届波密县委员会常务委员会委托，向大会报告工作，请予审议。

2022 年工作回顾

2022 年，我们经历磨难而保持定力、应对变局并开创新局，在极不平凡的一年见证了强大自信。这一年，在市政协的亲切关怀下，在县委、县政府的坚强领导下，县政协及其常委会坚持以习近平新时代中国特色社会主义思想为指导，秉持“人民政协为人民”宗旨，坚持把守正创新作为履职的第一要务，把关注民生作为履职的第一视角，把凝聚共识作为履职的第一责任，着力推动政协工作提质增效，奋力谱写政协事业崭新篇章。

一年来，我们改进作风，夯基固本，始终坚持党的领导是政协之魂，持续强化思想政治引领，为政协履职赋能。

做好新时代人民政协工作，要毫不动摇坚持党对政协工作的全面领导。在捍卫“两个确立”、做到“两个维护”上持续发力，以更高标准、更大决心、更实举措开创政协事业新局面。

坚定理想信念，强化思想政治建设。以政治建设为统领，深入贯彻党的十九大、十九届历次全会精神及习近平总书记关于加强和改进人民政协工作的重要思想，深入贯彻习近平总书记关于西藏工作的重要指示和新时代党的治藏方略及中央第七次西藏工作座谈会精神，以迎接服务、宣传贯彻党的二十大为主线，开展党的二十大专题学习会、主题党日活动、改进作风狠抓落实等一系列教育活动，进一步强化干部队伍思想政治建设，工作作风和精神面貌焕然一新。

完善体制机制，推动“三化”建设。注重完善政协履职工作制度，着力改进政协工作方式。召开党组会议，听取办公室和各专委会上一年度工作汇报，研究制定《波密县政协党组 2022 年工作要点》，并报请县委审议通过。召开县政协十届三次、四次常委会会议，审议通过《政协波密县委员会常务委员会工作规则》等 13 项工作制度。细化区、市、县三级委员家访、党员委员参加双重组织生活等委员生活机制，委员履职激励考核管理办法、“两个培养”等考核管理机制，为政协工作、委员履职提供遵循，进一步推进委员履职制度化、规范化、程序化，更好地发挥委员在政协工作中的主体作用。

丰富学习形式，提升履职能力建设。坚持以学习贯彻习近平新时代中国特色社会主义思想为引领，建立常委会会议、全委会议、党组理论学习中心组学习会、“三会”一课、主题党日、委员大讲堂、委员培训理论学习矩阵，不断提振政协委员“精气神”，持续补足机关干部“精神钙”。开展“学习正当时，喜迎党的二十大”等主题党日活动9次；组织波密县2名市政协委员参加市政协2022年政协委员履职能力提升培训班1期；组织在县的三级政协委员共60余人参加市政协委员大讲堂2期；组织县级政协委员65名参加履职能力提升培训班1次，开展“委员大讲堂”1次，开展疫情防控相关知识培训1次。

一年来，我们围绕中心，服务大局，始终坚持协商与发展同频共振，共同推动波密高质量发展，为政协履职增效。

政协工作要聚焦党和国家中心任务履职尽责。统筹推进“四个创建”、“四个走在前列”、林芝市11364发展战略、新时代波密“六区”建设、民生十件实事协商议政。

推动调研协商双向发力。准确把握波密县“十四五”发展目标任务，聚焦县委、县政府中心工作，制订《政协波密县委员会2022年调研考察计划》《政协波密县委员会2022年协商计划》，运用对口协商、界别协商、现场协商、有事好商量等灵活多样的协商形式，围绕各类调研课题开展协商活动，坚持调研协商一体推进。先后围绕民生十件实事、川藏铁路建设、乡村振兴、各乡镇幼儿园和小学道路交通安全等课题组织开展调研视察6次，召开专题协商座谈会8次，收集意见建议270余条，均得到相关职能部门采纳落实，得到了县委、县政府主要领导的肯定性批示。

推动提案工作提质增效。顺利召开政协第十届波密县委员会第二次会议，会议期间，委员们紧紧围绕中心工作提出提案79件，审查立案72件，将《关于拓宽卡倾公路的提案》等7个提案列为重点提案。随后，联合县人大、县政府召开2022年人大代表建议、政协委员提案交办会1次。深入全县9个乡（镇），涉及村（居）、寺庙、学校等65个点位，采取走访、询问、座谈等形式完成72件提案摸底调研工作。创造性地提出承办单位协商复、委员群众民主监、政府政协合力督、党政领导领衔办的提案督办模式，及时督促有关部门组织力量把提案办理工作落到实处，并将提案办理情况及时答复委员，答复率100%。通过提案，委员们对波密县经济发展、乡村振兴、生态环保、民族团结、社会稳定等方面存在的问题提出了许多有价值的意见建议，参政议政职能和参谋助手作用得到进一步发挥。

推动民主监督创新发展。为破解基层政协民主监督实效不强难题，我们提出“四个结合”工作法，不断加强民主监督意识，拓宽民主监督渠道，提升监督工作质效。各委员分别担任林芝市百名义务作风监督员、西藏波密监狱执法监督员、县人民检察院公益诉讼监督员，进一步扩大委员民主监督参加面；安排委员30余人参与法院、检察院现场评议庭审活动，积极推动司法为民、司法公正，服务大局。近年来，组织委员围绕党委政府重要决策部署贯彻落实情况、重大项目重点工程建设实施情况，以及机关工作作风方面等开展民主监督60余次，协助党委政府解决问题40余条。十届二次会议期间，共开展重点提案督办7次，其中6件已办理完成，1件计划于2023年开工建设。

推动中心工作落地见效。主席团成员全力协助做好统战工作、乡村振兴、川藏铁路、“三岩”搬迁、森林防火、强基惠民等重点工作。深入基层开展巡林巡河15次，督导调研20余次，解决矛盾纠纷13次，宣讲政策60余次。8月，新冠疫情来势汹汹，波密县政协迅速行动，发起倡议书，积极动员组织“两支”队伍投身抗疫战线。各界别政协委员和全体政协干部以履职尽责为使命，以服务群众为平台，在核酸检测现场白衣执甲、在村居防疫面前汇智聚力、在社情民意一线献计献策、在生活物资供应保障里挥汗奔忙、在东大门防疫最前沿担当作为。主席团成员、54名政协委员、14名政协干部日夜奋战在抗疫一线，参与值班值守、核酸检测、环境消杀、车辆押运、卡点蹲点、一线值守长达97天。广大政协委员和全体干部自主自发捐资捐物达26.89万元，以实际行动广泛凝聚起了社会各界人士众志成城、共克时艰的强大合力，在抗疫大考中彰显了新时代政协委员国之大者的责任担当。

一年来，我们群策群力，为民解忧，始终坚持以人民为中心根本立场，忠实践行为民服务宗旨，为政协履职升温。

“江山就是人民，人民就是江山”，政协工作要围绕着“人民”工作开展。时刻把实现人民群众对美好生活的向往这份责任记在心里、扛在肩上，推动政协工作更加顺应民心、符合民意、贴近民生。

“资源”联动，符合民意。用好用活政协议政资源、统战资源、民意资源、文史资源富矿，统筹县乡两级政协工作者资源力量，自觉把话筒交给委员、把镜头聚焦群众、把窗口面向界别人士，广泛地了解民情、体察民情、集中民智，着力把人民群众的智慧转化为人民政协履职建言的宝贵财富，真正把“民意账单”变成“履职清单”。

“三微”联动，顺应民心。认真落实党的二十大报告关于人民政协工作的重要论述，坚持问政于民、问需于民、问计于民，自觉走到界别群众身边、走进界别群众心里。把体察民情作为民主监督的重点取向，实现微建议、微协商、微监督“三微”联动，使各项政策措施更加顺应民心。各乡镇联络组先后组织驻地委员围绕乡村治理、产业发展、生态宜居、基础设施建设、劳务输出等议题，开展“微协商”50余次，提出“微建议”160余条。

“一线”联动，贴近民生。充分联动广大委员、专委会、政协联络组，将政协工作触角延伸到“四个创建”工作一线，贴近群众、贴近界别、贴近民生，零距离接触、面对面交流，开展“五送下乡”服务活动，让政协履职饱含暖暖的民生温度。委员米玛次仁、嘎松罗布先后培养乡村科技骨干218名、技术能手35名，总培训人次达2000余人，建立示范基地13个，协助推广种植天麻、灵芝、羊肚菌等林下资源，手把手教授群众种植管理技术，将优质的科普服务送到群众身边，助力群众增收致富；以白玛次仁、扎西多吉、多吉占堆为代表的广大委员热心公益事业，积极履行社会责任，捐资助学40余人次，帮扶受灾群众50余人次，看望慰问各类群体200余人次。

一年来，我们搭建平台，拓宽渠道，始终坚持铸牢中华民族共同体意识，同心筑梦凝聚“政”能量，为政协履职聚力。

政协工作要为加强中华儿女大团结努力奋斗。时刻以实现中华民族伟大复兴为己任，充分发挥民族团结纽带作用，推动形成各族各界群众心往一处想、劲往一处使的欣欣局面。

存史以达资政。扎实有序推进文史资料收集工作，整理十八军革命前辈王笑雨《十七本日记》电子图片1份，征集上报《和平解放时期的波密》等红色印记3篇、《嘎朗王故事》2份、政协组织及委员在波密县改革发展稳定中作出的突出贡献材料2篇，为波密县保存文史资料作出了应有的贡献。

宣传以正视听。坚持发挥人民政协优势促进民族团结进步，首次组织以2名政协干部、12名农牧民委员为主体的委员宣讲团赴8个乡（镇）

18个行政村，开展各类宣讲活动18次，受众900余人，让政协“好声音”传遍寻常百姓家，深入心坎里，大力推动党的理论深入人心；县政协主席团成员，委员尼玛江村、巴青围绕深入学习习近平新时代中国特色社会主义思想、党的二十大精神、依法管理宗教事务等内容开展宣讲40余次，引导寺庙僧尼及信教群众理性对待宗教，爱党、爱国、爱社会主义，为波密县广泛凝聚共识画出最大同心圆。

团结以聚人心。成功举办波密县各族各界喜迎2022藏历新年茶话会，各族各界60余名代表人士欢聚一堂、畅叙情谊、共话发展。充分发挥人民政协统一战线功能，团结各族各界人士奋进新时代、建功新伟业。围绕党的十九届历次全会、自治区第十次党代会、人民政协、民族团结、“三个意识”等相关知识，组织60余名农牧民委员开展“喜迎党的二十大、政协委员云竞答”线上知识竞赛活动，进一步提升委员民族团结意识，积极团结广大群众，把凝聚共识贯穿到履职为民之中，推动波密县民族团结进步纵深发展。

2022年，我们还成功承办了林芝市县政协工作座谈会，得到了市政协、兄弟县（区）的高度评价；成功打造了扎木镇政协委员之家示范点，得到了市政协、兄弟县（区）的高度赞扬。各位委员，一年来的工作成绩，是以习近平同志为核心的党中央坚强领导的结果，是市委、市政协精心指导和县委正确领导的结果，是县人大、县政府、援藏工作队大力支持和社会各界积极帮助的结果，凝聚着广大政协委员、政协各参加单位、政协干部的智慧、心血和汗水。在此，我代表第十届县政协常委会向各位的辛勤付出和鼎力支持致以崇高的敬意和衷心的感谢！

在履职过程中，我们充分认识到要发挥好政协组织优势和职能作用，既要突出核心、把握正确方向，又要群策群力、广泛凝心聚力；既要紧贴中心、服务发展大局，又要倾听民声、践行履职为民；既要协商议政、务实建言献策，又要埋头实干、主动担当作为，以钉钉子精神推动工作见实效。在全面建设社会主义现代化国家新征程中，我们将以守正创新精神不断推进政协履职能力建设，在新的起点上努力开创新时代政协工作新局面。

2023年工作安排

党的二十大吹响了以中国式现代化全面推进中华民族伟大复兴的号角，为党和国家事业进一步指明了前进方向。新征程新使命，全体政协委员和政协工作者要把政治建设摆在政协工作首位，锲而不舍加强政治历练，强化政治担当，提高政治能力，不断提高政治判断力、政治领悟力、政治执行力，做到政治信仰不变、政治立场不移、政治方向不偏，充分发挥社会主义协商民主重要作用，聚焦党和政府中心工作履职尽责，着力推进“四个创建”，努力做到“四个走在前列”，以勇闯一流的干劲，把党的二十大报告中描绘的宏伟蓝图和中央、区党委、市委、县委的决策部署融入履职全过程，贯彻落实到政协工作各方面，为新时代波密“六区”建设贡献政协力量。

（一）聚焦政治引领，在担负政协新使命上更加自觉

毫不动摇坚持党的领导，深入学习贯彻习近平新时代中国特色社会主义思想，不断加强和改进人民政协工作，认真学习领会党的二十大对发展全过程人民民主、充分发挥协商民主优势作用，深入开展宣传贯彻落实党的二十大系列活动，引导广大委员和全体干部坚决捍卫“两个确立”，牢固树立“四个意识”，坚定“四个自信”，做到“两个维护”，不断夯实团结奋斗的共同思想政治基础。建设“书

香政协”，开展委员大讲堂、委员履职能力提升、委员宣讲团等学习培训活动，推动政协委员和机关干部学习党的理论全覆盖，筑牢用党的创新理论团结教育引导各族各界代表人士重要平台的根基。充分发挥好县政协党组把方向、管大局、保落实作用，确保政协工作与县委大局工作同轴运转、同向推进，努力成为坚持和加强党对各项工作领导的重要阵地。落实党建、意识形态和党风廉政建设责任制，持续推进党建和履职深度融合，充分发挥中共党员委员模范带头作用，推动政协党的组织和党的工作从“有形覆盖”向“有效覆盖”转变。

（二）聚焦主责主业，在服务高质量发展上更具实效

切实把握新发展阶段，始终贯彻新发展理念。把围绕“十四五”规划实施、新时代波密“六区”建设双向发力作为工作主线，紧扣县委、县政府年度发展目标任务，精心选择履职议题，坚持调研、协商、监督一体推进，更好释放专门协商机构的潜能效能。持续助力经济高质量发展，重点就川藏铁路建设、乡村振兴、生态保护等课题开展专题调研，切实为县委、县政府科学决策提出有参考价值的建议。坚定服务县域治理现代化建设，围绕县委、县政府重要决策部署落实，切实把政治组织的优势、协商民主的优势、凝聚共识的优势、联系服务群众的优势转化为治理效能，为县域治理赋能强功。始终聚焦“四个创建”“四个走在前列”，积极关注重要板块谋划、重大工程建设等工作，架起“有为政府”和“有效市场”之间的桥梁，激发高质量发展新活力，助力描绘县域一体美丽画卷。

（三）聚焦履职为民，在助力民生改善上更显情怀

积极践行以人民为中心的思想，在为民服务上下功夫，更好地把群众路线贯穿到政协工作中去。强化“协商于民、协商为民”理念，广泛收集社情民意，撰写高质量提案，反映群众合理诉求，协调化解社会矛盾，在推进政协协商民主建设中汇集民智、维护民利、凝聚民心。紧盯教育文化、医疗卫生、就业养老、社会服务、交通管理等方面的短板问题，把调研沉下去，把意见带上来，提出高质量提案，助推县委、县政府民生决策更加贴近民生需求，更好落地见效。持续推进“三微”平台建设，在促进美丽乡村建设、维护基层和谐稳定等方面助力乡镇经济社会发展提供强有力的参谋助手作用，促进政协工作向基层延伸。持续开展“文化、科技、卫生、温暖、爱国爱教宗教服务”五送下乡等活动，为民生持续改善多提良策、多做实事。

（四）聚焦协商形式，在提高协商能力上更下功夫

牢牢把握政协的性质定位，充分发挥专门协商机构作用，聚焦中心工作，精准选题，制定协商工作实施细则和年度协商计划，准确把握履职的切入点、着力点，商以求同，协以成事，切实提高建言资政的质量和水平。完善创新多种协商形式，深化提案办理协商、专题协商、界别协商、对口协商，创新拓展“庭院协商”“板凳协商”“田间地头协商”等平台建设，加强各种履职方式、平台载体、工作力量的统筹整合，使协商更加广泛多层制度化。紧扣各方关切多形式协商，着力打造“县乡”协商议事小组，全方位覆盖协商议题，县乡两级同时发力联动协商，开展符合实际的民主协商活动，提升基层治理效能，使政协工作更接地气，通过政协协商履职，在群众中传播共识。

（五）聚焦民主监督，在强化监督实效上更见真章

持续深化“四个结合”工作法，不断加强民主监督意识，拓宽民主监督渠道，提升监督工作

质效。将民主监督职能密切相关的知识纳入年度委员履职培训，提高委员的业务水平，确保委员能够正确、准确、有效地履行民主监督职能。将民主监督工作纳入年度县内视察、协商计划，根据视察、协商主题组织委员、相关单位开展监督性调研协商，将监督发现的针对性强、覆盖面广的问题和建议移交至有关部门，做好跟踪督办，推动民主监督在视察调研协商中落地见效。在“全员参与、全程跟踪、全面覆盖”的基础上，推动政协民主监督与党内监督、人大监督、行政监督、舆论监督贯通协同，进一步扩大民主监督品牌效应，提高民主监督质量和成效。锁定川藏铁路、民生十件实事、乡村振兴重点项目、城乡改造工程、重点提案等开展常态化民主监督，确保县委、县政府决策部署落到实处，推动波密各项事业更上新台阶。

（六）聚焦中心环节，在广泛凝聚共识上更有作为

把加强思想政治引领、广泛凝聚共识作为中心环节，切实为波密经济社会高质量发展凝聚强大合力。认真学习贯彻全国政协、区党委关于加强和改进新时代市县政协工作有关实施意见的文件精神，积极发挥人民政协统一战线组织的优势作用，做到凝有方向、聚有目标，凝有载体、聚有平台，凝有策略、聚有艺术，把凝聚共识融入调查研究、协商监督、视察考察等履职活动各个环节，切实把中央和区党委、市委、县委的政策主张有效地传递到社会各个阶层，厚植政治基础、人心基础。以市、县两级党的二十大宣讲团成员，县级政协委员宣讲团成员为主体，深入界别群众用通俗易懂的语言讲述“党的故事”，把“大道理”转化为“小故事”，让党的创新理论在广大民族群众中“天天见”“天天新”。继续坚持和完善谈心谈话、联系走访、委员家访、委员约谈等生活制度机制，积极做好新的社会阶层人士工作，加强与各界人士有效联系，切实提高凝聚共识工作的实效。

（七）聚焦练好内功，在加强自身建设上更富力度

进一步建立健全与新时代人民政协事业发展相适应的体制机制，使新时代人民政协“重要阵地”“重要平台”“重要渠道”的作用充分彰显，不断推进政协工作制度化、程序化和规范化。充分发挥专委会基础作用，力求“专”出特色、“专”出水平。将建设乡镇政协委员联络组作为贯彻落实习近平总书记关于加强和改进人民政协工作重要思想的有效载体，加强和重视界别、委员联络组的联系指导及作用发挥，把政协活力延伸到乡镇，有效保障委员发挥主体作用，实现履职效果最大化。强化对委员的服务管理，细化“履职菜单”，开展“委员风采”宣传，办好“委员大讲堂”，用好“政协委员之家”，完善委员履职综合考核等考核管理机制，激发委员履职尽责的内生动力。进一步深化政协机关和干部队伍建设，增强“一线”意识，改进工作作风，着力打造“五型”模范机关，不断提升服务保障水平。

各位委员、同志们，新思想指引新方向，新蓝图开启新征程。让我们更加紧密地团结在以习近平同志为核心的党中央周围，高举中国特色社会主义伟大旗帜，紧紧围绕党的二十大绘制的宏伟蓝图、确立的奋斗目标和作出的战略部署，推动协商模式全面创新、工作流程深度再造、议政格局全面优化，努力以提质增效、践行见效的实际行动担负起新时代赋予政协组织的历史使命，为奋力开创社会主义现代化波密新篇章贡献政协智慧与力量。

名词解释

1. 两个确立：中国共产党第十九届中央委员第六次全体会议指出，党确立习近平同志党中央的核心、全党的核心地位，确立习近平新时代中国特色社会主义思想的指导地位。

2. 两个维护：坚决维护习近平总书记党中央的核心、全党的核心地位，坚决维护党中央权威和集中统一领导。

3. “三化”建设：委员履行职能制度化、规范化、程序化。

4. 两个培养：把党员委员培养成村居“两委”班子，把委员培养成致富能手。

5. 委员大讲堂：创建于2019年，是市政协强化理论武装、创新工作方式的有效探索，是展现委员履职风采、团结联系界别群众的重要平台，是履行凝聚共识职能、面向社会传播共识的关键举措，采取委员讲委员听委员议的形式，大力弘扬社会主义核心价值观。

6. “四个创建”“四个走在前列”：自治区党委王君正书记在西藏自治区第十次党代会上明确提出，要着力创建全国民族团结进步模范区，努力做到民族团结进步走在全国前列；要着力创建高原经济高质量发展先行区，努力做到高原经济高质量发展走在全国前列；要着力创建国家生态文明高地，努力做到生态文明建设走在全国前列；要着力创建国家固边兴边富民行动示范区，努力做到固边兴边富民行动走在全国前列。

7. 林芝市11364发展战略：“1”是发展方向，以把林芝建设成全区改革开放先行区为引领；“136”是发展路径，重点做强巴宜区1个核心增长极，打造川藏铁路发展带、雅江下游发展带、边境沿线发展带3个发展带，推动米林、工布江达、波密、朗县、察隅、墨脱6个县县域经济组团式发展，“4”是发展目标，在着力创建全国民族团结进步模范区、高原经济高质量发展先行区、国家生态文明高地、国家固边兴边富民行动示范区工作中走在全区前列。

8. 波密“六区”建设：和谐稳定示范区、民族团结模范区、高质量发展先行区、生态文明引领区、强边富边保障区、党建引领样板区。

9. “四个结合”工作法：把民主监督与教育培训相结合、把民主监督与视察调研相结合、把民主监督与提案督办相结合、把民主监督与其他监督相结合。

10. “五送下乡”服务活动：“文化、科技、卫生、温暖、爱国爱教宗教服务”五送下乡服务活动。

11. “三微”平台：“微建议”“微协商”“微监督”平台。

12. “五型”模范机关：“学习型、服务型、创新型、和谐型、廉洁型”党组织建设引领“学习型、服务型、创新型、和谐型、廉洁型”机关建设活动。

奋发有为　勇毅笃行　以纪检监察新作为推动中国式现代化波密新征程

——在中国共产党波密县第十届纪律检查委员会第三次会议上的工作报告（审议稿）

县委常委、县纪委书记、监委主任　唐森洪

（2023 年 3 月 23 日）

各位委员、同志们：

现在，我代表中国共产党波密县第十届纪律检查委员会常务委员会向第三次全体会议报告工作，请审议。

这次全会的主要任务是：以习近平新时代中国特色社会主义思想为指导，深入贯彻落实党的二十大、二十届二中全会精神，按照二十届中央纪委二次全会、十届区纪委三次全会、二届市纪委三次全会和十届县委三次全会决策部署，总结 2022 年纪检监察工作，部署 2023 年工作任务。刚才，旦增拉姆书记作了讲话，对压紧压实管党治党政治责任，着力构建权威高效的波密管党治党制度体系提出了明确要求。我们要认真学习领会，坚决贯彻落实。

一、2022 年工作回顾

2022 年是党和国家历史上极为重要的一年。这一年，我们党胜利召开了具有重大而深远意义的第二十次全国代表大会，擘画了全面建设社会主义现代化国家的宏伟蓝图，全面建设社会主义现代化国家新征程迈出坚实步伐。这一年，奥密克戎毒株的突然袭击打破了雪域高原坚持 900 多天无疫情的宁静，在党中央和区党委、市委、县委的坚强领导下，波密县广大干部群众齐心协力、众志成城，率先阻住了疫情蔓延。这一年，面对艰巨繁重的改革发展稳定任务，全县纪检监察机关牢记初心使命，忠实履职尽责，在统筹疫情防控和经济社会发展、巩固拓展脱贫成果同乡村振兴有效衔接、促进全县产业发展等重点任务上充分发挥监督保障执行、促进完善发展作用，为全县经济社会高质量发展和长治久安提供了坚强纪律保障。

（一）聚焦“两个维护”，全面深化政治监督

*在加强理论武装中知责。*深学细悟习近平新时代中国特色社会主义思想，坚决做到学思用贯通、知信行统一，不断提高政治判断力、政治领悟力、政治执行力。突出以上率下，县纪委常委会建立健全并严格执行“第一议题”等学习制度，带头开展集中学习 8 次，开展重点课题调研 2 次，面向玉普乡干部群众、县直单位党员发展对象宣讲二十大精神 2 次，发挥了领学促学督学作用。注重全覆盖、互动式学习，开展支部集体学习 17 次，理论研讨 4 次，随堂测试 5 次，理论考试 2 次。

*在强化服务保障中尽责。*聚焦“四件大事”开展重点工作监督检查，全力保障县委、县政府重大决策部署落地生根。2022 年，围绕维护国家安

全、森林防火、生态环保等重点工作开展监督检查25次，反馈问题22条。开展宗教场所“三个不增加”政策落实和党员不信仰宗教等情况监督检查26次，提出整改建议14条，进一步严明党的政治纪律和政治规矩。着眼疫情防控建立健全督导检查机制，对县城6个网格化管理片区、各乡镇及62个村级卡点作用发挥情况开展督导检查100余次，发现问题176个，提出整改建议73条，推动解决问题7个。联合县委组织部出台《波密县关于进一步激励疫情防控一线党员干部担当作为实施办法（试行）》，让干部从束手束脚的形式主义中解脱出来，大胆干事，表彰55个先进集体、351名先进个人，问责处理12人。

（二）聚焦责任夯实，全面建设清廉波密

压紧压实“两个责任”。严格执行“两为主一报告”制度，县纪委监委全年主动向县委和市纪委监委请示报告工作分别为16次、42次。准确把握“树木”与“森林”全貌，聚焦下级“一把手”监督，由县纪委书记对8名权力集中、资金项目富集的县直单位主官开展“一对一”廉政谈话，从强化思想学习、严守纪律规矩、坚持廉洁从政等方面提出具体要求，确保主体责任落实到位。精准描绘全县副科级以上干部“政治画像”，健全613名县管科级领导干部廉政档案。严把选人用人廉政关口，开展廉政审查174批次2483人次，提出暂缓或否定性意见17人次，开展干部任前廉政集体谈话和知识测试各2次。

推进廉洁文化建设。多形式开展警示教育，线上宣传警示教育片《由风到腐的“癌变”》，组织全县各单位观看电视专题片《零容忍》60余场次；为公安干警作“坚定理想信念，严守纪法底线”的廉政警示教育专题辅导1次；组织28名青年科级干部代表观看警示教育片1次；组织全县副科级以上干部前往县警示教育基地参观“身边事教育身边人”警示教育展200余人次；组织全县56家单位开展党纪法规知识线上测试1000余人次；联合县教育局对广州大学13名支教大学生开展岗前廉政提醒谈话；为全县各乡（镇）、机关企事业单位财务人员和党员发展对象上廉政党课各1次；会同团县委开展“我与团团共成长·波密青年话清廉”活动，为青年科级干部代表上廉政党课1次；组织政法委等11家单位在波茂广场集中开展波密县第九个党风廉政建设主题日宣传活动，发放宣传手册180余本，现场答疑解惑30余条；组织青年干部畅谈廉政工作体会5人次，有效筑牢年轻干部和重要岗位人员廉政思想防线。

（三）聚焦“四风”纠治，全面强化作风建设

驰而不息正风肃纪。围绕落实中央八项规定精神情况监督检查30余次，处置违反中央八项规定精神问题线索4件，组织处理2人；在各节假日前下发廉洁过节工作提醒函，推送廉政短信90余条，转发违反中央八项规定精神典型案例12起；开展“公车接送请休假公车私用”问题专项自查纠治，发现问题52条，涉及干部21名，完成整改资金5.4万余元；会同县财政局开展公务接待中“吃公函”问题自查和行政事业单位公务接待经费开支及使用情况专项检查各1次，发现涉及超标准接待等问题136条，涉及超标准报销和违规报销资金6.8133万元，现已完成5.1288万元整改工作，剩余资金正在整改中；牵头开展“四风”突出问题、干部不作为问题、漠视侵害群众利益问题专项整治工作，督促全县56家单位自查并完成整改问题171个；指导县粮储局和粮油公司根据岗位职责梳理廉政风险点22个，制定完善针对性强的廉政风险防控措施21条；会同县委作风办和公安局对娱乐场所开展监督检查1次，发现4名干部涉嫌有偿陪侍问题，已处理4人；受理机关干部、村干部、农牧民党员酒驾和其他违法驾驶问题线索15件，

立案 13 件 12 人，给予党纪处分 11 人。

改进作风狠抓落实。坚持边查处问题、边加强教育、边完善制度，聚焦“八个必须”“六个表率”要求，紧扣“三破三立”，对照“四查四问”和“八个落实”，全面查摆问题不足，县纪委常委会查找问题 3 条，全体干部查找个人问题 56 条，制定整改措施 59 项，完善制度 2 个。积极开展“大调研”“大讨论”，以改进作风狠抓落实为主题开展讨论 3 次，调研 3 次，形成调研报告 2 篇，在全县纪检监察系统营造出重实干、强担当、促落实的良好氛围。

（四）聚焦反腐惩贪，全面构建“三不”机制

规范处置问题线索。2022 年，受理问题线索 102 件，同比增长 264%，立案 42 件，给予党纪政务处分 34 人，采取留置措施并给予开除党籍、开除公职处分 1 人。公检法、审计、巡察等部门移送线索频次大幅增多，办案过程中司法机关协助 8 次。

精准运用“四种形态”。2022 年，运用监督执纪“四种形态”处理 76 人，分别占比 52.6%、42.1%、4% 和 1.3%。追缴违纪资金 180 余万元，发出监察建议书 3 份，推动问题整改 6 个，健全完善制度 5 项。协助县委召开县委常委班子以案促改专题民主生活会 1 次，回访教育受处分人员 18 人次，推动干部从“有错”向“有为”转变。

（五）聚焦群众冷暖，全面开展专项整治

深入整治群众身边不正之风和腐败问题。认真回应群众的关切和期待，受理来信来访问题线索 14 件。对涉及群众利益的线索主动办、积极办，处置“微腐败”问题线索 20 件，立案 2 件，约谈 1 人，诫勉谈话 1 人，谈话提醒 5 人，给予党纪政务处分 2 人。

全力抓好乡村振兴领域专项监督。结合惠民惠农财政资金“一卡通”专项治理工作，联合财政、审计开展督导检查，共发现问题 6 条，提出工作意见建议 3 条；全面梳理全县 2021 年以来开工建设 23 个乡村振兴项目和 2018 年以来扶贫项目，精准开展监督检查 20 余次，受理问题线索 12 件，立案 2 件，诫勉谈话 1 人，谈话提醒 4 人；开展扎木镇桑登村、玉许乡海定村“三资”提级监督，督促整改问题 9 条，健全完善制度 1 个。

（六）聚焦政治属性，全面提升巡察质效

坚持巡察利剑高悬。2022 年，县委全力支持配合市委巡察组开展涉粮领域专项巡察和市委第一巡察组机动巡察涉粮工作。3 月和 10 月，县委分别启动十届县委第二轮和第三轮巡察工作，对 10 家县直单位党组织、各中小学校和县属国有企业开展常规巡察，两轮巡察共发现问题 373 个，移交问题线索 15 件，有效确保巡察监督“前半篇文章”精准。

坚持谱好“后半篇文章”。涉粮领域专项巡察整改期间，县纪委监委对县粮油公司、粮储局整改措施落实情况开展督导检查 2 次，协助召开县委常委班子涉粮巡察反馈问题整改专题民主生活会 1 次；联合县委组织部对十届县委第二轮被巡察党组织整改方案进行审核，下发反馈意见单 4 份，联合县委组织部和县委巡察办对被巡察单位整改情况开展督导检查 2 次，反馈问题并提出整改建议 24 条，有效确保相关问题整改到位。

（七）聚焦自身建设，全面锻造过硬铁军

以实战锤炼高强本领。2022 年以来，抽调乡镇纪委书记实战轮岗 9 人次，参与办理案件 50 余起。选派纪检监察干部到区内外纪检监察机关监督执纪岗位接受实战训练 15 人次，参加区内外业务培训 13 人次，全县纪检监察干部队伍履职能力和水平得到有效提升。

以严实锤炼优良作风。创建“红心聚民心 清风正党风”党建品牌，扎实推进模范机关建设。

深化纪检监察体制改革，制定《中共波密县纪律检查委员会常务委员会工作规则》并切实抓好贯彻执行，不断加强纪委常委会自身建设。出台《波密县乡镇纪委（派出监察室）综合考评办法（试行）》，明确考核内容和考核结果运用，发挥系统内考核优势，进一步增强乡（镇）纪检监察干部的事业心和责任感。

一年来，在市纪委监委和县委的坚强领导下，全县坚持严的基调不动摇，纪检监察工作高质量发展迈出新步伐，监督保障执行、促进完善发展的实践不断深入、成效明显。但要清醒看到，纪检监察工作和干部队伍建设还存在一些问题和不足。政治监督没有完全到底到边，在具体化常态化上仍需下功夫；“四风”顽疾仍存抬头隐患，加重基层负担的形式主义、官僚主义问题仍未根治；对“一把手”监督和同级监督还不够有力，监督的针对性、实效性需要增强；“三不”一体推进不够系统协调，制度性成果和治理成效尚不充分；个别纪检监察干部法治意识、专业能力还有欠缺，执纪执法不够精准规范等。对这些问题，必须高度重视、认真解决。

2023年是贯彻落实党的二十大精神的开局之年，是实施“十四五”规划承前启后的关键一年，也是疫情防控政策优化调整后经济发展的追赶年，做好纪检监察工作意义重大、使命光荣。总体思路是：坚持以习近平新时代中国特色社会主义思想为指导，全面贯彻落实党的二十大和二十届二中全会精神，忠实履行党章和宪法赋予的职责，认真落实健全全面从严治党体系任务要求，把党的伟大自我革命进行到底，深入推进新时代新征程纪检监察工作高质量发展，为波密走在全市改革开放前列提供坚强纪律保障，以实际行动坚决当好波密政治生态“护城河”。

二、2023年工作计划

（一）聚焦“两个维护”强化政治监督，推动党的二十大精神落地生根

一以贯之学深悟透做实习近平新时代中国特色社会主义思想。要坚持学原著、读原文、悟原理，带着问题学、带着责任学、带着感情学，用习近平新时代中国特色社会主义思想占领思想阵地，做到真学真懂真信真用，内化于心、外化于行。要深入学习贯彻党的二十大、二十届二中全会精神，深刻领悟习近平总书记关于党的自我革命战略思想的重大意义、科学内涵、实践要求，坚决贯彻党的自我革命战略部署和全面从严治党战略方针。要督促全县各级党组织和党员领导干部特别是“一把手”及时、全面地用党的创新理论武装头脑，推动解决学习走形式、不入脑入心等问题，让初心使命在内心深处扎根，把忠诚于党和人民落到具体行动上。

围绕中国式现代化建设推进政治监督具体化、精准化、常态化。紧盯“国之大者”，围绕党的二十大关于推进中国式现代化的战略安排和党中央、区党委、市委、县委因时因势作出的决策部署，结合波密实际，以“清单式”监督靶向发力，切实把学习贯彻落实党的二十大精神贯穿到锚定“四件大事”推动“四个创建”“四个走在前列”全过程，督促全县各级党组织完整、准确、全面把握新发展阶段、贯彻新发展理念、构建新发展格局，不折不扣落实区党委、市委和县委决策部署，推动“十四五”规划高标准实施，以实际成效向党和人民交上优异答卷。

（二）深化整治群众身边腐败和不正之风，推动有力有效解决群众急难愁盼问题

把监督的“着力点”放在助推乡村振兴上。紧盯落实“四个不摘”政策、防返贫动态监测帮

扶、“一村一策”实施等加强过渡期专项监督，推动波密县巩固拓展脱贫攻坚成果同乡村振兴有效衔接工作走深走实。下大力气监督检查落实“五级书记抓乡村振兴”政治责任，聚焦乡村振兴政策支持力度大、投资密集、资源集中的项目和环节加强监督，对在全面推进乡村振兴中思想懈怠、麻痹松劲、消极腐败，以及没有把问题想清楚、没有把实际情况搞明白就乱作为的现象高度关注、及时纠正，推动乡村振兴各项工作落到为农牧民办实事、解难题上，让群众在乡村振兴中有更多获得感、幸福感、安全感。

把监督的“放大镜”放在群众急难愁盼问题上。围绕教育医疗、养老社保、生态环保、安全生产、执法司法、食品安全等群众普遍关注的重点领域，建立监督任务清单，通过信访举报、日常监督、调研走访、巡审联动等多种方式，精准发力、直击要害，打好监督执纪“组合拳”，切实破除痛点堵点，织密维护群众利益的监督网。

（三）保持防范和惩治腐败的强大力量常在，继续打好反腐败斗争攻坚战、持久战

坚持有案必查、有腐必惩。主动适应反腐败斗争新形势新挑战，保持高度政治敏感性、辨别力，以严的基调正风肃纪反腐，重点查处政治问题和经济问题交织的腐败案件，坚决查处“七个有之”问题，严查项目审批、招投标、资金监管、公共资源交易等方面腐败问题，深化国有企业、粮食购销等领域专项整治。坚持受贿行贿一起查，实行行贿人名单管理制度，进一步提高打击行贿受贿的精准性、有效性，斩断“围猎”与甘于被“围猎”的利益链条。

坚决守住办案安全底线。认真学习领会习近平总书记关于统筹发展和安全的重要论述，贯彻落实中央纪委国家监委关于加强办案安全工作的部署要求，进一步增强办案人员的政治意识、规矩意识、纪律意识和法治意识。完善案件质量保障体系，强化案件审理部门审核把关、监督制约职责，实现对监督执纪执法全流程质量管控，坚决守住不发生办案安全事故的底线。

做实以案促改、以案促治、以案促教。落实一体推进“三不”战略目标，深入推进惩、治、防贯通协同，通过提高纪检监察建议质量、深化同级同类干部警示教育、督促案发单位召开民主生活会等措施，做实以案促改、以案促治、以案促教。注重正本清源、固本培元，全面落实党中央《关于加强新时代廉洁文化建设的意见》，把经常性纪律教育融入日常管理监督，以更多制度性成果和更大治理成效彰显治理腐败效能。

（四）驰而不息纠“四风”树新风，不断加固中央八项规定精神堤坝

一严到底落实中央八项规定精神。踏上新的赶考之路，必须始终把中央八项规定作为长期有效的铁规矩、硬杠杠，必须坚决落实党中央关于作风建设的各项部署，坚持“马不离鞍、缰不松手”，反复抓、抓反复，决不能有松劲歇脚、疲劳厌战的情绪，继续在常和长、严和实、深和细上下功夫，驰而不息落实中央八项规定精神，不断把作风建设引向深入。

以钉钉子精神纠治突出问题。从查处的问题线索来看，不作为慢作为等形式主义、官僚主义仍有发生，违规收送礼品礼金、违规吃喝等享乐奢靡问题易发多发，一些不正之风与腐败问题相互交织、催生助长，稍有松懈就会反弹回潮。必须持之以恒深化纠治“四风”，重点纠治形式主义、官僚主义，坚决破除特权思想和特权行为，巩固拓展享乐主义、奢靡之风治理成果。深化整治顽瘴痼疾，深挖细查隐形变异、风腐一体问题，见微知著、及时防范苗头性、倾向性问题，不断将作风建设引向深入。

（五）坚持系统集成、协同高效，推动纪检监察体制改革持续走深走实

紧紧围绕推动新时代西藏纪检监察工作高质量发展主题主线，根据自治区党委办公厅《关于进一步深化县级纪检监察体制改革的意见》，进一步规范县纪委监委内设机构设置，科学配置职能职责，完善监督工作机制，建立健全党统一指挥、全面覆盖、权威高效、符合波密实际的基层监督体系，蹄疾步稳推动具体改革任务在2023年10月底前完成。以深化县级纪检监察体制改革为契机，坚持系统集成、协同高效，进一步完善一体推进“三不”的配套制度、实践载体，完善以党内监督为主导，各类监督贯通协调机制，促进全县纪检监察机关在规范化、法治化、正规化建设上，取得更多制度性成果和更大治理成效。健全基层监督制度，围绕监督检查、审查调查等关键环节，建立完善乡镇片区协作工作机制，进一步加强对乡镇纪委（派出监察室）的领导，持续深化更高水平、更深层次的“三转”。全面贯彻落实宪法和监察法，依法依规向县人大常委会报告专项工作，全程接受同级人大及其常委会的监督。

（六）坚守政治巡察定位，充分发挥巡察利剑优势和综合监督作用

强化政治巡察。全面贯彻党中央巡视工作方针，聚焦“两个维护”根本任务，重点检查贯彻落实党的二十大精神、习近平总书记重要讲话和重要指示要求、实施“十四五”规划、贯彻新发展理念以及落实区党委、市委、县委工作安排等情况。发挥联系群众纽带功能，及时发现和督促解决群众普遍关心、反映强烈的突出问题。

推进巡察质量提升。认真贯彻党中央《关于加强巡视整改和成果运用的意见》，坚持以巡促改、以巡促建、以巡促治，推动落实党委（党组）整改主体责任，发挥纪检监察机关、组织部门、巡察机构在整改中的职能作用，强化日常监督、成效评估和专项督促检查。深化巡察成果运用，推动整改融入被巡察单位日常工作、融入深化改革、融入班子队伍建设，实现监督、整改、治理有机贯通。加强市县巡察上下联动，主动与市委巡察机构对接联系，统筹开展常规巡察、专项巡察和机动巡察。加强巡察规范化、信息化建设，广泛开展集中培训、“以干代训”，切实提高巡察干部专业素质和专业能力。

（七）加强自我监督约束，锻造既有高尚“医德”又有高超“医术”的纪检监察铁军

着眼政治建设。县纪委常委会要带头加强自身建设，结合学习贯彻习近平新时代中国特色社会主义思想主题教育和进一步改进作风狠抓落实工作，始终做到忠诚于党、忠诚于人民、忠诚于纪检监察事业，深刻把握在党的自我革命中的职责任务，敢于斗争、善于斗争，坚定不移推动正风肃纪反腐向纵深发展，更好担负起党和人民赋予的使命责任。

着力队伍建设。坚持党管干部原则，牢固树立正确选人用人导向，坚持德才兼备、以德为先、五湖四海、任人唯贤，选用忠诚干净担当的高素质专业化干部。深化全员培训，积极组织县乡纪检监察干部参加区内外的培训、交流、挂职、跟案锻炼，定期举办业务讲堂，及时为纪检监察干部充电蓄能，推动解决纪检监察干部能力不足、本领恐慌问题。

着重教育整顿。按照中、区、市纪检监察干部教育整顿动员部署会议的要求，在县委的统一领导下，把全县纪检监察干部教育整顿工作作为当前一项重要政治任务，抓住学习教育这个根本、紧盯检视整治这个要害、把握巩固提升这个关键，把严的要求和实的举措有机结合，以党性立身做事，刚正不阿、秉公执纪、谨慎用权，不断提高拒腐防变能力，严肃查处执纪违纪、执法违法、失职失责行为，严防“灯下黑”，坚决做到强化教育纯洁思想、清理整顿纯洁组织、刀刃向内自剜腐肉、提高本领担当作为，不断激励全县广大纪检监察干部始终做党和人民忠诚卫士。

同志们，站在新征程新起点，纪检监察工作承载着党和人民的新要求新期待。让我们更加紧密地团结在以习近平同志为核心的党中央周围，在自治区纪委监委、市纪委监委和县委的坚强领导下，永葆自我革命精神，主动担当作为，以扎实举措推动全县全面从严治党、党风廉政建设和反腐败斗争向纵深发展，为谱写中国式现代化波密篇章贡献新的更大力量！

波密县 2022 年国民经济和社会发展统计公报

2022 年，面对疫情冲击影响和各种超预期困难挑战，波密县委、县政府坚持以习近平新时代中国特色社会主义思想为指导，全面落实“疫情要防住、经济要稳住、发展要安全”的重大要求，坚持稳中求进工作总基调，高效统筹疫情防控和经济社会发展，推动全县经济运行难中有进、稳中向好，社会大局和谐稳定。

一、综合

经县统计局初步核算，2022 年全县地区生产总值（GDP）37.17 亿元，可比增长 2.53%。其中，第一产业增加值 3.14 亿元，可比增长 2.38%；第二产业增加值 14.4 亿元，可比增长 3.96%；第三产业增加值 19.63 亿元，可比增长 0.64%。一、二、三次产业增加值占全县生产总值的比重为 8 ：39 ：53。

一般公共预算收入完成 15751 万元，同比增长 18.74%；一般公共预算支出完成 133267 万元，同比增长 18.6%。

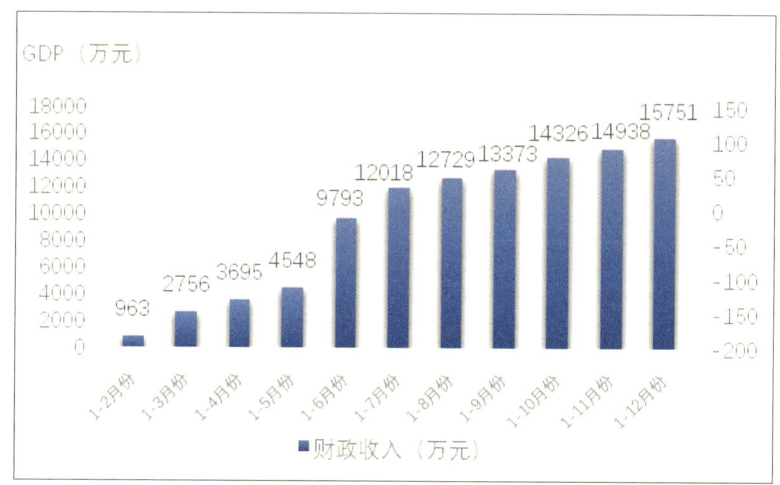

图 1　2022 年波密县财政收入示意图

2022 年波密县财政收支情况一览表

表 4

指 标 名 称	绝对数（万元）	比 2021 年增长
一般公共预算收入	15751	18.74%
其中：（1）税收收入	5864	45.73%
（2）非税收入	9887	6.99%
一般公共预算支出	133267	19%
其中：一般公共服务	23154	18%
农林水事务	39121	24%
教育	21664	28%
卫生健康	9631	32%
社会保障和就业	10593	35%

二、农业

农林牧渔业增加值为29617.42万元，同比增长4.02%，农林牧渔业总产值完成34272.01万元，增长4.02%。其中，农业产值20933.06万元，同比增长4.78%；林业产值预计1000万元，同比增长24.12%；牧业产值11444.55万元，同比增长1.96%；渔业产值14.4万元，同比下降78.05%；农林牧渔服务业产值880万元，同比增长0.69%。全年农作物播种面积5986.45公顷，同比增长3.78%。其中，粮食作物播种面积5157.44公顷，同比增长4.62%；油料种植面积440.76公顷，同比下降9.87%；蔬菜及食用菌种植面积305.75公顷，同比增长0.95%；其他82.5公顷。全年粮食总产量24057.23吨，同比增长2.29%，其中，青稞产量7992.39吨，同比下降19.14%；小麦产量14723.06吨，同比增长17.03%；油料产量879.87吨，同比下降23.28%；其他461.91吨。蔬菜及食用菌产量4210.04吨，同比下降7.85%。

2022年波密县主要农产品产量统计表

表5

指标名称	产量	比2021年增长
粮食（折粮、万吨）	2.40	2.29%
油菜籽（吨）	879.87	−23.28%
蔬菜（吨）	4210.04	−7.85%
茶叶（吨）	79.01	77.79%
园林水果（吨）	206.15	83.72%

注：粮食（折粮、万吨）产量为上级反馈数，其他粮食产量为上报数。

2022年波密县主要畜产品产量和牲畜发展情况表

表6

畜 产 品	单位	产量	比2021年增长
肉类总产量	吨	2010.17	63.22%
其中：猪肉	吨	1084.74	28.27%
牛肉	吨	923.01	140.21%
羊肉	吨	0.23	34.29%
禽蛋	吨	467.24	−9%
猪出栏	头	33675	−31.92%
牛出栏	头	8409	28.13%
羊出栏	只	11	−15.38%
猪年末存栏	头	60291	−19.93%
牛年末存栏	头	48385	−12.35%

续表 6

畜产品	单位	产量	比 2021 年增长
羊年末存栏	只	66	1.54%
全年水产品产量	吨	0.9	−81.37%

三、工业

全县工业增加值完成 5100 万元，下降 12.9%。其中，规模以上工业增加值完成 526 万元，下降 34.3%。原有规模以上工业企业 1 家，本年度培养 1 家规模以上工业企业。全年发电量 7232 万度，同比增长 2.32%。

四、固定资产投资

500 万元以上固定资产投资完成 200375 万元，同比增长 80.9%，500 万元以上施工项目 91 个。国家投资完成 150138 万元，同比增长 116.78%，民间投资完成 50237 万元，同比增长 21.01%。投资规模 500 万 ~ 5000 万元项目完成 69260 万元，5000 万元以上项目完成 131115 万元。

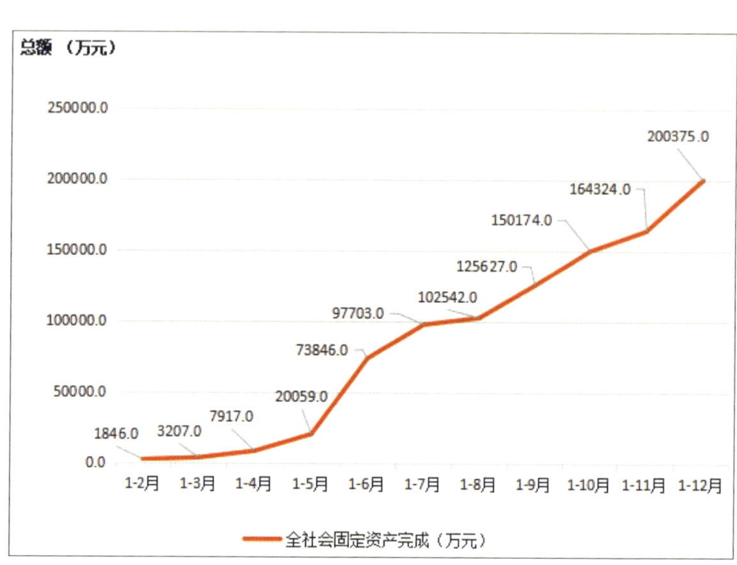

图 2　2022 年波密县全社会固定资产投资增长速度示意图

2022 年林芝市七县区全社会固定资产投资同比增长情况表

表 7

县（区）	同比增长
全市	−12%
巴宜区	−26.5%
工布江达县	13.14%
米林县	7.4%
墨脱县	26.3%
波密县	80.9%
察隅县	−23.2%
朗县	−52%

五、交通运输和邮政通信业

截至 2022 年底，全县公路通车里程达 1093 公里（其中国道 234 公里、省道 285 公里、农村公路574公里），全年完成旅客发送量6.18万人次。

全年邮政业务总量完成329万元，比2021年增长7.16%；2022年波密县固定电话用户为9951户；移动电话用户为29860户；互联网宽带接入用户为13525户。

六、国内贸易

2022年全县社会消费品零售总额达35105万元，同比下降6.71%。按销售单位所在地分，城镇消费品零售额25254万元，同比下降6.72%；乡村消费品零售额9851万元，同比下降6.71%。按消费形态分，商品零售22720万元，同比下降6.72%；餐饮收入12385万元，同比下降6.71%。

七、旅游

2022年，旅游业全年累计接待游客127.95万人次，旅游相关收入76204.56万元，同比分比下降27.3%、37.38%。全县家庭旅馆268家，拥有客房数1732间，床位3671张。全县对外营运景区2家，米堆景区共接待游客53493人次，其中购票49912人次，门票收入达228万元，观光车收入达176万元。岗云杉林景区共接待游客6654人次，其中购票5255张，门票收入达32.36万元。

八、金融

2022年末，全县金融机构存贷款余额596551.77万元，同比增长50.64%。其中，存款余额330367.16万元，同比增长66.87%；贷款余额266184.61万元，同比增长34.42%。

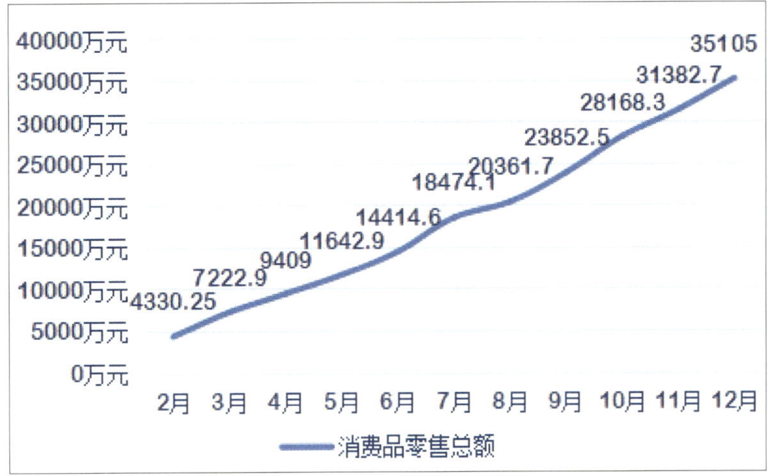

图3　2022年波密县社会消费品零售总额全年走势示意图

九、教育

2022年，波密县共有初级中学1所，招生420人，在校人数1278人，毕业生417人；普通小学11所，招生610人，在校学生3257人，毕业生435人；幼儿园31所（县直2所，附设9所，村级幼儿园20所），在园幼儿1388人。学前三年毛入学率90.83%，学前教育普惠率为100%。义务教育阶段学校，小学净入学率100%、初中毛入学率101.94%。义务教育巩固率达到97.1%。义务教育阶段学校学生免杂费覆盖率100%，免除教科书覆盖率达到100%，农村义务教育阶段学校学生全部享受免费教科书。

2022波密县各乡（镇）教师人数及学生人数统计表

表8　　单位：人

乡镇	教师人数	学生人数
扎木镇	106	1319
松宗镇	19	123
倾多镇	35	336
玉普乡	21	176

续表 8

乡镇	教师人数	学生人数
多吉乡	25	205
康玉乡	15	153
古乡	15	91
玉许乡	42	520
易贡乡	23	245
八盖乡	13	89

十、文化、卫生和体育

全县共有文化馆 11 个，公共图书馆 1 个，表演团体 86 个。

年末全县电视转播发射台 1 个，广播电视农村直播卫星村村通实现全覆盖，广播综合覆盖率（10 个乡镇）100%。全县有线数字电视用户达到 286 户。2022 年，村级（社区）农家书屋实现 84 个所有行政村（社区）全覆盖；全县有小型田径操场 11 处、标准篮球场 3 处、标准田径运动场 2 处、五人制足球场 9 处；全民健身活动广场 2 处，全民健身步道 1 处，全民健身路径工程覆盖 85 个行政村居。公共图书馆总藏量 4.7 万册，2022 年新购图书 600 册，订购杂志 12 种，全年共接待读者 2600 余人次，图书外借 580 余人次。

2022 年，全县共有卫生机构 3 个，其中，公立医院 2 个，民营医院 1 个，基层医疗机构 111 个（乡镇卫生院 11 个，村卫生室 84 个，诊所 12、卫生所 4 个），专业公共卫生机构 1 个（疾病预防控制中心 1 个）。全县实有医院病床 277 张，卫生技术人员 240 人，其中，执业（助理）医师 102 人，注册护士 24 人，药师（士）9 人，技师 5 人。

十一、城乡居民可支配收入、劳动就业与社会保障

全县城镇居民人均可支配收入 43433 元，同比增长 5.05%；农村居民人均可支配收入 25165 元，同比增长 5.8%。

2022 年全县实现城镇新增就业 520 人，失业人员再就业 85 人，困难人员再就业 80 人。年末城镇登记失业人员 29 人，年末城镇登记失业率为 2.3%。

2022 年全县城乡居民基本医疗保险参保人数 27391 人，缴费人数 26586 人，参保完成率 97.06%。完成城乡居民基本医疗保险统筹基金待遇支付 21750 人次、2663 万元；大病保险待遇支

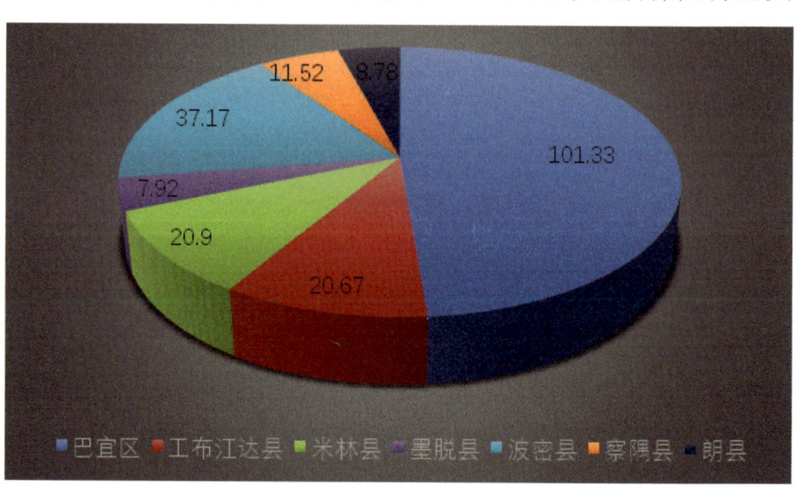

图 4　2022 年林芝市各县（区）地区生产总值占比示意图

付 1513 人次、285 万元；医疗救助待遇支付 1749 人次、129 万元。城镇职工医疗保险各项待遇支付 53025 人次、1583 万元。

2022 年波密县提供住宿的民政服务机构 2 个，提供住宿的救助住宿床位 205 个，城市居民最低生活保障人数 22 户 53 人（扎木社区），农村居民最低生活保障人数 79 户，193 人。

十二、资源、环境保护

2022 年，年末全县环境保护系统机构 1 个，实有总人数 12 人。其中，局机关 7 人，环境监测站 1 个，监测员 5 人；设立监察机构 1 个，监察人员 3 人。全年全县中心城市空气质量优良天数比率为 100%。城市（县城）污水收集率 94.05%、生活垃圾无害化处理率 100%。全县自然保护区（点）3 个，有国家级风景名胜区 1 个。全县森林覆盖率达 34.3%。全年平均气温 10.3℃，最高气温 32.5℃，最低气温 -10.3℃，总降水量 1005.8 毫米，总日照 1406.6 小时。

2022 年林芝市七县（区）地区生产总值情况表

表 9

县（区）	地区生产总值（亿元）	增速
全市	208.29	1%
巴宜区	101.33	0.98%
工布江达县	20.67	2.04%
米林县	20.90	1.89%
墨脱县	7.92	0.98%
波密县	37.17	2.53%
察隅县	11.52	1.18%
朗县	8.78	0.97%

2022 年林芝市七县（区）社会消费品零售总额情况表

表 10

县（区）	社会消费品零售总额（亿元）	增速
全市	52.18	-7.20%
巴宜区	35.69	-7.40%
工布江达县	4.64	-7.10%
米林县	3.54	-6.90%
墨脱县	0.68	-6.80%
波密县	3.51	-6.70%
察隅县	2.36	-6.50%
朗县	1.76	-6.60%

2022 年林芝市七县（区）全社会固定资产投资同比增长情况表

表 11

县（区）	社会固定资产投资（亿元）	增速
全市	118.95	−12%
巴宜区	30.3	−26.50%
工布江达县	10.58	13.4%
米林县	22.32	7.4%
墨脱县	10.66	−26.3%
波密县	20.04	80.9%
察隅县	17.78	−23.2%
朗县	7.26	−52%

2022 年林芝市各县（区）农村居民可支配收入情况表

表 12

县（区）	2021 年农村居民可支配收入（元）	2022 年农村居民可支配收入（元）	同比增长
全市	21767	23345	7.2%
巴宜区	25603	27036	5.6%
工布江达县	22638	23928	5.7%
米林县	25273	26663	5.5%
墨脱县	15278	17035	11.5%
波密县	23785	25165	5.8%
察隅县	15425	17106	10.9%
朗县	21600	22831	5.7%

2022 年波密县主要经济指标完成情况表

表 13

指　标	单位	2021 年	2022 年	同比
一、国内生产总值	亿元	32.85	37.17	13.15%
二、财政收入	万元	13265	15751	18.74%
三、社会消费品零售总额	万元	37631.6	35105	−6.71%
四、工业总产值	万元	6300	5100	−19.04%
五、耕地面积	公顷	5606.06	5836.94	4.11%
六、粮食总产量	吨	23519.08	24057.23	2.28%

续表 13

指　标	单位	2021 年	2022 年	同比
七、油菜籽产量	吨	1146.81	879.87	−23.27%
八、农村经济总收入	万元	84167.9	90041.33	6.97%
其中：第一产业收入	万元	42098.2	46777.55	11.11%
1. 农业收入	万元	14422.3	13917.10	−3.50%
2. 林业收入	万元	15090.4	16895.53	11.96%
3. 牧业收入	万元	12577.2	15964	26.92%
第二产业收入	万元	6548.7	7228.48	10.38%
第三产业收入	万元	35521.1	36035	1.44%
1. 交通运输收入	万元	12244.7	15370.98	25.53%
2. 商业、饮食收入	万元	5655.6	5467.89	−3.31%
3. 服务业收入	万元	7925.3	2189.36	−99.98%
4. 其他收入	万元	9695.4	13007.06	34.15%
九、农村居民可支配收入	元 / 人	23785	25165	5.80%
十、城镇居民可支配收入	元 / 人	41346	43433	5.04%
十一、牲畜总头数	头、匹、只	134598	112420	−16.47%
其中：大牲畜	头、匹	59233	54063	−12.10%
牛	头	55201	48385	−12.34%
马	匹	4009	3654	−8.85%
骡	匹	17	18	5.88%
猪	头	75300	60291	−19.93%

注　释

1. 本公报中数据为初步统计数，与上年度对比的同期数为 2021 年年报数。部分数据因四舍五入的原因，存在着与分项合计不等的情况。

2. 生产总值和各产业增加值绝对数按现价计算，增长速度按可比价计算。

3. 城镇居民人均可支配收入、农村居民人均可支配收入增长速度均按现价计算。

4. 规模以上工业统计口径为年主营业务收入 2000 万元及以上工业企业。固定资产投资统计口径为计划总投资 500 万元及以上的固定资产项目投资。

索 引

说 明：

本索引为综合性主题索引，索引标目按汉语拼音字母顺序，同音字按声调顺序，同音同声调者按笔画顺序排列。标目后数字为页码。同一主题的内容在文中多处出现的，在其款目后用不同的页码标明。对特载、大事记、附录等栏目不作索引。

#

A

B

C

D

F

G

H

J

K

L

M

N

P

Q

R

S

T

W

X

Y

Z